检察：法律守护人

——以刑事法律监督为基点

孙 谦／著

中国检察出版社

作者简介

◇ 孙谦，1959年12月生，牡丹江人，祖籍吉林伊通。
◇ 现任最高人民检察院副检察长，检察委员会委员，二级大检察官。
◇ 1983年毕业于吉林大学法律系。法学博士（吉林大学刑法学专业，2000届），博士后（中国社会科学院法学研究所法理学专业，2003年出站）。
◇ 法学教授，博士研究生导师（吉林大学、中国政法大学）。
◇ 主要著作：《逮捕论》《检察：理念、制度与改革》《国家工作人员职务犯罪研究》《中国特色社会主义检察制度》《平和：司法理念与境界》《论检察》等；在《中国社会科学》《中国法学》《法学研究》《求是》《人民日报》等报刊发表学术文章若干篇。

序：守护法律是检察机关的使命[*]

在社会生活中，人们大多都知道公安局是做什么的，人民法院是做什么的。可说到检察院，人们知道有这样一个机构，但它是做什么的，很多人说不清楚。有人说是"抓人的"，有人说是"起诉的"，有人说是"监督的"。

我国实行的是中国共产党领导下的人民代表大会制度，这是我们的根本政治制度。人民代表大会之下的国家权力结构，过去叫"一府两院"，十三届全国人大一次会议修宪后，叫"一府一委两院"，"一府"就是国务院，"一委"即国家监察委，"两院"就是人民法院和人民检察院。

我国宪法第一百三十四条规定："中华人民共和国人民检察院是国家的法律监督机关。"所以，法律监督就是这个机构的属性；监督和保障法律的实施，就是这个机构的责任和使命。人民检察院组织法规定，人民检察院通过行使检察权，追诉犯罪，维护国家安全和社会秩序，保障法律正确实施，维护社会公平正义，维护国家法制统一、尊严和权威。由此可见，检察机关责任重大，使命光荣。

---

[*] 此文是作者在央视《法治中国说·大检察官说》中的演讲稿，经作者修改，作为本书序。

那么，怎样理解检察机关的"法律监督"呢？国家重要的法律几百部，检察机关是怎么监督的呢？

任何机关、任何机制解决的问题都是有限的，任何公权力也都是有边界和范围的，检察机关法律监督，简单地说，就是通过"纠正违法，追诉犯罪"来进行的。

"纠正违法"，根据法律的规定，是纠正司法执法活动中的违法，是纠正侦查、审判、执行中的违法，保障刑事诉讼、民事诉讼、行政诉讼顺利依法进行，维护司法的公平公正。

"追诉犯罪"，是检察机关代表国家，依照法律对行为人的行为作出判断，作出是否逮捕、是否起诉的决定，使犯罪的人受到追诉，使无罪的人免受追诉。

检察机关的法律监督，就是通过行使各项职权，纠正司法执法活动中的违法，追诉犯罪来实现的。在很多国家，把"检察官"叫做"法律的守护人"。我认为这是十分贴切的。

说到这里，问题又来了："法律的守护人"，守护的是司法执法和诉讼活动的公平正义，通过追诉犯罪来保障刑事法律的实施，那么，大量的民事行政法律的实施，检察院监督不监督呢？检察院的监督是不是仅限于刑事犯罪领域呢？

这涉及保障法律、维护法律的层级问题。民事、商事、行政几百部法律的实施中，很多国家机关，包括社会团体，都有维护的责任，对一般违法，都有纠正甚至进行行政处罚的权力。比如市场监管、海关，比如工会、妇联、共青团，都在维护相关法律实施中发挥作用。检察机关如何发挥作用？我认为有两点需要说清楚：

一是人民法院在审理民事、行政相关案件、适用这些法律的时候，如果出现违法适用、判决裁定确有错误时，检察机关就有责任提出纠正意见，通过检察建议和抗诉，请求人民法院重审或再审。这是检察机关保障民事、商事、行政法律实施的基本方式。

二是民商事、行政法律，包括选举法，大多都有刑事犯罪的规定，即违反这些法律最严重的行为均构成相关犯罪，比如合同法执行中出现的合同诈骗，选举法执行中出现的破坏选举，婚姻法执行中出现的重婚、家暴或虐待、遗弃家庭成员等，构成犯罪的，检察机关都会依法追诉，维护这些法律的正确实施。就是说，不是所有违法行为检察机关都负责纠正，而是违法严重到一定程度。因此可以说，检察机关的法律监督是法律实施的"最底线"保障。

检察机关与其他国家机构、社会团体在守护法律实施中都负有责任，但区别是：检察机关守护的是法律的最底线；检察机关是以这种"守护"为专职专责；检察机关的"守护"是以国家强制力为特征。

综上所述，"刑事法律监督"就是检察机关守护刑事法律的职能和活动，而刑事法律得到统一正确实施，是所有法律实施的"底线保障"，对所有法律的实施都有保障作用。

那么，"刑事法律监督"都包括哪些内容呢？根据法律规定和司法实践，可以概括为三个方面：

第一，对刑事侦查活动进行监督。

简单地说，就是保证侦查活动的合法性。侦查，就是刑事案件发生后，查明事实真相，收集固定证据，缉捕犯罪嫌疑人的活动。

这里涉及三个方面：

一是应当立案侦查的犯罪案件，公安机关没有立案，或者本来是经济纠纷而不是犯罪案件，公安机关却以诈骗罪立案等，检察机关都有责任依法纠正。近年来，检察机关每年要求公安机关立案1.9万件左右，要求公安机关撤案1.5万件左右。

二是侦查活动中有违法取证、暴力取证、刑讯逼供行为，违法对公民人身自由进行限制和对财产扣押冻结的，一旦出现，检察机关即进行纠正，排除非法证据；对侦查人员暴力取证、刑讯逼供构成犯罪的，依法立案侦查和逮捕、起诉。

三是侦查机关认为需要逮捕犯罪嫌疑人时，必须报经检察机关审查和批准。在审查和批准过程中，检察机关重点是判断是否构成犯罪，是否符合法律规定的逮捕条件，是否存在非法证据等。可以说，这是把住冤假错案的重要关口。

第二，对刑事审判活动进行监督。

刑事审判，是法院对起诉的刑事案件通过庭审作出判决、裁定的活动。这是司法活动最具权威和效力的决定。虽然检察机关依法可以对刑事审判活动进行监督，可能引起二审、再审，但最后的决定权仍然在人民法院。当然，刑事审判权作为公权，也需要进行监督，这也是法律所要求的。

对刑事审判活动进行监督，一是对审判活动中出现的违法情形可以提出纠正意见或建议，保证审判活动依法进行；二是对人民法院的判决、裁定，认为确有错误时，检察机关可以提出抗诉，对于抗诉，作出判决、裁定法院的上一级法院应当进行二审或再审。

还有一点很重要，就是提起公诉。犯罪案件，除个别轻微犯罪由被害人自行起诉外，98%以上的犯罪都由检察机关起诉。没有起诉就没有审判。起诉是检察机关最古老的职能，检察制度在欧洲大陆产生伊始，就是行使起诉犯罪的职能。可以说，法院实行"不告不理原则"与检察机关的产生是密不可分的。检察机关的起诉也叫"公诉"，因为检察官是代表国家起诉犯罪，它不是因为自身权益受损，它是维护法律"最底线"的职能活动。刑事公诉，前接侦查，后接审判。产生检察制度的法国、德国的一些法学家指出，公诉存在的全部价值，在于防止侦查行为的恣意和审判活动的滥权。

第三，对刑罚执行活动进行监督。

一个人被判处有期徒刑以上刑罚后，就要到监狱接受改造。监狱对被判刑人员的改造活动，也一定要依法进行。对是否依法改造，是否及时救治病患，是否保证了被判刑人员的控告、申诉权利以及其他仍然享有的权利，"减刑、假释、暂予监外执行"是否合法，检察院要进行监督，纠正违法情形。浙江"张氏叔侄强奸杀人案"，就是在派驻监狱的检察官张飚同志持之以恒的监督中，最终启动再审得以纠正的。

作为检察官，我们深知肩负的责任和人民的期望。习近平总书记反复强调，"要保证法律的实施"，"要严格执法公正司法、维护宪法法律权威"，"要努力让人民群众在每一个司法案件中都感受到公平正义"。

新时代，人民群众对民主、法治、公平、正义、安全、环境有了更高的期盼，这也给检察机关提出了新的更高的要求。怎样不辱使命？以习近平新时代中国特色社会主义思想武装检察官队伍，树立和坚守正确的理念最重要。

首先，检察官要崇尚法治、忠诚于法律，包括忠诚于法律精神和法律条文，对法律要心存敬畏。其实，法律不是高级的东西。我们每个人，包括各机关、单位、组织，在社会生活中都要遵守各种规则，这是人类社会存在的前提。规则从高级到底线，有信仰、道德、纪律，然后底线是法律，最底线是刑事法律。正因为如此，法律、法治非常重要，法律得到实现，法治得到崇尚，说明社会有底线，说明对底线的崇尚和捍卫。没有底线就什么都没有了。法治不是万能的,但没有法治是万万不能的。

其次,我们要尊重和保障人权。作为司法执法者,尤其要注重保障犯罪嫌疑人、被告人的人权。当一个人被怀疑有罪的时候,他面对的是强大的国家机器,这个时候他的人权自我保护系统是最薄弱的,也最容易不被当人看,对他施以什么样的手段似乎都名正言顺、自然而然。冤假错案就是在这种情况下发生的。所以,保障犯罪嫌疑人、被告人的人权,是防止司法执法者自身犯错误的关键,是我们"法律守护人"的责任和义务。

再次,我们要坚持做到理性平和文明执法。对待犯罪,群众义愤填膺、人人喊打,是可以理解的。但对于具体处理案件的检察官,不能把愤怒、仇恨带到办案中,因为这样就难以保证公平,难以做到理性、审慎、周到、妥帖。我们的责任,是公平的处理,既无过度,又无不及,这是我们的职业追求。只有坚持这样的理念,才能不断地提升我们司法的品质和境界。

最后一点,检察官必须树立"监督者更要接受监督"的理念。"法律守护人",我们守护得怎么样?我们做得还很不够。我们看一看,披露的冤假错案,哪一起与检察院没有关系呢?哪一起不是经过了检察机关批捕起诉的呢?要想不辱宪法使命,就必须把我们自己监督好。要坚决地、自觉地接受党的领导;要认真地、自觉地接受人大监督;要积极地接受公安机关、人民法院对检察机关的制约;要尊重和保障律师的权利,在办理具体案件中听取律师的意见,是我们发现自己错误最便捷、最经济的途径。同时,我们也要特别注意倾听人民群众的呼声。检察机关是要按照宪法规定,独立行使检察权。但这与倾听人民群众的意见并不矛盾。人民群众满意不满意、高兴不高兴、答应不答应,就是检验我们是不是"人民"检察院的标准。

我们已经进入新时代,我们的法治也进入了新时代!我们深知我们任务的艰巨、责任的重大。我们一定会在以习近平同志为核心的党中央坚强领导下,在人民的支持下,做"忠诚、坚定、公正、善良"的"法律守护人",为实现中华民族伟大复兴的中国梦,作出我们应有的贡献。

目　录

序：守护法律是检察机关的使命 ／ 1

第一专题　新时代检察机关法律监督的理念、原则与职能 ／ 1

　　一、人民检察院的宪法定位 ／ 2

　　二、新时代检察机关法律监督的理念 ／ 7

　　三、法律监督的作用 ／ 13

　　四、检察机关的职能 ／ 15

　　五、检察机关职权的行使原则 ／ 34

　　六、履行法律监督职责的组织保障 ／ 41

第二专题　刑事立案与法律监督 ／ 62

　　一、我国刑事立案监督制度的一般理论 ／ 63

　　二、刑事立案监督实践中的几个问题 ／ 71

　　三、新时代刑事立案监督的理念重塑 ／ 74

　　四、新时代刑事立案监督的创新发展 ／ 79

第三专题　刑事侦查与法律监督 / 87
　　一、引言 / 88
　　二、侦查活动监督的理论品质与基本原则 / 90
　　三、侦查活动监督的途径 / 95
　　四、强制性措施的监督 / 101
　　五、侦查活动监督的方式 / 106
　　六、侦查活动监督的办理模式 / 112

第四专题　逮捕与法律监督 / 118
　　一、引论 / 119
　　二、逮捕的定位与理念更新 / 123
　　三、社会危险性与逮捕和羁押的条件 / 134
　　四、逮捕的双层次证明标准 / 144
　　五、审查逮捕程序的诉讼化转型 / 150
　　六、非羁押诉讼的价值与进路 / 163

第五专题　公诉与法律监督 / 176
　　一、刑事公诉制度的价值与发展趋势 / 177
　　二、依法治国背景下的刑事公诉制度改革 / 186
　　三、牢固树立正确的刑事公诉理念 / 208

第六专题　刑事诉讼与法律监督（一）/ 216
　　一、执行修改后刑事诉讼法应坚守的核心理念
　　　　与价值追求 / 217
　　二、执行修改后刑事诉讼法应当处理好的重大关系 / 219

三、执行修改后刑事诉讼法需要思考和解决的

几个问题 / 221

第七专题 刑事诉讼与法律监督（二）/ 235

一、人民检察院侦查职权的调整 / 236

二、检察机关与监察委员会办案程序的衔接 / 242

三、认罪认罚从宽制度 / 247

四、刑事速裁程序 / 259

五、刑事缺席审判制度 / 266

第八专题 少年司法与法律监督 / 273

一、少年司法制度产生和发展的内在动力 / 274

二、少年司法制度的基本要素 / 279

三、中国少年司法的成绩与不足 / 287

四、创设中国少年司法制度的基本思路和路径 / 291

五、未成年人检察工作的职责与使命 / 299

第九专题 行政公诉与法律监督 / 307

一、设置行政公诉制度的价值 / 309

二、行政公诉符合中国检察权的内在逻辑 / 317

三、设置行政公诉制度的具体构想 / 324

第十专题 最高人民检察院的司法解释 / 335

一、最高人民检察院司法解释的发展历程 / 336

二、最高人民检察院司法解释的理论基础 / 340

三、最高人民检察院制定司法解释的基本原则 / 348

　　四、加强和改进最高人民检察院的司法解释 / 355

第十一专题　刑事指导性案例制度 / 360

　　一、建立案例指导制度的必要性 / 361

　　二、案例指导制度的功能与价值 / 369

　　三、案例指导制度的性质和定位 / 372

　　四、我国案例指导制度与西方国家判例制度的区别 / 375

　　五、案例指导制度的基本内容 / 382

第十二专题　援引法定刑的刑法解释 / 389

　　一、争议焦点与问题的提出 / 390

　　二、文义解释与援引法定刑 / 395

　　三、体系解释与援引法定刑 / 398

　　四、目的解释与援引法定刑 / 402

　　五、存疑时有利于被告与刑法解释的关系 / 411

第十三专题　法治建构的中国道路 / 422

　　一、法治：历史走出来的最基本共识 / 423

　　二、法治：实现人民美好生活的必要途径和制度保障 / 425

　　三、法治：确保司法公信和司法品质提升 / 427

附录一：其他 / 430

　　关于冤假错案的两点思考 / 430

　　宪法典翻译：历史、意义与功能 / 437

目 录

刑事诉讼法典翻译：放眼世界，走向大国 / 446
学习检察前辈　传承检察精神 / 455

附录二：答记者问 / 467

谈正确理解和适用正当防卫的法律规定 / 467
谈依法履行检察职责保障民企健康发展 / 476

附录三：作者主要著作论文索引 / 483

第一专题
新时代检察机关法律监督的理念、原则与职能*

2018年10月26日,第十三届全国人大常委会第六次会议审议通过了人民检察院组织法修订案,对人民检察院组织法进行了全面修改。修订后的人民检察院组织法再一次明确,人民检察院是国家法律监督机关的性质和宪法定位,完善了检察机关法律监督职能配置,规定了法律监督职责权限、办案组织设置及运行方式等。这对于创新发展新时代检察工作,开创检察机关法律监督工作新局面,具有重要的政治意义、法律意义和实践意义。

---

* 本文发表于《人民检察》2018年第21期,《检察日报》2018年11月3日至4日第3版全文转载,《新华文摘》2019年第3期转载。此次出版,作者作了修改补充。

一、人民检察院的宪法定位

检察机关是宪法规定的国家法律监督机关。我国1982年宪法明确人民检察院是国家的法律监督机关。2018年3月第十三届全国人民代表大会通过的宪法修正案对人民检察院作为国家法律监督机关的定位再次进行了确认。修正后的第一百三十四条沿袭1982年宪法对人民检察院的定位,规定:"中华人民共和国人民检察院是国家的法律监督机关。"人民检察院组织法作为宪法性法律,将宪法规定予以具体化,贯彻落实宪法确定的制度、原则和规定,修订后的人民检察院组织法在其第一条中明确"根据宪法,制定本法",坚持检察机关是国家法律监督机关的宪法定位,在其第二条重申,"人民检察院是国家的法律监督机关"。在中国特色社会主义进入新时代,检察机关具体职能作出调整的背景下,坚持检察机关的宪法定位,彰显了中国特色社会主义政治体制、司法体制的鲜明特征。"法律监督既是我国检察制度最基本的内涵,也是我国检察制度持续发展的基本方向。"[1]

(一)坚持检察机关法律监督的宪法定位,是坚持和发展马克思恩格斯民主监督思想和列宁法律监督思想的体现

"我国检察制度并非内生于中国传统文化,其一方面是西方法治文化冲击的产物,另一方面很大程度受苏联'一般监

---

[1] 樊崇义:《检察机关深化法律监督发展的四个面向》,载《中国法律评论》2017年第5期。

督'理念影响,最终形成我国'法律监督机关'之定位。"[1]我国检察制度是在马克思恩格斯民主监督思想和列宁法律监督思想指导下建立和发展起来的,是马克思恩格斯民主监督思想和列宁法律监督思想与我国实际相结合的产物。"马克思主义在创立他的国家理论中,把人民监督作为他的新型无产阶级国家的重要基石。"[2] 马克思、恩格斯从巴黎公社政权建设的经验教训出发,以人民主权为逻辑起点,提出了民主监督的重要思想,认为民主监督是防止权力异化、防止权力腐败的重要手段,[3] 从本质上阐述了监督对社会主义民主制度的重大意义和重要作用,并把人民监督作为社会主义国家监督的本质。列宁通过俄国革命和建设的实践,继承并发展了马克思恩格斯的人民主权思想和民主监督理论,进一步就如何实现民主监督,如何把松散、自发的民主监督转化为有组织、制度化、法制化的权力对权力的监督,提出了法律监督思想。列宁认为,要实现民主监督,必须严格执行法律,而要保证法令的执行,必须加强法律监督,宪法和法律是民主监督的基本保证。列宁主张,为了保证这种监督的法制化,应当建立专门的法律监督机关即检察机关,由检察机关专门负责维护法制的统一正确实施,从而实现由直接的民主权力对国家权力的监督到由国家权力对国家权力进行监督的转换,实现法律监督的日常化、组织化、制度化、法制化。[4] 列宁的法律监督思想,建立了社会主义国家

---

[1] 秦前红:《全面深化改革背景下检察机关的宪法定位》,载《中国法律评论》2017年第5期。

[2] 蔡定剑:《国家监督制度》,中国法制出版社1991年版,第87页。

[3] 高景峰:《马克思主义经典作家民主监督视野下的检察监督改革研究》,武汉理工大学2016年博士学位论文。

[4] 高景峰:《马克思主义经典作家民主监督视野下的检察监督改革研究》,武汉理工大学2016年博士学位论文。

监督制度的思想理论基础和制度建设模型,对于社会主义国家在一党执政条件下,如何巩固共产党的领导,加强国家政权建设,如何更加充分地发挥民主监督的作用,更有效地实现国家权力对国家权力的监督制约,具有极为重大的历史意义和现实意义。有观点认为,随着苏联解体,列宁的观点过时了、没用了。我们并不这样认为。他们不搞社会主义了,我们搞,而且要不断地发展、完善中国特色社会主义;他们不是共产党领导了,我们是,而且要不断巩固和加强中国共产党的领导。

这次修订人民检察院组织法,在坚持检察机关法律监督宪法定位不动摇的基础上,进一步发展完善了法律监督内涵。长期以来特别是改革开放四十年来的司法实践证明,检察机关对侦查权、审判权和刑罚执行权进行监督,在保证司法执法权规范行使中发挥了重要作用。修订后的人民检察院组织法除对刑事侦查、审判、执行的监督权予以进一步确认之外,对法律监督的范围进行了适当和必要的扩展,对近些年已经被相关法律确立并在实践中已经开展的民事、行政公益诉讼予以授权;法律监督方式和操作性也得到了进一步丰富和提升,确认了检察机关调查核实权、相关案件侦查权(司法工作人员刑讯逼供、暴力取证、徇私舞弊等14种案件的立案侦查权)、补充侦查权以及"抗诉"提出"纠正意见""检察建议"等监督方式;法律监督刚性得到了加强,规定有关单位应当及时将采纳纠正意见、检察建议的情况书面回复人民检察院。坚持检察机关法律监督的宪法定位,履行好法律监督职能,是建设中国特色社会主义法治国家的要求,是全面深化改革和全面依法治国的要求,更是检察机关新时代的使命。

（二）坚持检察机关法律监督的宪法定位，是由我国政治体制所决定的

任何政治体制下，权力都应当受到监督和制约，没有监督和制约的权力，必然导致专横和腐败。因此，国家要通过设置规则，为权力划定边界、运行方式和监督规范，防止权力异化，使权力运行规范化、程序化、制约化。"现代法治的核心议题是规范政府权力、防止权力滥用，因而法治国家的基本任务之一即是构建一定的权力控制机制。"[1] 这也正是我们建设中国特色社会主义法治国家，实现全面依法治国所必须着力解决的问题。

西方资本主义国家在孟德斯鸠、洛克等近代思想家的分权理论指导下，对权力的监督制衡是通过多党制和三权分立来实现的，因此无须再设置专门的监督机关。我国是人民代表大会制度政治结构，人民享有对国家的主权，但需要把权力授予不同机构和人员具体行使，为了保障权力行使不走样、不滥用，客观上就必然要求对权力运行有一个有力的监督制约体系，检察机关的法律监督正是这种监督制约体系中的一环。[2] 设立检察机关并赋予其法律监督职责，是与中国共产党领导、人民代表大会制度的政治体制相匹配的，是中国司法制度和政治制度的重要特色，也是马克思恩格斯民主监督思想和列宁法律监督思想在当代中国的发展。在1979年人民检察院组织法第十条的基础上，修订后的人民检察院组织法立足我国政治体制，明确了人民检察院与本级人民代表大会及其常务委员会的关系，规定最高人民检察院对全国人民代表大会及其常务委员

---

[1] 魏晓娜：《依法治国语境下检察机关的性质与职权》，载《中国法学》2018年第1期。
[2] 高景峰：《马克思主义经典作家民主监督视野下的检察监督改革研究》，武汉理工大学2016年博士学位论文。

会负责并报告工作，地方各级人民检察院对本级人民代表大会及其常务委员会负责并报告工作。并且新增了第二款规定，各级人民代表大会及其常务委员会对本级人民检察院的工作实施监督。

（三）坚持检察机关法律监督的宪法定位，是全面依法治国和新时代检察工作发展的要求

改革开放以来，党和国家始终注重发挥检察机关的法律监督作用。邓小平同志强调："要加强检察机关和司法机关，做到有法可依、有法必依、执法必严、违法必究。"[1] 党的十八届四中全会提出"完善检察机关行使监督权的法律制度，加强对刑事诉讼、民事诉讼、行政诉讼的法律监督"[2]。

在新时代建设中国特色社会主义法治国家和全面依法治国的背景下，需要检察机关从法律监督的基本定位出发，谋划检察工作的发展方向。修订后的人民检察院组织法第二条规定，人民检察院要"通过行使检察权，追诉犯罪，维护国家安全和社会秩序，维护个人和组织的合法权益，维护国家利益和社会公共利益，保障法律正确实施，维护社会公平正义，维护国家法制统一、尊严和权威，保障中国特色社会主义建设的顺利进行"。这既是检察机关的基本任务、检察机关法律监督活动追求的目标，也是法律监督的价值所在。这一基本任务的确立，适应了我国当今政治、经济、社会形势的变化以及社会主义法治建设的新需求，从新时代"我国社会主要矛盾已经转化为人民日益增长的美好生活需要和不平衡不充分的发展之间的矛盾"出发，对原人民检察院组织法中"镇压一切叛国的、分裂

---

[1]《解放思想 实事求是 团结一致向前看》，载《邓小平文选》（第二卷），人民出版社1994年版，第146—147页。

[2]《中共中央关于全面推进依法治国若干重大问题的决定》，人民出版社2014年版。

国家的和其他反革命活动，打击反革命分子和其他犯罪分子"的任务进行了重大调整，顺应了新时代法治国家建设和人民群众对公共安全、司法公正、权益保障的新期待。

二、新时代检察机关法律监督的理念

中国特色社会主义进入新时代，人民检察事业也进入新的历史时期，检察机关的法律监督工作面临着新的形势和新的任务。随着国家监察体制改革的实施，检察机关完成了侦查贪污贿赂犯罪职能、机构调整和人员转隶。如何实现新时代检察工作创新发展，把检察机关法律监督工作做实做好做优做强，首先要树立和坚持正确的法律监督理念。在推进法治中国建设中，检察机关作为法律监督机关责任重大。在履行法律监督职责的过程中，最根本的就是要以习近平新时代中国特色社会主义思想为指导，找准检察机关法律监督与经济社会发展的结合点、着力点，为经济社会发展提供法治保障。

（一）以习近平新时代中国特色社会主义思想为根本指引

习近平新时代中国特色社会主义思想是马克思主义中国化的最新成果，是党和人民实践经验和集体智慧的结晶。习近平新时代中国特色社会主义思想内涵丰富，涵盖了党和国家建设的方方面面。在建设社会主义法治国家方面，习近平总书记把依法治国摆在了国家治理的重要地位。从党的十八届一中全会上强调依法治国起，随后将全面依法治国纳入"四个全面"战略布局，又召开了以全面依法治国为主题的党的十八届四中全会，并指出"全面推进依法治国，是我们党从坚持和发展中国特色社会主义出发、为更好治国理政提出的重大战略任务，也是事关我们党执政兴国的一个全局性问题"。[1] 在党的十九大报告中强调"全面依法治国是中国特色社会主义的本质要求和重要保障"。[2] 习近平总书记围绕依法治国提出了一系列新理念新思想新战略,涵盖了新时代我国法治建设的各个方面,科学、深刻地回答了中国特色社会主义法治建设的一系列重大问题。因此,必须牢固树立以习近平新时代中国特色社会主义思想为检察工作根本指引的理念,保证检察工作始终沿着正确的政治方向前进。

(二) 毫不动摇坚持党对检察工作的绝对领导

中国共产党的领导是中国人民在长期革命斗争和社会主义建设事业中自觉作出的历史选择。我国人民检察制度的创设以及检察工作在国家法治建设中取得的成就,都是在党的领导下取得的。在实现依法治国的进程中,必须毫不动摇地坚持并加强党对检察工作的绝对领导,这是人民检察事业持续正确稳定发展的首要遵循和根本保证。在中国特色社会主义进入新时代,检察工作进入新的历史发展阶段的情形下,面对世界前所未有的大变局,面对我国日趋复杂的社会利益关系,人民群众日益增长的法治需求,坚持和加强党的集中统一领导比以往任何时候都显得更加重要。正如习近平总书记指出的:"党的领导是中国特色社会主义法治之魂,是我们的法治同西方资本主义国家的法治最大的区别。离开了中国共产党的领导,中国特色社会主义法治体系、社会主义法治国家就建不起来。"[3]

---

[1]《习近平谈依法治国》,载《人民日报(海外版)》2016年8月17日第12版。
[2] 习近平:《决胜全面建成小康社会 夺取新时代中国特色社会主义伟大胜利》,人民出版社2017年版,第22页。
[3] 中共中央文献研究室编:《习近平关于协调推进"四个全面"战略布局论述摘编》,中央文献出版社2015年版,第115—116页。

(三) 崇尚维护法治

"法律应当在任何方面受到尊重而保有至上的权威，执法人员和公民团体……都不应侵犯法律。"[1] 法治的本质意义就在于约束公权力，保障私权利，即约束国家公权力不被滥用，保障公民依法充分地享有自由。我们党为人民谋福祉的目标中，最重要的一点就是要为人民提供一个稳定、安全、有序的社会环境。要维持这样的环境，就必须依靠法治。法治也是当今世界各国普遍选择和遵循的一种治国方式和执政理念，是任何一个国家走向现代文明的必经之路。现代社会每个人都要受规则的制约。"规则之治"已经被现代国家普遍接受。较高的行为规则是道德、纪律，而最低的行为准则则是法律，尤其是刑事法律，可以说这是人类行为的底线。"法律是使人类行为服从规则之治的事业。"[2] 依法治国首先要做到让人们遵守法律底线。只有这样，社会才会安全，经济活动、个人活动、各种生活学习工作才会有序。所以说，法治是每个普通公民的安全法，是现代文明社会的最低标准。因此，建设社会主义法治国家，必须厉行法治、崇尚法治、追求法治。法治是历史走出来的基本共识。

对于司法人员来说，崇尚维护法治就是忠于法律、敬畏法律，并使之成为自觉的行动。刑事法律是实现社会安全、秩序、文明，保障人的尊严和自由的基本规则。刑法解决什么样的行为、达到什么样的程度才能被认为是犯罪；刑事诉讼法解决怎样追诉犯罪，明确追诉犯罪中什么是应当的、可以的，什么是禁止的，它是约束、规范司法机关追诉刑事犯罪活动的规

---

[1] [古希腊] 亚里士多德：《政治学》，吴寿彭译，商务印书馆1965年版，第192页。
[2] [美] 富勒：《法律的道德性》，郑戈译，商务印书馆2005年版，第124—125页。

则。如果司法机关办理每一起案件都能严格按照刑法的规定和刑事诉讼法的要求，坚持正当程序，严格贯彻罪刑法定、无罪推定、疑罪从无的法治原则，我们的司法水平就会有质的提升。

(四) 尊重和保障人权

尊重和保障人权是我国宪法确立的重要原则，也是现代刑事司法理念的核心价值。现代社会治理并不完全禁止国家对特定人人身和财产权利予以限制和剥夺。但是这种限制和剥夺必须有明确的法律规定，符合法定条件，经过法定程序，并由法定机关决定和执行。同时，要坚持必要的限度和相当的程度，以保障其作为人的基本权利以及其在诉讼中的合法权益。当一个人被强大的国家机器追诉的时候，他的人权自我防卫能力是最薄弱和最容易被忽视的，也是最容易不被当作人的。此时似乎对其施加什么样的手段都是"名正言顺""自然而然"的，但这个时候也最容易"屈打成招"。当强大的国家机器的追诉到了不遵守法律、无视程序限制的时候，任何人都可能被冤枉。所以现代法治不仅要建立人权保障机制，而且要建立权利救济机制。"在这个保护人权的法制系统中，人民检察院处于重要的地位，负有重大的责任。"[1] 检察机关的法律监督就是人权保障机制和权利救济机制的组成部分。犯罪嫌疑人、被告人人权真正得到保障那一天，就是冤假错案得以避免的那一天。无论行为人犯下多么严重的罪行，都应尊重其权利和人格，这是每一个法律工作者的责任。现代司法与封建司法的本质区别，就是否定和禁止刑讯和酷刑，尊重和保障包括犯罪人在内的人权。保障人权理念体现了司法理性，也是一国法治发

---

[1] 王桂五：《检察监督与人权保护》，载《现代法学》1993年第1期。

展程度的试金石。

(五) 公平正义理念

"正义是给予每个人他应得的部分这种坚定而恒久的愿望。"[1] 对公平正义的渴求没有得到满足，社会就会出现动乱和无序。司法机关的功能就是维护社会的公平和正义，这是党和人民群众对司法机关的最大期待，也是法律的首要价值。司法需要惩治犯罪、化解矛盾、解决纠纷，让社会更加公正和谐。"水至平而邪者取法，镜至明而丑者无怒。"[2] 所以，检察人员在履职中要怀有一颗公平正义之心，时刻思考如何司法才能让人民群众发自内心地信任和信服，做到公平正义要坚持忠诚、善良、平等。忠诚是忠诚于党的事业、忠诚于法律精神、忠诚于人民。善良是要以对己之心对人，宽容、仁慈。心存良善自然能让人民感受到司法的温度。如果每一个法律工作者都怀有对法律的敬畏之情，有一颗公平正义之心、对职业的忠诚之心、对百姓的善良仁慈之心，就会妥善处理好每一起案件，处理好司法中情、理、法的关系，就能够履行好法律赋予的职责，守住法律的底线，做好法律监督工作。

(六) 平和理性司法

平和理性司法，就是以一种平和的心态和情绪，理性平等地对待和保护社会每一个组织和成员，保持司法的稳定性和连续性。司法人员对待犯罪，要与普通民众对待犯罪不同。民众对待犯罪往往表现出愤怒情绪，这是正常的，也是可以理解的。但是，作为办理案件的司法人员，则不能怀有这种情绪和心态去执法，心中充满愤怒就难以做到理性、冷静、审慎。逮

---

[1] [古罗马] 查士丁尼：《法学总论》，张企泰译，商务印书馆1989年版，第5页。
[2] 《三国志·蜀志·李严传》。

捕犯罪嫌疑人、判处一个人刑罚乃至对一个人处以极刑，必须是一个国家或者司法当局"不得已"的行为，是为了维护社会基本秩序和人民生命财产安全而不得已作出的决定，这是一种冷静审慎的态度。我们坚持疑罪从无，就是在"或者冤枉他""或者放纵他"之间作出的选择，这也是不得已的选择，更是一种理性的选择。一些冤假错案的出现，从思想意识来分析，就是在执法司法中没有坚持平和理性执法司法理念，受功利主义影响，还没有从以往的斗争哲学中走出来。这是我们作为检察人员、作为"法律的守护人"必须注意和克服的。这就要求我们培养司法官员特有的职业思维方式，尽可能地实现司法理性化，尽可能地抑制和减少司法者个人情感在司法过程中对分析、判断和决定的影响，尽可能地实现司法理性主义，[1]提升司法的品质和境界。

（七）自觉接受监督

公权力必须受到监督和约束，这是民主法治国家的一个基本准则，也是权力运行的合法性基础。法律监督作为一种公权力，在接受监督上没有例外。而且这种监督是来自多方面的，包括党的政治领导和监督，人大及其常委会监督，来自公安机关、法院等执法司法部门的制约，律师、公众、媒体的监督，等等。修订后的人民检察院组织法第七条规定了人民检察院实行司法公开的原则，第九条第二款规定各级人民代表大会及其常务委员会对本级人民检察院的工作实施监督，第十一条规定司法民主、接受群众监督的原则，并在第二十七条规定人民监督员依照规定对人民检察院的办案活动实行监督，将群众监督制度化、具体化。这些规定，对保证检察权的正确行使意义

---

[1] 孙谦：《论检察》，中国检察出版社2013年版，第448页。

重大。

近年来，检察机关一直强调要牢固树立监督者更要接受监督的意识，把强化自身监督与强化法律监督放到同等重要的位置，用比监督别人更严的要求来监督自己。通过主动接受监督，提高"发展、自强"的能力和水平。因此，检察权在行使过程中，要始终以宪法和法律的规定为界限，由法律专门授权，运用法律规定的手段，依照法定程序，在法律范围内运行。同时，检察权必须受到监督制约。此外，检察职能的发挥必须与经济社会发展相适应，特别是要与人民群众日益增长的司法需求以及对执法环境、执法能力、执法保障方面的新变化新要求相适应，形成重点突出、布局合理的法律监督工作格局。

三、法律监督的作用

法律监督是通过对破坏法律实施的行为进行查究、追责、纠正，来维护国家法制统一、尊严和权威。法律监督就是做"法律的守护人"。同时我们也要清楚地认识到，检察机关法律监督的功能和作用也是有限的。法律监督作为一种体制机制有其重要作用，但并非万能的，其功能和作用有其特定的范围和界限。

（一）法律监督具有法定性

法律监督的法定性是指法律监督必须由法律专门授权，在法律规定的范围内，运用法律规定的手段，依照法定程序，对法定的对象进行监督。监督的法定性是程序法定原则在法律监督环节的具体体现。法律监督的这种职权法定性决定了其权力的有限性。检察机关在履行法律监督职责过程中,既要充分地发挥作用,又必须严守权力边界。任何超出法律授权范围的行为,都应当被禁止。

(二)法律监督具有程序性和建议性

法律监督主要是程序意义上的监督而非终局意义的监督,它是一种提示与提醒,不具有实体性的行政处分权或司法裁决权。检察机关履行法律监督职责,对诉讼中的违法行为提出监督和纠正意见,只是启动相应的法律程序或作出程序性的决定,提出意见建议,甚至通过抗诉来发挥监督作用,不具有终局或实体处理的效力。监督所指向的违法行为是否存在,最后的决定权仍然在有关权力机关和司法机关。所以,检察机关的法律监督不是居高临下的监督,不会出现"法官之上的法官"等问题,而是平行机关之间的提醒和防错机制。检察机关与公安机关、法院等部门是平等的关系,监督与被监督只是一种制度设计,没有地位高低之分。当然,检察机关作为法律监督机关,不同于一般的意见和建议,其意见和建议不仅有明确的法律依据,而且具有法律上的约束力。检察机关向有关单位发出纠正意见或者检察建议后,有关单位应当予以配合,并及时将采纳纠正意见、检察建议的情况书面回复人民检察院。

(三)法律监督具有事后性和救济性

只有法律规定的属于法律监督的情形出现以后,才能启动法律监督程序。除此之外,法律监督权不可干涉其他权力和公民权利的行使。因此,有人提出,"在保护公民基本权利方面,现有的司法保障制度负有第一位的责任,只有在保护公民基本权利的司法机制缺位的情形下,检察机关的法律监督才是必要和迫切的。所以,法律监督应当发挥的作用是拾遗补缺。这样处理,既可以尊重和激发特定法律主体依法维护自身权利的主动性和积极性,又可以合理配置司法资源,集中精力解决好司法救济缺位、失灵情况下的法律监督问题"。[1] 这在一定程度上说明了检察机关法律监督的事后性和救济性特点。当然,检察机关的法律监督并非社会生活中一般意义的"监督",其启动有严格限制,必须遵循法治原则和司法规律、符合诉讼原理,尤其对诉讼活动的监督,应与违法情形的性质、程度及诉讼阶段相适应,既要防止疏于监督,又要防止过度监督,遵循诉讼经济、分工制约等原则,保证相关执法、司法机关的诉讼活动正常有序进行。

(四) 法律监督必须坚持有限性

在整个国家监督体系中,检察机关的法律监督仅仅是一个方面。就对违法行为监督而言,根据法律规定,检察机关的监督限定在执法、司法机关在诉讼中发生的违法情形,而对社会生活中的一般违法,不是由检察机关监督,而是由行政执法机关包括一些社会组织来进行。比如市场管理、海关、税务等部门,比如妇联、工会、共青团组织,它们对相关法律的实施也都有监督权。在现实中,各种监督机制相互衔接,共同发挥着监督制约作用。

四、检察机关的职能

关于人民检察院法律监督的具体职权的规定,是人民检察院组织法的重要内容。1979 年人民检察院组织法中,人民检察院的职权主要集中在刑事方面。随着我国法治建设的发展进

---

[1] 魏晓娜:《依法治国语境下检察机关的性质与职权》,载《中国法学》2018 年第 1 期。

步，三大诉讼法陆续修改，一些法律相继出台，特别是随着司法体制改革深入推进，给检察机关配置了许多新的监督职能。当然，随着国家监察体制改革的进行，检察机关法律监督的职权范围和行使方式也进行了重要调整。修订后的人民检察院组织法总结改革经验，与三大诉讼法等相关法律相协调，对人民检察院的职权进行了必要的调整。

（一）对原有职权表述作出了调整

1. 关于公诉职权

在现代各国检察制度中，公诉都是检察机关的核心职能。在我国刑事诉讼架构中，公诉作为检察机关主要职能，既监督制约侦查权，又监督制约审判权，在检察监督体系中具有重要地位。

1979年人民检察院组织法第五条第三项规定，人民检察院对于公安机关侦查的案件，进行审查，决定是否逮捕、起诉或者免予起诉；对于公安机关的侦查活动是否合法，实行监督。该条第四项规定，对于刑事案件提起公诉，支持公诉；对于人民法院的审判活动是否合法，实行监督。目前，我国检察机关的公诉权实际包括三个层次：一是审查起诉权，即对公安机关等侦查机关和监察机关移送审查起诉的刑事案件进行审查；二是提起公诉权，即在对案件进行审查之后，决定起诉或者不起诉；三是支持公诉权，即对于决定提起公诉的案件，派员以国家公诉人的身份出席法庭，支持公诉。修订后的人民检察院组织法第二十条第三项规定，对刑事案件进行审查，决定是否提起公诉，对决定提起公诉的案件支持公诉。删除了在刑事诉讼法中已经取消的免予起诉的规定，将"对于公安机关侦查的案件，进行审查"改为"对刑事案件进行审查"，更准确地概括了公诉案件的范围。对审查起诉的处理表述为"是否提起公诉"。审查起诉本质上即应包含不起诉、提起公诉以及支持公诉三个方面的内容，修订后的人民检察院组织法使审查起诉内容在逻辑上更为周延。在以审判为中心的刑事诉讼制度改革下，证据裁判原则和疑罪从无原则会得到更加彻底的贯彻落实，刑事辩护会逐步实现全覆盖，庭审会日益实质化，检察机关将会比以往更加重视审前的主导职责与庭审中指控和证明犯罪的主体职责，因此也会更加注重发挥检察官在审查起诉中的主体作用。

以审判为中心，本质上就是以庭审为中心，以庭审为中心本质上就是以证据为核心。因此，检察机关必须贯彻证据裁判的要求，构建以证据为核心的刑事指控体系。要针对当前审查起诉环节封闭式办案、书面式审查的弊端，建立书面审查与调查复核相结合的亲历性办案模式；针对重口供轻客观性证据的情况，对命案等重大案件建立以客观性证据为主导的证据审查模式；实行技术性证据专门审查制度，完善对法医、物证等技术性证据审查机制，发挥技术性证据审查对办案的支持作用。此外，要从提高公诉人的素质、扩大信息化的运用及完善体制机制设计等方面，加强公诉工作。

在关于检察机关职权的法律规定中，2018 年 10 月 26 日第十三届全国人民代表大会常务委员会第六次会议修正的刑事诉讼法，对相关内容也进行了补充。如修改后的刑事诉讼法在充分吸收试点经验的基础上，将认罪认罚从宽制度作为一项重要内容予以规定。从法律规定看，认罪认罚从宽制度最核心的一环是在审查起诉阶段。检察机关主导认罪认罚进程，并可以提出量刑建议，而对于检察机关的指控罪名和提出的量刑建议，法院"一般应当采纳"。检察机关量刑建议从单纯的程序性建议权力向约束性建议权力转变。而且检察机关的审查起诉对于诉讼分流的作用也变得更为重要，检察机关在刑事诉讼中的主导地位更为突出。因此，检察机关要正确适用认罪认罚从宽制度，掌握其适用条件，正确理解和把握"认罪""认罚"的标准，依法从宽，客观公正地提出量刑建议。加强对量刑标准的研究，熟练掌握量刑起点、基准和方法步骤，加大科技投入，通过人工智能、大数据的运用，提升量刑建议的质量。同时，不断完善起诉裁量权，对于符合条件的认罪认罚案件依法作出不起诉处理，有效发挥审前分流的作用。在办理认罪认罚案件中，检察机关还要注重保障当事人权利，保障犯罪嫌疑人、被告人及时获得有效法律帮助，完善听取意见机制，听取犯罪嫌疑人及其辩护人或者值班律师的意见，听取被害人的意见，保障认罪认罚的自愿性。充分发挥这项制度在节约司法资源、缓解和调节社会矛盾、构建繁简分流的多层次诉讼制度体系中的作用。注意适应普通程序、简易程序、速裁程序相互衔接的多层次诉讼体系需要，探索被告人认罪与不认罪案件相区别的出庭支持公诉模式，做到"简案快办""繁案精办"，形成简易案件效率导向、疑难案件精准导向、敏感案件效果导向的公诉模式。

2. 关于逮捕职权

逮捕是涉及公民人身自由的最严厉的强制措施。我国宪法第三十七条规定，任何公民，非经人民检察院批准或者决定或者人民法院决定，并由公安机关执行，不受逮捕。1979年人民检察院组织法第五条第三项规定，人民检察院对于公安机关侦查的案件，进行审查，决定是否逮捕，并监督公安机关侦查活动的合法性。修订后的人民检察院组织法第二十条第二项规定，人民检察院对刑事案件进行审查，批准或者决定是否逮捕犯罪嫌疑人。这一规定中的"刑事案件"，既包括公安机关等侦查机关办理的刑事案件，也包括监察机关移送审查起诉的涉嫌职务犯罪的案件。逮捕权行使的方式，既包括对公安机关侦查的案件进行审查批准逮捕，也包括对检察机关自行侦查的案件进行审查决定逮捕以及对监察机关移送的案件决定是否逮捕。

人民检察院在审查逮捕过程中，要依法慎用逮捕措施：一是要全面正确理解和把握逮捕条件，突出逮捕必要性在审查逮捕中的地位和作用，只有在采取取保候审、监视居住等措施不足以防止发生诸如可能实施新的犯罪的，有危害国家安全、公共安全或者社会秩序的现实危险的，可能毁灭、伪造证据干扰证人作证或者串供的，可能对被害人、控告人、举报人实施打击报复的，企图自杀或者逃跑等社会危险性的时候，才应当适用逮捕，依此保证逮捕措施的依法正确适用。二是坚持少捕慎捕，注重发挥取保候审等非羁押性强制措施在刑事诉讼中的作用，只有在"不得已"时，才应当对犯罪嫌疑人采取逮捕措施，尽量减少不必要的羁押。三是在办理审查逮捕案件中，严格按照刑事诉讼法规定，既要审查侦查机关移送的案卷材料，也要讯问犯罪嫌疑人，听取辩护人、被害人的意见，对有特别重大影响的案件，可以探索听证方式进行审查。四是在审查逮捕过程中，要注意发现和纠正侦查机关的违法侦查行为。对于侦查活动中的违法侦查行为，依法提出纠正意见。对于违法获取的证据，应当依法排除的，不能作为批准逮捕的依据。

（二）对原有职权范围作出了调整

职权范围的调整主要体现在国家监察体制改革后对人民检察院侦查职权的规定上。侦查取证是追诉犯罪的基础，世界许多国家和地区的检察官有侦查权或者指挥警察侦查的权力。根据我国法律规定，我国检察机关与公安机关分工负责、互相配合、互相制约，不具有指挥公安机关侦查的权力，但被赋予一定范围的侦查权。长期以来，对国家工作人员职务犯罪进行侦查是人民检察院的重要职权之一。根据中华人民共和国成立之初及其后一段时间的法律法令的规定，检察机关享有"对于刑事案件进行侦查"的权力。1979年人民检察院组织法第五条第二项规定，各级人民检察院"对于直接受理的刑事案件，进行侦查"。根据1979年刑事诉讼法第十三条第二款的规定，检察机关直接受理的案件主要包括贪污罪、侵犯公民民主权利罪、渎职罪以及人民检察院认为需要自己直接侦查的其他案件。1996年刑事诉讼法修改，对检察机关立案侦查的案件范围有所调整，规定："贪污贿赂犯罪，国家工作人员的渎职犯罪，国家机关工作人员利用职权实施的非法拘禁、刑讯逼供、报复陷害、非法搜查的侵犯公民人身权利的犯罪以及侵犯公民民主权利的犯罪，由人民检察院立案侦查。"同时，规定了检察机关的机动侦查权，即"对于国家机关工作人员利用职权实施的其他重大的犯罪案件，需要由人民检察院直接受理的时候，经省级以上人民检察院决定，可以由人民检察院立案侦查"。长期以来，检察机关认真履行职务犯罪案件侦查职责，取得了很大的成绩。

国家监察体制改革是事关全局的重大政治体制改革。2016年以来，随着国家监察体制改革的试点和推进，对检察机关的职务犯罪侦查权进行了重大调整。2016年11月党中央决定在北京市、山西省、浙江省开展国家监察体制改革试点，同年12月全国人大常委会作出《关于在北京市、山西省、浙江省开展国家监察体制改革试点工作的决定》，要求在这三个地区调整或暂时停止适用刑事诉讼法第三条、第十八条、第一百四十八条以及第二编第二章第十一节关于检察机关对直接受理的案件

第一专题 新时代检察机关法律监督的理念、原则与职能

进行侦查的有关规定。党的十九大提出在全国推开监察体制改革试点，实现对所有行使公权力的公职人员监察全覆盖。2018年3月十三届全国人大通过的宪法修正案增加一节"监察委员会"，并规定"监察机关办理职务违法和职务犯罪案件，应当与审判机关、检察机关、执法部门互相配合，互相制约"。职务犯罪侦查和预防职能整合至监察委员会。人民检察院依职权负责监察委员会调查终结移送检察机关审查起诉的案件。修订后的人民检察院组织法适应国家监察体制改革的要求，对人民检察院侦查权的规定进行了调整。第二十条第一项规定，人民检察院依照法律规定对有关刑事案件行使侦查权。此项规定解决了人民检察院自侦权与监察委员会的职责衔接问题。其具体的规定主要体现在刑事诉讼法的相关规定中，同期修改的刑事诉讼法第十九条第二款规定："人民检察院在对诉讼活动实行法律监督中发现的司法工作人员利用职权实施的非法拘禁、刑讯逼供、非法搜查等侵犯公民权利、损害司法公正的犯罪，可以由人民检察院立案侦查。对于公安机关管辖的国家机关工作人员利用职权实施的重大犯罪案件，需要由人民检察院直接受理的时候，经省级以上人民检察院决定，可以由人民检察院立案侦查。"同时根据监察法的规定，监察委员会移送起诉的案件，检察机关经审查，认为需要补充核实的，应当退回监察机关补充调查，"必要时可以自行补充侦查"。结合刑事诉讼法、监察法的规定，修订后的人民检察院组织法关于人民检察院的侦查权主要包括：对诉讼活动实行法律监督中发现的司法工作人员利用职权实施的侵犯公民权利、损害司法公正犯罪案件的侦查权，机动侦查权和补充侦查权。

作为国家的法律监督机关，检察机关保留对在对诉讼活动实行法律监督中发现的司法工作人员利用职权实施的侵犯公民

权利、损害司法公正的犯罪的侦查权,是有效履行诉讼监督职能的重要途径和方式,有利于及时有效纠正违法行为,保持诉讼监督应有的刚性和威慑力。同时,对上述案件的侦查和对诉讼中违法行为的调查核实同步进行,有利于节约办案资源,提高追诉犯罪的效率,也有利于提升反腐败的整体效能。正确理解和行使法律赋予检察机关的侦查权需要把握以下几点:一是关于案件范围。检察机关具有侦查权的这类职务犯罪是检察机关在开展诉讼监督中发现的;从检察机关的侦查权所针对的案件主体来看,仅限于司法工作人员,即法律规定有侦查、检察、审判、监管职责的工作人员;其罪名主要涉及侵犯公民权利、损害司法公正的犯罪。[1] 二是与监察委员会的管辖分工与衔接。监察委员会对公职人员职务违法和职务犯罪监察全覆盖,上述职务犯罪案件监察机关也有权进行调查,因此刑事诉讼法规定检察机关"可以"立案侦查,而非只能由检察机关立案侦查。检察机关在立案侦查司法工作人员相关职务犯罪过程中,发现犯罪嫌疑人还涉嫌监察委员会管辖的职务犯罪线索的,应当及时与监察委员会沟通,认为全案应当由监察委员会管辖更为适宜的,检察机关应当撤销案件,将案件和职务犯罪线索一并移送监察委员会。认为分别管辖更为适宜的,人民检察院应当将监察委员会管辖的相应职务犯罪线索移送监察委员会,对依法应当由人民检察院管辖的犯罪案件继续侦查。调查(侦查)终结前,人民检察院应当就移送审查起诉有关事宜与

---

[1] 根据最高人民检察院2018年11月24日《关于人民检察院立案侦查司法工作人员相关职务犯罪案件若干问题的规定》,具体包括14个罪名:非法拘禁罪,非法搜查罪,刑讯逼供罪,暴力取证罪,虐待被监管人罪,司法工作人员滥用职权罪,司法工作人员玩忽职守罪,徇私枉法罪,民事、行政枉法裁判罪,执行判决、裁定失职罪,执行判决、裁定滥用职权罪,私放在押人员罪,失职致使在押人员脱逃罪,徇私舞弊减刑、假释、暂予监外执行罪。

监察委员会沟通，协调一致，由人民检察院依法对全案审查起诉。三是关于内部管辖。考虑到办案质量的要求、案件数量的实际，以及为更有效排除办案中的干扰，检察机关行使此项立案侦查权时，根据最高人民检察院《关于人民检察院立案侦查司法工作人员相关职务犯罪案件若干问题的规定》，由设区的市级人民检察院立案侦查。基层检察院发现犯罪线索的，应当报市级检察院决定立案侦查。最高人民检察院和省级检察院发现犯罪线索的，可以自行决定立案侦查，也可以将案件线索交由指定的省级、市级检察院立案侦查。

关于机动侦查权的理解与运用需要注意：一是机动侦查权的对象仅限于公安机关管辖的国家机关工作人员利用职权实施的重大犯罪案件，是检察机关履行法律监督职责的一种具体方式，不包括"监察机关"管辖的国家机关工作人员利用职权实施的重大犯罪案件。二是机动侦查权只能针对个别案件，主要是公安机关不立案或者不宜由公安机关立案的个别案件。三是要经过省级以上人民检察院决定。

关于检察机关的自行补充侦查权，根据监察法和修改后的刑事诉讼法，检察机关对监察机关移送起诉的案件，经审查认为需要补充核实的，应当退回监察机关补充调查，必要时也可以自行补充侦查。

(三) 法律监督职权的拓展

1. 扩展了检察机关法律监督的范围

以往，"检察权的范围比较广泛，但实现路径则相对狭窄，主要集中在刑事领域"。[1] 1979年人民检察院组织法仅规定了

---

[1] 卞建林：《关于人民检察院组织法修改的若干思考》，载《人民检察》2005年第13期。

检察机关刑事诉讼监督职责，即第五条第三项"对于公安机关的侦查活动是否合法，实行监督"，第四项"对于人民法院的审判活动是否合法，实行监督"。上述规定随着我国相关法律的修改，已经无法完整概括检察机关的法律监督职能。首先，对民事诉讼、行政诉讼的监督职权规定得不够全面。特别是近年来民事诉讼法、行政诉讼法的修改，检察机关的法律监督范围不仅包括刑事诉讼，而且包括民事诉讼、行政诉讼以及民事和行政公益诉讼等。其次，在刑事诉讼中，检察机关除了对侦查活动和审判活动进行监督外，还具有对刑事立案活动、刑事判决裁定、死刑复核活动等进行监督的职能。1996年刑事诉讼法修改时，在基本原则部分增加规定人民检察院依法对刑事诉讼实行法律监督，并在分则中增加了相应规定。近些年来，随着司法体制改革的不断深化和刑事、民事、行政三大诉讼法陆续修改，人民检察院对刑事诉讼活动的监督体系日益完善，并逐步开展了检察机关在民事、行政领域的法律监督职责。

此次修订人民检察院组织法，根据刑事诉讼法第八条、民事诉讼法第十四条、行政诉讼法第十一条的规定，对刑事诉讼活动、民事诉讼活动、行政诉讼活动的监督职权予以合并规定，确立了检察机关对三大诉讼的法律监督权，第二十条第五项规定："人民检察院对诉讼活动实行法律监督。"当前，在刑事诉讼监督中，重点要构建新型诉侦、诉审关系。对侦查活动加强监督，对证据的收集、固定和完善提出意见和建议，建立重大案件侦查机关听取检察机关意见和建议制度等。对审判活动，检察机关围绕以审判为中心的诉讼制度改革，既要尊重和支持法官在庭审活动中的地位和权威，又要依法全面履行法律监督职能，共同促进庭审实质化。对民事诉讼和行政诉讼中深层次违法问题的监督，需要进一步完善相关制度和机制，特别

第一专题　新时代检察机关法律监督的理念、原则与职能

是行政诉讼监督,更是检察机关法律监督工作弱项中的弱项、短板中的短板。这也正是下一步深化司法体制改革需要解决的问题。通过进一步深化改革,完善相关监督机制,补齐民事和行政检察短板,加强民事和行政诉讼监督。

执行是审判活动的延伸。执行监督既有诉讼监督的特点,又不完全等同于诉讼监督,"兼具刑事性与行政性、诉讼性与非诉讼性,是一种独立的复合性法律监督权",[1] 诉讼法对此有相应规定。修订后的人民检察院组织法第二十条第六项对检察机关的执行监督权作出规定,即人民检察院对刑事、民事、行政判决、裁定等生效法律文书的执行工作实行法律监督。新形势下,检察机关刑事执行监督工作需要科学界定案件类型,实现监督模式由"办事"为主向"办案"为主转化,进一步规范监督;需要以监督维护刑事被执行人合法权益,着力加强羁押必要性审查,完善案件证明规则,积极适用公开审查方式,探索建立办案结果适当公开制度;需要通过羁押必要性审查、羁押期限监督,切实保障被羁押人的合法权益;需要进一步强化民事执行监督,支持、促进法院从执行活动违法情形反向审视审判活动中的源头问题;需要加大对重点突出问题的监督,推动执行规范化。[2]

此外,根据监狱法第六条、2013年公安部《看守所留所执行刑罚罪犯管理办法》第八条、修订后的人民检察院组织法第二十条第七项的规定,人民检察院对监狱、看守所的执法活动实行法律监督。此项监督既包括对监狱、看守所对生效法律文书的执行活动,也包括对监狱、看守所的其他执法活动进行监

---

〔1〕 周伟:《刑事执行检察的若干问题》,载《人民检察》2013年第24期。
〔2〕 参见张军:《最高人民检察院关于人民检察院加强对民事诉讼和执行活动法律监督工作情况的报告》,载《全国人民代表大会常务委员会公报》2018年第6期。

督。根据相关规定，检察机关对监狱执法活动的监督主要包括禁闭检察、事故检察和狱政管理及教育改造活动检察三个方面，对看守所执法活动的监督包括收押检察、出所检察、羁押期限检察、事故检察和教育管理活动检察五项。检察院行使法律监督权，重点是保证监管改造活动的合法性，既要做好保障刑事诉讼活动顺利进行、保障当事人合法权益的工作，也要从政治效果、法律效果、社会效果相统一的角度树立治本安全观，促进监管场所把罪犯改造成守法公民。

上述三项规定解决了人民检察院组织法与其他法律相协调的问题，将其他法律已确认的检察机关的法律监督职权，在人民检察院组织法中作出了统一规定。

在刑事诉讼监督中，重点要构建新型诉侦、诉审关系。对侦查活动要加强监督和引导，侦查监督处于刑事诉讼上游，需要发挥程序初期的监督、引导和把关作用。[1] 诉侦关系要扭转重配合轻监督的传统观念，发挥检察机关在诉前的主导作用，从法律判断的视角引导侦查取证，监督取证合法，在制衡下引导，在引导中制衡，形成良性的诉前格局，为庭审提供充分的、可检验的证据。在诉审关系中，检察机关既要尊重和支持法官在审判活动中的主导地位和权威，又要依法全面履行法律监督职能，共同推进以审判为中心的刑事诉讼制度改革，促进庭审实质化。在民事、行政诉讼监督中，要着力提高民事、行政检察抗诉的精准度和影响力，遴选出符合精准监督条件的抗诉案件，集中精力办理能够规范司法行为和法律适用的案件，倡导公序良俗和诚实信用。在刑事执行检察监督中，要着力保

---

[1] 卞建林：《发挥侦查监督职能　把好防范错案关口》，载《检察日报》2015年6月17日第3版。

证监管改造活动的合法,依法保障被羁押人的合法权益,加强对减刑、假释、暂予监外执行等刑罚变更执行的同步监督,完善社区矫正法律监督制度等。

2. 赋予了检察机关公益诉讼职权

为保护社会公共利益而提起诉讼是司法救济的一种形式。在古罗马的诉讼制度中,就有关于公益诉讼和私益诉讼之分,前者主要是保护社会公共利益的诉讼,后者则是保护个人利益的诉讼。[1] 公益诉讼所维护的利益主要涉及环境资源保护、食品药品安全等主体众多且不特定的案件,"如果法律对起诉主体资格不加以规定,就既可能出现无人提起诉讼的情形,也可能出现众多主体都来提起诉讼的情形",[2] 使诉讼活动难以开展。检察官源自"国家的诉讼代理人",是国家和社会公共利益的"受托者"之一。检察机关作为国家的法律监督机关,行使公益诉讼职责,是维护国家法治和社会公共利益的需要,也是法律监督的应有之义。检察机关要密切关注公益受损的社会热点事件,并充分借助公职律师、公益组织和志愿者的力量,将这项职能行使好。

早在新民主主义革命时期,陕甘宁边区、晋冀鲁边区就曾确立由检察员作为诉讼当事人或公益代表人参与诉讼的制度。新中国成立后,也曾确立检察机关参加民事行政诉讼活动的制度。1954年人民检察院组织法第四条第六项规定,"对于有关国家和人民利益的重要民事案件有权提起诉讼或者参加诉讼"。但1979年人民检察院组织法并未规定检察机关的此项职能。20世纪90年代开始,由于国有资产流失、环境污染等损害公

---

[1] 参见颜运秋:《公益诉讼理念研究》,中国检察出版社2002年版,第53页。
[2] 吕天奇:《检察机关公益诉讼制度基本问题研究》,载《社会科学研究》2016年第6期。

共利益问题日益严重，社会公众也希望检察机关担负起维护公共利益的责任。

党的十八届四中全会提出"探索建立检察机关提起公益诉讼制度"。2015年7月1日十二届全国人大常委会第十五次会议作出《关于授权最高人民检察院在部分地区开展公益诉讼试点工作的决定》，授权最高人民检察院以生态环境和资源保护、国有资产保护、国有土地使用权出让、食品药品安全等领域为重点，在北京市等13个省、自治区、直辖市开展为期两年的提起公益诉讼试点。根据全国人大常委会的授权决定，最高人民检察院组织13个省（自治区、直辖市）的检察机关开展了为期两年的提起公益诉讼试点。试点充分体现了检察机关作为法律监督机关的宪法定位，弥补了提起公益诉讼主体的缺位。试点地区检察机关依据授权行使法律监督职责，对符合条件的案件履行诉前程序、提起公益诉讼，有效改善了以往因行政机关或其他主体的违法行为使国家和社会公共利益遭受损害，但无人诉、无法诉、不愿诉而导致违法行为缺乏有效司法监督的现象，有效改变了公益保护主体缺位的状况。2017年6月27日十二届全国人大常委会第二十八次会议通过修改民事诉讼法、行政诉讼法的决定，正式建立检察机关提起公益诉讼制度。2018年4月27日十三届全国人大常委会第二次会议通过的英雄烈士保护法规定，检察机关有权对侵害英雄烈士名誉权的行为依法提起公益诉讼。与民事诉讼法第五十五条、行政诉讼法第二十五条以及英雄烈士保护法第二十五条的相关规定相适应，2018年10月26日修订后的人民检察院组织法在第二十条第四项规定，人民检察院依照法律规定提起公益诉讼，赋予人民检察院提起公益诉讼的职权。

3. 明确了最高人民检察院的专有职权

除各级检察机关普遍具有的职权外，修订后的人民检察院组织法用第二十二条、第二十三条两个条款规定了最高人民检察院的四项职权，即对最高人民法院的死刑复核活动实行监督，对报请核准追诉的案件进行审查、决定是否追诉，对属于检察工作中具体应用法律的问题作出司法解释，以及发布指导性案例。

关于死刑复核监督职权。死刑复核是最高人民法院审判活动的重要组成部分，人民检察院对死刑复核活动进行法律监督是其应有职能之一。刑事诉讼法第二百五十一条第二款规定："在复核死刑案件过程中，最高人民检察院可以向最高人民法院提出意见。最高人民法院应当将死刑复核结果通报最高人民检察院。"检察机关对死刑复核实行法律监督，体现了检察官客观性义务的要求，有利于保障人权、完善对于审判活动的监督制约机制、保证司法公正。修订后的人民检察院组织法第二十二条明确规定，"最高人民检察院对最高人民法院的死刑复核活动实行监督"。

关于核准追诉权。最高人民检察院的核准追诉权是在相关法律中已经明确规定，在司法实践中不断完善的一种制度。我国1979年刑法第七十六条第四项赋予人民检察院对超过追诉时效的特定案件的核准追诉权。我国现行刑法第八十七条第四项规定，法定最高刑为无期徒刑、死刑的，经过20年的不再追诉；如果20年以后认为必须追诉的，须报请最高人民检察院核准。修订后的人民检察院组织法第二十二条规定，最高人民检察院对报请核准追诉的案件进行审查，决定是否追诉。

关于司法解释权。制定和发布司法解释是最高人民检察院的重要职权之一，也是最高人民检察院领导地方各级检察院依法正确行使检察权的重要方式。1981年6月10日第五届全国人民代表大会常务委员会第十九次会议通过的《全国人民代表大会常务委员会关于加强法律解释工作的决议》第二条规定："凡属于法院审判工作中具体应用法律、法令的问题，由最高人民法院进行解释。凡属于检察院检察工作中具体应用法律、法令的问题，由最高人民检察院进行解释。最高人民法院和最高人民检察院的解释如果有原则性的分歧，报请全国人民代表大会常务委员会解释或决定。"各级人民代表大会常务委员会监督法、立法法等就最高人民法院、最高人民检察院制定司法解释的要求、备案等程序作出了明确规定。党的十八届四中全会提出，"加强和规范司法解释和案件指导，统一法律适用标准"。[1] 最高人民检察院根据司法实践需要，单独或者会同有关部门制定了一大批司法解释和司法解释性文件，对保证国家法律的统一、正确实施，保证司法机关严格依法办案，发挥了重要作用。同时，司法解释工作的制度规范也不断加强。修订后的人民检察院组织法再次确认了最高人民检察院的这项权力，第二十三条第一款规定，最高人民检察院可以对属于检察工作中具体应用法律的问题进行解释。

关于发布指导性案例。以案例指导执法办案，是司法机关一直坚持的行之有效的做法。2010年最高人民法院和最高人民检察院分别发布了关于案例指导工作的规定，确立了案例指导制度。截至2019年6月，最高人民检察院已经先后发布十四批指导性案例，在规范检察机关司法办案，促进检察机关严格公正司法，保障法律统一正确实施中发挥了重要的作用。修订后的人民检察院组织法第二十三条第二款明确规定"最高人民

---

[1]《中共中央关于全面推进依法治国若干重大问题的决定》，人民出版社2014年版。

检察院可以发布指导性案例"。指导性案例虽然其效力低于法律和司法解释，但是对于检察官办理案件具有重要的参考借鉴意义。

鉴于制定司法解释和发布指导性案例工作的严肃性和特殊性，在总结人民检察院制定发布司法解释、指导性案例相关规范及工作实践的基础上，修订后的人民检察院组织法第三十一条第二款规定"最高人民检察院对属于检察工作中具体应用法律的问题进行解释、发布指导性案例，应当由检察委员会讨论通过"。

此外，最高人民检察院还有一些其他特有的法定职权。如修改后的刑事诉讼法第一百八十二条赋予最高人民检察院对认罪认罚从宽制度下特殊情形的撤销案件和特殊案件不起诉的核准权，即"犯罪嫌疑人自愿如实供述涉嫌犯罪的事实，有重大立功或者案件涉及国家重大利益的，经最高人民检察院核准，公安机关可以撤销案件，人民检察院可以作出不起诉决定，也可以对涉嫌数罪中的一项或者多项不起诉"。修改后的刑事诉讼法第二百九十一条赋予最高人民检察院对严重危害国家安全犯罪、恐怖活动犯罪案件适用缺席审判程序的核准权。这都是检察机关法律监督职权的重要组成部分。

（四）完善检察机关行使职权的措施和方式

1979年人民检察院组织法专设一章用9个条文规定了人民检察院行使职权的程序。随着法制不断发展完善，人民检察院行使职权的程序陆续在相关的诉讼法中作了补充规定，1979年人民检察院组织法中的相关程序性规定有些为新法所取代，有些则不再适用。修订后的人民检察院组织法基于组织法与诉讼法功能定位的区别，删除了相关诉讼法中已有明确规定的内容，仅作出了原则性的规定，即修订后的人民检察院组织法第二十一条,该条统一规定了人民检察院监督职权行使的方式、措施和程序。该条第一款规定:"人民检察院行使本法第二十条规定的法律监督职权,可以进行调查核实,并依法提出抗诉、纠正意见、检察建议。有关单位应当予以配合,并及时将采纳纠正意见、检察建议的情况书面回复人民检察院。"第二款规定:"抗诉、纠正意见、检察建议的适用范围及其程序,依照法律有关规定。"

1. 人民检察院行使法律监督职权的方式、程序和效力

根据现行刑事诉讼法、民事诉讼法、行政诉讼法,人民检察院行使法律监督职权最主要的方式是抗诉、提出纠正意见和检察建议。对于抗诉的条件和程序及其效力,三大诉讼法均有明确规定。提出纠正意见在刑事诉讼法中作出了明确规定,民事诉讼法和行政诉讼法则规定了检察机关提起再审检察建议的程序。

检察建议是一种重要的监督方式,为了进一步规范检察建议工作,增加其监督刚性,2019年2月最高人民检察院发布《人民检察院检察建议工作规定》,明确了检察建议的类型,规范了检察建议的办理程序、要求和落实措施。检察机关提出检察建议要立足检察职能,结合司法办案工作,坚持严格依法、准确及时、必要审慎、注重实效的原则,以保证制发检察建议的质量。

检察机关提出的纠正意见、检察建议得到被监督单位的回应,是保证法律监督顺利开展的必要条件。对于抗诉、再审检察建议以及作为行政公益诉讼诉前程序的检察建议,在三大诉讼法中有相应规定,其效力有一定保障。但是诉讼监督中经常使用的其他检察建议和纠正意见则由于缺乏相应的法律规定,监督效力难以保证。修订后的人民检察院组织法规定,有关单

位应当及时将采纳纠正意见、检察建议的情况书面回复人民检察院,从而赋予这两种监督方式一定的法律效力。这对于把检察建议这种监督方式做成刚性、做到刚性,充分发挥检察机关法律监督的职能作用,具有重要意义。

2. 检察机关的调查核实权

检察机关对监督事项进行调查核实,是确定监督事项为违法还是犯罪等,以及违法或者犯罪情节的轻重、性质的认定,继而有针对性地开展法律监督的重要且必要的前提条件。1954年人民检察院组织法第十九条规定:"人民检察院为执行检察职务,有权派员列席有关机关的会议,有权向有关的机关、企业、合作社、社会团体调阅必要的决议、命令、案卷或者其他文件,有关的机关、团体和人员都有义务根据人民检察院的要求提供材料和说明。"1979年人民检察院组织法对此未作明确规定。2012年刑事诉讼法第五十五条、2018年刑事诉讼法第五十七条规定,检察机关接到报案、控告、举报或者发现侦查人员以非法方法收集证据的,应当进行调查核实。民事诉讼法第二百一十条规定,检察机关因履行法律监督职责提出检察建议或者抗诉的需要,可以向当事人或者案外人调查核实有关情况。

修订后的人民检察院组织法明确了检察机关的调查核实权,这是对检察机关法律监督措施的重要完善。检察机关的调查核实权,既不同于侦查机关对犯罪案件的侦查,也不同于监察机关对违纪违法行为人进行问责处置的调查,而是指检察机关对在依法履行职责中发现的相关违法事实进行核实,或者对公益诉讼涉案事实进行调查取证,其措施包括调阅、借阅案卷材料和其他文件资料,查询、调取、复制相关证据材料,向有关行政机关、司法机关及其工作人员了解情况,向当事人或者案外人询问取证等。需要注意的是,人民检察院进行调查核实时,不能采取限制人身或者财产权利的强制性侦查措施。

3. 检察长列席审判委员会会议制度

作为中国特色社会主义司法制度的重要组成部分,检察长列席人民法院审判委员会会议制度是检察机关履行法律监督职能的重要方式。检察长列席法院审判委员会会议,参与讨论重大、疑难、复杂案件或与检察工作相关的议题,目的是依法履行法律监督职能,保障审判权的依法公正行使。1954 年人民检察院组织法规定,最高人民检察院检察长有权列席最高人民法院审判委员会会议,地方各级人民检察院检察长有权列席本级人民法院审判委员会会议,并且规定人民检察院为执行检察职务,有权派员列席其他有关机关的会议。1979 年人民法院组织法规定了人民检察院检察长可以列席同级人民法院审判委员会会议。为规范检察长列席审判委员会会议工作,最高人民法院、最高人民检察院于 2010 年制定下发了《关于人民检察院检察长列席人民法院审判委员会会议的实施意见》。修订后的人民检察院组织法吸收了相关司法实践经验和司法改革的实践经验,从检察机关履行法律监督职责的角度明确规定,人民检察院检察长或者检察长委托的副检察长,可以列席同级人民法院审判委员会会议,与人民法院组织法关于检察长可以列席同级人民法院审判委员会会议的规定相协调、适应,使这项法律制度逐步完善。

五、检察机关职权的行使原则

1979 年人民检察院组织法规定了人民检察院保障公民权

利、坚持群众路线、适用法律平等、依法独立行使检察权等基本原则,为检察机关履行职责提供了保障。随着经济社会的发展和法治建设的进步,加之对检察权运行规律的认识进一步加深,以及立法技术的逐渐专业化和法律术语的不断规范化,有必要对检察权行使的基本原则进行修改完善。修订后的人民检察院组织法适应新时代的要求,遵循检察权的性质和运行规律,规定了人民检察院依法独立行使检察权、适用法律平等、司法公正、司法公开和司法民主、司法责任制和检察一体化等基本原则,这些原则凝练概括,并在分则部分规定了具体的制度设计,是人民检察院开展工作的指引和遵循。

(一) 依法独立行使检察权原则

新中国成立之初,即确立了人民检察院独立行使职权的原则,但其内涵在不同历史时期不尽相同。与新中国成立初期确立的检察机关垂直领导体制相对应,1954年宪法及人民检察院组织法均规定,地方各级人民检察院独立行使职权,不受地方国家机关的干涉。1979年人民检察院组织法第九条规定:"人民检察院依照法律规定独立行使检察权,不受其他行政机关、团体和个人的干涉。"1982年宪法第一百三十一条规定:"人民检察院依照法律规定独立行使检察权,不受行政机关、社会团体和个人的干涉。"

修订后的人民检察院组织法沿用了此项原则,第四条规定,"人民检察院依照法律规定独立行使检察权,不受行政机关、社会团体和个人的干涉"。修订后的人民检察院组织法删除了原条文"行政机关"之前的"其他"二字,更加符合宪法关于人民检察院作为法律监督机关的宪法定位,有利于检察权的依法独立公正行使。这一原则从检察机关与外部关系的角度,厘清了检察机关与行政机关、社会团体和个人的关系。第五章"人民检察院行使职权的保障"中对该项原则作出了进一步规定,确立了对干预司法活动、插手案件处理以及提出超职责要求等行为处理的具体制度,为检察机关依法独立行使检察权提供了制度保障。

(二) 适用法律平等原则

法律面前人人平等是宪法确立的基本原则。我国宪法第三十三条第二款规定"中华人民共和国公民在法律面前一律平等",第五条第五款规定"任何组织或者个人都不得有超越宪法和法律的特权"。1979年人民检察院组织法第八条对此也作出了相应规定,"各级人民检察院行使检察权,对于任何公民,在适用法律上一律平等,不允许有任何特权"。修订后的人民检察院组织法第五条规定,"人民检察院行使检察权在适用法律上一律平等,不允许任何组织和个人有超越法律的特权,禁止任何形式的歧视"。这项原则是现代法治国家通行的原则,检察机关作为法律监督机关,不仅要坚持这一原则,而且对于违背这一原则的行为要依法履行法律监督职责。

(三) 司法公正原则

公正是法治的生命线。检察机关作为法律监督机关,是法律的守护人,应当把公正作为永恒的价值追求。1979年人民检察院组织法第七条规定:"人民检察院在工作中必须坚持实事求是……调查研究,重证据不轻信口供,严禁逼供信,正确区分和处理敌我矛盾和人民内部矛盾。各级人民检察院的工作人员,必须忠实于事实真象,忠实于法律,忠实于社会主义事业,全心全意地为人民服务。"新修订的人民检察院组织法结合新形势的要求重新表述了司法公正原则,第六条规定:"人民检察院坚持司法公正,以事实为根据,以法律为准绳,遵守法定程序,尊重和保障人权。"人民检察院坚持司法公正原则,在司法实践中要做到：一是以事实为根据，以法律为准绳。即必须忠实于事实真相，以客观存在的事实作为处理问题的根本依据，在查明事实的基础上，正确适用法律，做到有法必依、执法必严。二是遵守法定程序。严格按照诉讼法等法律中有关诉讼主体的权利、义务以及诉讼程序的规定，履行法定职责，从事检察活动。三是要尊重和保障人权。

检察机关在诉讼过程中，不能把自己当作一方当事人，片面追求追诉和打击。检察官必须抛弃偏见、坚守公正，这是由检察官的客观公正义务所决定的。"检察官不是，也不应该是片面追求打击犯罪的追诉狂，而是依法言法，客观公正的守护人，有利不利一律注意。"[1] 检察官在行使职权时，必须坚持客观公正的立场，坚持实事求是、公正司法。以事实为根据、以法律为准绳是客观公正的基本要求，遵守法定程序是达到客观公正的程序保障，尊重和保障人权是司法公正的重要内容。"尊重和保障人权"被写入宪法和刑事诉讼法，并成为刑事诉讼的重要目标和基本原则之一。检察机关在司法办案和履行法律监督职责中不仅要自觉地尊重和保障人权，同时也负有监督其他执法、司法机关依法保障人权的职责，要将这一原则贯穿行使职责的始终。

（四）司法公开和司法民主原则

1979 年人民检察院组织法规定了群众路线原则，第七条要求，人民检察院在工作中必须贯彻执行群众路线，倾听群众意见，接受群众监督。这一原则曾在开展检察工作中发挥了重要作用。随着法治的发展，人民群众对司法的参与更广泛、更有序、更深入，知情权、参与权、监督权等参与的形式也更多

---

[1] 林钰雄：《检察官论》，学林文化事业有限公司 1999 年版，第 17 页。

样，群众路线原则演进并具体化为司法公开和司法民主原则。通过司法公开，接受人民群众的监督，是检察机关接受监督的重要方式。近些年来，检察机关不断通过制度机制建设，在司法公开和司法民主方面作出探索，积累了不少经验。党的十八届三中全会提出，"推进审判公开、检务公开"，"广泛实行人民陪审员、人民监督员制度，拓宽人民群众有序参与司法渠道"。[1] 党的十八届四中全会提出，保障人民群众参与司法，要求依法及时公开执法司法依据、程序、流程、结果和生效法律文书，加强法律文书释法说理，建立生效法律文书公开查询制度[2]等。近些年来，检察机关在检务公开和司法民主方面建立了一系列制度。人民检察院组织法的修订，将有关制度上升到了法律规定，标志着司法公开和司法民主已经成为检察权行使过程中必须坚持的基本原则。

司法公开是司法民主和司法公正的必然要求，通过司法公开，满足人民群众对检察工作的知情权、参与权、表达权和监督权，同时，促进司法公正，提高司法权威和公信力。修订后的人民检察院组织法第七条规定："人民检察院实行司法公开，法律另有规定的除外。"不公开的内容主要涉及国家秘密、商业秘密、个人隐私、未成年人犯罪和未成年被害人的案件信息等。对于当事人申请不公开且符合法律规定的，不应当向社会公开，要平衡公众知情权与个人隐私权之间的关系。

司法民主主要体现在人民群众对检察工作的参与和监督上。修订后的人民检察院组织法第十一条规定，人民检察院应当接受人民群众监督，保障人民群众对人民检察院工作依法享

---

[1] 《中共中央关于全面深化改革若干重大问题的决定》，载《人民日报》2013年11月16日第1版。

[2] 《中共中央关于全面推进依法治国若干重大问题的决定》，人民出版社2014年版。

有知情权、参与权与监督权。第二十七条规定："人民监督员依照规定对人民检察院的办案活动实行监督。"人民监督员制度是最高人民检察院为加强对办理职务犯罪案件的监督而推出的一项重要改革举措，也是检察机关自觉接受人民群众监督、保障人民群众有序参与司法的重要制度设计。最高人民检察院在2003年10月，就在部分地区部署开展了人民监督员制度试点，由人民监督员对检察机关办理职务犯罪案件中拟作撤案、不起诉处理以及犯罪嫌疑人不服逮捕决定的"三类案件"进行监督。2004年10月起在全国范围内开展试点，2010年在全国检察机关全面推行人民监督员制度。人民监督员的监督范围逐步扩展，人民监督员的选任和管理方式逐步完善，人民监督员制度改革持续深化。随着国家监察体制改革的推进，检察机关查办职务犯罪案件职能发生重大变化，人民监督员的监督范围调整为对检察机关各方面办案活动的监督。2018年10月修订后的人民检察院组织法，明确规定人民监督员依照规定对人民检察院的办案活动实行监督，实现了人民监督员制度的法制化。

（五）全面落实司法责任制原则

这是1979年人民检察院组织法中没有的内容。这次修订将检察权运行的基本原则在总则中予以确立，吸收了近年来司法责任制改革的成果，是人民检察院组织法修订的一个重要突破。司法责任制改革是一项重要改革举措，在司法制度体系和司法权运行机制中居于基础和核心的地位。人民检察院司法责任制改革按照"谁办案谁负责、谁决定谁负责"的要求，通过明确检察人员职责权限和完善检察权运行机制，突出检察官主体地位，使检察官既成为司法办案的主体，也成为司法责任的主体。因此，修订后的人民检察院组织法第八条规定："人民检察院实行司法责任制,建立健全权责统一的司法权力运行机制。"以此为指导和引领,在分则中专设一章"人民检察院的办案组织",规定了落实司法责任制的一系列具体制度。这为全面落实司法责任制的要求,建立权责明晰、权责统一、权责相应的检察权运行机制奠定了法律基础。

(六) 检察一体化原则

检察一体化原则,主要用于厘清检察机关内部上下级之间的关系,即最高人民检察院领导地方各级人民检察院和专门人民检察院的工作,上级人民检察院领导下级人民检察院的工作;各级人民检察院和检察官履行职务应当相互配合、相互协作,对于重大案件和复杂案件可以相互承继、移转和代理。[1] 检察一体化是世界上多数国家和地区检察制度的通例,符合检察机关行使职能的需要,也有利于抗衡外在权力的干预。我国宪法第一百三十七条确立了人民检察院的领导体制,修订后的人民检察院组织法坚持宪法规定,在第十条将检察一体化作为检察权运行原则规定了下来,在 1979 年人民检察院组织法第十条第二款"最高人民检察院领导地方各级人民检察院和专门人民检察院的工作,上级人民检察院领导下级人民检察院的工作"的基础上,与宪法规定相一致,增加了第一款:"最高人民检察院是最高检察机关。"

检察机关实行上级领导下级的体制,是检察机关履行法律监督职能、维护国家法制统一实施的重要制度保证。新中国成立之初的一系列法令法规即明确了这一体制。1954 年人民检察院组织法第六条第二款规定:"地方各级人民检察院和专门人

---

[1] 冯玉军、赵轩毅:《〈人民检察院组织法〉修改若干问题的法理剖析》,载胡卫列等主编:《人民检察院组织法与检察官法修改——第十二届国家高级检察官论坛论文集》,中国检察出版社 2016 年版,第 9 页。

民检察院在上级人民检察院的领导下,并且一律在最高人民检察院的统一领导下,进行工作。"1978年宪法将检察机关的领导体制改为上下级之间的监督关系。为保证检察院对全国实行统一的法律监督,1979年人民检察院组织法恢复检察机关上下级领导关系,第十条第二款规定:"最高人民检察院领导地方各级人民检察院和专门人民检察院的工作,上级人民检察院领导下级人民检察院的工作。"1982年宪法第一百三十二条规定:"最高人民检察院是最高检察机关。最高人民检察院领导地方各级人民检察院和专门人民检察院的工作,上级人民检察院领导下级人民检察院的工作。"这一规定保持至今。

为保证此项原则的落实,修订后的人民检察院组织法第二十四条规定了上级人民检察院对下级人民检察院的领导职权,包括:指令下级人民检察院纠正或依法撤销、变更下级人民检察院的错误决定;对下级人民检察院管辖的案件指定管辖;办理下级人民检察院管辖的案件;统一调用辖区的检察人员办理案件。同时,在第二十五条规定,下级人民检察院应当执行上级人民检察院的决定;有不同意见的,可以在执行的同时向上级人民检察院报告。其中,特别需要注意的是,修订后的人民检察院组织法明确规定了上级人民检察院有权统一调用辖区的检察人员办理案件。这项规定符合检察一体化原则和办案实际需求,为检察官异地履职提供了法律依据。

六、履行法律监督职责的组织保障

人民检察院的设置、内设机构、人员等诸多元素构成人民检察院的组织体系,其地位、功能及其相互关系的规定对人民检察院职能的发挥具有重要影响。修订后的人民检察院组织法继承了新中国成立以来形成的人民检察院组织体系基本制度和规则,并且根据检察改革的推进,在人员、办案组织、内设机构等方面作出重大调整和规定,同时规定了人民检察院行使职权的保障,这对于更好地完成法律赋予检察机关的职责,完善中国特色社会主义检察制度具有重要意义。

(一) 进一步明确了人民检察院的设置

1. 人民检察院设立的法治原则

人民检察院的设立必须符合法治原则,坚持宪法是人民检察院机构设置的总依据,设立人民检察院必须符合宪法和法律的规定。因此,人民检察院的产生、组织和职权须由法律作出规定,这是全国人大及其常委会的专属立法权。修订后的人民检察院组织法第三条规定,人民检察院依照宪法、法律和全国人民代表大会常务委员会的决定设置。一般情况下,人民检察院的设立由宪法和人民检察院组织法予以规定。由于司法实践的发展和司法体制改革的需要,对一些特殊类型的法院、检察院由全国人大常委会通过决定的方式予以设置也是一种方式,这是对较为成熟立法经验的吸收固化,也有利于依法规范人民检察院的设置。

2. 调整了有关人民检察院设置的部分规定

关于人民检察院的分类,与宪法第一百三十五条关于人民检察院设置的规定相一致,沿袭 1979 年人民检察院组织法第二条第一款的规定,在具体表述上略作调整,使其更符合组织法的定位,更加清晰明了。修订后的人民检察院组织法第十二条规定:"人民检察院分为:(一)最高人民检察院;(二)地方各级人民检察院;(三)军事检察院等专门人民检察院。"关于人民检察院设置方面的调整主要表现在以下几方面:

第一，关于地方人民检察院的设置。1979年人民检察院组织法在检察院的设置上采取的是"行政区划名称+人民检察院"的表述方式。其第二条第二款规定："地方各级人民检察院分为：（一）省、自治区、直辖市人民检察院；（二）省、自治区、直辖市人民检察院分院，自治州和省辖市人民检察院；（三）县、市、自治县和市辖区人民检察院。"随着经济社会的发展，当前我国省级以下行政区划的名称有市、州、盟、县、自治县、旗、市辖区等，特别是"市"，有"省辖市""地级市""设区的市""不设区的市""县级市"等不同级别和不同表述方式，检察院的名称也随之越来越复杂。为适应行政区划的变更，便于对人民检察院的层级进行区分，修订后的人民检察院组织法对地方各级人民检察院进行了概括分类，将地方人民检察院划分为"省级人民检察院、设区的市级人民检察院和基层人民检察院"三级，并在各项下列出其所包含的检察院的类型。其第十三条规定，"地方各级人民检察院分为：（一）省级人民检察院，包括省、自治区、直辖市人民检察院；（二）设区的市级人民检察院，包括省、自治区辖市人民检察院，自治州人民检察院，省、自治区、直辖市人民检察院分院；（三）基层人民检察院，包括县、自治县、不设区的市、市辖区人民检察院"。其中第二项规定了设区的市级人民检察院，即管辖区域为省、自治区辖市、自治州等的人民检察院，实践中，一般称为"分州市院"或"地市级院"。但由于分州市、地市级非法律语言，依法律规定，这一层级的市称为"设区的市"，因此，修订后的人民检察院组织法将其规范称为"设区的市级人民检察院"。

第二，关于新疆生产建设兵团检察院的法律地位。新疆生产建设兵团是新疆维吾尔自治区的重要组成部分，实行党政军企合一，承担着国家赋予的屯垦戍边的职责，在所辖垦区内依照国家和新疆维吾尔自治区的法律法规，自行管理内部行政、司法事务。为了明确新疆生产建设兵团法院、检察院的法律地位，第九届全国人大常委会第六次会议于1998年通过《关于新疆维吾尔自治区生产建设兵团设置人民法院和人民检察院的决定》。但人民检察院组织法未对其作过规定。兵团检察院在兵团辖区内行使检察权，具有独特的法律地位和组织架构特点，既不宜归入地方人民检察院，也不属于专门人民检察院，按照全国人大常委会的有关决定的规定，将兵团三级检察院均定位为自治区人民检察院的派出机构，但又与一般的派出检察院仅派出一级有所不同。为明确其法律地位，修订后的人民检察院组织法将其作为特殊情况，单独予以规定，在第十四条增加规定：在新疆生产建设兵团设立的人民检察院的组织、案件管辖范围和检察官任免，依照全国人民代表大会常务委员会的有关规定。

第三，关于专门人民检察院的设置。专门人民检察院是基于其专属管辖权和所保护社会关系的特殊性而设立的检察机关。1979年人民检察院组织法第二条第四款规定，专门人民检察院包括军事检察院、铁路运输检察院、水上运输检察院和其他专门检察院。第五款规定，专门人民检察院的设置、组织和职权由全国人民代表大会常务委员会另行规定。1983年修订时对第四款予以删除。目前，专门检察院主要是军事检察院。修订后的人民检察院组织法在人民检察院的基本类型中保留了"军事检察院等专门人民检察院"，并在第十五条规定，专门人民检察院的设置、组织、职权和检察官任免，由全国人民代表大会常务委员会规定。此条规定为根据开展法律监督的需要设置相应的专门人民检察院留下了法律空间。

第四，关于派出人民检察院的设置。设置派出检察院，主要是为了解决对特定区域、场所进行专项监督和案件层级管辖问题。1979年人民检察院组织法第二条第三款规定，省级检察院和县级检察院根据工作需要，提请本级人大常委会批准，可以在工矿区、农垦区、林区等区域设置派出检察院。在直辖市或者试点省直管县地区，因没有地市这一行政层级，由省级检察院设立派出检察分院可以解决案件层级管辖问题。实践中，随着各类开发区、自贸区等的出现以及监狱体制的改革，有的设区的市级检察院也在这些区域和场所设置了派出检察院，而县级检察院设置派出检察院的客观需求和必要性并不大，[1]且县级检察院设立派出检察院后，造成派出单位与被派出单位均为县级检察院，在管理体制上造成诸多不顺。修订后的人民检察院组织法第十六条取消了县一级检察院设置派出检察院的规定，规定省级检察院和设区的市级检察院可以设置派出检察院。在设置区域上采用原则性的表述方式，即"在辖区内特定区域设立人民检察院"，包括在各种经济开发区、自贸区、监狱等特定区域和场所设置的检察院，适应了检察实践的发展，也为今后派出检察院的设置留出余地。同时，根据派出主体的变化，对派出审批程序作了修改，严格了设置的程序，即"经最高人民检察院和省级有关部门同意，并提请本级人民代表大会常务委员会批准"。

3. 规定了内设机构设置的基本形态

内设机构属于组织的基本单元。1954年人民检察院组织法未就检察机关的内设机构作具体规定。1979年人民检察院组织

---

[1] 万春：《〈人民检察院组织法〉修改重点问题》，载《国家检察官学院学报》2017年第1期。

法最初规定："最高人民检察院设置刑事、法纪、监所、经济等检察厅，并且可以按照需要，设立其他业务机构。地方各级人民检察院和专门人民检察院可以设置相应的业务机构。"1983年对人民检察院组织法关于内设机构的规定进行了修订，取消了内设机构的名称，规定"最高人民检察院根据需要，设立若干检察厅和其他业务机构。地方各级人民检察院可以分别设立相应的检察处、科和其他业务机构"。随着检察工作的不断发展，原有的内设机构设置方式已经不适应新时代检察工作发展和履行法律监督职能的需要。2014年推进司法责任制改革以来，内设机构改革也成为改革的重点。根据近些年来司法责任制改革、检察权运行机制改革等取得的成果，修订后的人民检察院组织法第十八条、第十九条规定，人民检察院根据检察工作需要，设必要的业务机构，可以设必要的检察辅助机构和行政管理机构。对业务机构，不再对最高人民检察院和地方各级人民检察院分别规定，取消了"厅""科""处"等与案件办理三级审批制相适应的行政色彩较浓的名称，而是统一规定为"人民检察院根据检察工作需要，设必要的业务机构"，没有规定具体设置哪些机构和机构名称，为改革留有了空间。新一轮司法体制改革中，检察机关坚持"一类事项原则上由一个部门统筹，一件事情原则上由一个部门负责"。在刑事检察方面，按照案件类型、案件数量等因素，构建普通刑事犯罪、重大刑事犯罪、职务犯罪、金融经济犯罪等专业化刑事办案机构，统一履行审查逮捕、审查起诉、补充侦查、出庭支持公诉等职能，设立专门的民事检察、行政检察和公益诉讼检察机构或办案组，对内设机构进行了重大调整和改革。检察院具有上下一体性，同时，四级检察机关的职权任务各有侧重，因此，上下级检察业务机构是否对应设置可根据实际情况进行。一般而言，省级检察院主要业务部门原则上应与最高人民检察院对应设置，但不要求绝对一致。考虑到检察院实际情况的差别，为了将更多的人员投入办案一线，实现必要的管理职能，规定检察官员额较少的设区的市级人民检察院和基层人民检察院，可以设综合业务机构。这里的"综合业务机构"，是指将有关检察业务放在一个部门内，设置综合性业务部门，通过内部办案组分工运行检察机关各项职权，在减少机构数量的同时，保证专业化建设。这些规定"坚持精简效能、服务检察工作原则，既要满足工作需要，也要符合司法权运行机制，提高司法效率"[1]，符合检察工作发展和检察机关内设机构改革的实际和需要。

为适应检察人员分类管理的需要，根据三类人员的不同职责实行规范性分类管理，与世界上多数国家一样，在处理业务机构与行政机构的关系上，修订后的人民检察院组织法对业务机构与辅助机构、行政管理机构采用了适度分离的形式，明确人民检察院根据工作需要，可以设必要的检察辅助机构和行政管理机构。实践中，是否设立，需要根据实际情况决定。

人民检察院派驻特定区域或场所的检察室从机构属性上也属于内设机构的一种形态。1979年人民检察院组织法并未对此有所规定。实践中，各级检察机关在履行法律监督职责过程中，探索并逐渐设置了一些检察室。检察室的设置有利于发挥法律监督基层触角作用，但同时也存在法律依据不足等问题。目前，检察机关向监狱、看守所等监管场所派驻检察室，对刑罚执行和监管活动进行法律监督，已形成比较成熟的经验和做

---

[1] 全国人大内务司法委员会司法室：《权威解读：完善"两院"组织体系，保障司法公正》，载中国人大网，2017年9月1日发布。

法，认识也比较一致。[1] 修订后的人民检察院组织法第十七条第一款规定："人民检察院根据检察工作需要，可以在监狱、看守所等场所设立检察室，行使派出它的人民检察院的部分职权，也可以对上述场所进行巡回检察。"这一款明确了检察室的法律地位。首先，对派驻检察室的设置在场所上作了原则规定，即在"监狱、看守所等场所"，对在监狱、看守所设立的检察室的实践予以确认；其次，从职能上界定其"行使派出它的人民检察院的部分职权"，明确检察室是作为内设机构属性的派出机构，不是独立一级检察院，只能行使派出它的人民检察院的部分职权；同时强调，设立检察室必须是根据检察工作需要，真正行使检察职权，发挥法律监督作用，不能仅起到宣传作用，浪费有限的法律资源。第十七条第二款规定："省级人民检察院设立检察室，应当经最高人民检察院和省级有关部门同意。设区的市级人民检察院、基层人民检察院设立检察室，应当经省级人民检察院和省级有关部门同意。"从设立的主体上未作明确的禁止，但在设立的程序上作了较严格的规定。这样规定，既为检察机关向特定区域和场所派驻检察室提供了明确的法律依据，也保证了检察室的设置能够基于开展法律监督工作的需要，予以严格控制。修订后的人民检察院组织法在明确设立检察室的同时，规定人民检察院"也可以对上述场所进行巡回检察"，建立了派驻检察与巡回检察同步进行的制度，通过巡回检察解决派驻检察可能存在的配合有余、监督不足的问题，从而进一步增强法律监督的效果。

（二）为全面落实司法责任制提供了组织保障

党的十八届四中全会进一步部署，要求"完善主审法官、

---

[1] 万春：《〈人民检察院组织法〉修改重点问题》，载《国家检察官学院学报》2017年第1期。

合议庭、主任检察官、主办侦查员办案责任制,落实谁办案谁负责"[1]。检察机关从2014年开展司法责任制试点,目前已经初步建立了权责明晰、监管有效、保障有力的检察权运行新机制。修订后的人民检察院组织法专设第三章"人民检察院的办案组织",将司法责任制改革成果予以法律化,这是人民检察院组织法修改的一个重要突破,对建立健全符合司法规律的检察权运行机制,保证检察权依法独立公正行使具有重大现实意义。

1. 明确了人民检察院的基本办案组织

办案组织既是检察权运行主体,也是司法责任的承担主体。长期以来,人民检察院办案主要实行"承办人承办、部门负责人审核、检察长(检察委员会)审批决定"的办案机制,基本办案组织不清晰,办案组织形式不健全,行政色彩较浓,检察官的办案主体地位不明显。2015年最高人民检察院发布的《关于完善人民检察院司法责任制的若干意见》规定了检察机关两种基本的办案组织形式,即独任检察官和检察官办案组。修订后的人民检察院组织法第二十八条明确了这两类基本办案组织,第一款规定:"人民检察院办理案件,根据案件情况可以由一名检察官独任办理,也可以由两名以上检察官组成办案组办理。"以第一款为基础,第二款明确了检察官办案组的基本组成及运作,规定了检察官办案组办理案件时负责人的产生及其职责,即"由检察官办案组办理的,检察长应当指定一名检察官担任主办检察官,组织、指挥办案组办理案件"。明确主办检察官因办理案件需要而产生,仅在办理案件的过程中履行必要的组织、指挥职责;同时,作为主办检察官仍需承担必

---

[1]《中共中央关于全面推进依法治国若干重大问题的决定》,人民出版社2014年版。

须由检察官实施的办案事项，在职权范围内作出决定或提出处理意见。实践中，许多案件可以由独任检察官在辅助人员的辅助下办理，且随着检察官素质的提高，凡是独任检察官能够承办的案件，原则上不应当由检察官办案组承办。两名以上检察官组成的检察官办案组既可以临时设置，也可以相对固定设置，由检察长指定的主办检察官对案件的办理承担组织、指挥职责。在临时组成的检察官办案组中，主办检察官作为办案组负责人"因案而生、随案而走"。原则上，进入员额内的检察官，根据司法办案的需要都有可能成为临时办案组的主办检察官。为了加强专业化建设，检察官办案组也可以相对固定设置，由主办检察官作为办案组负责人，组织、指挥案件办理，作出案件处理决定，向检察长负责。同时，组内检察官（包括主办检察官）也可以作为独任检察官承办案件，或临时另行组成检察官办案组承办案件。无论是独任检察官还是检察官办案组，都可以根据办案需要配备必要的辅助人员，组成办案团队办理案件。

办案组织的性质和功能不同于检察机关的内设机构，办案组织是推动检察权运行的最基本的单元，其功能主要在于办理案件，内设机构是检察机关的组织分解，主要承担司法管理和监督职能。要加强内设机构对办案组织行政性事务的管理，同时要突出检察官办案主体地位，保证司法办案扁平化模式，提高司法办案效能。需要注意的是，独任检察官和检察官办案组，是检察机关的基本办案组织；检察长、检察委员会也是检察机关的办案组织，有权对司法办案中的重大办案事项作出决定。

2. 完善了检察委员会制度

在检察机关内部设立检察委员会，实行集体领导，是党的民主集中制在检察工作中的重要体现,也是我国人民检察制度的特色之一。检察委员会是检察机关内部讨论决定重大案件和其他重大问题的决策机构,对正确履行检察职能、保证严格依法办案起着极为重要的作用。1954年人民检察院组织法明确建立了检察委员会制度。1979年人民检察院组织法第三条第二款规定了检察委员会制度,即"各级人民检察院设立检察委员会。检察委员会实行民主集中制,在检察长的主持下,讨论决定重大案件和其他重大问题。如果检察长在重大问题上不同意多数人的决定,可以报请本级人民代表大会常务委员会决定"。在司法体制改革过程中,为了适应检察工作需要,也相应对检察委员会制度作了进一步完善。修订后的人民检察院组织法第三十条、第三十一条、第三十二条吸收了近些年来的改革成果,就检察委员会的组成、职能和运行方式作出了明确规定,坚持并进一步完善了检察委员会制度。

第一,关于检察委员会的设置和组成。修订后的人民检察院组织法第三十条规定:"各级人民检察院设检察委员会。"在人员组成方面,增加规定了"检察委员会由检察长、副检察长和若干资深检察官组成,成员应当为单数"。2015年最高人民检察院制定的《关于完善人民检察院司法责任制的若干意见》对检察委员会制度提出了具体的改革要求,为了突出检察官的办案主体地位,在检察委员会的组成方面,规定"检察委员会由检察长、副检察长、专职委员和部分资深检察员组成",将以往的"内设机构负责人"改为"资深检察员"。修订后的人民检察院组织法在此基础上对检察委员会成员予以进一步完善。"资深检察官"是指办案经验比较丰富、业务能力比较强并进入员额的检察官,但并不一定兼任业务部门负责人。考虑到检察委员会专职委员不是由人大常委会任命的专门法律职务，属于委员范畴，可被"资深检察官"所包含，未将其单独列入检察委员会的组成人员。为了讨论问题时按照少数服从多数的原则进行表决，明确检察委员会成员为单数。

第二，关于检察委员会的职责。1979年人民检察院组织法对检察委员会的职责规定得较为原则，仅规定"讨论决定重大案件和其他重大问题"。为了进一步完善检察委员会的职能，最高人民检察院先后制定的《人民检察院检察委员会组织条例》《人民检察院检察委员会议事和工作规则》分别对检察委员会讨论和决定事项的范围、检察委员会审议议题的范围作出规定，补充完善了检察委员会的职责权限。修订后的人民检察院组织法总结提炼这些实践中形成并日趋成熟的对检察委员会职责权限的规定，在第三十一条第一款将其职责概括为"总结检察工作经验""讨论决定重大、疑难、复杂案件""讨论决定其他有关检察工作的重大问题"三项。

第三，关于检察委员会的议事规则。修订后的人民检察院组织法第三十二条明确了检察委员会的议事规则，第一款吸收现行检察机关检察委员会组织条例和议事规则的有关规定，增加规定"检察委员会召开会议，应当有其组成人员的过半数出席"，以确保必要数量的检察委员会委员出席会议。第二、三款坚持1979年人民检察院组织法"检察委员会实行民主集中制"的原则，并进一步明确了检察长与检察委员会的关系。1979年人民检察院组织法规定检察委员会由检察长主持，既贯彻了少数服从多数的民主原则，也体现了检察长对检察工作的统一领导。为符合实际工作的需要，修订后的人民检察院组织法规定"检察委员会会议由检察长或者检察长委托的副检察长主持。检察委员会实行民主集中制"。第三款对检察长不同意多数人意见时的解决程序予以细化，使之更具可操作性，即地方各级人民检察院检察长不同意本院检察委员会多数人的意见，属于办理案件的，可以报请上一级人民检察院决定；属于重大事项的，可以报请上一级人民检察院或者本级人民代表大会常务委员会决定。对于检察长不同意多数委员意见如何处理，在实践中经历了一个反复探索的过程，目前这一规定符合宪法及相关宪法性法律对国家机关的职能定位。对于案件办理中的问题，检察长不同意多数检察委员会委员意见时，报请上级人民检察院决定，符合法律规定的检察机关上下级领导体制，符合我国人民代表大会的制度定位。人民代表大会常务委员会对人民检察院的工作具有监督权，但不宜对具体案件作出处理决定，因此，在检察委员会讨论重大案件，检察长不同意多数检察委员会意见时，不宜报请同级人民代表大会常务委员会决定。对于检察委员会讨论的除案件之外的其他重大事项，从检察机关接受人大监督、向权力机关负责的角度，可以提请同级人大常委会决定，也可以报请上级人民检察院决定。具体应根据重大事项的内容，从有利于工作的角度确定。如果涉及贯彻执行上级人民检察院的工作部署、决定的重大问题等事项，以报请上级人民检察院决定为宜；如果仅涉及本辖区内检察工作的重大事项，需报请本级人大常委会的重大事项，则应当报请本级人大常委会决定。

3. 明晰了检察委员会、检察长、检察官之间的职责权限

人民检察院司法责任制改革的核心在于通过明晰职责权限，突出检察官的办案主体地位，做到"谁办案谁负责、谁决定谁负责"。修订后的人民检察院组织法第二十九条、第三十三条和第三十四条明确了三者之间的权限关系和责任承担，即检察长可以将部分职权委托检察官行使，检察官对其职权范围内就案件作出的决定负责；检察长决定重大办案事项，检察官

可以就重大案件和其他重大问题，提请检察长决定，检察长可以根据案件情况，提交检察委员会讨论决定；检察长、检察委员会对案件作出决定的，承担相应责任。

第一，关于检察长与检察官的职责权限。修订后的人民检察院组织法第二十九条规定："检察官在检察长领导下开展工作，重大办案事项由检察长决定。检察长可以将部分职权委托检察官行使，可以授权检察官签发法律文书。"这一条明确了检察长与检察官在司法办案中的职责权限，既明确了检察长对检察官司法办案工作的领导职责，同时为适应司法责任制改革的要求，也突出了检察官在司法办案中的主体地位，即检察官依据授权履行职责，可以在职权范围内作出办案决定，签发法律文书。检察长或者副检察长参加检察官办案组或者作为独任检察官、主办检察官办理案件，则依法在其职权范围内对办案事项作出决定。对于重大办案事项，应当由检察长决定。落实检察长的领导权，检察长有权对独任检察官、检察官办案组承办的案件进行审核，并承担对司法办案工作进行监督管理的职责，具有主持检察委员会会议，决定检察人员的回避，指定重大、疑难、复杂案件的承办人，要求检察官报告办案情况，更换承办案件的检察官等权力。

第二，关于检察官、检察长和检察委员会在处理决策重大案件和重大问题时的权责承担。修订后的人民检察院组织法第三十三条第一款在总结实践经验的基础上，进一步明确了检察院处理决定重大案件和其他重大问题的提请程序："检察官可以就重大案件和其他重大问题，提请检察长决定。检察长可以根据案件情况，提交检察委员会讨论决定。"赋予检察官就承办案件提请检察长决定的请求权，同时规定由检察长决定是否将案件提交检察委员会，以避免检察官回避责任或不认真负责,将本应依职权处理的案件以"案件重大"为由随意提请检察委员会讨论。检察委员会是议事决策机构,实行民主集中制。为明晰职权和责任,第三十三条第二款在总结概括《关于完善人民检察院司法责任制的若干意见》中关于检察官、检察委员会责任划分与归属的规定的基础上,规定了检察委员会讨论案件的责任归属,即"检察委员会讨论案件,检察官对其汇报的事实负责,检察委员会委员对本人发表的意见和表决负责"。第二款还规定"检察委员会的决定,检察官应当执行",体现了检察委员会在检察机关中的最高业务决策机构的法律地位,明确了检察委员会办案决定的法律效力。

第三,关于司法责任的承担与划分。明确司法责任的承担主体,建立健全检察机关司法办案责任体系,是检察权运行机制改革的核心问题,也是司法责任制改革的重要目标。修订后的人民检察院组织法第三十四条规定了司法责任的承担与划分:"人民检察院实行检察官办案责任制。检察官对其职权范围内就案件作出的决定负责。检察长、检察委员会对案件作出决定的,承担相应责任。"这是对改革成果的固定,也为司法责任制的落实以及检察官的责任追究等相关规范的出台奠定了法律基础。

通过这些规定,在坚持检察一体化原则的基础上,确立了检察官在检察组织体系中的主体地位,明确了检察长、检察委员会、检察官之间的权责划分,改变了过去层层审批、责任不明的状况。

(三)明确了人民检察院的人员组成

1979年人民检察院组织法第三条第一款规定:"各级人民检察院设检察长一人,副检察长和检察员若干人。检察长统一领导检察院的工作。"在第二十一条至第二十六条规定了检察长、副检察长、检察委员会委员及检察员的任免程序,第二十七条是有关助理检察员、书记员和司法警察的相关规定。修订后的人民检察院组织法在第四章规定了"人民检察院的人员组成",在坚持原有规定的基础上,进一步加以修改、完善,对人民检察院发展过程中以及司法体制改革取得的成果予以确认。

1. 明确了检察人员的组成及其职责

与1979年人民检察院组织法第三条相比,修订后的人民检察院组织法在表述上发生了较大变化。1979年人民检察院组织法第三条规定的是检察院的组成人员,即检察长、副检察长和检察员,除此之外没有其他人员组成,这些人员均需人民代表大会及其常务委员会选举或任命,在法律上有特定的含义。经过反复讨论和修改,修订后的人民检察院组织法最终采用"人民检察院的人员组成"这一表述,第三十五条规定:"人民检察院的检察人员由检察长、副检察长、检察委员会委员和检察员等人员组成。"这一规定表明"检察人员"是泛指"检察机关的工作人员",其范围除包括检察长、副检察长、检察委员会委员及检察员在内的检察官,也即除法律上的人民检察院组成人员之外,还包括在人民检察院工作的司法辅助人员、司法行政人员。修订后的人民检察院组织法第四章规定了检察官的任职条件、职责以及检察官助理、书记员等司法辅助人员的基本职责及管理制度。如第三十六条规定:"人民检察院检察长领导本院检察工作,管理本院行政事务。人民检察院副检察长协助检察长工作。"关于检察官的任免程序,则与宪法、地方各级人民代表大会和地方各级人民政府组织法的规定相一致,保留了1979年人民检察院组织法的规定,在文字表述上进行整合,在第三十七条至第三十九条中予以规定。第四十二条第三款规定:"检察官的职责、管理和保障,依照《中华人民共和国检察官法》的规定。"该条第一款规定了检察官的选任条件,第二款规定了检察长、副检察长、检察委员会委员的任职条件。此外,第四十三条至第四十六条分别规定了检察官助理、书记员、司法警察、检察技术人员的基本职责。

2. 确立了检察人员分类管理制度

司法人员分类管理是司法体制改革的重要内容。实行分类管理改革后,检察人员分为检察官、检察辅助人员、司法行政人员三大类,分别实行不同的职务序列和管理制度。修订后的人民检察院组织法在第四章"人民检察院的人员组成"中,确立了人员分类管理制度,规定了检察官员额制的基本原则,明确了各类人员的法律地位和职责。第四十条明确规定,人民检察院的检察官、检察辅助人员和司法行政人员实行分类管理。其后第四十一条至第四十六条分别规定了与检察人员分类管理密切相关的重要内容,即检察官、检察官助理、书记员、司法警察、检察技术人员等人员的职责与管理。

建立检察官员额制度是检察人员分类管理制度的重要内容,是实现检察官队伍正规化专业化职业化的基础。修订后的人民检察院组织法对此作出明确规定,并根据我国幅员辽阔,各地各级检察院案件、人员情况差别很大的现状,规定根据案件数量、经济社会发展情况、人口数量和检察院层级等因素确定员额,在全省范围内实行员额统筹、动态管理。第四十一条规定:"检察官实行员额制。检察官员额根据案件数量、经济社会发展情况、人口数量和人民检察院层级等因素确定。最高人民检察院检察官员额由最高人民检察院商有关部门确定。地方各级人民检察院检察官员额,在省、自治区、直辖市内实行总量控制、动态管理。"这样规定有利于加强对员额的动态管理，统筹办案力量，同时保证办案数量和质量，调动每一位员额检察官的积极性。

关于检察官的选任条件和程序。修订后的人民检察院组织法第四十二条明确了检察官的任职条件，即"检察官从取得法律职业资格并且具备法律规定的其他条件的人员中选任"。并具体规定了初任检察官和上级院检察官的遴选，检察长、副检察长、检察委员会委员的任职条件，具体而言：吸收司法体制改革的成果，为保证初任检察官选任的中立性和权威性，规定"初任检察官应当由检察官遴选委员会进行专业能力审核"，明确将检察官遴选委员会定位于"专业能力审核"，而要成为初任检察官，经专业能力审核合格后，还需经过法律规定的检察官任免程序。为保证上级人民检察院检察官的办案经验和业务能力应当高于下级人民检察院检察官，同时也使上下级人才流动成为常态，畅通检察官职业发展通道，该条同时明确了检察官逐级遴选的原则，规定"上级人民检察院的检察官一般从下级人民检察院的检察官中择优遴选"。适应新时代对检察院领导班子建设的要求，修订后的人民检察院组织法对检察长、副检察长及检察委员会委员的选任提出了更加严格的条件和要求。检察长既是法律职务，也是行政领导职务。第四十二条第二款规定"检察长应当具有法学专业知识和法律职业经历"，规定"副检察长、检察委员会委员应当从检察官、法官或者其他具备检察官、法官条件的人员中产生"，突出了司法工作对业务能力的特殊要求。

关于检察辅助人员的基本职责。检察官是司法办案的主体，但检察官办理案件需要配备必要的辅助人员，承担辅助性事务，与检察官组成办案团队，共同完成案件办理工作。修订后的人民检察院组织法第四十三条至第四十六条规定了检察辅助人员的基本职责。检察官助理是司法体制改革中产生的一个新的职位，修订后的人民检察院组织法首次确认了其法律地位，明确了其基本职责。第四十三条第一款规定："人民检察院的检察官助理在检察官指导下负责审查案件材料、草拟法律文书等检察辅助事务。"在办案团队的运作中，明确了检察官与检察官助理的职责划分。首先，检察官助理在办理案件中受检察官的指导，两者之间非领导关系；其次，其工作的重点是辅助性事务，不能代替检察官的职责，同时，以审查案件材料、草拟法律文书为其典型工作，但不仅限于此。该条第二款还明确了检察官助理的职业发展路径，即"符合检察官任职条件的检察官助理，经遴选后可以按照检察官任免程序任命为检察官"。在对1979年人民检察院组织法第二十七条规定进行修订、补充的基础上，修订后的人民检察院组织法第四十四条、第四十五条规定了书记员及司法警察的职责：书记员负责案件记录等检察辅助事务，司法警察负责办案场所警戒、人员押解和看管等警务事项；第四十六条新增规定："人民检察院根据检察工作需要，可以设检察技术人员，负责与检察工作有关的事项。"通过这一系列的规定，检察人员的分类管理制度在法律上予以确认和建立。

（四）完善了人民检察院行使职权的职业保障

依法独立行使检察权是宪法的规定，也是人民检察院在工作中必须坚持的一项基本原则。但是，实践中由于种种原因，这一原则未能完全得到落实。"确保依法独立公正行使审判权和检察权"是党的十八届三中全会、四中全会所确定的重要司法体制改革任务。修订后的人民检察院组织法第五章专章规定"人民检察院行使职权的保障"，以法律形式将保证检察机关依法独立行使检察权改革成果法制化。

1. 建立对检察权独立行使不当干预的防范和处理制度

为防止领导干部干预司法个案,影响司法机关依法独立公正行使职权,党的十八届四中全会提出,要建立领导干部干预司法活动、插手具体案件处理的记录、通报和责任追究制度。为此,中央制定下发了一系列包括领导干部干预司法活动、插手具体案件处理的记录、通报和责任追究规定,司法机关内部人员过问案件记录和责任追究规定。据此,修订后的人民检察院组织法第四十七条第一款规定,"任何单位或个人不得要求检察官从事超出法定职责范围的事务";实行领导干部等干预司法活动、插手具体案件处理,或者检察院内部人员过问案件情况的记录、报告和违法违纪追责制度,第二款规定:"对于领导干部等干预司法活动、插手具体案件处理,或者人民检察院内部人员过问案件情况的,办案人员应当全面如实记录并报告;有违法违纪情形的,由有关机关根据情节轻重追究行为人的责任。"第四十八条规定了办案安全及其责任追究:"人民检察院采取必要措施,维护办案安全。对妨碍人民检察院依法行使职权的违法犯罪行为,依法追究法律责任。"

2. 规定人民检察院实行培训制度

高素质的检察队伍是检察事业发展的根本保证。培训是组织成员个体发展的权利,也是提高其专业素质和能力、适应工作需要的重要手段,建立科学、健全、实用的职业培训制度有利于提升检察队伍的素质,也是依法正确行使检察权的保障之一。修订后的人民检察院组织法第四十九条规定,"人民检察院实行培训制度,检察官、检察辅助人员和司法行政人员应当接受理论和业务培训",从而对培训制度作出原则性规定。

3. 对人民检察院编制、经费等保障制度作出规定

人员、经费、技术保障都是人民检察院行使职权不可缺少

的保障。1979年人民检察院组织法第二十八条规定："各级人民检察院的人员编制由最高人民检察院另行规定。"随着相关制度的不断完善，修订后的人民检察院组织法第五十条明确："人民检察院人员编制实行专项管理。"第五十一条新增规定："人民检察院的经费按照事权划分的原则列入财政预算，保障检察工作需要。"适应信息技术发展和信息化应用对检察工作影响日益深入的现状和要求，第五十二条明确："人民检察院应当加强信息化建设，运用现代信息技术，促进司法公开，提高工作效率。"

结束语

2018年是改革开放四十周年，也是人民检察制度恢复重建四十周年。中国特色社会主义进入新时代，人民检察事业进入了新的历史时期。人民检察院组织法的修订顺应了社会和时代发展，回应了人民群众对公平正义的需求和司法体制改革的需要，为新时代检察工作创新发展提供了新的保障和契机。检察机关要敢于担当、勇于创新，承担起新时代检察机关法律监督重任，履行好宪法和法律赋予检察机关的职责和使命。

第二专题
刑事立案与法律监督[*]

刑事诉讼中的立案主要是指公安机关对于报案、控告、举报、自首等情形，按照职能管辖范围进行审查后，认为有犯罪事实发生并需要追究刑事责任时，决定将其作为刑事案件进行侦查的一种诉讼活动。[1] 立案是我国刑事诉讼的一个入口程序，是独立的、必经的诉讼阶段，是涉案公民正式进入刑事诉讼程序成为犯罪嫌疑人，侦查机关正式开始侦查行为的程序前提和依据。我国刑事诉讼法第八条规定，"人民检察院依法对刑事诉讼实行法律监督"，这是检察机关依法享有立案监督权的法律依据。对刑事立案进行监督是检察机关法律监督职能的组成部分。

---

[*] 本文发表于《中国刑事法杂志》2019年第3期。
[1] 参见陈光中主编：《刑事诉讼法学》，北京大学出版社、高等教育出版社2013年版，第267页。

一、我国刑事立案监督制度的一般理论

（一）刑事立案监督制度的确立

我国检察机关的立案监督制度最早是1996年修改刑事诉讼法时明确规定的。该法第八十七条规定："人民检察院认为公安机关对应当立案侦查的案件而不立案侦查的，或者被害人认为公安机关对应当立案侦查的案件而不立案侦查，向人民检察院提出的，人民检察院应当要求公安机关说明不立案的理由。人民检察院认为公安机关不立案理由不能成立的，应当通知公安机关立案，公安机关接到通知后应当立案。"这是我国继侦查监督、审判监督及执行监督之后，以法律形式规定下来的又一项独立的检察监督职能，填补了以往检察机关对刑事立案阶段监督的空白，旨在通过加强检察机关对公安机关立案的监督，解决实践中存在的一些公安机关应当立案而不立案、群众告状无门的实际情况。这一规定使检察监督贯穿于刑事诉讼活动的整个过程。

1998年六部委联合颁布的《关于刑事诉讼法实施中若干问题的规定》明确，"公安机关在收到人民检察院《要求说明不立案理由通知书》后七日内应当将说明情况书面答复人民检察院。人民检察院认为公安机关不立案理由不能成立，发出《通知立案书》时，应当将有关证明应该立案的材料同时移送公安机关。公安机关在收到《通知立案书》后，应当在十五日内决定立案，并将立案决定书送达人民检察院"。同年12月，最高人民检察院检察委员会通过修订后的《人民检察院刑事诉讼规则》，在"立案监督"一节中专设9个条文进行细化，将立案监督范围扩大到"不应当立案而立案侦查"的情形,规定检察机关可以通过提出"纠正违法意见"的方式予以监督。

至此,检察机关的刑事立案监督工作包括两部分:一是对公安机关应当立案而不立案的监督,二是对不应当立案而立案的监督。为了保障立案监督工作的规范和有效开展,有关方面随后陆续制定颁布了一系列规范性文件,加强了制度规范建设:2000年1月,最高人民检察院发布《人民检察院立案监督工作问题解答》;2008年中央政法委下发《关于深化司法体制和工作机制改革若干问题的意见》,明确提出"完善刑事立案监督工作机制"的司法改革任务,要求"完善检察机关对侦查机关违反规定不应当立案而立案和应当立案而不立案的监督机制,确保侦查权的正确行使。对于检察机关通知公安机关立案的案件,公安机关应当向检察机关反馈立案侦查情况";2010年10月,最高人民检察院和公安部联合发布了《关于刑事立案监督有关问题的规定(试行)》,明确规定了公安机关与检察机关刑事案件信息共享,立案监督案件线索的受理和审查,对不应当立案而立案的监督条件、范围和程序,监督撤案的复议复核程序,对立案监督案件的跟踪监督程序等。

2012年刑事诉讼法修改后,最高人民检察院制定的《人民检察院刑事诉讼规则(试行)》在"刑事立案监督"一节中,以12个条文对立案监督作了进一步细化,在吸收之前规范性文件内容的基础上,结合检察机关的工作重点,列入了监督行政执法机关及时移送涉嫌刑事犯罪线索,规范了检察机关立案监督程序的启动、调查、审查工作程序,明确了人民检察院启动立案监督程序后,公安机关对监督意见有异议的处理程序。

2014年,最高人民检察院侦查监督厅针对修改后刑事诉讼法执行情况发布了《侦查监督部门实施刑事诉讼法若干问答》，规定了参考公安机关关于立案期限的规定，对在合理期限内不作出是否立案决定的可以开展立案监督，对审查逮捕认为不构罪不捕的案件可以监督撤案，列举了其他违法立案情形的具体表现形式，厘定监督撤案不再以采取强制措施或者强制性侦查措施为前提。

2015年，公安部颁布《关于改革完善受案立案制度的意见》，明确规定了刑事案件决定立案的时间。随后，最高人民检察院与公安部、国家食药监总局、环保部会签的有关两法衔接工作办法中，将公安机关超过法定期限不作出是否立案决定的情形也纳入了监督立案范围，提高了监督效果。

2018年施行的最高人民检察院、公安部《关于公安机关办理经济犯罪案件的若干规定》明确规定，公安机关对犯罪嫌疑人解除强制措施之日起12个月内或者对犯罪嫌疑人未采取强制措施自立案之日起两年内，仍然不能移送审查起诉或者依法作出其他处理的，应当撤销案件。检察机关发现公安机关办理经济犯罪案件中存在违法行为的，应当通知公安机关予以纠正。经济犯罪案件撤案条件的修改，对检察机关开展监督撤案工作提出了新的要求。

总体看，经过20余年的立法修改和实践探索，检察机关的立案监督职权配置不断优化，监督程序日益规范、科学，刑事立案监督体系基本形成并不断完善。

（二）刑事立案监督制度的理论基础

刑事立案监督制度在我国的确立和发展有其特定的理论和制度基础。作为检察机关法律监督权的重要组成部分，除了基于"法律监督"的一般理论之外，权力分工制约理论和权利救济保障理论等都为立案监督提供了理论指导。

1. 法律监督理论

我国的检察制度是在列宁的法律监督思想指导下，根据我国国情建立和发展起来的。列宁认为，要实现民主监督，必须严格执行法律，而要保证法令的执行，必须加强法律监督。列宁主张，为了保证这种监督的法制化，应当建立专门的法律监督机关即检察机关，由检察机关专门负责维护法制的统一正确实施。在列宁的法律监督思想影响下，在我国人民代表大会制度的指引下，检察机关法律监督的宪法地位得以确立，监督和保障法律的正确实施也成了检察机关的重要责任和使命。对刑事法的实施，包括对立案在内的刑事诉讼程序和诉讼活动进行监督应是法律监督的题中应有之义。

2. 权力分工制约理论

任何政治体制中，权力都必须受到监督和制约。我国不采取西方国家的多党制和三权分立模式，为了保障国家权力的正当行使，一方面通过对权力的分工实现对国家权力的制约和对公民权利的保障，另一方面设置了包括检察机关法律监督权在内的监督制约体系对权力运行进行监督。具体到刑事立案监督制度而言，除了依据刑事诉讼三机关"分工负责、相互配合、相互制约"理论以外，还直接受到对侦查权监督制约理论的影响。

我国宪法、刑事诉讼法都对公检法在刑事诉讼中的分工负责、相互配合、相互制约作了规定。如刑事诉讼法第七条规定："人民法院、人民检察院和公安机关进行刑事诉讼，应当分工负责，互相配合，互相制约，以保证准确有效地执行法律。"此外，刑事诉讼法第三条规定，"对刑事案件的侦查、拘留、执行逮捕、预审，由公安机关负责。检察、批准逮捕、检察机关直接受理的案件的侦查、提起公诉，由人民检察院负责。审判由人民法院负责"。在"分工负责"理念的指导下，我国的侦查权配置未采取大陆法系的检察主导侦查或者检察指导侦查的模式，而是将绝大部分案件的侦查权赋予了公安机关。同时，我国刑事侦查权的启动采取程序启动模式，立案程序是正式启动侦查活动的专门程序和诉讼阶段。从这个意义上讲，立案是刑事诉讼程序的"入口"，只有经过立案程序，才存在法律意义上的刑事案件，而一经立案，公安机关就可以采取强制侦查措施，对公民人身自由、财产权利等进行限制和干预。同时，我国公安机关既作为行政机关享有一般违法案件的处理权限，也作为侦查机关享有刑事案件侦查权限，从而在具体案件处理的程序选择上有较大的自由裁量权，因此，对公安机关的侦查权进行严格的法律和实践控制十分必要。刑事诉讼法赋予检察机关对刑事立案进行全面的监督，具有重要的理论和实践意义。依据权力制约理论，对刑事立案这一刑事诉讼的起始环节进行监督，以实现对侦查权行使的有效监督和制约，防止侦查权的滥用或怠于侦查，是立案监督制度的一个重要的理论支撑。

3. 权利救济保障理论

对国家侦查权的监督制约与刑事诉讼中的人权保障关系密切。在1996年刑事诉讼法创设立案监督制度时，立案监督制度主要是从惩罚犯罪、保障法律正确实施和保护刑事案件被害人权益的角度，针对实践中存在的一些公安机关应当立案而不立案的情况而创设的，旨在通过加强检察机关对公安机关立案的监督，促进法律的统一、正确实施，为被害人表达诉求提供有效救济途径，维护被害人合法权益。

随着我国法制建设的完善和公民权利意识的增强，公民权利特别是刑事诉讼中被追诉人的人权保障得到了前所未有的重视和强调。在这一时代背景下，检察机关顺应司法实践需求和司法规律，将立案监督制度由对应当立案而不立案的监督扩展至对不应当立案而立案的监督，特别是对于那些不应当立案或符合撤案标准，本不应当被追究刑事责任的被追诉人，以及公安机关存在违法动用刑事手段插手民事、经济纠纷，或者个别办案人员利用职权谋取非法利益等违法立案情形而言，更有必要通过检察机关的审查，经由立案监督程序，对刑事立案侦查活动形成制约和纠错，进而实现对公民权利的救济和保障。

（三）刑事立案监督制度的功能

总体上，刑事立案监督的制度功能和价值，一方面，来源于法律监督本身，即制约侦查权，监督和保障刑事法律的正确实施；另一方面，立案监督旨在保障刑事立案制度功能的正常发挥，实现维护公民合法权益和准确惩罚犯罪的目的。

1. 对侦查权的监督制约

刑事立案是国家侦查权的正式发动，来源于法律监督理论的检察监督权，对刑事诉讼侦查权的启动进行监督和制约，是保障法律统一正确实施的必要机制。不论是对侦查机关应当立案而不立案的监督，还是对不应当立案而立案的监督，都是对立案这一侦查入口进行法律监督的具体方式和表现，是为了保障侦查权的依法正确行使，确保刑事诉讼法和刑法的统一正确实施。

2. 维护公民的合法权益，准确惩罚犯罪，实现诉讼目的

刑事立案监督的制度功能在一定程度上取决于刑事立案本身的制度功能。作为一项涉及诉讼程序的制度设计，我国立案监督的制度功能可以从比较的视角进行分析和阐释。

首先，从诉讼原理来看，立案的功能决定了立案监督制度的功能。我国刑事立案程序是正式启动侦查活动的专门程序和

诉讼阶段。刑事诉讼法对侦查权的制约没有采取令状主义的动态控制模式，而是采取了以立案程序为手段的法定程序控制模式。刑事案件一经立案，除逮捕外，其他各种强制措施和强制性调查手段在侦查程序中均可以由侦查机关自行决定适用。因此，立案制度在我国刑事诉讼中就具有重要的权利保障作用，设立立案程序的重要目的在于从程序上防止公安机关滥用权力，随意采取侦查行为或者强制性手段，侵犯公民合法权益的情况发生。[1]"立案就像过滤器一样，从刑事诉讼一开始，就把罪与非罪，应否追究刑事责任区别开来。"[2] 从这个意义上来讲，立案监督通过确保立案制度依法运行，促进其权利保障功能充分发挥。

其次，从刑事立案监督的具体类型上看，我国的刑事立案监督大致可以分为对侦查机关应当立案而不立案的监督（监督立案）和对不应当立案而立案的监督（监督撤案）。监督立案侧重于保障刑事法律的实施和正确惩罚犯罪，体现了检察机关追诉犯罪的法律守护人的角色，同时也体现了对被害人合法权益和诉求的关注和保护；而监督撤案则更侧重于防止公民遭受非法或不必要的刑事追诉，体现了检察机关作为法律监督机关纠正违法、保障公民权利的作用。

最后，从立案阶段的具体事实认定和法律适用来看，立案监督具有独特的制度功能。为了实现对应当启动而不启动侦查的制约，两大法系主要国家主要通过刑法上的一元立法模式以及侦查程序的随机启动模式，保障侦查程序的顺畅启动。即要么犯罪的标准相对较低，要么侦查机关只要获取犯罪信息就应

---

[1] 参见陈光中主编：《刑事诉讼法学》，北京大学出版社、高等教育出版社2013年版，第268页。

[2] 刘根菊：《刑事立案论》，中国政法大学出版社1994年版，第14页。

当开始侦查，没有专门的程序限制。我国刑法采取二元立法模式，需要在立案审查时就对危害行为属于行政违法还是刑事犯罪作出判断，犯罪案件向侦查程序的导入具有一定的难度。[1]检察机关监督立案的意义在于：一是可以发挥检察机关在法律适用方面的作用，通过对案件性质、情节的把握，从而对危害行为属于行政违法还是刑事犯罪作出准确判断，防止刑事犯罪降格处理。二是通过对立案活动的动态监督，有效解决侦查机关怠于侦查、不予侦查的问题，督促侦查机关及时收集证据、开展调查，防止因证据灭失而妨碍追诉犯罪。三是能够充分保障公民的控告权和举报权，避免状告无门，防止受侵害的法益得不到及时有效的保护。

为了实现对滥用侦查权的制约，英美法系主要通过司法令状和大陪审团听审（预审）程序，大陆法系主要通过司法令状和检察权对警察侦查权的指挥来实现。我国刑事司法未确立令状原则，在侦查阶段，除逮捕之外，其他对物和对人的强制性侦查措施都由侦查机关自行决定。由于在封闭和高强度的侦查活动中，缺少动态的司法审查作为保障，案件一旦立案，就可能会对犯罪嫌疑人和其他涉诉人员的权利造成重大影响。因此有必要对侦查活动在启动阶段即进行有效控制，以达到遏制强制性侦查措施不当实施的效果。我国检察机关对立案活动的监督，与西方国家司法令状制度设计的出发点是基本一致的，具有防止公民遭受非法或不必要的刑事追诉，及时纠正违法、保障公民权利的功能。

---

[1] 在我国，危害行为按照性质轻重分别由不同的法律规制，情节较轻的治安违法行为由治安管理处罚法或者其他行政处罚法规制，情节严重的行为由刑法规制。参见李怀胜：《刑法二元化立法模式的现状评估及改造方向——兼对当前刑事立法重刑化倾向的检讨》，载《法律适用》2016年第6期。

二、刑事立案监督实践中的几个问题

长期以来,检察机关的立案监督在制约侦查权,保障有效地查明犯罪、保障人权等方面发挥了重要作用。但从实践来看,有一些工作需要进一步完善。

(一) 关于监督立案与监督撤案的条件

立案条件指立案应当具备的理由和根据。刑事诉讼法第一百零九条规定,公安机关或者人民检察院发现犯罪事实或者犯罪嫌疑人,应当按照管辖范围,立案侦查。该法第一百一十二条规定,有权立案的机关认为有犯罪事实需要追究刑事责任的时候,应当立案;认为没有犯罪事实,或者犯罪事实显著轻微,不需要追究刑事责任的时候,则不予立案。据此,刑事立案的条件是有犯罪事实需要追究刑事责任。立案需完成相应的证明责任,即有一定的证据证明,有犯罪事实、需要追究刑事责任。

撤案是刑事诉讼活动的程序退出机制之一,目的是使依法不应当负刑事责任的人避免遭受刑事追诉。刑事诉讼法第十六条规定,有情节显著轻微、危害不大,不认为是犯罪的;犯罪已过追诉时效期限的;经特赦令免除刑罚的;依照刑法告诉才处理的犯罪,没有告诉或者撤回告诉的;犯罪嫌疑人、被告人死亡的,以及其他法律规定免予追究刑事责任等法律规定情形的,应当撤销案件,或者不起诉,或者终止审理,或者宣告无罪。这是刑事撤案的法定条件。

检察机关履行立案监督职责,首先要遵从立案和撤案的法定条件。根据刑事诉讼法第一百一十三条及最高人民检察院的相关规定,检察机关监督立案的前提,一是认为案件应当立案侦查，即符合立案的条件；二是公安机关对案件不予立案侦查；三是检察机关应当遵从立案的证明标准，查明并证明案件应当立案侦查。刑事诉讼法第一百一十三条规定，"人民检察院认为公安机关对应当立案侦查的案件而不立案侦查的，或者被害人认为公安机关对应当立案侦查的案件而不立案侦查，向人民检察院提出的，人民检察院应当要求公安机关说明不立案的理由。人民检察院认为公安机关不立案理由不能成立的，应当通知公安机关立案，公安机关接到通知后应当立案"。要求公安机关说明不立案理由是监督立案的必经程序和调查载体，属于质询权范畴；通知公安机关立案是监督立案的选择程序和纠正载体，属于纠正权范畴。[1] 从作为纠正权的意义上说，通知公安机关立案是检察机关监督立案最典型的表现形式。而且，这种通知不同于建议性的检察监督，公安机关应当接受并付诸执行。

监督撤案指检察机关对于不应当立案而立案的，监督公安机关撤销案件，其与监督立案构成了刑事立案监督的两个侧面。根据最高人民检察院的相关规定，检察机关对于不应当立案而立案侦查的案件，应要求公安机关说明立案理由；经调查核实认为立案理由不成立的，应当通知公安机关撤销案件。

（二）以人立案监督与以事立案监督问题

根据刑事诉讼法第一百零九条有关立案的规定，实践中存在以人立案与以事立案两种立案工作模式，这也涉及检察机关立案监督工作的具体开展问题。

所谓"以人立案"，指已经发现了犯罪嫌疑人，但犯罪事

---

[1] 元明、胡耀先、陶建旺：《完善刑事立案监督工作机制的构想》，载《检察日报》2009年6月12日第3版。

实尚不清楚,典型案件表述为"×××涉嫌盗窃案"。"以事立案",指已经发现了所谓的犯罪事实,但还未确定犯罪嫌疑人,典型案件表述为"×××被盗窃案"。一般而言,对于"以人立案"的案件,检察机关发现犯罪嫌疑人有漏罪的,应当根据所处的诉讼阶段,以及遗漏的犯罪事实与已立案犯罪事实系同种犯罪还是不同种犯罪,作出不同处理。如果漏罪与已立案侦查犯罪属于不同种犯罪的,应按照立案监督程序办理,将线索移送公安机关;对于已进入执行程序的案件,检察机关发现服刑罪犯在判决宣告以前有漏罪,且公安机关对漏罪事实证据已经掌握,应当立案侦查而未立案侦查的,鉴于原案已经审结进入执行程序,不论漏罪与前罪系同种犯罪还是不同种犯罪,检察机关均应当将线索移送公安机关,按照立案监督程序办理。而"以事立案"案件,检察机关发现公安机关遗漏同案部分犯罪嫌疑人的,应当履行立案监督职责。从刑事立案监督的立法本意考察,监督立案制度的目的在于防止和纠正有案不立,避免放纵犯罪,依法追究刑事责任,而不仅仅在于形式上是否立案。即使案件已经"以事立案",但是有同案犯并没有被纳入侦查视野,未受到刑事追诉的,也应当通过立案监督加以纠正。

(三)刑事立案监督的方式与效果问题

立案监督工作在实践中时常遇到立而不侦、久侦不结等消极侦查行为,以及部分案件经监督立案后长时间"高高挂起"等情况。如何提升立案监督的效果,是一个需要解决的问题。

一方面,应当在理论和理念上发展监督理念,进一步思考检察机关的监督刚性和柔性的关系问题;另一方面,应当针对具体问题,研究监督方式和方法问题。例如,以罚代刑案件的监督,应具体问题具体分析。广义上的以罚代刑案件可以细分为三类情形:一是公安机关对涉嫌犯罪案件未经刑事立案,降格适用行政程序。本质是"当立不立",应当适用立案监督程序予以监督。二是其他行政机关对涉嫌犯罪案件未向公安机关移送,适用行政程序予以行政处罚。这种情形应通过完善行政执法与刑事司法衔接机制解决。三是公安机关刑事立案后降格处理,把不应当撤案的案件撤案。这些情形,检察机关的立案监督都应予以高度关注,通过适当监督方式予以纠正。

三、新时代刑事立案监督的理念重塑

(一)坚持共赢监督理念

强化刑事立案监督,是检察机关践行法律监督职责、实现权力制衡的重要组成部分。刑事立案监督作为检察监督的基本职能之一,承担了规范刑事立案程序的重要职责。我国奉行诉讼阶段理论,公检法三机关各不隶属,各自负责立案侦查、控诉和审判的职能,诉讼活动呈现流水线式的接续状态。而立案这一程序决定权主要集中在公安机关。权力扩张的内在属性在刑事立案阶段呈现出这样一种结果:如果权力过于集中在侦查机关,又得不到制约,就难以避免国家追诉权的滥用。这种后果当然不是国家所期望的。因此检察机关对公安机关的立案活动进行监督、制约,是权力制衡观念在审前程序中的具体体现。"以权力制约权力"是权力制约的重要模式,其目的在于维护权力运行的良性机制,保障人民权益不受侵害。我国对侦查权的控权模式体现为赋予检察机关以法律监督权,通过法律监督机制来解决公权力的平衡问题,这是中国检察制度的特色。从某种意义上说,检察机关的法律监督属于一种法律上的"制约"活动,将因"制约"而容易引发的紧张、冲突关系转化为双方的良性互动关系,也就是要树立共赢的理念。共赢的前提是合作。相互配合与相互制约一样,都是构建共赢式法律监督不可缺失的机制。因此,作为控方,检察机关应当树立"做好监督就是配合"的工作理念,准确把握刑事立案标准,查明事实真相,通过依法启动刑事诉讼程序来追诉犯罪,以依法终止刑事诉讼程序来确保无辜者不受到刑事追责,从而确保国家诉追制度的统一实施,彰显公平正义。

树立共赢理念需要注重规则共享,形成监督合力。立案监督要形成监督者与被监督者的合力,实现监督共赢,必须实现由"独享"向"共享"的转变。主要致力于三方面的"共享":第一,监督信息的"共享",即监督者与被监督者之间要互通监督方面的相关信息,近年来大力推行的"智慧检察"正在使这种"共享"成为可能。第二,证据标准的"共享",即检察机关与侦查机关等要统一刑事犯罪的证据认定标准,这既是刑事诉讼改革的要求,也是立案监督实现共赢的需要。第三,考核标准的"共享",即监督者与被监督者要共同制定,至少要参与对方相关业务考核标准的制定,避免标准不一乃至相互冲突,而影响监督合力的形成。

(二) 坚持监督与办案相统一理念

检察机关法律监督权的实际运作表现为代表国家提起控诉,以及对整个诉讼活动的合法性开展监督,因此诉讼职能和诉讼监督职能是检察机关的重要职能。从宪法规定引申出来的逻辑关系看,法律监督职能与控诉职能这两个概念是真包含关系,法律监督职能是属概念,控诉职能是种概念。[1] 因此,将审查逮捕、审查起诉等诉讼职能和立案监督、侦查活动监督、

---

[1] 张建伟:《论检察》,中国检察出版社2014年版,第117页。

执行监督等诉讼监督职能列为法律监督职能的二级概念，从理论上不存在逻辑悖论。因为无论是审查逮捕还是审查起诉，都是以诉讼职权实现维护法制统一之功能，对于违反实体法和程序法的行为加以纠举，从这一点上来说，诉讼职能与包括立案监督在内的诉讼监督职能具有精神上的贯通性。[1]

从运行模式来看，诉讼监督职能的实现与诉讼职能密不可分。虽然诉讼职能是独立的、自成一体的，完全可以脱离于诉讼监督职能而存在，但诉讼监督职能的履行却截然不同。在立案监督工作中具体表现为：

第一，诉讼工作是立案监督的重要线索来源。线索发现难，一直是困扰立案监督工作的痼疾。侦查活动的秘密性以及侦检的相互独立性决定了检察机关难以全面掌握刑事立案与侦查情况，对于有案不立、有罪不究、以罚代刑等问题以及插手纠纷等违法立案问题往往无法及时发现并查明，甚至长期得不到纠正。虽然群众来访等外部渠道可以获悉立案监督线索，但从实务工作来看占比较小。而在审查逮捕、审查起诉等诉讼程序中，检察机关能够全面掌握事实与证据情况，通过审查和研判，及时发现漏案、漏罪，或者依法不应当追究刑事责任等情形，从而为立案监督线索发现工作提供了有力支持。

第二，诉讼是立案监督工作的一个重要评判标准和归宿。立案监督是完善国家追诉权的重要手段和方式，即通过不断完善追诉体制将矛盾纠纷纳入诉讼程序中加以解决，因此对于应当入罪之行为获得有效追诉和判决，对于应当出罪的行为及时将其从诉讼视野中排除，是立案监督工作之内容所在，与我国

---

[1] 张建伟：《逻辑的转换：检察机关内设机构调整与捕诉一体》，载《国家检察官学院学报》2019年第2期。

刑事诉讼体制所追求的犯罪控制和实质真实立场相契合。因此，诉讼成为衡量立案监督工作的一个重要评判标准与归宿。但这并不意味着立案监督的标准等同于审查逮捕、审查起诉和刑事审判之标准，否则人为拔高立案标准，不仅与刑事诉讼法律规定的立案标准相违背，而且不符合刑事立案作为启动程序之功能设定和刑事侦查循序渐进之司法规律。诉讼作为立案监督工作之评判标准，宜以法律适用和刑事政策之标准为限，在证据标准评判方面以遵循个案特点和刑事侦查的司法规律为优先考量因素。因此，履行立案监督职责要贯穿于检察办案当中，即在办案中监督、监督中办案。离开办案，立案监督就是无源之水、空中楼阁。

（三）树立专业监督理念

精准监督的前提是监督的专业化，专业化是检察监督工作的大势所趋。随着我国经济社会的发展和安全形势的推演变化，立案监督工作也面临着越来越多的挑战，在应对新形势、新变化时，传统办案观念、办案力量和办案手段显得疲于应对。实现监督的专业化发展，有必要推动监督模式的创新、监督队伍的专业化和监督手段的现代化。

第一，监督模式的创新发展。立案监督工作实践表明，现有的监督模式有待创新发展。法律的有效性与实效性是两个不同的概念，法律规范"最低限度的实效乃是该规范之有效性的一个更进一步的条件"。[1] 通过审查逮捕、审查起诉等诉讼程序进入检察监督视野的刑事案件仅占公安机关全部受理立案刑事案件的一部分，大量涉刑案件的监督制约依靠公安机关内部

---

[1] [美] E. 博登海默：《法理学：法律哲学与法律方法》，邓正来译，中国政法大学出版社1999年版，第123页。

评价这种以纵向的、内部控制为主的模式来实现，权力约束的效果更多倚重侦查机关的自律。为此，各地在监督模式上进行了许多有益的探索。如有地方依托公安机关的执法办案管理中心"一站式"办案场所，采取派驻公安机关执法办案管理中心检察室的方式推动立案监督工作模式的转型。检察室能够第一时间了解案件立案、撤案、行政处罚等程序信息，解决了立案监督工作中的及时性问题。

第二，监督队伍的专业化。制度的产生推演离不开人的要素，监督机制的创新发展亦是如此。[1] 英国大法官柯克曾作出一番著名的论断，提出法律是一门需要长时间的学习和实践的技艺，涉及生命或财产的案件应当依据技艺理性和法律来判断。[2] 技艺理性区别于天生的自然理性，是通过系统专业的学习和长期的法律实践获得的实践理性，是经验和逻辑的共同载体。立案监督线索往往体现为一份证言、一封举报信或者证据之间的逻辑漏洞，需要检察官具备丰富、系统的司法实践经验，并且通过大量的调查核实工作来查明印证，与诉讼岗位检察官的素能要求不尽相同。所以，切实提升检察官的能力，是迫切需要解决的问题。一方面，应当努力适应形势，通过系统、科学、精准的教育培训，提升监督线索发现、初查立案、调查核实、审查决定、结果运用、复议复核和跟踪反馈等方面的能力，切实提升监督质效；[3] 另一方面，应当在工作中强化监督意识，敢于监督、善于监督、依法监督、规范监督，避免立案

---

[1] 方洁：《派驻公安机关执法办案管理中心检察室工作模式研究》，载《人民检察》2018年第6期。

[2] 李栋：《英国普通法的技艺理性》，载《环球法律评论》2009年第2期。

[3] 方洁：《派驻公安机关执法办案管理中心检察室工作模式研究》，载《人民检察》2018年第6期。

监督工作因能力不足而导致功能的虚化弱化。

第三,监督手段的现代化。当前,全球新一轮科技革命方兴未艾,以数字化、网络化、智能化为特征的信息化浪潮蓬勃兴起,移动互联网、物联网以及大数据、云计算、人工智能等新技术迅猛发展,广泛深刻地渗透和影响人类生活的各个方面,成为推动经济社会发展的强大引擎。学习、运用信息化,已成为当今世界不可逆的历史潮流。检察机关要把现代科技作为检察工作创新发展的"新引擎",把信息化建设摆在突出位置,助力检察监督工作。

四、新时代刑事立案监督的创新发展

检察机关的刑事立案监督工作对于保障宪法法律的统一正确实施,依法惩罚犯罪和保障人权,维护国家、社会和公民的合法权益,发挥了重要的作用。立案监督工作对于发展检察机关的法律监督理论也提供了重要的实践支撑。当下,应当着力在实现国家治理体系和治理能力现代化发展的进程中,进一步推动检察机关的立案监督工作制度与实践的创新发展。

(一) 以人民为中心思想融入新时代立案监督工作

检察机关必须始终坚持人民立场,把以人民为中心的发展思想体现在立案监督工作的各个环节和具体工作机制中,把全心全意为人民服务落实在立案监督工作的细节中。比如,刑事立案的答复释疑工作,工作中一个小的举动、一个小的细节,很可能会影响人民群众对检察机关的整体感受和评价,[1] 需要

---

[1] 《以人民为中心也要体现在细节上》,载《检察日报》2018年7月9日第1版。

引起高度重视和深入思考。

刑事立案监督案件的答复释疑工作是检务公开在立案监督程序中的体现。"法律监督说理机制实际上是对检察机关的办案质量提出了高标准的要求。"[1] 答复释疑能够增强立案监督工作的透明度。法律的生命在于实施，答复释疑就是法律实施的"显在化"，它能告诉申诉人、控告人乃至社会公众，检察官是如何根据法律依据，作出认定案件事实与否的决定，从而呈现出"以理服人"的司法本性，使法律成为一种"说服型权威"，进而实现法律效果和社会效果的有机统一。[2] 检察机关作为"法律的守护人"和"公平正义的维护者"，不能仅仅满足于程序上的结案。在司法领域里实现公平正义，在很大程度上依赖于恪守程序规程，严格遵守法律程序办案，依照证明标准认定事实，有理、有据地答复结论、释疑说法，使有关机关和当事人心悦诚服。从长远来看，答复释疑有助于培育社会的法治精神、规则意识，有助于社会对检察机关法律监督理念、作用的理解和认可。

（二）"捕诉一体"背景下立案监督的转型与发展

2018年以来，全国检察机关陆续推进"捕诉一体"改革，改变以往按照职能划分内设机构与岗位职责的做法，将审查逮捕与审查起诉职能合并由同一检察官或者检察官办案组行使。[3] 目前，全国检察机关已经陆续完成"捕诉一体"改革，形成了同一检察官或检察官办案组对同一案件全面行使审查逮

---

[1] 陈光中：《论检察》，中国检察出版社2013年版，第95页。

[2] 参见雷磊：《释法说理成就："说得出的正义"》，载《人民法院报》2018年7月2日第2版。

[3] 邓思清：《捕诉合一是中国司法体制下的合理选择》，载《检察日报》2018年6月6日第3版。

捕、审查起诉、出庭支持公诉、抗诉，以及相关立案监督、侦查监督、审判监督及补充侦查的捕诉一体化工作机制。在"捕诉一体"的背景下，立案监督需要适应新时代的发展要求与检察事业发展方向，积极谋划转型发展。

一是忠实履行立案监督职责，避免职能弱化。"捕诉一体"要求检察官一体办理审查逮捕和审查起诉案件，长期适应捕诉分离的检察官需要一定时间去适应、融入新的工作机制。对于办案检察官而言，审查逮捕、审查起诉是"被动受案型"工作，分到案件后必须办理；逮捕、起诉的较大工作量也占用了检察官的主要时间与精力。立案监督则往往是一种"主动开展型"工作，除当事人控告外，不存在被动分案的压力，所以检察官往往容易将其作为一种"副业"，由此也产生了审查逮捕、审查起诉被视为"硬任务"并积极完成，而立案监督等监督职能被当作"软任务"，被忽视、弱化的问题。为避免立案监督受到弱化，应着手从以下几个方面加以推动。

第一，巩固提升监督意识。理念是行动的先导，是检察工作的灵魂。应当牢固树立监督理念，从法定职责的高度，充分认识到审查逮捕、审查起诉与立案监督等诉讼监督职能均是检察官的法定职责，必须忠实履行，不存在"硬任务"与"软任务"之分。在监督路径方面，牢固树立监督与办案相统一理念，坚持在办案中监督、在监督中办案。加强各内设机构工作衔接。

第二，确立立案监督责任制。立案监督是检察机关的法定职责，检察机关履行监督职能不是可为不可为的问题，而是必须依法作为的问题；不是想怎样监督就怎样监督的问题，而是必须在法律授权下规范严谨履职。检察机关不能放任违法的立案或不立案活动。检察官责任制设计不仅应当包括错案责任，也应当包括监督责任。检察官故意放弃立案监督职责，或者因重大过失导致立案监督失职，造成严重后果的，应当承担"监督过失责任"。[1]

第三，推进立案监督案件化。诉讼程序与包括立案监督在内的诉讼监督程序不能简单地混同，不能模糊立案监督程序应有的法律地位。对此，正在探索推进的诉讼监督事项案件化办理是一个有意义的应对方式。立案监督案件化工作机制包括程序规范、证据规则、管理流程、质量标准、办案机制等五个基本要素，[2] 拥有自身专门的实体、程序及证据规则，需要经过完整的线索发现与初查、立案、调查核实、监督纠正、跟踪回复程序，在统一业务应用系统等检察机关办案系统中单独建案办理，在形式上建立案卡、案号、业务卷宗、业务档案。立案监督案件化对检察官个体层面以及检察机关组织层面均有其积极价值。对检察官个体而言，案件化的立案监督业务可以将立案监督评价体系落在实处，为检察官员额确定提供参考依据，实现科学认定司法责任，充分调动监督者主观能动性。对检察机关组织而言，立案监督案件化可以全面反映立案监督的受理、调查、处理、跟踪等过程，可以保障立案监督按照法定规则运行。

二是正确认识监督案件规律，避免"硬捕硬诉"。司法实务中存在一种担忧：检察机关监督立案后，随着侦查取证与诉讼的推进，发现案件中收集的证据材料及查明的事实情况达不到逮捕、起诉的要求。但由于"捕诉一体"要求同一检察官负责从监督立案至逮捕、起诉的全流程工作，承办检察官难以否

---

[1] 陈晨、张东生主编：《公诉环节的诉讼监督》，法律出版社2015年版，第17页。
[2] 韩晓峰、陈超然：《诉讼监督事项案件化的思考——以侦查监督为分析视角》，载《人民检察》2016年第21期。

定自己的监督立案决定，可能导致对案件"硬捕硬诉"。这是应当坚决避免的。

具体工作中，对于监督立案案件，承办检察官仍然应当依法审查逮捕、审查起诉，严格按照法定条件与证明标准，审查判断案件处理结果。对于未达到法定证明标准的案件，即使是自己监督立案的，也不能"硬捕硬诉"，应当依法不批准逮捕或者不起诉。而对于应当立案侦查但公安机关不予立案侦查的案件，检察机关要坚持依职权或依申请开展监督立案。监督工作中，要遵守有犯罪事实需要追究刑事责任的立案标准，履行证明责任。实际工作中，检察官监督立案后，深入侦查或者客观情况变化均为案件新增了丰富的证据材料，检察官对案件经历了"去粗取精、去伪存真、由此及彼、由表及里"的渐进认识过程，[1] 既可能发现案件确实应当追究刑事责任，也可能发现不应当追究刑事责任或者证明犯罪的证据不充分，对此不能用后来的认识结论去否定先前的监督立案决定，也不能因为先前的监督立案决定导致案件非捕不可、非诉不可。问题的关键仍在于界定科学合理的监督立案的条件与证明标准，特别是注意不能将监督立案的条件与证明标准完全与逮捕、起诉的条件与证明标准等同。在此基础上，对于监督立案本身合乎法律与当时事实证据的案件，即使后来依法不逮捕、不起诉，也不能认为立案监督错误，更不能对不应逮捕、起诉的监督立案案件"硬捕硬诉"。因此，应当注意在立案标准与逮捕、起诉、判刑标准之间寻求平衡尺度，切实推动立案监督工作的科学、健康开展。

---

[1]《实践论》，载《毛泽东选集》（第一卷），人民出版社1991年版，第291页。

(三) 大数据技术助力新时代立案监督工作

大数据时代的到来,是不可回避的。检察机关的传统办案模式是人工收集信息并进行处理。大数据时代的工作模式则是在信息化的基础上将数据处理和模型建立变得智能化。检察机关开展立案监督,应当充分发挥大数据技术的支撑作用。

一是依托公安机关警务信息系统,完善检警案件信息共享平台。传统的检警工作联系松散,信息交流不畅。《中共中央关于全面推进依法治国若干重大问题的决定》明确提出建立"行政执法机关、公安机关、检察机关、审判机关信息共享、案情通报、案件移送制度",建设整个司法系统的政法专线网络,是国家信息化战略的重要部署。实践中,一些地方检察机关已经作出了卓有成效的探索。平台不但能够实现信息共享,提供数据的来源,而且能够通过分析已输入的案件,帮助我们掌握各类型犯罪的发案规律、作案手段、高危环节、高发领域以及犯罪嫌疑人信息等,对立案监督工作具有指导、参考、应用价值。平台建设要充分体现信息共享的设计理念,使公安机关不仅仅是案件信息的提供者,还能及时获取检察机关的监督审核情况,实现办案信息的流转互通和互惠共赢。[1]

二是提高信息梳理及运用能力。面对公安机关海量的案件信息,获取不等同于有效运用,借助技术手段仅仅是实现了对受案立案信息的及时了解,但是如何通过对数据信息的梳理分析,发现其中存在的问题,是考验检察人员立案监督能力的关键。[2]一个可能的路径就是充分依托统一业务应用系统的丰富资源,通过大数据分析手段建立检察机关立案监督案件线索分

---

[1] 雷鑫洪:《刑事立案监督实证研究》,载《国家检察官学院学报》2016年第6期。
[2] 雷鑫洪:《刑事立案监督实证研究》,载《国家检察官学院学报》2016年第6期。

析模块。对现有系统的搜集、录入功能进行优化,做好数据采集工作,构建检察机关内部的监督信息运用综合管理平台模块,进行大数据的挖掘和深层分析,[1] 从而获得对立案监督有用的预测性结论,指引立案监督的重点和方向。

可以说,在立案监督领域,大数据技术将深刻地变革传统立案监督的思维、模式和路径,这有利于检察机关对立案监督工作中的具体程序和法律适用等关键节点进行有的放矢的精细化监督和智能化分析,也有利于检察人员对立案监督过程中的各种信息及其洞察达到一个新的阶段和水平。

(四) 研究探索重大案件立案监督公开听证等创新机制

阳光是最好的防腐剂,刑事立案作为刑事追诉的起点,涉及公民的基本权利。立案监督程序公开是正当程序的题中应有之义,其实质是通过公开机制保障当事人的合法权益。[2] 程序公开强调适度向社会公开,关键是向案件当事人公开,对某些重大敏感案件、社会影响力较大的刑事案件可以邀请人大代表、人民监督员等群体参与并发表意见。听证程序作为现代行政法治的一个重要成果,在近年来的刑事司法改革中有了许多尝试和探索,也取得了很多经验。刑事立案监督工作在这方面可以加强研究和总结。有观点认为,对于重大敏感案件,选取案件举行听证,这是值得思考研究总结的。通过与案件关涉的行政执法机关、被害人及其诉讼代理人、犯罪嫌疑人及其辩护律师参与并充分表达意见的立案监督听证程序,检察机关可以及时了解案件经过,听取当事人的意见并记录在案,不仅有助

---

[1] 陈焰、聂云飞:《智慧侦监建设路径分析》,载黄河主编:《深化依法治国实践背景下的检察权运行——第十四届国家高级检察官论坛论文集》,中国检察出版社2018年版,第252页。

[2] 宋英辉等:《刑事诉讼原理》(第三版),北京大学出版社2014年版,第79页。

于改变传统书面阅卷的弊端,增强审查的亲历性,尽可能还原事实真相,作出客观公正的决定;而且,基于程序所具有的独立价值,公开听证程序的设置有助于彰显社会规则和秩序、体现公民的社会主体地位、尊重和保障当事人的参与权利、提高司法裁决的社会接受程度。与此同时,听证程序借助当事人的深度参与和程序的公开性,也更加有助于实现对检察权的有效制约,最大限度地规范立案监督决策的作出与执行,以保护当事人的合法权益,切实维护司法公正。

第三专题
刑事侦查与法律监督[*]

为规范侦查权行使,各国都设置了专门的监督制约机制。检察制度自诞生起即与限制侦查权紧密相连,"以一受严格法律训练及法律拘束之公正客观的官署,控制警察活动的合法性,摆脱警察国家的梦魇"[1]。在我国,检察机关的侦查活动监督是对刑事侦查活动是否合法进行的专门法律监督,旨在发现和纠正侦查违法行为,是区别于刑事立案监督、审查逮捕的狭义的侦查监督。可以说,刑事诉讼程序中侦查权所及之处,均应有监督。我国的侦查活动监督制度与域外侦查权控制模式在遏制侦查恣意、保障公民权利、维护公平正义等价值取向上是一致的。

---

[*] 本文发表于《国家检察官学院学报》2019年第4期。
[1] 林钰雄:《检察官论》,法律出版社2008年版,第6—7页。

一、引　言

公正是法治的生命线，司法不公对社会公正具有致命破坏作用。[1] 在刑事诉讼中，侦查环节对于收集证据、指控犯罪至关重要，是国家权力与公民权利、打击犯罪与保障人权矛盾冲突的交汇点。侦查权的强制性最高，对公民权利的影响也最大。遍观刑事司法史，刑事诉讼结果不公往往根源于错误的侦查，程序不公也集中体现为侦查权的擅断与滥权。刑事诉讼的法治化，首先是侦查的法治化。规范侦查活动，控制侦查权，对于公平正义的实现至关重要。

侦查活动监督是防范侦查权滥用，推进严格公正司法的重要制度安排，是法治中国建设稳步推进的具体体现。但是，我们必须清醒地看到，因刑讯逼供、暴力取证、非法取证导致的错案仍未杜绝，刑事侦查不规范导致的负面舆情事件时有发生，损害了司法公信，影响了司法权威。侦查违法的重要原因之一是监督缺位。这固然与长期以来注重犯罪控制的社会价值取向、配合有余而监督不足的理念偏差、流水线式的诉讼构造等因素有关，但监督制度自身的问题也应引起足够的重视。一是监督滞后情况突出。一些在侦查阶段结案的刑事案件、封闭实施的侦查行为未纳入监督范围；大多数监督发生在侦查行为结束甚至侦查阶段终结后，时效性不强。二是监督程序不规范。三是监督手段单一。检察建议、纠正违法强制性不够。四

---

[1] 参见《中共中央关于全面推进依法治国若干重大问题的决定》，人民出版社2014年版。

是监督工作与信息化社会、大数据时代不相适应。

进入新时代,侦查活动监督不仅要解决固有问题,还应当面对新形势。一是全面推进依法治国对监督质效提出了更高要求。法治中国承载着人民对美好生活的向往,随着公众程序观念、权利意识的提升,社会对侦查违法的关注度不断提高,对公平、正义、安全的需求日益增长,确保侦查活动依法进行是法治"供给侧改革"的重要内容,检察机关应着力解决监督不力、制约不够的问题。二是司法体制改革给侦查活动监督提出了新的任务。党的十八届四中全会提出"完善对限制人身自由司法措施和侦查手段的司法监督""加强对刑讯逼供和非法取证的源头预防""健全冤假错案有效防范、及时纠正机制"[1]等多项改革内容直指侦查权监督制约。丰富监督途径、优化监督模式、强化监督手段,是检察机关需要研究的新课题。三是加强人权司法保障更加需要检察机关当好"法律守护人"。加强人权司法保障的要求,决定了侦查活动监督必须在救济权利、制裁违法方面发挥更大作用,让诉讼中的法定权利变为实有权利。四是侦查体制机制新特点倒逼监督转型发展。随着侦查机关治安管理与刑事侦查职能深度整合,侦查权下移,侦查模式发生重大变化;大数据、警务云的重要作用日益凸显,侦查科技化水平提升,侦查活动监督的时空场域、对接机制发生深刻变化。在新形势下,加强和改进侦查活动监督,确保侦查权在法治轨道上运行,是检察机关面临的时代性课题。

---

[1] 参见《中共中央关于全面推进依法治国若干重大问题的决定》,人民出版社2014年版。

二、侦查活动监督的理论品质与基本原则

侦查活动监督体系是检察机关法律监督体系的组成部分。中国特色社会主义道路、理论体系、制度体系是全面推进依法治国的根本遵循,更是侦查活动监督体系、机制完善的根本遵循。要从我国的法律传统、法律文化等基本国情出发,借鉴国外有益经验,完善侦查活动监督制度。

(一) 侦查活动监督的理论品质

1. 关于权力制约

权力不受约束,就会如脱缰野马失去控制,蜕变为"绝对的权力",导致"绝对的腐败"。[1] 刑事侦查权是以国家强制力为后盾的,以限制或剥夺公民人身自由和财产为主要内容的国家权力,包括拘留、逮捕、搜查、扣押、通缉等直接限制公民人身自由和财产的诸多侦查手段,可以说是"最危险的权力"。侦查权一旦不受约束,当可以随意逮捕、任意搜查、强行扣押时,国家必将面临警察国家的危险。所以,加强对侦查权的监督制约,是遏制权力扩张本性的必然要求。侦查权内部控制,是约束权力的第一道防线。然而,审批式的内部控制更侧重于上级对下级的统御,权力约束效应有限。强化审批、权柄上移还可能产生权力部门化、部门权力利益化的负面效果,而一旦审批流于形式,侦查的合法性便全靠侦查人员的道德自律。"如果人都是天使,就不需要任何政府了。如果是天使统

---

[1] [英] 阿克顿:《自由与权力》,侯健、范亚峰译,商务印书馆2001年版,第342页。

治人，就不需要对政府有任何外来的或内在的控制了。"[1] 道德完人的稀缺性决定了建立在个人良知之上的柔性约束往往难以奏效，也不符合现代法治的要求。人性并不可靠，制度可能失灵，侦查权的内部控制，并不足以遏制权力滥用。"如果人和制度不灵了呢？那就要去监督，保证制度是刚性的、是真正的笼子，保证人在制度规范下行动。"[2] 强化对侦查权的外部监督，是实现有效制约的理性选择。检察机关的侦查活动监督就是对侦查权力监督制约的中国模式。

2. 关于国家治理

"全面依法治国是中国特色社会主义的本质要求和重要保障。"[3] 法治的本质是规则之治，以规则设定行为导向与惩戒标准，让合法与违法有清晰的界限，使人们对未来有稳定预期和行为指引，人民的生活才更有尊严和保障，这是党和国家长治久安的根基。国家的法治化，基本要求是刑事诉讼的法治化；刑事诉讼的法治化，首先是侦查的法治化。刑事侦查权是国家内政权力中最具强制力的权力之一，真正正视对侦查权的监督约束是国家权力自我克制的体现，是法治国家发展程度的试金石。根据我国政治体制特点，由专门的法律监督机关——检察机关对包括侦查程序在内的诉讼过程进行法律监督，监督侦查权在诉讼活动中的依法行使，这是一种科学的制度设计。侦查活动监督的目的即监督侦查权合法运行、遏制权力恣意、保障诉讼参与人的人权，是在侦查程序中推进国家治理体系和

---

[1] [美]汉密尔顿、杰伊、麦迪逊：《联邦党人文集》，程逢如等译，商务印书馆1980年版，第264页。

[2] 张军：《强化新时代法律监督 维护宪法法律权威》，载《学习时报》2019年1月2日第A1版。

[3] 习近平：《决胜全面建成小康社会 夺取新时代中国特色社会主义伟大胜利》，人民出版社2017年版。

治理能力现代化的重要体现。

3. 关于人权保障

我国已将"尊重和保障人权"写入宪法，作为基本原则加以确立。在刑事诉讼中，保障人权就是保障无罪的人不受刑事追究，保障有罪的人经人道合法的程序判处刑罚，保障诉讼参与人享有合法的诉讼权利。人权，从一个高高在上的人类理想走下神坛，成为人之为人而应享有的权利后，才走入了刑事司法的视野，才得以受到刑事法律的保护。当代人权理论的创始人、英国哲学家米尔恩指出，现代人权理论包括生命权、公平对待的公正权、获得帮助权、不受专横干涉这一消极意义上的自由权、被诚实对待权、礼貌权以及儿童受照顾权等基本权利。[1] 侦查权针对的正是人的自由权、公正权、获得帮助权以及财产权和隐私权等人权体系中最基础的权利。对侦查权的放任就是对基本人权的漠视，这种漠视将摧毁人们对法治的信仰。保障人权是宪法对公民的庄严承诺，监督侦查权力依法行使就是对人权最底线的保障。

4. 关于正当程序

"公正是法治的生命线。"[2] 正当程序是司法公正的重要保障。"国家在剥夺或者限制公民、法人的权利时，必须经过正当合理的法律程序，否则就不得作出此类决定。"[3] 一方面，正当程序是实体公正的保障。在追求实体公正的过程中，任何看似"捷径"的侦查行为，因为违反了正当法律程序，不

---

[1] 参见［英］A.J.M. 米尔恩：《人的权利与人的多样性——人权哲学》，中国大百科全书出版社1995年版，第171页。

[2] 《习近平在中共中央政治局第四次集体学习时强调 依法治国依法执政依法行政共同推进法治国家法治政府法治社会一体建设》，载《人民日报》2013年2月25日第1版。

[3] 樊崇义：《刑事诉讼法哲理思维》，中国人民公安大学出版社2010年版，第333页。

仅偏离了公正的程序轨道，实质上也很可能已经走向了实体公正的对立面。媒体曝光的诸多冤假错案，无不是在违反正当程序的情况下丧失实体公正的。另一方面，程序的形式正当性可以满足人们对公正的获得感。正义要以看得见的方式实现。此外，"可见的"法律程序因其规制权力的合法运行，这种形式的正当还可以化解当事者的不满、平息舆论的质疑、增强司法的权威性。遵守正当法律程序，是司法公正对侦查权运行的基本要求，侦查监督就是保证实现这一基本要求的外部机制。

（二）侦查活动监督的基本原则

1. 监督法定原则

监督法定原则是程序法定原则在监督中的具体体现。监督法定，"是指检察机关在进行诉讼监督时，必须按照法律规定的程序在法律规定的职权范围内进行，不能超越法律的规定"。[1] 我国宪法和刑事诉讼法均规定，人民检察院依法对刑事诉讼实行法律监督。一方面，检察机关应当严格依照法律的授权和法律规定的程序开展侦查活动监督，准确认定侦查违法事实，恪守监督的法定条件，规范开展监督工作，防止滥用监督权。另一方面，应当严格依法主动监督。凡是法律要求检察机关监督的，检察机关就应当监督，确保法律统一正确实施，实现防止滥权、保障人权的监督目的。

2. 监督比例原则

侦查活动监督中的比例原则，是指侦查监督方式的选择必须与侦查行为的违法程度相适应，并控制在必要限度内。监督比例原则体现的是一种"有节制"的权力观，即把握好权力行使的边界和尺度。在监督范围上，不能把触角延伸到不该监督

---

[1] 孙谦、童建明：《论诉讼监督与程序公正》，载《人民检察》2010年第22期。

不能监督的领域，不能盲目追求监督范围的宽泛。实践中存在将消极取证、讯问力度不够、侦查思路偏差等作为侦查违法事项予以纠正的情况，这是对监督范围的误解。未使用强制手段、不侵害相对人基本权利的任意侦查行为以及侦查策略的选择，不应属于监督范围。在监督方式上，要区分侦查行为的违法程度和强制程度，在多层次、多种类、刚柔并济的监督方式中，选择与之相应的、最低限度的监督方式，不能简单地不加区分地适用最严厉的监督方式。这既是权力的自我克制，也是保障侦查合法有序进行和实现打击犯罪诉讼目的的要求。

3. 监督有效原则

监督有效原则是针对监督的效果而言，通过监督，使侦查机关接受监督意见，使违法侦查行为得到纠正，使侦查违法后果得到改正或消除，保障相对人合法权利，就达到了监督的目的。贯彻监督有效原则，一是树立双赢的监督理念。这是对监督方式方法的要求，监督者要站在提升侦查法治化水平和保障诉讼顺利进行的视角，探索侦查机关能接受愿接受的监督方式，在监督手段上灵活运用、刚柔并济，既敢于监督，更善于监督，充分展现监督智慧，实现监督的双赢。二是提升监督品质。监督方式得当，监督意见精准，是侦查机关主动接受监督、信服监督的基础，也是监督权威的前提。三是增强监督刚性。"无救济即无权利，无后果即无监督"，通过监督行为产生相应的法律后果，是监督意见发挥效力的重要方面。具体而言，一方面要丰富刚性的监督手段，如排除非法证据、宣告侦查行为无效、提出违法人员处分建议等；另一方面要强化既有监督手段的刚性，如检察建议无正当理由应被采纳、纠正意见落实情况应当反馈、向社会公开监督事项等。

三、侦查活动监督的途径

侦查活动监督途径,是指侦查活动监督的路径与切入点。传统侦查活动监督途径,主要是通过在审查逮捕和审查起诉中发现监督线索,开展监督活动。通过这一途径,固然为发现和纠正侦查违法行为提供了依托,但路径的单一,也使侦查活动监督存在监督范围窄、监督滞后等问题。这就需要在传统途径之外,进一步拓展侦查活动监督的途径,拓宽知情渠道,前移监督时间。从时间空间、线上线下多维度拓展监督途径,提升监督的及时性、全面性、有效性。

(一) 在时间上拓展:提前介入

1. 以审判为中心诉讼制度下"提前介入"的必要性

以审判为中心,就是以庭审为中心;以庭审为中心,实质是以证据为中心。所以说,以审判为中心的刑事诉讼制度改革,就是在我国刑事诉讼中确立"证据裁判规则"。我国检察机关在刑事诉讼中的功能、作用所决定,其必须增强审前主导能力和主动监督作用。"检察机关对侦查的监督为法治所需要,这种监督必须加强,尤其强调其落在实处而不是空悬于法律。"[1] 监督途径单一导致监督来源受限,监督的路径向前延伸是必然方向。"在案件正式移送起诉前介入侦查程序,几乎是各国通例。"[2] 以德国等大陆法系国家为代表的"检警一体"模式下,"检察官有权指挥刑事警察进行对案件的侦查,

---

[1] 龙宗智:《评检警一体化兼论我国的检警关系》,载《法学研究》2000年第2期。

[2] 龙宗智:《"提前介入"必须具体分析》,载《法学》1989年第12期。

警察机关在理论上只被看作是检察机关的辅助机关,无权对案件作出实体性处理"。[1] 以美国等英美法系国家为代表的"检警分立"模式下,虽然检察机关和警察机构不存在隶属关系,但检察官对警察侦查取证活动的指导参与作用是不容忽略的。[2] 可见,无论哪种模式,为有效制约侦查权,防止侦查权滥用,检察机关在一定程度上参与到侦查中,引导和监督侦查活动依法进行,都是其基本职责所在。

提前介入,主要是指重大疑难复杂案件正式移送批捕和起诉前,由检察机关及时介入公安机关的侦查活动,引导其侦查取证,并对侦查活动是否违反法定程序、是否符合诉讼要求、是否侵犯犯罪嫌疑人合法权利进行法律监督。提前介入性质上属于检察权引导、监督侦查权的一种方式,通过引导,"就具体案件中证据的采纳标准和采信标准向侦查人员提供指导性意见,特别是就证据的合法性和证明的充分性提供指导性意见,可以提高办案的质量,防止侦查工作步入违法的误区或者把案件做成'夹生饭'"。[3] 通过"提前介入"途径,检察机关发挥引导和监督作用,预防侦查活动违法,并对已经发生的侦查违法行为及时予以监督纠正。

2. 提前介入的价值

一是引导侦查取证。在侦查活动开展的早期阶段,对侦查活动的方向和重点提出建议,对定罪证据之外的量刑证据、有罪证据之外的无罪证据等容易被忽视的方面予以提示,对取证程序的合法性、规范性予以引导,对已获取的证据材料从证明

---

[1] 陈兴良:《检警一体:诉讼结构的重塑与司法体制的改革》,载《中国律师》1998年第11期。

[2] 参见陈卫东、郝银钟:《侦、检一体化研究》,载《法学研究》1999年第1期。

[3] 何家弘:《构建和谐社会中的检警关系》,载《人民检察》2007年第23期。

力上予以分析，并有针对性地提出补充、完善意见，确保证据的确实、充分与合法。

二是引导准确定性。在提前介入过程中，对疑难复杂案件进行会商研究，发挥检察机关在审查证据、适用法律、把握刑事司法政策方面的作用，引导公安机关对案件作出准确定性。

三是监督纠正侦查活动违法。通过提前介入，能够比较及时、全面地了解公安机关侦查活动的开展情况，发现侦查活动违法，并能够第一时间监督纠正，实现对侦查活动违法行为的早发现、早处理。侦查违法行为越早得到纠正，越能保障案件质量，避免案件"带病"进入下一诉讼程序。

3. 提前介入的定位

从检警关系层面考察，提前介入旨在对公安机关的侦查活动予以引导、规范和监督，既有配合，又有制约，两者不可偏废。一味配合忽略监督，抑或只顾监督枉顾配合，均会失之偏颇。正确理解和定位提前介入，需要注意以下三个方面：

一是提前介入不能与检察官客观义务相冲突。检察官客观义务指"检察官在刑事诉讼中不是一方当事人，检察官对无论有利还是不利被告的情况都要注意，检察官与法官都是客观法律准则和实现真实正义的忠实公仆。不仅要勿纵，还要勿枉"。[1] 其核心要义是坚持客观立场、忠于事实真相、实现司法公正。[2] 检察官应谨记自己的客观义务，重视无罪、罪轻的证据收集，重视自身的监督职能，切忌将自己摆在单纯追诉的立场。

二是提前介入要避免干扰公安机关侦查权合法行使。"提

---

〔1〕 参见林钰雄：《检察官论》，法律出版社2008年版，第20—21页。
〔2〕 朱孝清：《检察官负有客观义务的缘由》，载《国家检察官学院学报》2015年第3期。

前介入"中的"介入"不是"干预",强调检察官在职责范围内参与到侦查活动中去,发挥相应作用。提前介入是引导侦查,而非指挥、领导侦查,要秉持"参与但不干预、参谋而不代替"的基本原则。在介入过程中对案件发表的意见具有建议性质,作为公安机关侦查工作中的参考意见。通过科学合理的建议,引导、促使侦查机关合法、科学办案。

三是提前介入应避免"绑架"逮捕、起诉职能。要建立提前介入与后续逮捕、起诉的遮断机制,防止先入为主,防止影响后续批捕起诉的独立判断。由提前介入到审查逮捕,再到审查起诉,主体同一并不意味着前手必然绑架后手。前后认识的变与不变取决于所处诉讼阶段的证据、事实情况。制度设计上,需要进一步明确三者之间内在各自不同的任务、操作规范,强化司法责任制的约束,避免因提前介入而背负"不得不捕""不得不诉"的负担。

4. 提前介入的构建

提前介入的类型,分为依职权介入和依申请介入。依职权介入是检察机关在公安机关未提出申请的情况下,在法律授权的范围内,主动介入引导侦查工作。依申请介入,指检察机关应公安机关申请予以介入。

第一,提前介入的案件范围。法律将提前介入的范围规定为重大疑难复杂案件。具体而言,可以包括:证据标准高、易发生违法取证的命案;涉案人数多、组织性强、危及国家社会安全稳定的暴恐、黑恶案件;专业性强、法律适用难以把握的金融证券、知识产权、非法集资类新型复杂案件;社会关注度高、容易快速发酵传播的网络舆情案件等。[1] 对于依侦查机关

---

[1] 参见刘辰:《侦查监督论》,中国人民公安大学出版社2018年版,第242—243页。

申请介入的案件，可以不受上述范围限制。

第二，提前介入的时间。对于重大疑难复杂案件，可在知悉后第一时间介入，不受公安机关是否立案的限制。这样有利于介入更加及时，特别是社会舆论高度关注的重大敏感案件，越早介入，越能够及时发挥执法司法合力，更好地回应社会关切。

第三，提前介入的方式。检察官可根据需要，参与公安的现场勘查、调查取证、讯问被告、讨论案件等侦查活动。[1] 这既是法律规定"参与其他侦查活动"的应有之义，也是进行有效引导、监督的必要手段。

（二）在空间上拓展：对公安派出所侦查的监督

侦查工作开展到哪里，监督工作就应当延伸到哪里。随着公安侦查体制机制改革的深入，公安派出所在承担原有社会治安管理职能之外，在刑事侦查中的职能作用越来越凸显。强化对公安派出所侦查的监督，已经成为完善侦查监督职能的一个重要方面。

1. 对公安派出所侦查监督的现实必要性

近年来，随着公安警力下沉，派出所办理刑事案件的数量不断上升，一些地方的派出所办理的刑事案件数占当地办案总数的70%以上，有的甚至超过80%。[2] 此外，派出所除办理盗窃、故意伤害等"轻罪"案件外，有些地方的派出所也办理毒品、故意杀人等"重罪"案件。从履行监督职能出发，从强

---

[1] 龙宗智：《"提前介入"必须具体分析》，载《法学》1989年第12期。
[2] "如江苏省南京市公安局基层派出所办理的刑事案件占全部刑事案件的80%；四川省攀枝花市这一比例为71%，中心城区派出所比例高达83%；四川省成都市成华区这一比例为75%。"参见元明、张庆彬：《公安派出所刑事执法的检察监督》，载《国家检察官学院学报》2013年第6期。

化重大、复杂案件侦查监督角度考虑,都需要对公安派出所侦查活动予以监督。这里强调一个观点:对派出所侦查活动进行监督,是伴随着派出所承担侦查职能而产生的。如果派出所不承担刑事案件侦查,这种监督就没有必要了。

2. 对公安派出所侦查监督的探索与实践

为履行对派出所侦查活动监督职责,最高人民检察院于2015年至2016年在山西、吉林、江苏等10个省1064个基层检察院开展公安派出所侦查监督工作试点,8370个公安派出所参与其中。试点期间,检察机关对违法侦查活动提出纠正意见15162件次,派出所刑事案件质量普遍得到提高,不捕率明显下降,捕后撤案明显减少,捕后作无罪处理明显减少,监督效果显现。[1]

3. 对公安派出所侦查监督的理念更新

检察机关对派出所侦查的监督,要从简单纠错向双赢转变。单纯为纠错而监督的理念已难以适应新时代检察工作的更高要求,监督的最终目的和意义在于使侦查机关提高侦查活动质量,既有效打击犯罪,又切实保障人权。因此,要把确保证据合法性、提升指控犯罪的效果作为对公安派出所刑事侦查活动监督的主要工作目标。在开展监督工作过程中,通过"监督+配合+提升",促进侦查人员提高证据意识、取证能力,防止因取证不及时、不规范导致证据灭失,或出现证据证明力不够等问题,达到有效指控犯罪和保证无罪人不受追诉的目的。

(三)在科技上拓展:智慧监督

移动互联网、大数据以及人工智能等新技术的迅猛发展,

---

[1] 参见《最高检召开全国电视电话会议部署对公安派出所刑事侦查活动监督工作 今年底前全面铺开对公安派出所刑事侦查活动监督工作》,载《检察日报》2017年3月30日第1版。

深刻影响人们的工作和生活方式，推动社会变革和进步。检察机关作为国家治理体系的重要组成部分，要树立拥抱科技的理念，充分利用科技手段，在法律监督途径上主动转型，实现侦查活动监督工作的现代化。一方面，信息技术的快速发展和应用为辅助侦查活动监督提供了技术支撑。监督线索发现难、监督滞后、监督标准不一等问题有了技术解决之道。另一方面，随着公安机关智慧警务建设的深入推进，促使侦查活动监督向科技化智能化转型，在检察与科技的深度融合中实现侦查活动监督工作提质增效。

四、强制性措施的监督

强制性措施是侦查机关从保障诉讼出发，对公民基本权利进行的干预、处分，包括对人的强制、对物的强制和对人格尊严、隐私权等权利的强制。[1] 作为侦查权的重要组成部分，强制性措施以国家强制力为后盾，不征求相对人意见，直接施加物理强制或者课予义务，要求相对人服从。在侦查手段中，强制性措施是强制力最高的。犯罪是对社会关系的破坏，追诉犯罪过程中适用强制性措施是"以暴制暴"，是执法司法机构履行职责"不得已"的行为。

（一）强制性措施监督中的价值平衡

强制性措施是一柄"双刃剑"，适用得当，以最小代价排除诉讼障碍，保障诉讼的顺利进行；适用不当，则构成对公民

---

〔1〕 高景峰、杨雄：《新刑事诉讼法强制性措施解读》，中国检察出版社2012年版，第1—5页。

权利的无端侵犯,影响司法公信,破坏社会稳定。因此,如何合理适用强制性措施,既满足控制犯罪的需要又使其对权利的干预降到最低限度,一直是刑事司法面对的两难选择。"刑事诉讼的历史亦即合理限制强制性措施的历史。"[1] 对强制性措施的监督制约,要在以下法律价值中寻求平衡:

1. 公共安全与法律安全的平衡

公共安全有赖于高效惩治犯罪,维护社会秩序,使正义得到伸张。法律安全则体现为公民不受公权力无端侵扰,不必担心无理拘留、违法查封等来自侦查权滥用的侵害,享受"免于恐惧的自由"。只要侦查仍然由有欲望、会犯错的具体的人来实施,二者之间的矛盾就始终存在。针对这一问题,现代各国均实行强制性措施法定主义,即强制性措施适用必须符合立法的明确规定。这是形式层面的强制性措施法治,也是强制性措施监督的法律渊源。

2. 权利克减与权力谦抑的平衡

国家权力来自公民让渡,公民享受国家强制力保障的良好社会秩序,也负有一定的容忍义务,其中之一就是在犯罪后忍受强制性措施,这是强制性措施正当性的来源。[2] 但公民权利克减,绝不意味着为打击犯罪可以不择手段、不问是非、不计代价。权力谦抑要求审慎适用强制性措施,充分考虑是否侦查所必须、更轻缓的替代措施是否可行,在非强制手段能够满足侦查需要的情况下尽可能不用强制手段,在必须使用强制手段时尽可能选择轻缓的而非严厉的手段。这是实质层面的强制性措施法治。强制性措施的监督就是要确保侦查权不越界,有

---

[1] [日]高田卓尔:《刑事诉讼法》,青林书院1984年版,第144页。
[2] 参见李建明:《强制性侦查措施的法律规制与法律监督》,载《法学研究》2011年第4期。

底线。

3. 实体正义与程序正义的平衡

刑事诉讼中的实体正义强调穷尽方法查明真相，有效惩治犯罪。程序正义则要求"正义不仅要实现，而且要以看得见的方式实现"。在强制性措施适用中，体现为将强制性措施的决定权与执行权分离。引入外部监督制约，限制强制性措施适用。这在一定程度上影响侦查效率，但是打破侦查系统的封闭性，强化对强制性措施的程序控制，会有效提升侦查程序的法治水平。

4. 权利宣示与权利救济的平衡

无救济则无权利。法律宣示保护公民人身自由、财产权等基本权利，但只有当"政府承担起义务来保护那些权利所保护的利益的时候，个人才具有相称的条件来拥有人权"。[1] 这种"义务"在刑事诉讼中即为权利救济。最低限度的救济机制应当允许相对人针对涉及限制、剥夺基本权利的强制性措施，向侦查机关以外的有权机关申诉，以诉权制约侦查权。审前程序中，检察机关是当事人权利的救济主体。[2] 强制性措施监督机制，是权利救济的申诉渠道，也是权利的保障。

（二）强制性措施监督中的突出问题

为防范强制性措施的滥用，保障公民的合法权利，各国均采用"以权力制约权力"模式，设置了对强制措施的外部监督制约机制。[3] 然而，我国司法实践中，侦查机关强制性措施恰恰是监督的薄弱环节，大量涉及基本权利强制处分的侦查手段、强制性措施处在侦查活动监督视野之外。最突出的问题表

---

[1] [英]约瑟夫·拉兹：《人权无需根基》，载《中外法学》2010年第3期。
[2] 宋英辉等：《刑事诉讼原理》（第三版），北京大学出版社2014年版，第186页。
[3] 参见孙长永：《强制侦查的法律控制与司法审查》，载《现代法学》2005年第5期。

现在对以拘留为代表的限制人身自由的强制性措施和以查封、扣押、冻结为代表的限制财产的强制性措施的监督明显不足。

人身自由是最基本的人权,在公民自由和权利中居于基础性地位。在限制人身自由的强制性措施体系中,拘留的强度仅次于逮捕,都是在一段时间内完全剥夺人身自由,从羁押状态来看,二者强制程度相同。公民的合法的私有财产不受侵犯。财产权也是写入宪法予以保护的基本权利,承载着人的尊严和价值,是公民追求幸福生活的先决条件。虽然查封、扣押、冻结并不直接作用于公民人身,但与剥夺人身自由的强制性措施一样,都是"干预人民受宪法所保障之基本权利的行为",[1]二者在性质上并无二致。目前,我国对拘留和查封、扣押、冻结的监督机制亟待完善。一是检察机关无法对强制性措施的决定适用、延长期限等重大事项进行事前审查。二是强制性措施执行过程中封闭运行,检察机关难以进行事中监督。三是相对人申诉救济机制不健全。

对强制性措施的监督制约不足,难以有效遏制侦查权滥用,司法实践中违法拘留和查封、扣押、冻结问题时有发生。

在拘留适用中,违法问题主要表现在两个方面。一方面是随意扩大拘留适用范围,对不符合条件的案件适用拘留措施;另一方面是违法延长拘留期限,拘留时间普遍顶格执行。如违反法律对延长拘留期限理由的限定,以拘代查,只拘不查;对法定延长拘留期限理由扩大理解,随意认定,甚至造成超期羁押。

在查封、扣押、冻结适用中,违法问题主要有以下三类:

---

[1] 林钰雄:《刑事诉讼法》(下册 各论编),中国人民大学出版社2005年版,第236页。

一是随意扩大查封、扣押、冻结范围，不区分个人财产和企业法人财产，不区分违法所得和合法财产，不区分涉案人员财产和家庭成员财产，对与案件无关的财产予以查封、扣押、冻结。二是超期查封、扣押、冻结，结案后不及时解封、解冻非涉案财物。三是查封、扣押、冻结财物管理不规范，导致财物遗失、毁损。随着社会发展和公民权利意识的觉醒，财产权保护日益受到重视，财产权保护的综合效益也不断彰显。滥用强制性措施，不当甚至违法限制公民财产权，不仅损害权利人本身，往往也会对经济发展、社会稳定造成损害。刑事司法实践中，侦查机关针对企业尤其是民营企业的财产不当采取查封、扣押、冻结措施的情况时有发生，干扰到企业的正常经营。

强制性侦查措施的滥用，侵犯人身自由和财产权，既是刑事司法问题，也关系到民心向背、社会稳定。"对执法司法状况，人民群众意见还比较多，社会各界反映还比较大，主要是不作为、乱作为特别是执法不严、司法不公、司法腐败问题比较突出。有的政法机关和干警……滥用强制性措施，侵犯公民合法权益；不仅严重败坏政法机关形象，而且严重损害党和政府形象。"[1] 党的十八届四中全会要求"完善对限制人身自由司法措施和侦查手段的司法监督"[2]《国家人权行动计划（2016—2020）》将其作为保障公民权利和政治权利的重要内容。[3]

当下需要做的，一是探索"从制度上保证检察机关对侦查

---

[1] 习近平：《严格执法，公正司法》，载《十八大以来重要文献选编》（上），中央文献出版社2014年版，第717页。
[2] 《中共中央关于全面推进依法治国若干重大问题的决定》，人民出版社2014年版。
[3] 《国家人权行动计划（2016—2020）》，国务院新闻办公室网站，http://www.scio.gov.cn/wz/Document/1492804/1492804_1.htm。最后访问时间：2019年3月5日。

机关刑事拘留案件的知情权"。[1] 知情是监督的前提，完善侦查机关与检察机关刑事案件信息共享平台，同时进一步发挥派出所、看守所派驻检察机制，实现对强制性措施违法情形的早发现、早纠正。二是健全申诉救济机制，发挥诉权对侦查权的制约作用。[2] 要充分运用好刑事诉讼法第一百一十七条赋予检察机关的对强制性措施违法的救济权。设定严格的权利告知规则，要求侦查人员在实施查封、扣押、冻结时，明确告知犯罪嫌疑人及其近亲属有向检察机关提出申诉的权利。同时，丰富检察机关的调查核实手段，充分运用确认侦查行为无效、排除非法证据的处置措施，增强申诉救济机制中的监督刚性。

五、侦查活动监督的方式

徒法不足以自行。侦查活动监督要发挥监督效果，必须凭借一定的手段和方式。新修订的人民检察院组织法第二十一条明确了检察机关对三大诉讼进行监督时可以进行调查核实，并依法提出抗诉、纠正意见、检察建议。这使检察机关在强化监督方式的同时，从基本法律层面对调查核实在刑事诉讼全程中的运用作出明确规定，增强了监督手段，提升了监督能力。

(一) 关于调查核实

调查核实属于监督手段的范畴，指检察机关为查明是否存

---

[1] 元明、何桂兵：《建立刑事拘留检察监督工作机制的思考》，载《人民检察》2011年第6期。

[2] 根据立法机关有关人员对刑事诉讼法规定的解读，设置针对违法侦查行为申诉控告机制的立法初衷是"使司法机关及其工作人员在采取强制措施、侦查措施的时候，受到一定的限制和监督"。

在诉讼违法行为或者损害公益行为而进行的核查工作。[1] 尽管早在2012年刑事诉讼法就已经明确规定了检察机关对非法证据的调查核实职能,[2] 但是对调查核实的运用仍然存在不同认识,在实践中,认为检察机关调查核实权依据不足而不理解、不支持、不配合调查的情况时有发生。因此,需要对调查核实从理论上进一步厘清。

1. 调查核实权的正当性

调查核实是法律监督的应有之义,是侦查活动监督的重要保障。法律监督权的正常行使必须辅之以必要的措施与手段。而调查核实权的设置,是保证法律监督工作有效运行的关键要素。没有调查就没有发言权,无论检察机关开展何种监督活动,首先必须了解行为是否违法、违法的程度如何,才能进行有效地监督。在没有充分调查核实基础上的监督,也是对被监督者最大的不负责任。法律监督若依据被监督机关愿意不愿意调查、调查的效果如何而定,也就丧失了独立存在的价值。[3]

调查核实是证据裁判原则在侦查活动监督中的具体体现。侦查活动监督案件属于由原案派生出来的"案中案"。[4] 侦查活动监督的调查核实也是一个对侦查违法行为的证据收集、审

---

[1] 万春:《检察法制建设新的里程碑——参与〈人民检察院组织法〉修订研究工作的体会》,载《国家检察官学院学报》2019年第1期。

[2] 为落实中央关于"依法明确、规范检察机关调查违法、建议更换办案人等程序,完善法律监督措施"的改革任务,最高人民法院、最高人民检察院、公安部、国家安全部、司法部在2010年联合制定了《关于对司法工作人员在诉讼活动中的渎职行为加强法律监督的若干规定(试行)》,其中明确规定了检察机关调查核实司法工作人员渎职行为的程序、措施等。2012年刑事诉讼法修改时,吸收了改革成果,在第五十五条(现行刑事诉讼法第五十七条)规定了检察机关对非法取证线索应当调查核实。

[3] 参见张智辉:《论检察机关的调查权》,载《国家检察官学院学报》2006年第1期。

[4] 侦查机关办理的刑事案件是原案,解决的是犯罪嫌疑人的罪责问题;监督案件则是监督纠正侦查机关在办理刑事案件过程中的侦查违法行为,是由原案派生出来的案件。

查、判断的过程,没有调查核实,监督的事实依据基础不牢,也难以令人信服。[1] 通过讯问原案犯罪嫌疑人,询问办案人员,调取讯问笔录、讯问录音录像等措施,用实实在在的证据,得出扎扎实实的结论。检察机关调取的证据当然具有证明案件事实的效力,它与其他诉讼主体提供的证据在证明力上没有强弱之分,只是在证明对象方面有所区别。[2]

2. 调查核实的基本属性

调查核实是法律监督的手段和工具,是为查清与监督有关的案件事实服务的。从严格意义上讲,调查核实权并不是一项独立的法律监督职权,而是检察机关行使法律监督职权的一项权能和措施,对各项法律监督职权正确、有效行使发挥着重要的保障性作用。[3] 检察机关通过调查核实权的行使,了解并确认侦查活动中的违法现象或不当行为,当然具有法律监督属性。

作为一种防错、纠错的程序性机制和制度安排,检察机关的法律监督不具有终局性实体决定权。[4] 作为保障法律监督正常运行的必要手段,调查核实也是一种程序性的、过程性的权力,实质是启动法定的纠错程序,并不具有实体处分的意义。

虽然侦查活动监督的调查核实范围是侦查违法行为,对象涉及侦查人员,但是调查核实目的是保障监督职能的有效履行,既不同于侦查机关对刑事犯罪的侦查行为,也不同于监察

---

[1] 黄河、赵学武:《侦查监督的现状、问题及发展方向》,载《人民检察》2016年第21期。
[2] 张步洪:《民行抗诉程序中检察机关的调查取证权》,载《人民检察》1999年第8期。
[3] 高翼飞:《检察机关的调查核实权及其实现路径》,载《检察日报》2019年3月18日第3版。
[4] 参见张军:《强化新时代法律监督 维护宪法法律权威》,载《学习时报》2019年1月2日第A1版。

机关对职务犯罪的调查活动，不得限制被调查对象的人身自由或者财产权利。调查核实是一种非强制性的手段，但是人民检察院组织法第二十一条明确了被监督对象的配合调查核实义务。配合义务以及相应保障措施，可以解释为调查核实权的一种附随效力，即为保障调查核实权顺利实施而采取的一种必要手段。[1]

3. 调查核实的范围

人民检察院组织法第二十一条在规定调查核实权时，并没有对开展调查核实的范围进行限定。在侦查活动监督中，虽然刑事诉讼法把非法取证行为作为调查核实的重点，但是侦查活动点多面广，既有对犯罪嫌疑人、证人的讯问、询问，也有对书证、物证的搜查、扣押、勘验、鉴定等。为准确认定和依法纠正侦查违法行为，在把侦查人员以非法方法收集证据的行为列为调查核实重点的同时，调查核实的范围应当涵盖所有违反刑事诉讼法有关规定，严重侵犯当事人合法权利或者严重影响侦查工作依法公正进行的侦查行为。

4. 调查核实的方式方法

《人民检察院刑事诉讼规则（试行）》第七十条在2012年刑事诉讼法第五十五条的基础上，规定了八种调查核实手段：讯问犯罪嫌疑人，询问办案人员，询问在场人员及证人，听取辩护律师意见，调取讯问笔录、讯问录音、录像，调取、查询犯罪嫌疑人出入看守所的身体检查记录及相关材料，进行伤情、病情检查或者鉴定以及其他调查核实方式。随着2018年人民检察院组织法明确了检察机关的调查核实权，需要在实践

---

[1] 万毅：《〈人民检察院组织法〉第21条之法理分析》，载《国家检察官学院学报》2019年第1期。

中不断探索规范调查核实的方式方法。

5. 调查核实的程序

调查核实程序包括启动、实施、处置等主要环节。程序启动涉及检察机关的权力配置运行问题，既要考虑效率又要注意避免权力的滥用。一方面，从监督的实际效率出发，程序启动首先应当保障调查核实工作及时迅速地开展，避免过于烦琐的审批流程导致的时间延误；另一方面，为了防止行使调查核实权的随意性，调查核实程序的启动也需要设置一定的内部制约机制。在调查核实权的运行过程中，应当坚持规范性。为确保获取的证据的合法性，调查核实的实施应当具备相应程序要素，比如由两名以上的检察人员进行、证人证言应当当场与证人核对并由其签名等。基于调查核实的非强制性，在运用中要严格遵循不得限制被调查核实对象的人身自由或者财产权利的要求，务必防止调查核实与侦查不分、滥用调查核实权。

(二) 关于监督方式

侦查活动监督的方式是指人民检察院对于已经确认的侦查违法行为进行纠正、处理的形式。在多年的实践中，检察机关主要运用纠正违法、检察建议等监督方式，并得到法律的确认。在新时代需要不断完善监督方式体系，根据监督事项选择合适的方法开展监督。

1. 现有监督方式的种类

从现行的法律和司法解释的规定看，检察机关的监督方式主要包括检察建议、纠正违法、纠正非法取证、排除证据、建议更换办案人、移送职务犯罪线索、纠正漏捕、纠正漏诉等。上述监督方式，可以分为制裁性监督方式和建议性监督方式。比如排除证据、移送职务犯罪线索就是制裁性监督方式，附有相应的法律后果；检察建议、纠正违法等是建议性监督方式，针对暴露的问题提出建议。上述监督方式，也可以分为刚性监督方式和柔性监督方式。排除证据和移送职务犯罪线索，属于刚性很强的监督方式。排除证据的后果是直接否定侦查机关的侦查违法行为，取得的证据材料不能成为定案的根据，是一种强有力的程序性制裁。[1] 移送职务犯罪线索的后果是实施违法行为的侦查人员将面临刑事追诉。其余的监督方式，或多或少具有督促侦查机关启动纠正程序的功能，侦查机关有义务按照检察机关的意见进行纠正，并将纠正情况通知检察机关。

2. 监督方式的运用现状和存在的问题

从司法实践看，监督方式的范围不断丰富，司法解释先后赋予了检察机关建议更换办案人、移送职务犯罪线索、排除因取证程序违法而影响证据真实性的证据、排除不能补正且不能合理解释的瑕疵证据等多种措施，监督效力不断提升。人民检察院组织法在司法实践的基础上明确了检察机关提出纠正意见、检察建议等权力，并规定了被监督对象将采纳纠正意见、检察建议的情况书面回复的义务，监督程序不断规范。

但是监督方式仍然存在较为突出的问题：一是监督方式体系的层次性不够。检察机关诉讼监督的内容散见于各个诉讼阶段，关于监督方式的规定也就分散在相关法律的各个角落，缺乏集中、详细的关于诉讼监督方式的规定。[2] 二是监督方式的有效性不足。从我国关于侦查活动监督的法律规范来看，许多条文仅有行为模式，而无法律后果的规定。三是比例原则运用存在偏差。一些地方检察机关为监督而监督，片面追求纠正违

---

[1] 程序性制裁是通过对违反法律程序的侦查、公诉和审判行为宣告无效、使其不再产生所预期的法律后果的方式，来惩罚和遏制程序性违法行为。参见陈瑞华：《程序性制裁理论》，中国法制出版社2005年版，第535—537页。

[2] 赵成、熊正：《诉讼监督方式的完善》，载《国家检察官学院学报》2010年第6期。

法数量，存在轻率、随意的情形，这是滥用监督权的行为，与法律监督的目的背道而驰。

3. 提升监督的效力和质量

从长远看，为实现宪法对检察机关的法律监督定位，应当不断完善监督方式，增强监督效力，提高监督质量。

一是完善监督方式。可以探索赋予检察机关宣告侦查行为无效的裁量权。对于侦查终结案件，存在重大违法或多种违反程序情形，可能导致冤假错案的，检察机关可以作出违法侦查行为无效的决定，建议侦查机关更换办案人、重新开展侦查。

二是增强检察机关监督方式的刚性。检察建议是规范司法行为、维护司法公正的重要手段。要执行好最高人民检察院制定的《人民检察院检察建议工作规定》，强化检察建议的督促落实，完善送达程序，建立抄送制度，明确回复期限，提升检察建议的刚性。

三是对监督方式的运用应当遵循比例原则。监督方式要与侦查行为的违法程度相适应。对于严重侵犯当事人合法权利或者严重影响诉讼工作依法公正进行的违法行为，应当适用力度较大的监督方式。比如，刑讯逼供侵犯了犯罪嫌疑人诉讼主体地位和人格尊严，可以适用排除证据、纠正非法取证、更换办案人等多种方式予以监督；对于构成犯罪的，可以立案侦查。对于违法性质、情节、后果较轻的，应当适用程度较轻的监督方式，以体现监督的理性和节制。

六、侦查活动监督的办理模式

侦查活动监督模式，是指在实践中客观形成的较为稳定、带有普遍性的监督权行使方式。长期以来,侦查活动监督的开展是在对诉讼案件的审查中同时进行的。检察官一般在审查逮捕、审查起诉的过程中附带审查侦查活动是否合法,如果发现侦查违法线索,视情选择启动监督工作,监督遵循"发现与受理—制作监督意见—审核签发—发出纠正意见"的步骤。因监督模式具有行政化特点,可称为"审批模式"。"审批模式"是检察机关在长期的监督实践中形成的,依托于对诉讼案件的办理,采取"谁发现谁办理,谁办理谁跟踪"的监督方式,对监督案件与诉讼案件、监督程序与诉讼程序未作严格区分。随着司法体制改革的逐渐深入和刑事司法制度的不断完善,2012年修改刑事诉讼法时,确立了我国非法证据排除规则,提出了对检察机关排除非法证据的明确要求。这一规则的确立,自然对侦查活动的监督范围、监督标准、监督程序都提出了更高的要求,原有的"审批模式"已然不能满足现代侦查活动监督工作的需要。为适应法律对侦查活动监督的更高要求,使监督活动更加有效规范的开展,检察机关开始探索重大监督事项案件化办理模式。[1]

(一)案件化模式的构建

"案件化模式"是对"重大监督事项案件化办理模式"的简称,意味着对违法情节较重、需要调查核实的重大监督事项要当作案件来办理,建立以证据为核心的监督程序和管理制度,实现监督全程留痕。案件化模式有着不同于审批模式的构成特点。

---

[1] 重大监督事项案件化办理萌芽于地方检察实践,经江苏、北京、上海等地探索,写入《"十三五"时期检察工作发展规划纲要》。

1. 主体要素

监督案件是由原案派生出来的"案中案",是为了确保原案证据符合合法性要求、诉讼活动遵循法定程序的制度安排。根据启动程序的不同,监督案件可以分为依申请启动和依职权启动两类。两者在诉讼构造上是不同的。依申请启动的监督案件是典型的"控辩裁"三角形构造,即侦查机关与犯罪嫌疑人、诉讼参与人两造,检察机关居中裁决。依职权启动的监督案件,则形成检察机关—侦查机关的两方构造,作为侦查违法行为受害人的犯罪嫌疑人或者诉讼参与人是有利害关系的第三人。侦查活动监督的对象由侦查主体和侦查违法事实构成。侦查主体指侦查机关和侦查人员。侦查违法事实则包括侦查违法行为、侦查违法结果、因果关系、主观过错等内容。在这些因素中,侦查违法行为是监督案件的核心要素,也是侦查违法事实的核心内容。

2. 程序要素

监督案件的办理程序应当是一个完整的流程,包括线索受理、调查核实、监督处理、跟踪督促等环节,通过强化程序的严密性、参与性、救济性,保障监督案件办理的公正性。

3. 证据要素

证据是案件办理的基础与核心要素。所谓案件化模式,实质是构建以证据为核心的监督工作模式。其一,把强化证据意识贯穿于整个程序的设置之中,树立"线索发现源于证据、调查核实围绕证据、认定处理依靠证据"的理念,重视监督证据的收集、固定和分析。不仅要收集证明侦查活动有无违法行为的证据,而且要收集证明违法行为情节轻重的证据,坚持用证据说话、用证据定性。其二,针对案件化模式流程化特点,探索建立差异化证明标准。例如,线索受理环节,遵循"有线索和迹象表明可能发生违法行为"的较低证明标准；认定处理环节，证据要达到"证明被监督行为违法的事实清楚，证据确实、充分，能够排除合理怀疑，足以影响司法公正"的较高证明标准。证明标准从低到高，符合法律监督工作规律。其三，承办检察官本人参与证据的调查核实。亲历性是司法属性的重要内容。坚持收集证据的亲历性，也是案件化办理的内在要求。检察官要通过直接查阅卷宗材料、直接听取犯罪嫌疑人和辩护律师等诉讼参与人的意见、复查同步录音录像、向侦查人员调查核实情况等活动，还原侦查活动过程，了解线索背后的事实真相，从而得出准确的监督结论。

4. 文书要素

诉讼文书是办案的载体，也是推进办案进程的依据。目前，检察机关在办理监督案件过程中，无论是依附型监督案件，还是独立型监督案件，囿于没有独立的调查案件文书，都不加区分地一律使用诉讼案件文书，这与调查案件的性质不相匹配。因此，调查时所用法律文书应当与调查性质相协调，体现调查的对象特点、手段特点、效力特点等，而不能与诉讼案件文书混同使用。

（二）案件化模式流程

1. 线索受理和分流

无论是控告申诉部门受理的线索，还是办案人员从审查诉讼案件中发现的线索，通过线索审核，然后根据待查事实的情况进行分流，分别进入案件化模式、审批模式或者撤销监督程序。

2. 初查立案

立案是监督线索转化为监督案件的标志，是防止随意监督和滥用监督的安全阀。监督线索，经初查，符合立案标准的，依法立案。监督案件立案需要登记案由和案号，实行一案一号。

3. 调查核实

调查核实是侦查活动监督运行的关键，也是检察机关查清侦查违法事实的重要手段和保障。调查的目的是查清侦查违法事实，即要查清违法主体、侦查违法行为、违法结果、主观过错，为监督工作奠定事实基础。

4. 审查认定

审查认定是保障侦查活动监督科学决策的需要。通过法定程序对是否存在侦查违法事实，以及违法程度作出认定，说明确认违法的理由和依据，进而提出监督意见。在审查认定过程中，秉持双赢的理念和充分沟通的原则，视情要求侦查机关对侦查行为的合法性进行说明，或者就拟认定的违法事实、监督措施听取侦查机关、侦查人员的意见。

5. 监督处理

监督处理是根据认定的侦查违法事实，对侦查违法行为、证据或者侦查人员提出监督处理意见。监督处理方式既可以多种并用，也可以单独适用。依据认定的侦查违法事实对侦查违法行为、证据或者侦查人员进行监督处理。监督决定应当送达侦查机关和侦查人员，同时告知救济的渠道。有控告、申诉、举报人的，也应当向其告知监督处理决定。

6. 复查复核

复查复核为被监督对象提供了救济途径，防止错误监督。侦查机关、侦查人员可以依法申请复查复核，控告人、申诉人可以依法提出申诉，督促检察机关依法监督。

7. 跟踪督促

跟踪督促监督决定的实施情况，以检验、评价监督效果。

尽管侦查机关有义务接受检察机关依法监督的决定，向检察机关反馈监督决定的执行情况，但是检察机关更应当主动跟踪收集侦查机关的反馈意见，保障监督决定落到实处。

8. 结案归档

检察机关依据监督案件各方对监督决定的反馈意见，审视监督效果，实现监督目的的，可以结案。监督案件办理终结，参照诉讼案件卷宗的管理要求，及时归档保管。

结束语

在全面推进依法治国的新形势下，司法体制改革的决策部署、人民群众的法治期待、人权保障的时代要求、侦查办案的发展变化都对强化侦查权监督制约提出了新的要求。检察机关作为法律监督机关，专门行使侦查监督权，监督侦查权依法行使是义不容辞的责任和义务。

监督只是手段，促进严格公正司法、确保法律统一正确实施才是根本。侦查阶段的权力结构、诉讼流程等方面还有许多需要研究、解决的问题，侦查活动监督的法治化、现代化仍然任重而道远。

第四专题
逮捕与法律监督[*]

随着全面依法治国的深入推进，我国刑事司法制度正朝着法治化、民主化、信息化、精细化方向发展，刑事检察的职能强化、制度完善和理念更新的要求更加紧迫。

逮捕的正确适用，在刑事法治中处于十分重要的地位，因为它直接关乎公民自由的剥夺。它是一柄"双刃剑"，用之得当，利国利民；用之不当，害国害民。

鉴于检察机关在批准、决定逮捕中的职能作用和监督的使命，保证逮捕的合法性、正当性、必要性，是检察机关履行好"法律守护人"职责的"重中之重"。

---

[*] 本文原题为《司法改革背景下逮捕的若干问题研究》，发表于《中国法学》2017年第3期。

一、引　　论

　　现代逮捕制度自诞生起即与宪法紧密相连。准确把握逮捕制度的内涵，需要回归其宪法定位。世界各国宪法发展过程中，有代表性的宪法性文件几乎都有对逮捕制度的规定。早在1215年，英国《自由大宪章》即规定："凡自由民，如未经其同级之贵族之依法裁判，或经国法判决，皆不得被逮捕……"[1] 随后英国的《人身保护法》、法国的《人权宣言》、美国的宪法第四和第五修正案均具有保障人身自由，排除随意逮捕的规定。[2] "二战"后，保护人身自由与禁止非法逮捕羁押成为各国公认的法治原则，形成了高度的国际共识，写入了联合国《公民权利和政治权利国际公约》。近代以来，中国的宪法发展与逮捕制度演进也存在这种联系。自清政府1908年颁布的《钦定宪法大纲》明确规定"臣民非按照法律所定，不加以逮捕、监禁、处罚"起，[3] 其后南京临时政府、北京北洋政府、南京国民政府三个时期的各类宪法性文件中都有公民人身自由

---

[1] 李龙、徐亚文：《正当程序与宪法权威》，载《武汉大学学报（人文社会科学版）》2000年第5期。

[2] 英国《人身保护法》规定："非依法院签发的载明缘由的逮捕证，不得逮捕羁押。"法国《人权宣言》第七条规定："除非在法律所确定情况下并按照法律所规定的程序，任何人均不受控告、逮捕与拘留。"美国宪法第四、第五修正案规定："任何人不经正当法律程序，不得被剥夺生命、自由或财产"，"人民的人身、住宅、文件和财产不受无理搜查和扣押的权利不得侵犯"。

[3] 参见韩大元：《论日本明治宪法对〈钦定宪法大纲〉的影响——为〈钦定宪法大纲〉颁布100周年而作》，载《政法论坛》2009年第3期。

不受侵犯,非依法律不得逮捕的内容。[1] 新中国成立后1954年的第一部宪法即在第八十九条规定:"中华人民共和国公民的人身自由不受侵犯。任何公民,非经人民法院决定或者人民检察院批准,不受逮捕。"此后,1978年、1982年宪法的有关规定一脉相承,均有公民的人身自由不受侵犯,任何公民非经人民检察院批准或者决定或者人民法院决定,并由公安机关执行,不受逮捕的表述。[2] 遍观中外,逮捕制度都可以从宪法的人身自由条款中找到渊源。

逮捕制度"位高权重",逮捕的适用必须慎之又慎。近年来,检察机关依法行使审查逮捕职能,坚持少捕慎捕原则,全国普通刑事案件的批捕率逐年下降,从2005年的91%下降至2016年的77.6%,审前羁押率从2005年的90%降到2016年的59%左右,[3] 2012年修改刑事诉讼法后增加了关于审查逮捕时讯问犯罪嫌疑人、听取辩护律师意见、询问证人等规定,增强了逮捕程序诉讼化程度,这是我国刑事诉讼法治建设和人权保障的重要成就,也是我国刑事诉讼民主、文明、进步的重要标志。但我们也要清醒地看到实践中逮捕适用存在的问题:一是我国的审前羁押率仍然偏高。欧盟委员会对27个成员国自1999年至2007年9年间的未决羁押率进行统计,表明欧盟成员国未决羁押率通常都在10%至30%之间,超过40%的很少,超过50%的凤毛麟角。[4] 尽管我国未决羁押率与发达国家相比,因犯罪底数的不同而不能完全等同,但我国的审前羁

---

[1] 参见韩亚光:《百年中国宪法视野中的人民权利研究》,载《河北法学》2009年第3期。
[2] 参见1954年宪法第八十九条、1978年宪法第四十七条、1982年宪法第三十七条。
[3] 数据来源于最高人民检察院案件管理办公室。
[4] 参见陈永生:《逮捕的中国问题与制度应对——以2012年刑事诉讼法对逮捕制度的修改为中心》,载《政法论坛》2013年第4期。

押率确实存在偏高的问题。二是审查方式司法化程度低。逮捕是最严厉的刑事强制措施,是对公民权利的重大干预,涉及犯罪嫌疑人人身自由这一宪法权利,应当通过严格的司法程序进行审查,这是人权保障的基本要求。司法办案应当贯彻亲历性原则,由司法者亲身经历案件审查的全过程,直接接触和审查证据,特别是直接听取诉讼双方和其他诉讼参与人的言词陈述,从而对案件作出司法处断。[1] 司法亲历性是司法工作的重要原则,但是逮捕的决策机制长期实行的是"承办人审查、部门负责人审核、检察长或者检察委员会决定"的三级审批制,审者不定,定者不审,体现的是上命下从的行政管理机制,具有典型的行政化特征。司法实践中,侦查阶段刑事辩护率低,且未赋予律师知情权、阅卷权,辩护律师难以对逮捕决定的形成施加有效影响。审查逮捕主要依据侦查机关提供的单方卷宗材料,审查逮捕的中立性、公开性有所欠缺。尽管修改后的刑事诉讼法对审查逮捕程序进行了一定程度诉讼化改造,增强了审查逮捕的中立性、客观性,但仍未完全实现逮捕的诉讼化转型。三是逮捕把关不够严格。近年来陆续披露的冤假错案让司法蒙羞,严重损害了法治和司法公信。2016年全国检察机关捕后不作犯罪处理的案件(包括判处无罪、绝对不起诉、相对不起诉、存疑不起诉、撤销案件)有1.4%,捕后判处徒刑以下刑罚的案件(包括拘役、管制、单处罚金)有6.5%。[2] 这说明构罪即捕、以捕代侦、以捕代罚、以捕促和的现象在一定范围内仍然存在。这需要引起法学理论界和实务界高度重视。

随着我国经济社会发展呈现新的阶段性特征,逮捕这一强

---

[1] 参见朱孝清:《司法的亲历性》,载《中外法学》2015年第4期。
[2] 数据来源于最高人民检察院案件管理办公室。

制措施的适用面临着一系列新挑战。一是"以审判为中心的刑事诉讼制度改革",全面提升了适用逮捕的证据要求。"以审判为中心"即可理解为确立了刑事诉讼中的"证据裁判"和"疑罪从无"原则,从侦查开始,包括审查起诉、法庭审理,都须做到事实证据经得起法律的检验,事实不清楚,证据达不到合法、确实、充分的,都不能作出有罪的判决。所以,逮捕适用中,证据审查自然需要证据规则的指引,以发挥从源头防止冤假错案的作用。二是司法责任制的落实,给适用逮捕的方式提出了新的挑战。"让审理者裁判,让裁判者负责"的司法责任制,是严格公正司法的重要保障。在检察机关审查逮捕活动中,落实司法责任制,就是放权给检察官,增强检察官的办案独立性,明确其司法责任。检察机关如何调整办案组织、办案模式和权力运行机制,制定科学的、法治的审查逮捕和决定逮捕流程,都需要按照司法责任制的要求予以调整、改革和完善。三是网络信息时代,重大、敏感案件适用逮捕面临舆情挑战。随着经济社会的发展,公民的法律意识、权利意识、监督意识不断增强,对司法的关注度明显增强,司法个案极易演变为公共事件。逮捕的适用同样如此,作为诉讼中重要的强制措施,在信息网络时代里容易成为舆情焦点,因此对具体案件逮捕适用的考量、把握,刑事政策的运用等,都需要更高的司法智慧。四是刑事犯罪形态的新变化,增加了逮捕司法决断的难度,新型违法犯罪大量涌现,信息化、智能化特点突出,涉互联网金融、证券犯罪、电信诈骗犯罪等的出现,使切实提升检察官处理新型犯罪案件的能力迫在眉睫。

  挑战也是机遇。我们唯有直面问题,忠于宪法法律,正确适用逮捕措施,在最大限度地保障人权的同时,充分考虑控犯罪的能力和需要,[1] 实现两者的动态平衡。因此,对逮捕的宪法规范和刑事诉讼规范进行科学的阐释是十分必要的,在原理上进一步厘清,在实践中推进逮捕诉讼化审查,发挥非羁押诉讼的功能,完善逮捕机制,有效减少羁押,对于进一步提升我国人权司法保障水平和刑事诉讼法治、民主、文明程度也都具有重要意义。

二、逮捕的定位与理念更新

强化人权司法保障,是深化司法体制改革的一项重要任务。逮捕作为最严厉的一种刑事强制措施,直接关系公民的人身自由。为充分保障人权,解决逮捕制度存在的突出问题,必须正确认识逮捕的定位,更新司法理念,为推进逮捕制度的完善提供指引。

(一)逮捕的定位

随着司法改革深入推进,逮捕程序科学化、精细化进程不断加快,但制度运行中影响诉讼保障和人权保障效果的理念、机制因素仍然存在。有必要从价值、制度、角色三方面审视逮捕定位,以破解影响逮捕正确适用的深层次问题,充分发挥其功能作用。

1. 逮捕的价值定位:控制犯罪与保障人权平衡

控制犯罪与保障人权的平衡是刑事诉讼制度发展的一条重要规律。从国家行使刑罚权、保障社会公众人权的角度看,控

---

[1] 参见孙谦:《关于修改后刑事诉讼法执行情况的若干思考》,载《国家检察官学院学报》2015年第3期。

制犯罪与保障人权是统一的，但是在具体的刑事诉讼活动中，控制犯罪与保障人权则经常处于矛盾状态。逮捕是对公民基本权利的干预，控制犯罪与保障人权的矛盾尤为明显：一方面要实现追诉犯罪效果的最大化，用足用尽羁押手段是最简便的选择；另一方面要充分保障人权，强制措施适用应以不羁押、少羁押为原则。从应然角度看，既要通过逮捕羁押有效保障诉讼，又要通过控制逮捕切实保障人权。这是实现刑事诉讼目的和任务的需要，也是顺应刑事诉讼犯罪控制模式与正当程序模式融合并重发展潮流的体现。[1] 实现控制犯罪与保障人权的平衡，关键是科学规制权力，一方面规范权力运行程序，另一方面设置权利救济途径，形成严格控制逮捕羁押的双保险。

首先，有权力必有监督，以权力制约权力。"一切有权力的人都容易滥用权力，这是万古不变的一条经验",[2] 权力制衡是国家权力运行的一个基本原则，也是权力自身属性的要求。逮捕程序正是检察机关的审查逮捕权监督制约侦查权的体现，是静态制衡与动态制衡的结合。[3] 静态制衡即审查逮捕权专属检察机关行使，这种权限配置本身就构成对侦查机关提请逮捕权、执行逮捕权的制约。动态制衡即通过逮捕评判侦查效率、效果，发现、纠正违法取证、超期羁押等侦查权行使中的不当行为或违法行为。同时，检察机关行使权力也受到严格的监督、制约。一方面，刑事诉讼中公检法三机关之间"分工负责、互相配合、互相制约"的关系构成了对检察机关批准逮捕

---

[1] 现代刑事诉讼制度具有融合发展的特点，传统的犯罪控制模式的国家开始注重人权保护，而传统的正当程序模式的国家也开始注重加强犯罪控制的力度。参见樊崇义主编：《检察制度原理》，法律出版社2009年版，第320页。

[2] [法]孟德斯鸠：《论法的精神》，张雁深译，商务印书馆1982年版，第154页。

[3] 权力制衡中静态制衡与动态制衡的划分，参见樊崇义主编：《检察制度原理》，法律出版社2009年版，第138—139页。

权的有效制约。作为审前程序的逮捕虽然具有独立性,但检察机关作出逮捕决定的案件,最终都要接受法庭审判的检验;同时对于检察机关不批准逮捕的案件,按照我国刑事诉讼法的规定,公安机关认为有异议的,可以提请检察机关复议复核。另一方面,检察机关的工作要接受各级人民代表大会的法定监督以及社会的监督。逮捕审查程序公开,这是落实"保障人民群众参与司法"[1] 要求的重要体现,也是强化司法监督的重要手段。人民群众在逮捕程序中充分行使知情权、参与权、表达权,能够有效防止司法擅断。

其次,有权利克减必有权利救济,以权利制约权力。"无救济,无权利"[2]"救济先于权利"[3],法定权利的实现离不开救济制度的完善。《公民权利和政治权利国际公约》与《世界人权宣言》明确指出,充分保障刑事被追诉人的人权,不仅要为强制措施设置严格的审查决定程序,还要设置必要的救济程序。[4]

2. 逮捕的制度定位:法律监督之下的司法审查

我国逮捕制度既是宪法制度、刑事司法制度,也是中国特色社会主义检察制度的有机组成部分,受检察制度一般规律的制约。正确认识逮捕制度,必须坚持法律监督一元论,[5] 审查逮捕权作为一项检察机关的职权,既是由法律监督职能派生

---

[1] 参见《〈中共中央关于全面推进依法治国若干重大问题的决定〉辅导读本》,人民出版社2014年版,第24页。

[2] 陈瑞华:《看得见的正义》,北京大学出版社2013年版,第110—118页。

[3] 高鸿钧:《英国法的主要特征——一个比较观察》,载《比较法研究》1991年第4期。

[4] 参见《公民权利和政治权利国际公约》第二条第三款,《世界人权宣言》第八条。

[5] 参见孙谦主编:《中国特色社会主义检察制度》,中国检察出版社2009年版,第42—43页。

的，也是法律监督的具体方式和途径。

首先，法律监督地位是检察机关进行司法审查的权力基础。《公民权利和政治权利国际公约》和《欧洲人权公约》等人权领域重要国际条约均确立了审前羁押的司法审查原则。我国宪法和刑事诉讼法既赋予了检察机关法律监督权，也规定了对逮捕措施的司法控制，在事实上确立了逮捕的司法审查原则。随着司法改革的推进，审查逮捕司法审查性质进一步凸显。[1] 应当认识到，司法审查是检察机关法律监督的一项权能，司法审查属性的强化也是法律监督的发展。

其次，司法审查的实质就是一种法律监督之权。法律监督与司法审查的精神内核是一致的，在制度渊源上，无论是司法审查还是法律监督都本源于权力制衡。权力制衡的理论和实践在东西方历史上均不鲜见，进入现代，权力制衡更是"任何一种形式的国家权力结构模式的普遍规律"。[2] 相通的理论基础决定了司法审查与法律监督的功能不存在非此即彼的对立。此外，在制度价值方面，刑事诉讼中的司法审查与法律监督都是要实现对公权力包括对侦查权的有效制约。

最后，检察机关法律监督地位决定了其适合履行司法审查职责。法律监督地位强化了检察官的客观义务，[3] 保证了审前程序中检察官的公正与中立。监督与中立是联系在一起的，法律监督要求检察官克服片面追诉倾向，成为"法律守护人"，[4] 以守护法制、保障人权为己任，这种要求与司法审查的本质契

---

[1] 参见樊崇义：《尊重和保障人权与诉讼法律监督》，载《国家检察官学院学报》2013年第1期。

[2] 樊崇义：《法律监督职能哲理论纲》，载《人民检察》2010年第1期。

[3] 参见朱孝清：《检察官负有客观义务的缘由》，载《国家检察官学院学报》2015年第3期。

[4] 林钰雄：《检察官论》，法律出版社2008年版，第57页。

合。法律监督权对侦查权的制约，决定了检察机关司法审查能够发挥实际作用。由检察机关负责审查逮捕体现了宪法、刑事诉讼法中相互制约原则的要求。作为司法审查内容的逮捕授权、羁押审查和羁押救济共同构成了防止错捕错押的三道防线，而这三个程序均具有监督性质。侦查机关追诉犯罪倾向突出，侦查权存在自我授权和权力扩张的危险，因此，需要建立对侦查权的司法控制。逮捕是司法审查，既要严格审慎、人道公正，降低羁押适用率，缩短羁押时间，又要发挥排除非法证据、发现和纠正超期羁押等侦查违法情形的作用。

3. 逮捕的角色定位：客观中立

检察官是否具有履行决定羁押权所要求的客观性和公正性，关系到逮捕的正当性，不仅在国际上有许多讨论，[1] 也是我国逮捕权归属争论的焦点[2]。逮捕是否客观中立，关键不在于权力归属，而在于程序设置。逮捕从野蛮走向文明，主要体现为逮捕程序的丰富、发展。[3] 逮捕从诞生之初的任意为之到专属司法机关行使，并不是因为司法机关更高明，而是因为司法机关能够通过严格的司法程序排除恣意逮捕。司法的公正与权威不可能简单地通过改变权力配置而获得，符合正当程序的要求才是公正、中立的保证。首先，正当程序要求逮捕决定者处于中立、超然的地位。明确检察机关在审前程序中的主导地

---

[1] 参见［奥］曼弗雷德·诺瓦克：《〈公民权利和政治权利国际公约〉评注》，孙世彦、毕小青译，生活·读书·新知三联书店2008年版，第241页。
[2] 参见陈卫东、刘计划：《谁有权力逮捕你——试论我国逮捕制度的改革》，载《中国律师》2000年第9—10期；刘计划：《逮捕功能的异化及其矫正——逮捕数量与逮捕率的理性解读》，载《政治与法律》2006年第3期。
[3] 参见孙谦：《逮捕论》，法律出版社2001年版，第8—24页。

位也是我国司法制度设计和司法实践的发展趋势。[1] 无论是从法律规定还是从权力实际运作来看,我国的检察机关行使审查逮捕职能具有中立性。从主体来看,审查和决定逮捕权由检察机关行使,这就实现了侦查权与批准逮捕权的分离;从职能来看,检察机关具体承担审查和决定逮捕的是侦查监督部门,侦查监督部门不履行控诉职能,不承担追诉犯罪责任;从诉讼阶段来看,侦查阶段检察机关身份就是监督者。[2] 其次,正当程序要求逮捕在保障程序的公开、透明、当事人参与等方面按照司法规律运作。[3]《公民权利和政治权利国际公约》第九条第三款规定:"任何因刑事诉讼指控被逮捕或被拘禁的人,应当迅速带见审判官或其他经法律授权行使司法权力的官员。"无论谁来行使权力,负责逮捕决定的官员应当独立于侦查机关,在当面听取当事人陈述意见的基础上裁量。[4] 当前,我国司法实践中存在的流水线作业式逮捕办案模式、行政化逮捕审查方式等影响审查逮捕客观中立的因素,也正随着刑事诉讼法的修改和一系列司法改革的展开而逐步消除。

审查逮捕要坚持客观中立,在事实认定上要"站在客观立场上进行活动,努力发现并尊重案件事实真相",[5] 在程序上要全面把握逮捕保障诉讼的意义,既不为便利侦查多捕滥押,也不规避司法责任刻意不捕。在审查程序上要不偏不倚,兼听

---

[1] 参见卞建林、谢澍:《"以审判为中心"视野下的诉讼关系》,载《国家检察官学院学报》2016年第1期。

[2] 参见汪海燕:《检察机关审查逮捕权异化与消解》,载《政法论坛》2014年第6期。

[3] 参见顾永忠:《关于未决羁押的几个理论与实践问题——兼谈我国逮捕制度的改革思路》,载《河南社会科学》2009年第6期。

[4] 参见[奥]曼弗雷德·诺瓦克:《〈公民权利和政治权利国际公约〉评注》,孙世彦、毕小青译,生活·读书·新知三联书店2008年版,第241页。

[5] 朱孝清:《检察官客观公正义务及其在中国的发展完善》,载《中国法学》2009年第2期。

则明,既审查证明犯罪嫌疑人有罪、有社会危险性的证据,也不遗漏证明犯罪嫌疑人无罪、罪轻或无逮捕必要性的线索;既听取侦查机关的羁押理由,又听取犯罪嫌疑人及其辩护人的辩解、申诉。

(二) 逮捕的理念更新

徒法不足以自行,司法理念是影响司法品质的最关键因素。只有更新理念,才能发挥逮捕制度应有的作用。在司法改革背景下,审查逮捕的理念应做到"三个转变"。

1. 从注重打击犯罪向重视保障人权转变

充分发挥逮捕的制度功能,审查逮捕的考量应在控制犯罪与保障人权两种价值间往返流转,实现动态平衡。司法实践中曾经存在将打击犯罪作为主要或者唯一目标的观念,使得两种价值的协调平衡难以实现。以往偏重强调追诉犯罪形成了以侦查为中心、逮捕适用迁就侦查的状况,实践中表现为以捕代侦、久押不决等与法治原则相悖的现象,使逮捕的法律价值失衡。因此,只有突出强调保障人权,才能逐步实现控制犯罪与保障人权的平衡。

重视人权保障不仅是我国司法的现实需要,也是刑事诉讼的发展趋势。在人权成为世界政治主题词的当代,惩治犯罪中宁纵勿枉的价值取向逐步为社会接受,世界各国都在犯罪控制过程中,扩充刑事被追诉人的诉讼权利,为公民权利提供更充分、更可靠的程序保障。在我国,"尊重与保障人权"原则入宪以来,人权保障在中国特色社会主义法治体系建设中的地位日益凸显,成为法治中国建设的一条主线。从国际潮流看,充分认识"逮捕对人权的威胁,充分发挥逮捕对人权的重要保障作用",[1] 是

---

[1] 孙谦:《论逮捕与人权保障》,载《政法论坛》2000年第4期。

文明与法治时代的要求。

检察官是法律适用客观公正的守护人,检察官的职业道德或伦理以客观公正为核心内容。[1] 检察官应该树立人权保障的主体意识、责任意识。审查逮捕是法律监督的重要环节,是检察环节人权保障的第一道防线,检察官有义务严格审查侦查行为和证据合法性,客观公正考量犯罪嫌疑人逮捕必要性,依法公正作出审查决定。随着法治的进步,人民群众对司法工作的评判标准更加多元,除实体公正之外,对程序正义的诉求也更加强烈。不错捕不一定等于捕得恰当、准确,适用逮捕是否平衡了控制犯罪与保障人权的要求、是否及时纠正了侵犯人权的违法侦查活动、是否在审查逮捕程序中保障了犯罪嫌疑人应有的诉讼权利、是否遵循了必要性原则等都成为对逮捕质量的评价要求。保障人权是落实上述要求的核心理念,是审查逮捕检察官不可推卸的司法责任。

2. 从书面审查为主向司法化审查转变

现有的逮捕程序具有较浓厚的行政审批色彩,尽管有讯问犯罪嫌疑人等规定,但是书面审查、程序封闭等问题还比较突出,与逮捕制度重在对审前羁押进行法律监督这一制度定位和要求不相吻合。2012年刑事诉讼法的修改以及司法改革中推行的逮捕诉讼化改革,在办案组织和程序方面去行政化,逐步解决了办案亲历性、判断性、独立性的问题,让检察官真正回到居中处断者的位置。这一改革既是强化司法审查属性、突出程序正义的具体表现,也对检察官履职过程中树立司法审查和程序正义理念提出了新的要求。

---

[1] 参见龙宗智:《检察官客观义务与司法伦理建设》,载《国家检察官学院学报》2015年第3期。

从保障人权的角度看,"程序正义是防止国家权力滥用的笼子"。[1] 在刑事诉讼领域,程序正义的灵魂是被追诉人能够平等参与到诉讼中,提供证据、发表意见、进行抗辩。应当警惕侦查权的强势及配合侦查的惯性思维导致的偏听偏信。即使通过诉讼化在审查逮捕程序中构建出"侦、辩、检"的三角架构,如果检察官做不到兼听两造,制度设计终究只是纸面上的法律,无法发挥应有的功效。程序正义在适用逮捕过程中的体现:一是切实保障犯罪嫌疑人、辩护人的诉讼权利,认真听取犯罪嫌疑人、辩护人意见,保持理性平和的态度,尊重犯罪嫌疑人的基本尊严;二是认真审查、核实犯罪嫌疑人及其辩护人提交无罪、罪轻的证据材料;三是保障其他利害关系人依法享有的知情权、陈述权、辩护辩论权、申请权、申诉权等诉讼权利。

从规制权力的角度看,审查逮捕应起到制约侦查权的作用。审查逮捕程序既是刑事诉讼程序,也是重要的侦查监督方式。逮捕是刑事案件的第一道关口,审查逮捕本身就具有对侦查活动的监督作用。审查逮捕的重要内容之一就是排除非法证据,依法制裁程序违法行为,维护司法公正和程序权威,为刑事被追诉人的合法权益提供充足的程序保障。"中外刑事诉讼的历史已经反复证明,错误的审判之果从来都是结在错误的侦查之病枝上的。"[2] 违法取证是许多冤假错案的罪魁祸首。有鉴于此,司法改革把"严格实行非法证据排除规则"作为推进法治中国建设,完善人权司法保障制度的重要内容。[3] 随着司

---

[1] 陈光中、龙宗智:《关于深化司法改革若干问题的思考》,载《中国法学》2013年第4期。

[2] 李心鉴:《刑事诉讼构造论》,中国政法大学出版社1992年版,第179页。

[3] 《中共中央关于全面深化改革若干重大问题的决定》,人民出版社2013年版,第34页。

法领域以审判为中心的刑事诉讼制度改革的推进，庭审对抗加强，起诉、审判阶段证据审查更加细化，审查逮捕如果不加强证据审查的规范化、精细化，等于放松了逮捕质量要求，与证据裁判原则和严格司法精神是不相符合的。而通过审查逮捕发现、排除非法证据，对于防止案件"带病"进入诉讼，引起刑事追诉"起点错、跟着错、错到底"的连锁反应意义重大。[1] 因此，重视并做好排除非法证据工作是逮捕程序监督性质的必然要求。

3. 从构罪即捕向比例原则转变

作为对公民基本权利的限制，逮捕制度的适用需要从正当化事由的角度判断其是否合理。评判标准之一就是比例原则。比例原则是公法领域的"帝王条款"，[2] 是"国家干预公民基本权利时必须遵守的基础性原则"[3]。该原则以限制公权、保障人权为依归，要求国家机关行使权力时必须充分考虑采取手段与实现目的之间是否合乎比例关系，为权力行使设置一个必要的限度，尽可能地减小公权力对私权利的影响。刑事诉讼法关于逮捕的社会危险性、必要性和羁押期限等有关规定，实际已从立法上引入了比例原则。

在刑事司法中树立比例原则理念，审查逮捕时应充分权衡利弊，平衡价值，从适当性、必要性和适应性三方面把握逮捕的适用。适当性要求：作为强制措施的逮捕只能是实现刑事诉讼目的的手段，而不能成为目的本身，而且其作用应该是程序性的，不能具有实体惩罚性。必要性要求：在多种刑事强制措施均

---

[1] 参见陈光中等：《以审判为中心与检察工作》，载《国家检察官学院学报》2016年第1期。

[2] 陈新民：《德国公法学基础理论》（下），山东人民出版社2001年版，第389页。

[3] 卞建林：《论我国审前羁押制度的完善》，载《法学家》2012年第3期。

可以起到保障诉讼作用时，应当优先选择对犯罪嫌疑人人权限制最少的措施，逮捕是不得已的最后选择。适应性要求："使用的手段应是达到诉讼目的的最低手段，为保护某种利益而采取的手段不应造成另一种利益的更大损害。"[1] 通过价值衡量，适用逮捕对犯罪嫌疑人的侵害必须小于羁押所保护的社会利益。

贯彻比例原则具有限制逮捕适用的作用，这是保持司法权的谦抑性的重要体现。逮捕对人身自由的限制程度可与监禁刑等量齐观，是可能发生侵犯人权风险最大的刑事强制措施，正如英国丹宁勋爵所述，逮捕权一旦被滥用，"任何暴政都要甘拜下风"。[2] 纵然为羁押设置了申诉、救济制度，纵然可以通过国家赔偿补偿错捕的无辜者，但人身自由被不当剥夺显然无法通过事后救济与经济补偿得以挽回。运用比例原则规制逮捕权是司法文明发展的必然要求，是少捕慎捕精神的体现。贯彻比例原则产生减低羁押率的效果，这是节约国家司法资源、提高诉讼效率的客观需要。违反适当性原则，大量以捕代侦；违反必要性原则，逮捕挤占了取保候审、监视居住的适用空间；违反适应性原则，一押到底以至于刑期倒挂，这都是司法机关应当竭力避免的。在采取非羁押措施也可以保障诉讼时，大量、长期的羁押不仅是司法成本的浪费，也拖延了诉讼进度。从节省人力、财力、物力，从保障犯罪嫌疑人被羁押期间不被无故拖延出发，逮捕的适用及逮捕羁押期限"应当与指控的犯罪行为的严重性和可能科处的刑罚相适应，或者成正比例关系"。[3] 从贯

---

[1] 左卫民、周长军：《刑事诉讼的理念》，法律出版社1999年版，第38页。
[2] [英] 丹宁勋爵：《法律的正当程序》，李克强等译，法律出版社1999年版，第109页。
[3] 陈瑞华：《审前羁押的法律控制——比较法角度的分析》，载《政法论坛》2001年第4期。

彻比例原则出发，审查逮捕时要充分认识到逮捕的两面性，警惕逮捕滥用的危害，杜绝打击犯罪的功利主义对强制措施适用的影响，坚持逮捕的谦抑性，进一步严格逮捕适用。同时，要构建羁押必要性审查的科学机制，从犯罪严重性、再犯可能性、犯罪嫌疑程度、已羁押时间等多方面综合考量，[1] 从证明层次、证明标准等方面加强羁押必要性实质审查，倡导非羁押诉讼，把羁押作为司法机关不得已的选择，减少刑事诉讼对逮捕羁押的过度依赖。

三、社会危险性与逮捕和羁押的条件

在逮捕和捕后羁押的各种条件中，社会危险性是贯彻人权保障、司法审查、比例原则理念的关键。要通过对逮捕条件逻辑关系的深刻认识，构建以社会危险性为核心的逮捕条件。

（一）逮捕条件的逻辑关系

2012年刑事诉讼法第七十九条规定的逮捕条件一般被概括为证据条件、刑罚条件和社会危险性条件。[2] 在司法适用中普遍存在的重视证据条件、刑罚条件，忽视甚至无视社会危险性条件的现象，一定程度上源于司法执法人员对逮捕条件的逻辑关系缺少深入思考。

---

[1] 参见项谷、姜伟：《人权保障观念下羁押必要性审查制度的诉讼化构造》，载《政治与法律》2012年第10期。

[2] 需要指出的是，国内研究语境下的"社会危险性"包含了两个层次：有五种法定的社会危险性和采取取保候审不足以防止发生社会危险性。在1996年刑事诉讼法语境下叫作"逮捕必要性"，而2012年修改后刑事诉讼法实施之后一般称"社会危险性"。而国外一般将"社会危险性"和"逮捕必要性"分为两个不同的条件。这里所指的社会危险性条件包含了前述两个层次，对应国外的两个条件。

第四专题　逮捕与法律监督

研究我国逮捕条件的逻辑关系,可以与世界主要国家的审前羁押条件相比较。其羁押条件也分为证据条件、刑罚条件和社会危险性条件。后者的羁押条件具有以下特点:一是证据条件的要求较低,导致羁押审查程序几乎不需要实质审查实体事实和证据。二是刑罚条件有所规定,但非必要条件。三是社会危险性条件是共同的羁押条件,并且是核心条件。这在理论上是没有任何争议的。[1] 从国外的司法实践来看,其羁押审查过程基本上都是围绕社会危险性条件展开的,这同样表明了社会危险性条件的核心地位。

逮捕三条件之间存在内在逻辑关系,三者的地位是不同的。首先,证据条件并非逮捕的专属条件,而是任何强制措施的普遍适用条件。2012年刑事诉讼法第七十二条规定的监视居住条件"符合逮捕条件",即监视居住与逮捕是同样的证据条件。同时,由于逮捕的目的主要是程序性的,而不是定罪性的,不能将证据条件作为逮捕的主要理由。"绝对不能仅仅因为嫌疑人、被告人涉嫌犯罪甚至涉嫌重大犯罪,而对其采取羁押措施。"[2] 其次,刑罚条件只是判断社会危险性条件的前提,是判断社会危险性的最低标准。即低于法定刑罚标准的,法律推定采取取保候审足以防止发生社会危险性。刑罚条件对社会危险性的认定起到过滤作用。最后,保障诉讼是逮捕的本质功能,能否保证刑事诉讼顺利进行的关键就在于是否存在社会危险性。由此,我们有必要重新审视三条件之间的关系,即

---

[1]　一些刑事诉讼教科书一般只对羁押条件中的社会危险性条件展开论述,而不涉及证据条件、刑罚条件等。参见林钰雄:《刑事诉讼法》(上),中国人民大学出版社2005年版,第269—273页。

[2]　陈瑞华:《问题与主义之间——刑事诉讼基本问题研究》,中国人民大学出版社2003年版,第170页。

证据和刑罚条件是前提、基础条件，社会危险性条件是核心条件。进而，逮捕的一体化证明方式应当转化为递进式、双层次的证明方式。在审查逮捕时，在具备证据条件和刑罚条件的前提之下，捕与不捕由社会危险性条件来决定。

（二）贯彻"以社会危险性条件为核心"的方法

坚持以社会危险性为核心，使逮捕必要性（社会危险性）真正成为如何适用逮捕、不捕与运用少捕政策的"分水岭"，[1] 把人权保障、少捕慎捕理念落到实处。贯彻以社会危险性为核心，应运用以下方法。

1. 坚持以证据为核心

证据裁判原则，即"刑事裁判，应凭证据"，[2] 是指对于刑事诉讼中事实的认定，应依据有关的证据作出，无证据，不得认定事实。[3] 同样，社会危险性条件的证明也必须落实到证据上。用来证明社会危险性的证据可分为两类：一类是专门用来证明社会危险性的证据；另一类证据是证明犯罪事实的证据，这类证据一般也同时是证明社会危险性证据的组成部分。[4] 最高人民检察院、公安部《关于逮捕社会危险性条件若干问题的规定（试行）》明确了两种证明方式：对证明犯罪事实的证据能够证明社会危险性条件的，可以直接使用；对上述证据不能证明的，应当收集专门的证据来加以证明。需要指出的是，《人民检察院刑事诉讼规则（试行）》规定社会危险性条件需"有证据证明"或"有迹象表明"。其中的"有迹象

---

[1] 孙谦：《逮捕论》，法律出版社2001年版，第151页。
[2] 陈朴生：《刑事证据法》，三民书局1979年版，第13页。
[3] 参见樊崇义主编：《证据法学》，法律出版社2012年版，第79页。
[4] 参见孙茂利、黄河：《逮捕社会危险性有关问题研究——兼论〈最高人民检察院、公安部关于逮捕社会危险性条件若干问题的规定（试行）〉的解读》，载《人民检察》2016年第6期。

表明"也需要证据来显示。只是这种证据属于间接证据,不能直接证明案件事实,而必须借助经验法则对案件事实进行合理的推断、推论。[1]

坚持运用证据探索社会危险性的科学评估方法。发达国家普遍采用综合评估、第三方评估方法来收集社会危险性证据。如美国审前羁押司法审查制度中,审前服务机构客观、中立地收集被告人的背景信息,提出准确的风险评估报告及是否释放的建议。[2] 目前我们一些地方检察机关已经在尝试对社会危险性进行科学评估、综合评估、量化评估。在未成年人检察工作中,已经较为普遍采取了委托第三方机构对未成年人的日常表现出具报告的方法来评估其人身危险性。[3] 探索社会危险性的科学评估方法,是贯彻落实以社会危险性条件为核心的重要措施。但需要注意的是,不能仅凭侦查机关收集的相关证据来进行社会危险性评估,因其控诉的立场会导致所收集的证据具有偏向性。这也是目前的社会危险性评估效果不明显的重要原因。采取中立第三方评估可以借鉴我国一些地方未成年人检察工作及国外羁押实践中已行之有效的方法。

2. 对社会危险性条件的细化

证据是确定"小前提"——社会危险性相关事实的关键,

---

[1] 参见万毅:《逮捕程序若干证据法难题及其破解——法解释学角度的思考》,载《西南民族大学学报(人文社会科学版)》2015年第2期。

[2] 参见蓝向东:《美国的审前羁押必要性审查制度及其借鉴》,载《法学杂志》2015年第2期。

[3] 检察机关通过委托未成年人保护组织、社会工作者等中立的第三方机构,对涉罪未成年人的性格特点、家庭情况、社会交往、成长经历以及实施犯罪前后的表现等情况进行社会调查,对其人身危险性进行综合评估,以此作为检察机关落实少捕慎诉理念、实施个别化处遇的参考。参见张立、朱香山、邢曼:《未检工作开出"岭南之花"——广东东莞:探索未成年人检察工作社会化支持体系》,载《检察日报》2016年6月18日第2版;徐德高、葛明亮:《南通崇川区检察院委托专业社工组织帮教涉罪未成年人》,载http://www.jcrb.com/procuratorate/jckx/201503/t20150326_1490967.html,最后访问时间:2017年3月20日。

而对社会危险性条件的细化则是对"大前提"——法律规定的完善。《人民检察院刑事诉讼规则（试行）》和《关于逮捕社会危险性条件若干问题的规定（试行）》等对法定社会危险性条件进行了细化，这对于侦查机关如何收集社会危险性证据、如何认定社会危险性条件都发挥了重要的指引作用。

细化社会危险性条件，还需要关注两方面的内容。一是应当针对不同类型的犯罪进行专门规定和指导。区分严重犯罪（如危害国家安全犯罪、严重影响老百姓安全感的"两抢一盗"、电信诈骗、杀人、毒品等犯罪）和较轻犯罪（如轻伤害犯罪、交通肇事等过失犯罪，破坏市场经济秩序、社会管理秩序犯罪），对严重犯罪和较轻犯罪应适用不同的社会危险性审查标准，对较轻犯罪应当适当降低逮捕率。而对严重犯罪，作出不捕决定应当十分慎重。二是需要进一步回应实践关切。对一些实践中常常遇到但尚未由上述细化规定囊括进去的影响社会危险性的因素进行研究和落实，如无法确定真实身份、无固定职业、收入、住所等。

3. 注意运用逻辑法则和经验法则

社会危险性具有未然可能性、具体客观性、动态性和法定性几个特点，[1] 这些特点使得判断、认定社会危险性时需要运用逻辑法则和经验法则。首先，社会危险性的具体客观性和法定性特点要求将运用逻辑法则作为基础。正确理解作为大前提的社会危险性的具体条件，准确收集作为小前提的证明社会危险性的客观证据，最终依靠"三段论"的逻辑法则得出结论。其次，经验法则是关键。法学方法论早已证明，单纯的逻辑法

---

[1] 参见黄河等：《审查逮捕方法论》，载《侦查监督指南》（2015年第3辑），中国检察出版社2015年版，第21页。

则不能自行,因为规范与事实都不是如数字般精确的。社会危险性的未然可能性、动态性更加需要我们加强对经验法则的运用。经验法则是从经验中归纳出来的有关事物属性及事物之间因果关系的一般知识和法则,它是人们在长期的生产、生活和科学研发过程中形成的关于外部客观世界的理性认识。具体到社会危险性上,就是要综合生产生活的经验和常识,综合犯罪嫌疑人惯常的行为方式、做法、表现,综合社会环境、文化因素等,判断犯罪嫌疑人的社会危险性大小。当然,经验法则还可以上升为对大前提的细化固定,方便审查者判断。但生活事实是无限的,"谁在起草法律时……可能完全预见全部的构成事实,它们藏身于无尽多变的生活海洋中,何曾有一次被全部冲上沙滩?"[1] 所以需要我们充分发挥自身的能力和智慧,熟练运用逻辑法则和经验法则,秉持客观公正、平和理性的态度和理念,以"心中充满正义,目光往返于规范与事实之间"的方式来完成对社会危险性条件的审查。

(三) 羁押审查的一体化

羁押审查一体化是指对犯罪嫌疑人、被告人的羁押审查——逮捕、延长侦查羁押期限、羁押必要性审查——应当"一体化"对待。传统的羁押程序是以证据条件为核心,以服务侦查为目的,是导致"一押到底"的根源。而以社会危险性条件为核心的一体化是对此的反对。社会危险性条件不仅是逮捕的核心条件,也应当是所有羁押审查的核心条件,以社会危险性条件为核心,我们应当构建起羁押审查的一体化机制。羁押审查一体化是理念的一体化、条件的一体化、方式的一体

---

[1] [德] 拉德布鲁赫:《法学导论》,米健、朱林译,中国大百科全书出版社1997年版,第106页。

化。其中,理念的一体化是基础,条件的一体化是关键,方式的一体化是保障。

1. 理念的一体化

羁押审查应当具备共同的理念,如本文所倡之人权保障、司法审查、比例原则等。必须反对片面为了侦查、办案需要进行羁押的错误理念。羁押应当具有正当性和节制性,应当贯穿逮捕、延长侦查羁押期限、羁押必要性审查始终。羁押的正当性首先体现在合法性上,羁押应当符合法定的标准和条件,这是最低标准。其次在合法性的基础上要关注实质处理结果的合理性,即可能判处徒刑以上的刑罚。这就要求对法定羁押条件、程序等作出正当性解释,在司法适用时以结果合理性为引领。合法性和合理性构成羁押的正当性原则。羁押的节制性要求在人权保障、比例原则的引领下尽量减少羁押、缩短羁押时间、杜绝不必要的羁押。

2. 条件的一体化

羁押审查条件的一体化是指逮捕、延长侦查羁押期限、羁押必要性审查的条件的一致性。这种一致性不是指几种羁押审查所有的条件完全一致,而是核心条件即社会危险性条件的一致。逮捕、延长侦查羁押期限、羁押必要性审查的共同核心条件就是社会危险性条件。必须指出的是,社会危险性条件应当成为逮捕、延长侦查羁押期限、羁押必要性审查的共同核心条件,并非要让后两种羁押审查附属于逮捕,相反,随着侦查的进行,证据、刑罚条件往往更加清晰,而社会危险性条件往往是变动的,原来的社会危险性可能消失,较大的社会危险性可能变小,这也充分显示了对后续两种羁押进行审查的必要性。

第一,延长侦查羁押期限的条件。我国2012年刑事诉讼法第一百五十四、一百五十六、一百五十七条规定了延长侦查羁押期限的条件。[1] 从表面上看，法律明文规定的延押条件与社会危险性似乎没有任何的关系，而均是案情重大、复杂、期限届满不能侦查终结等。但是，应当对该条文进行限制解释——至少还应加入两个条件："符合逮捕条件"和"犯罪嫌疑人有继续羁押必要"。之所以只规定了案情重大、复杂、期限届满不能侦查终结等延押条件，这是立法者在立法技术上的简化。[2] 正确理解上述条款的真实含义，需要采取目的解释的解释方法。耶林指出："目的是全部法律的创造者。每条法律规则的产生都源于一种目的，即一种实际的动机。"[3] "解释方法之桂冠当属目的论之解释方法，因为只有目的论的解释方法直接追求所有解释之本来目的，从中最终得出有约束力的重要的法律意思。"[4] 之所以要加入两个限制条件，是因为仅仅将羁押服务于侦查需要显然不具有正当性、合理性。[5] 我们认为，"符合逮捕条件"和"犯罪嫌疑人有继续羁押必要"是上述条款的当然、默示条件，是延押的底线条件，而"案情重大、复杂、期限届满不能侦查终结"是延押的高线条件。对于"不符

---

[1] 2012年刑事诉讼法第一百五十四条规定的延长侦查羁押期限的条件是"案情复杂，期限届满不能侦查终结"。第一百五十六条规定的延押条件是："下列案件在本法第一百五十四条规定的期限届满不能侦查终结的，经省、自治区、直辖市人民检察院批准或者决定，可以延长二个月：（一）交通十分不便的边远地区的重大复杂案件；（二）重大的犯罪集团案件；（三）流窜作案的重大复杂案件；（四）犯罪涉及面广，取证困难的重大复杂案件。"第一百五十七条规定的延押条件是："对犯罪嫌疑人可能判处十年有期徒刑以上刑罚，依照本法第一百五十六条规定延长期限届满，仍不能侦查终结的。"

[2] 如同刑法分则条文不可能将"行为人有责任能力""达到刑事责任年龄"等各个规定，而是将其总则予以规定。

[3] 参见［美］E. 博登海默：《法理学：法哲学与法律方法》，邓正来译，中国政法大学出版社2004年版，第114页。

[4] ［德］汉斯·海因里希·耶赛克、托马斯·魏根特：《德国刑法教科书》，徐久生译，中国法制出版社2001年版，第193页。

[5] 参见陈瑞华：《问题与主义之间——刑事诉讼基本问题研究》，中国人民大学出版社2003年版，第214页。

合逮捕条件"和"犯罪嫌疑人没有继续羁押必要"的，不需要再考虑"案情重大、复杂、期限届满不能侦查终结"问题。正确理解延押条件，还可采取体系解释之方法。"法律条文只能当它处于与它有关的所有条文的整体之中才显出其真正的含义，或它所出现的项目会明确该条的真正含义。有时，把它与其他条文——同一法令或者同一法典的其他条款——比较，其含义也就明确了。"[1] 2012年刑事诉讼法第九十三条规定的羁押必要性审查贯穿整个捕后羁押直至判决的全过程。如果犯罪嫌疑人已经没有羁押的必要性，当然应当改变被羁押状况。羁押必要性审查在逮捕后的任何时间均可进行，在延押审查时当然也应当进行。在延押时进行羁押必要性审查，就需要加入"符合逮捕条件"和"犯罪嫌疑人有继续羁押必要"。因此，社会危险性条件同样是延长侦查羁押期限的核心条件。

第二，羁押必要性审查的条件。2012年刑事诉讼法第九十三条规定了羁押必要性审查，《人民检察院刑事诉讼规则（试行）》第六百一十九条规定了羁押必要性审查的条件。[2] 羁押必要性审查的条件概括起来包括证据条件、刑罚条件、社会危

---

[1] [法]亨利·莱维·布津尔：《法律社会学》，许钧译，上海人民出版社1987年版，第70页。

[2] 2012年刑事诉讼法第九十三条规定，犯罪嫌疑人、被告人被逮捕后，人民检察院仍应当对羁押的必要性进行审查。《人民检察院刑事诉讼规则（试行）》第六百一十九条规定："人民检察院发现有下列情形之一的，可以向有关机关提出予以释放或者变更强制措施的书面建议：（一）案件证据发生重大变化，不足以证明有犯罪事实或者犯罪行为系犯罪嫌疑人、被告人所为的；（二）案件事实或者情节发生变化，犯罪嫌疑人、被告人可能被判处管制、拘役、独立适用附加刑、免予刑事处罚或者判决无罪的；（三）犯罪嫌疑人、被告人实施新的犯罪，毁灭、伪造证据，干扰证人作证，串供，对被害人、举报人、控告人实施打击报复，自杀或者逃跑等的可能性已被排除的；（四）案件事实基本查清，证据已经收集固定，符合取保候审或者监视居住条件的；（五）继续羁押犯罪嫌疑人、被告人，羁押期限将超过依法可能判处的刑期的；（六）羁押期限届满的；（七）因为案件的特殊情况或者办理案件的需要，变更强制措施更为适宜的；（八）其他不需要继续羁押犯罪嫌疑人、被告人的情形。"

险性条件、比例原则、羁押期限届满。在这些条件中,羁押期限届满其实根本不需要审查,本来就应当放人;证据条件、刑罚条件同逮捕条件一样,仍然是前提条件;比例原则(继续羁押犯罪嫌疑人、被告人,羁押期限将超过依法可能判处的刑期的)是羁押必要性审查的一个重要的独特条件;社会危险性条件仍然是核心条件。世界许多国家的立法和司法经验表明,羁押必要性审查同样是审查证据条件、刑罚条件和社会危险性条件,尤其应侧重于社会危险性条件。[1]

3. 方式的一体化

羁押审查方式的一体化是指逮捕、延长侦查羁押期限、羁押必要性审查应当以一致的方式来进行,羁押必要性审查可以在审查延长侦查羁押期限中同时进行。这种一致与审查逮捕方式的改革相结合,就要求采取实质化、司法化的方式来进行。

传统的延押审查方式是书面审、行政审,导致延押审查完全成为走过场、盖图章。例如某省 2010 年批准延长羁押期限的比例为 99.54%。[2] 为解决此问题,2016 年《人民检察院办理延长侦查羁押期限案件的规定》规定了实质化、司法化审查的方式。一是提请延长侦查羁押期限的侦查机关或部门应当对延押的理由进行实质的证明或说明。二是检察机关应当对延押案件进行实质审查。应当对犯罪嫌疑人是否构成犯罪、是否需要逮捕、有无继续羁押必要等进行认真审查。三是应当采取司法化的审查方式。办理延押案件的检察官应当充分听取侦查机关、犯罪嫌疑人及其辩护人的意见,以保障犯罪嫌疑人的人

---

[1] 参见高景峰:《羁押必要性审查制度研究》,载《国家检察官学院学报》2012 年第 6 期。

[2] 参见项谷、姜伟:《人权保障观念下羁押必要性审查制度的诉讼化构造》,载《政治与法律》2012 年第 10 期。

权、体现司法公正。[1]

四、逮捕的双层次证明标准

证明标准是证明活动的方向和准绳,在证明各要素中处于核心地位。证明标准是指承担证明责任的人提供证据对案件事实加以证明所要达到的程度。[2] 关于逮捕的证明标准应当是双层次的,第一层次是对逮捕犯罪事实的证明标准,第二层次是对社会危险性的证明标准。[3] 双层次证明标准符合刑事证明的基本原理。一是不同的证明对象涉及诉讼利益的重要性不同,需要用不同的证明标准。逮捕犯罪事实证明决定当事人是否被作为犯罪嫌疑人而受到刑事追诉,对其人身权益影响最大,应适用相对较高的证明标准。而社会危险性相对次之,故应当适用较低的证明标准。二是证明对象的性质不同,需要用不同的证明标准。逮捕犯罪事实属于实体性证明对象,是刑事诉讼需要解决的中心问题;逮捕社会危险性证明属于程序性证明对象,且属于未来可能发生的情形,证明难度更大,容易陷入证明困境。

将逮捕证明标准进行分层,对于事关重大人身权益的证明采用严格的证明方式,在证据标准、证据种类、查证属实等方面均体现严格性,有利于严防冤假错案,保障嫌疑人的人权。同时,对于程序性事实采取自由证明方式,区分对象、区别对

---

[1] 参见刘福谦:《〈人民检察院办理延长侦查羁押期限案件的规定〉解读》,载《人民检察》2016年第19期。
[2] 参见樊崇义主编:《证据法学》,法律出版社2012年版,第344页。
[3] 刑罚条件的证明理论界和实务界争议不大,不再讨论。

待,有利于保障社会危险性证明在逮捕证明中的核心地位,降低诉讼成本、提高诉讼效率。

双层次证明标准也是司法责任制改革的现实需求。首先审查逮捕由三级审批转变成检察官独立承办并终身负责,为防止检察官为了规避责任风险而擅自抬高逮捕证明标准,降低控制犯罪能力,通过分层次处理方式,提升逮捕证明标准的可操作性,满足审查逮捕的现实需要。其次双层次逮捕证明标准体系的核心在于社会危险性的证明标准,突出了程序性证明的地位和作用,凸显了侦查监督的品质和特色,与检察机关公诉部门的案件审查标准也形成了明显差异。

(一) 逮捕犯罪事实证明标准的多维度解读

对于"有证据证明有犯罪事实",理论上存在较多争议:有论者认为该标准过高,等同于公诉、审判的犯罪事实证明标准;有论者认为该标准过低,对证据几乎没有质量的要求;有论者认为该标准的理解存在歧义,不能有效指导实践;也有论者认为该标准比较合理。[1] 为正确适用逮捕犯罪事实的法定证明标准,有必要从法律规定本身出发,用解释论的方法,多维度解读逮捕犯罪事实证明标准。

1. 正向解读:有证据证明有犯罪事实就是"基础犯罪构成事实证据齐备"

"基础犯罪构成"是指现有证据能够证明客观存在的犯罪结果是由犯罪嫌疑人的犯罪行为所导致,具体要求为:"刑法

---

[1] 参见邓亚兵:《逮捕的证据标准:一次(种)以上犯罪的定罪证据确实充分》,载《人民检察》2004年第6期;赵运恒:《逮捕证明标准的异化及其重构》,载《人民检察》2012年第3期;孙长永、黄维智、赖早兴:《刑事证明责任制度研究》,中国法制出版社2009年版,第304—305页;陈卫东主编:《刑事审前程序与人权保障》,中国法制出版社2008年版,第232—233页。

所保护的社会关系受到侵犯有证据证明,犯罪嫌疑人有何种客观行为及造成何种后果有证据证明,犯罪嫌疑人实施客观行为时持何种心态有证据证明,犯罪嫌疑人达到法定刑事责任年龄具有刑事责任能力有证据证明。"[1]"证据齐备"是指在认定达到逮捕犯罪事实证明标准时,无须具备证明全部犯罪事实的证据,仅需证明数罪中的一罪、多次中的一次;不要求证据证实所有的犯罪情节,仅需证明基础犯罪构成的事实。据以证明犯罪事实的证据数量要充足,但不需要充分。"证据充分在证据数量上显然要大于证据充足。"[2]

2. 反向解读:能动摇基础犯罪构成认定的疑点和矛盾必须得到排除

在综合全案证据进行判断时,有矛盾和疑点是很正常的现象,如果证据"高度一致"反而要警惕作假的可能,如"复制粘贴"式讯问笔录。但是,绝不能存在动摇"基础犯罪构成"的矛盾和疑点,否则案件事实的认定不具有科学性,不能认为达到了证明标准。疑点排除的方法:首先,发现和检验疑点,审查案件时刻保持对证据和事实的警惕,注意发现矛盾和可疑之处,一旦发现即应核实。然后,采用经验法则和逻辑法则进行全方位审视,检查和验证矛盾点和疑点能否被合理解释,通过进一步搜集运用证据或者深入地对证据进行综合分析,有效排除疑点,确定事实可否认定,作出相应的结论。

3. 底线解读:事实不能没有、人头不能搞错的内心确信

底线是从事物或者问题的最低程度、临界值方面进行思考。坚决禁止冲破应当坚守的法律底线,这是检察机关审查逮

---

[1] 黄河等:《审查逮捕方法论》,载《侦查监督指南》(2015年第3辑),中国检察出版社2015年版,第11页。

[2] 孙谦:《论逮捕的证明要求》,载《人民检察》2000年第5期。

捕的基本要求，也是防止冤假错案、保障人权的底线。同时，它又是主观标准，是检察官在作出逮捕决定时内心确信的标准。大陆法系国家和英美法系国家的证明标准均采用主观标准，前者采用职权主义诉讼模式，从裁决者的角度将证明标准界定为"内心确信"；后者采取当事人主义，控方证明标准必须达到"排除合理怀疑"。[1] 证明标准应当包含着主客观两方面的标准，包含（或者属于）主观性标准，反映出证据制度的核心就在于确保形成准确的内心确信，这既与自由心证制度的要求相符合，也有助于强化案件事实裁决者的重要地位和重大责任。[2]

三个维度的解读是有机统一的整体。"基础犯罪构成事实证据齐备"着眼于建构，主要体现为积极和肯定的标准，适用于采用证据证明待证事实，是对积极证明活动的评价；"能动摇基础犯罪构成认定的疑点和矛盾必须得到排除"则着眼于解构，主要体现为消极和否定的标准，即在证明过程中寻求其薄弱环节，发现、检验和消除疑点与矛盾；[3] "事实不能没有、人头不能搞错"是客观见之于主观的内心确信，也是底线要求，更加注重经验法则运用，力求从主客观相统一的角度来解释证明标准。

（二）逮捕社会危险性的证明标准

逮捕社会危险性要件在立法和司法中，经历了从无到有、

---

[1] [法]卡斯东·斯特法尼等：《法国刑事诉讼法精义》（上），罗结珍译，中国政法大学出版社1999年版，第35页；宋英辉、孙长永、刘新魁：《外国刑事诉讼法》，法律出版社2006年版，第221页。

[2] 参见沈德咏主编：《严格司法与诉讼制度改革——推进以审判为中心的刑事诉讼制度改革策论》，法律出版社2017年版，第108—109页。

[3] 参见龙宗智：《中国法语境中的"排除合理怀疑"》，载《中外法学》2012年第6期。

从笼统到具体、从被忽视到被重视的发展历程。立法上，我国1996年修改刑事诉讼法时，作了比较明确的规定，2012年刑事诉讼法将其细化为五种特定情形。司法实践中，在相当长的时间内处于可有可无状态，直到近年来才引起人们的重视。2012年刑事诉讼法修改后，社会危险性审查在审查逮捕工作中比重逐渐提高，但司法实务部门仍普遍反映在责任承担方面争议较大，认定标准上很难把握。最高人民检察院、公安部《关于逮捕社会危险性条件若干问题的规定（试行）》的出台，解决了社会危险性是否要证明、证明责任由谁承担以及证明模式等一些重大问题，为司法实践提供了一定遵循。

1. 逮捕社会危险性证明的要素

逮捕社会危险性的审查和认定也需要采用司法证明的模式和规则，用证据加以证明。侦查机关作为取证主体，应当承担证明责任。检察官作为决定者进行权威的验证和判断，犯罪嫌疑人及其辩护律师可以在该程序中提供证据、发表意见。逮捕社会危险性有两种证明模式：一是说明模式。如果提请逮捕犯罪事实足以表明犯罪嫌疑人具有人身危险性，侦查机关就无须再提供相关的证据材料，但应当在提请逮捕时专门予以说明。二是证明模式。如果提请逮捕的犯罪事实并不能当然地表明犯罪嫌疑人具有人身危险性，则侦查机关仍然需要另行收集和固定犯罪嫌疑人具备社会危险性条件的证据，在提请逮捕时一并随案移送。

社会危险性的证明有其特殊性。作为程序事实的社会危险性是一种可能、概率，这就决定了它很难由证据直接证明，而是采用推定的方法进行间接证明。推定分为法律推定和事实推定。2012年刑事诉讼法第七十九条第二款规定的"径行逮捕"是一种法律推定。事实推定需要满足三个条件，即基础事实、法律行为和允许反驳。[1]《关于逮捕社会危险性条件若干问题的规定（试行）》总结实践经验，明确了犯罪嫌疑人在犯罪前后 19 种情形，作为推定的基础事实，据此可以推定具有社会危险性，如是否具有妨碍诉讼的违法记录、以犯罪所得为主要生活来源、滋扰被害人、举报人、控告人的正常生活、工作等。《人民检察院刑事诉讼规则（试行）》第一百四十四条规定的内容也是据以推定的基础事实，具备其中情形之一的可以推定犯罪嫌疑人的社会危险性较小或没有，如自愿达成和解协议，共同犯罪中的从犯、胁从犯、过失犯罪后有效控制损失或积极赔偿损失等。可见，对社会危险性的证明，多数情况下呈现"证明（基础事实）+推论（待证事实）"的结构，即社会危险性的大小存否，并非运用证据直接证明，而是基于基础事实进行推论的结果。[2] 推定降低了证明难度，解决了逮捕社会危险性证明中多年困扰实践的难题。[3]

2. 逮捕社会危险性证明标准的实务界定

学界对于社会危险性条件的证据应采取何种证明标准存在差异，有主张优势证据、合理根据证明标准、高度盖然性等几种证明标准。[4] 我们认为，对逮捕社会危险性的证明确立优势证据的证明标准为宜。理由如下：

一是充分考虑社会危险性具有难以证明的特点。逮捕社会危险性具有主观性、盖然性、动态性的特征，这使对危险性证

---

[1] 参见陈瑞华：《事实推定的原则与方法》，载《人民检察》2007 年第 21 期。
[2] 参见万毅：《逮捕程序若干证据法难题及其破解——法解释学角度的思考》，载《西南民族大学学报（人文社会科学版）》2015 年第 2 期。
[3] 参见孙茂利、黄河：《逮捕社会危险性有关问题研究》，载《侦查监督指南》（2016 年第 1 辑），中国检察出版社 2016 年版，第 16 页。
[4] 参见刘慧玲：《逮捕社会危险性的证明》，载《人民检察》2013 年第 3 期；闫春雷：《论审查逮捕程序的诉讼化》，载《法制与社会发展》2016 年第 3 期。

明存在较大难度。虽然《关于逮捕社会危险性条件若干问题的规定（试行）》明确了可以采用推定方法，但难以完全列举，案件中还将出现新的情况，犯罪嫌疑人和辩护人也会提出反证事实，强化事实与弱化事实也会并存，这些都为社会危险性证明和标准掌握带来困难。

二是充分考虑人权保障与惩罚犯罪的平衡。犯罪事实证明标准与社会危险性证明标准同时设置很高标准，等于在逮捕阶段为刑事诉讼设定了过高的入罪门槛、羁押门槛，在侦查初期取证难以充分的情况下，会影响国家对犯罪的控制，影响人民群众的社会安全感。相反，二者如果同时设置得很低，则会对犯罪嫌疑人的人权造成重大的侵害，甚至使无辜的人被剥夺人身自由。为此，双层次证明标准的互补模式有利于实现惩罚犯罪与保障人权的平衡，防止顾此失彼、价值失衡。

三是充分考虑对司法效率的合理追求。侦查初期任务紧迫繁重，取证难以充分，如果设置过高的社会危险性证明标准，侦查机关难以承受，可能会导致大量案件难以达到证明标准，无法采取必要的逮捕措施，难以有效继续侦查，或者导致社会危险的证明愿望落空，使司法解释成为一纸空文。因此，充分考虑诉讼成本、诉讼效率和诉讼效益的需求，采用优势证明标准，提高司法实践的可操作性，是很有必要的。

五、审查逮捕程序的诉讼化转型

一直以来，关于我国审查逮捕程序存在诸多批评声音，包括逮捕行政化审批、司法属性不明显、信息来源单向、无法兼听则明以及缺少司法救济途径等。在司法体制改革背景下，实现逮捕诉讼化转型,有利于回归逮捕司法属性,有利于完善人权司法保障。最高人民检察院《"十三五"时期检察工作发展规划纲要》已经明确提出"围绕审查逮捕向司法审查转型,探索建立诉讼式机制"的改革目标。[1]

(一) 逮捕诉讼化转型的意义

逮捕诉讼化转型,是指改变以往审查逮捕程序书面、封闭、行政化审查方式,构建一种检察官居中裁断,侦查机关、辩护律师充分参与、相互对抗的司法审查程序。逮捕诉讼化转型,不仅具有比较法基础和国外经验可供借鉴,而且对于改革和完善我国审查逮捕制度具有重要意义。

1. 从封闭审理走向诉讼化审查,符合审查逮捕的司法属性

司法活动有两方面的特征:一是在活动方式上,司法主体直接审理案件,确定事实和法律适用,具有亲历性、判断性和独立性;二是在行为构造上,采用对抗与判定的"三方组合"结构,司法主体在兼听双方意见的基础上判断和处置。逮捕作为最严厉的刑事强制措施,是对公民权利的重大干预,涉及人身自由的宪法权利,唯有经过司法程序决定方可取得正当性,这是联合国《公民权利和政治权利国际公约》设专条对羁押的司法审查作出明确要求的基本原理。[2] 我国2012年刑事诉讼法增加规定人民检察院审查批捕时讯问犯罪嫌疑人和听取辩护律师意见的程序,提出了捕后继续羁押必要性审查要求,这为检察机关实现审查逮捕诉讼化奠定了基础。通过诉讼化审查,实现逮捕程序的兼听则明,以公开促公正、以公正促公信,从而更好地保障犯罪嫌疑人诉讼主体地位和诉讼权利。

---

[1] 参见最高人民检察院:《"十三五"时期检察工作发展规划纲要》;戴佳、徐日丹:《"十三五"时期检察工作发展规划纲要发布》,载《检察日报》2016年9月2日第1版。

[2] 参见陈卫东:《逮捕程序司法化三题》,载《人民检察》2016年第21期。

2. 逮捕诉讼化转型契合司法责任制改革的内在要求

以司法责任制为核心的司法改革，突出检察官的办案主体地位，实现让审理者裁判、由裁判者负责，保障检察官依法独立办案、独立定案。司法责任制对办案组织、办案程序的改造，是对司法规律的遵循，使检察官办案过程体现亲历性、办案决定具有裁决力，使逮捕决定的事实调查、证据展示、意见听取、控辩对抗、裁决结果均能形成于公开审查之中，使逮捕程序具备司法审查的核心要素。同时司法责任制改革要求在裁决中体现和保障程序正当，而对审查逮捕进行适当诉讼化改造，能够充分听取侦辩双方意见，拓宽获取监督线索渠道，破解封闭式审查弊端，及时发现侦查违法行为，有效化解非法证据发现难的现实困境，尽早排除非法证据，防止冤假错案。

3. 逮捕诉讼化审查顺应了国际人权保障的主流趋势

逮捕关系到公民人身自由这一基础性权利，国际公约中对于羁押司法审查有着明确的规范依据，比如《世界人权宣言》第九条规定"任何人不得加以任意逮捕"，这里的任意是指违背法律正当程序的羁押。再比如，《公民权利和政治权利国际公约》也强调逮捕审查与决定程序的正当化、司法化要求。中国是联合国常任理事国，对于签署与批准的一系列国际公约具有信守并适用的国际义务。从世界主流来看，对审前羁押一般采取司法审查制，对审前程序进行诉讼形态设计，使之形成侦辩对抗、由司法官居中裁决的格局。

（二）逮捕诉讼化的现状和难题

近年来，检察机关逐步开始探索逮捕的诉讼化、司法化的工作方式。诉讼化探索主要围绕案件范围、参与人员、程序启动、审查地点而展开。

第一,关于案件范围。大部分省市试点范围规定在社会危险性条件方面有争议的案件,有的拓展到案情重大、疑难、复杂的案件,检察机关与侦查机关在是否构成犯罪存在重大争议的案件,社会高度关注的案件,以及涉及专业知识需要听取专业意见的案件等。除了正面规定了适用逮捕诉讼化审查的案件外,一些地方还规定了不适用逮捕诉讼化审查的案件范围。主要集中于事实证据存疑的案件,应当径行逮捕的案件,以及涉及国家秘密、商业秘密和个人隐私的案件。

第二,关于参与人员范围。目前主要是案件的利益相关方,以侦查人员和辩护律师为主,但总体来说律师参与率低。犯罪嫌疑人在有条件的地方通过远程视频方式参加,有的是把地点放在看守所,让犯罪嫌疑人直接参与审查。也有的邀请人大代表、政协委员等,最典型的如"南京虐童案"逮捕的公开审查,人大代表等独立第三方还需要对是否逮捕发表意见。

第三,关于启动程序。目前主要是依职权和依申请两种启动模式。为充分保障犯罪嫌疑人诉讼权利,对于犯罪嫌疑人、辩护人提出申请的,符合条件的原则上都进行诉讼化审查。有的地方将申请范围扩大至犯罪嫌疑人近亲属、被害人法定代理人及其近亲属。但一般都规定并非经申请就当然启动,需要经过审核或审批。

第四,关于审查地点。有的把逮捕诉讼化审查放在检察办案区,有的在看守所,有的则在检察机关办公场所。

从当下情况看,逮捕诉讼化转型需要探索和解决以下难题:

第一,公正与效率的关系问题。公正与效率都是司法追求的价值目标,公正是法治的生命线,只有案件的处理符合法律的公平正义,司法的价值才能得以实现,而"迟来的正义非正义",在无限的社会需求和有限的司法资源的挤压下,公正的司法也需要效率予以保障。如何实现两者的价值,是司法工作的永恒命题,逮捕诉讼化转型也是如此。逮捕诉讼化通过对强制措施的司法控制和公民人身自由权的保障,体现了司法公正。处理好司法公正与效率的关系,需要合理的程序设计,调动参与者的积极性。既要通过双层次的逮捕证明标准,解决社会危险性的证明问题,并以社会危险性为内核,构建羁押审查一体化机制;又要发挥非羁押性强制措施替代作用,使检察官能够集中精力开展逮捕诉讼化审查。

第二,程序公开与侦查保密的关系问题。诉讼化要求程序公开,这与侦查保密原则有所冲突。侦查机关普遍认为,开展诉讼化审查可能会提前暴露关键性证据和侦查取证程度(如同案犯到案及供述情况),为犯罪嫌疑人翻供提供机会;可能会使侦查机关的继续侦查线索被犯罪嫌疑人及其辩护律师掌握,为毁灭证据或者串供提供机会;可能会暴露证人,进而影响证人安全和证言稳定性。检察机关也有观点认为,检察机关还承担着打击犯罪的控方职能,侦查监督部门除了审查逮捕还要提前介入、引导侦查,因此认为提前向辩护律师和犯罪嫌疑人展示证据状况并不适宜。要求侦查机关向辩方开示证据也存在一定的法律障碍,根据现行刑事诉讼法,辩护律师在侦查阶段不能向犯罪嫌疑人核实证据,也不能查阅、摘抄、复制案卷证据材料,不能了解侦查取证具体情况。所以,逮捕诉讼化对侦查机关在审查逮捕阶段向律师开示证据,并就证据证明情况与律师展开辩论等要求,缺乏明确的法律依据,还有待理论研究和实践探索。

第三,检警、检律的关系问题。良性互动的检警、检律关系是逮捕诉讼化审查的必备要素。一方面,治安形势复杂严峻，维护稳定任务繁重，公安机关注重打击力度和效果，对批准逮捕的期望值较高。而社会危险性观念尚未完全树立，办案中重犯罪事实调查轻社会危险性证明，提请批捕时不说明、不论证社会危险性，不提供社会危险性证明材料的情况还不同程度地存在。另一方面，侦查阶段辩护率低，法律援助尚不健全。部分检察官也存在错误认识，认为通过阅卷、讯问犯罪嫌疑人和单独听取辩护律师意见，已经能够查清事实，诉讼化审查仅具有形式意义，必要性不大。在实践中存在部分诉讼化审查案件不存在争议，或者已经预先有了审查结论，"先定后审"的现象，导致侦查人员、律师对逮捕诉讼化审查存在误解。

（三）逮捕诉讼化的主体问题

从我国司法实际出发，检察官作为审查逮捕主体具有理论合理性和现实必要性，是中国特色司法制度的必然要求，是我国检察制度监督优势的具体体现。逮捕诉讼化转型正是进一步保障检察官正确行使审查逮捕职能的重要途径。

1. 我国审查逮捕权归属的传统

我国在建立现代逮捕制度之后至今百余年间，审查逮捕权（羁押权）基本上一直归属于检察官。我国最早规定现代逮捕制度的法律文件是1911年的《大清刑事诉讼律草案》，根据该法第三章第二节"被告人之传唤、拘摄及羁押"之规定，羁押就相当于现在的逮捕，建立了起诉前检察官决定羁押适用、起诉后审判长决定羁押适用的模式，[1] 与现在的审查逮捕权的分配完全相同。此后，民国的各部刑事诉讼法典沿袭了这种检察官执掌审查逮捕权的制度安排。[2] 新中国成立后，借鉴了

---

[1] 参见《大清刑事诉讼律草案》第七十一条、第八十一条、第八十二条、第九十九条、第一百条、第一百零一条之规定。

[2] 参见1928年刑事诉讼法第六章、1945年刑事诉讼法第十章。

苏联的检察监督体制，通过 1954 年宪法和《逮捕拘留条例》明确了审查逮捕权由检察机关行使。

2. 诉讼角色决定适格主体的正当性

逮捕关系公民人身自由这一宪法性权利，应当由司法官员经过司法审查方式作出决定。西方一些国家将逮捕审查交由法院行使，也是其司法制度中检察机关的中立性不足所致。例如，典型的大陆法系国家是由检察机关领导、指挥侦查活动的；英、美等国家将检察机关定位于指控角色，检察机关主要履行控方职能，中立性不足，因此逮捕交由法官行使，并单独设立羁押法官，将其与审判法官分离。在我国，检察机关是独立于行政机关、审判机关之外专门的法律监督机关，检察机关属于司法机关是中国特色法律制度的鲜明特点。"我国的司法机关包括法院和检察院。"[1] 检察机关是"客观的官署"，法律监督的定位要求其必须秉持客观中立的立场履行职责。审查逮捕既是法律监督的方式，也是司法权属性的体现，侦查机关向检察机关提请批准逮捕，实质上是接受检察机关监督的重要方式。由于我国是检警、检审分立，由检察机关行使审查逮捕权，既能实现对侦查权的有效控制，又能实现审判权对批捕权的有效控制，形成侦查权、检察权、审判权互相制约的格局。[2]

联合国《公民权利和政治权利国际公约》第九条第三款规定："任何因刑事指控被逮捕或拘禁的人，应被迅速带见审判官或其他经法律授权行使司法权力的官员，并有权在合理的时间内受审判或被释放。"这里也考虑到参加公约的世界上一百多个国家的法律制度不同，不能"一刀切"地一律要求由"审

---

[1] 陈光中、崔洁：《司法、司法机关的中国式解读》，载《中国法学》2008 年第 2 期。
[2] 朱孝清：《中国检察制度的几个问题》，载《中国法学》2007 年第 2 期。

判官"决定逮捕,而同时提供了另一种选择。"其他经法律授权行使司法权力的官员",重点是独立"行使司法权力"。即逮捕必须按照司法活动的要求运行,对社会公众是公开的、透明的,对当事人是参与的、保障的,决定者自己是中立的、独立的。[1] 这既是我国审查逮捕的定位,也是审查逮捕诉讼化改造的方向,检察机关具备保证审查逮捕司法审查属性的条件。

根据司法亲历性原则的要求,各国为防止法官在庭审前对案件形成预判,纷纷设计了阻断、防范的程序。[2] 我国"以审判为中心"的诉讼制度改革的方向也是保证法官能在庭审中对案件形成判断,防止庭前预断和庭后审理。如果将批准逮捕权交由法官行使,法官势必要庭前阅卷,甚至接触当事双方听取意见,我国由于并未设置独立的羁押法官体系,主体的同一性可能导致审判法官形成主观预断,甚至对于批捕后再作出无罪判决,法官将面临自我否定的困境,法院由于逮捕职能的行使客观上导致其站在了控方立场上,影响了审判中立性,还可能出现"一错到底"的危险局面。

3. 检察机关行使审查逮捕职能的有效性

正如前文所说,审查逮捕具有惩罚犯罪与保障人权的双重功能。检察机关经过多年的实践,已经积累了丰富的经验,在依法履行审查逮捕职能、坚决维护国家安全和社会稳定的同时,高度重视人权司法保障,一直对逮捕权的行使秉持慎之又慎的态度。坚持"凡逮捕均依法逮捕,凡不捕均依法不捕",在保障刑事诉讼顺利进行的前提下,尽可能减少羁押,人权保

---

[1] 参见顾永忠:《关于未决羁押的几个理论与实践问题——兼谈我国逮捕制度的改革思路》,载《河南社会科学》2009年第6期。

[2] 如日本的"起诉书一本主义",阻断法官通过起诉材料产生预断的可能,再如美国的陪审团制度,通过详细的制度设计阻断裁判者(陪审员)在庭外对案件形成认知。

障不断加强，批捕率逐年下降。近年来进行的逮捕诉讼化转型改革，推行的司法责任制改革，也是为了使一线办案检察官成为有职有权、相对独立的办案主体，赋予审查逮捕主体以独立、完整的裁决权，目的就是凸显司法审查的特点，从而更好地发挥审查逮捕应有的功能。

（四）如何推进逮捕诉讼化转型

在诉讼化构建的问题上，程序的设计是至关重要的。由于我国司法体制和检察职能的特殊性，探索逮捕诉讼化需要不断加强实践创新。

1. 进一步扩大审查案件范围

对社会危险性存有争议的案件进行诉讼化审查基本没有异议，案件审查范围主要集中在能否包括事实证据存疑的案件。这涉及协调侦查保密与逮捕公开的关系。侦查保密并非绝对原则，2012年欧盟通过的被追诉人信息知悉权指令中已经明确要求欧盟成员国在决定羁押时应当事先告知辩方所有的侦查证据与材料。[1] 更为关键的是，审查逮捕程序本身不是侦查程序，而是侦查阶段中的司法审查程序，在审查逮捕过程中应当奉行司法权内在的规律，而不是完全遵守侦查程序的相关原则。[2] 总体来看，确定诉讼化审查案件范围应兼顾打击犯罪和保障人权的平衡，对于某些罪与非罪存在重大争议的案件，存在重大非法取证嫌疑的案件，在充分听取侦查机关意见基础上，可以就证据问题开展诉讼化审查。

2. 突出对社会危险性条件的审查

社会危险性条件是判断是否应当羁押的关键。逮捕诉讼化

---

[1] 参见陈卫东：《逮捕程序司法化三题》，载《人民检察》2016年第21期。
[2] 参见陈卫东：《逮捕程序司法化三题》，载《人民检察》2016年第21期。

的审查重点也在于社会危险性条件,通过推动侦查机关强化对社会危险性的证明,从而进一步降低审前羁押率。审查社会危险性过程实际上也是检察官行使裁量权进行综合衡量的过程。因此,需要完善社会危险性评估机制,按照一定的规则,评估犯罪嫌疑人社会危险性的大小,实现评估因素、评估程序的标准化和客观化,提高审查结论的规范性和可靠性。在社会危险性审查中,需要注意与认罪认罚从宽制度的对接。认罪认罚是犯罪嫌疑人不具有社会危险性的重要标志。在国外审前羁押的审查中,认罪会影响法官对被告人重新实施犯罪、逃庭等潜在危险性的判断。[1] 虽然目前我国的认罪认罚从宽制度试点仅限于犯罪嫌疑人、刑事被告人自愿如实供述自己罪行,对指控的犯罪事实没有异议,同意人民检察院量刑建议并签署具结书的案件,但是要发挥该项制度加强人权司法保障、提升司法公正效率的目的,就应当在侦查阶段尤其是审查逮捕程序中予以对接。因此,应当探索将犯罪嫌疑人认罪认罚作为考量社会危险性的重要因素,并纳入逮捕诉讼化审查的内容。

3. 加强对证据合法性的诉讼化审查

逮捕诉讼化转型既是深化司法责任制改革的重要举措,又是贯彻以审判为中心刑事诉讼制度改革强化审前程序司法控制的重要路径。这要求在审查逮捕过程中全面贯彻证据裁判原则,强化对证据的精细化审查,既要重视审查证据内容的真实性,也要重视审查证据来源的合法性。传统的审查逮捕方式中,检察官获取的信息往往是依赖于侦查机关形成的案卷和证据,具有单向性,难以发现非法证据,影响对证据能力和证明力的判断。逮捕诉讼化审查制度,一方面是要基于逮捕的羁押

---

[1] 参见蓝向东:《我国审前羁押制度问题研究》,人民法院出版社2015年版,第63页。

职能，有效降低羁押率；另一方面随着对审查逮捕职责的全面体现，诉讼化审查案件范围和审查内容也将扩大，要更多关注证据合法性，加强侦查权控制，发挥审查逮捕作为检察机关防范冤假错案第一道关口的作用。

4. 合理设置审查程序

结合各地探索实际，诉讼化审查程序要在流程设计、参与人员、参与地点等方面予以明确。第一，案件繁简分流。应当充分考虑效率和公正之间的平衡。现阶段，不能"一刀切"地要求所有案件都实行逮捕诉讼化审查，也不宜将每一个诉讼化审查案件都经过复杂的程序，而应当根据案件的不同需要，当繁则繁，当简则简。从国外的情况看，羁押庭案件是有繁简分流的，如英国治安法院在审理简易案件中，法庭在被告人缺席的情况下仍然可以进行。[1] 西方国家庭审时间不长，如英国繁忙的治安法院的保释庭审平均时间只有6分钟，美国一般案件的初次聆讯也只有几分钟。[2] 结合我国速裁程序、认罪认罚从宽制度试点，针对轻刑认罪认罚案件，完全可以简化流程，探索三方到场、说明理由、当场宣告。而重大、疑难、复杂案件，则不能是简单的各方发表意见，而要有举证、质证和认证规则。第二，参与人员差别化。不同类型案件的逮捕诉讼化审查范围是有差别的。对于涉及案件事实证据内容的，参与范围仅限定为辩护律师、侦查人员、犯罪嫌疑人，并且应当要求参与的辩护律师签订保密协议。对于案件事实清楚、犯罪嫌疑人认罪、社会危险性有争议的案件，为了充分调查了解犯罪嫌疑人社会危险性状况，促进社会矛盾化解，可以吸纳犯罪嫌疑人

---

[1] 参见陈瑞华：《比较刑事诉讼法》，中国人民大学出版社2010年版，第4—8页。

[2] 参见江涌：《未决羁押制度的研究》，中国人民公安大学出版社2011年版，第125—126页。

亲友、第三方评估监管机构等相关人员参与。第三，参与地点规范化。为了促进逮捕诉讼化审查的规范化，应当在专门的司法办案区进行。检察机关举行审查的场所应与现行办公区域分离，体现司法行为的公正性、庄重性。

5. 转变审查逮捕具体办案形式

随着审查逮捕逐步由行政审批向司法审查转变，具体办案形式也需要相应转变。一是权限下放。通过制定检察官权力清单，将普通案件是否批准逮捕的权力赋予检察官，有利于增强检察官对于逮捕中社会危险性条件的重视程度。二是简化文书、笔录。供内部审批使用的《审查逮捕意见书》在审查逮捕办案中耗费了大量精力和时间，在司法责任制改革后，层报审批模式扁平化为检察官决定模式，因此，探索通过同步录音录像和诉讼化审查笔录取代《审查逮捕意见书》和讯问笔录的部分功能，简化审查逮捕意见书制作，既可以客观反映审查过程，发挥排除非法证据和证实供述合法性的作用，防止犯罪嫌疑人翻供，又可以提高办案效率。三是公开宣告。逮捕公开审查后，根据司法责任制和检察官权力清单情况，可以由检察官当场作出决定，进行公开说理。这有助于参与各方了解裁判依据，支持检察官决定，提高各方参与的积极性，同时彰显司法公正，提高司法公信力。

6. 完善法律援助制度

限于知识结构、文化程度等客观原因，绝大部分犯罪嫌疑人并不真正理解逮捕条件和社会危险性含义，很难真正参与到诉讼化审查中，需要借助辩护律师为其充分表达观点诉求。但司法实践中，许多案件在侦查阶段缺乏律师介入，听取律师意见和逮捕诉讼化审查都难以开展。应当完善审查逮捕阶段法律援助机制，建立稳定、便捷的法律援助程序。与公诉阶段的认罪认罚从宽、速裁程序对接，建立值班律师制度[1]，在看守所设立法律援助值班律师，为犯罪嫌疑人提供免费法律帮助，释明逮捕条件和社会危险性含义，参与逮捕诉讼化审查，提高审查逮捕案件的辩护率。

7. 健全司法救济措施

结果可救济是诉讼化审查程序应当具备的核心要素。[2] 西方各国在构建司法权对侦查羁押权力制约机制时，通常不仅重视事前对羁押合法性和必要性进行审查，也强调在事后为犯罪嫌疑人提供畅通的司法救济途径。英美法系国家主要是在押犯罪嫌疑人在诉讼的各个阶段可以随时申请保释或人身保护令，大陆法系国家主要是被羁押者可以要求司法复查或者上诉、抗告。[3] 此外，各国的羁押都有一定期限，期满后继续羁押需要履行特别的延长程序。我国刑事诉讼法并未规定对批准逮捕的抗告、上诉等羁押救济程序，[4] 但规定了延长侦查羁押期限审批和捕后羁押必要性审查制度。从司法实际出发，建立健全犯罪嫌疑人权利救济机制，首先，应当完善犯罪嫌疑人申诉权，履行诉讼权利告知义务，赋予犯罪嫌疑人不服逮捕或不予变更强制措施决定向上一级检察机关提出复核的权利。[5] 其次，积极开展羁押必要性审查。及时依职权或者根据犯罪嫌疑人及其

---

[1] 或者称"公设辩护人"制度。国际上，不仅美国等发达国家设有公设辩护人事务所，巴西、智利和秘鲁等南美国家针对本国羁押率过高问题，也通过司法改革设立了公设辩护人制度。

[2] 参见[美]迈克尔·D. 贝勒斯：《程序正义：向个人的分配》，邓海平译，高等教育出版社2005年版，第22页。

[3] 参见陈卫东、陆而启：《羁押启动权与决定权配置的比较分析》，载《法学》2004年第11期。

[4] 参见卞建林：《论我国审前羁押制度的完善》，载《法学家》2012年第3期。

[5] 参见卞建林：《我国刑事强制措施的功能回归与制度完善》，载《中国法学》2011年第6期。

辩护人申请，对逮捕后社会危险性发生变化，犯罪嫌疑人不需要继续羁押的，及时建议办案单位予以变更或者释放。最后，促进延长羁押期限全面审查。由于我国没有区分羁押期限与侦查期限，延长羁押期限的审查作为对羁押的法定控制手段和司法救济途径，就显得尤为重要。应当遵循实体审查与程序审查并重的要求，对延长羁押进行全面审查，防止犯罪嫌疑人被不当继续羁押，保障其权利。

六、非羁押诉讼的价值与进路

非羁押诉讼是指在刑事诉讼活动中，依照法律规定和案件具体情况对罪行较轻、社会危险性不大的犯罪嫌疑人、被告人采取取保候审等非羁押性强制措施进行诉讼的方式。非羁押诉讼是与逮捕羁押候审相对的诉讼方式，反映了当今世界各国刑事诉讼发展的价值取向，彰显了司法的文明进步。我们在深化司法改革过程中，应当探索推行非羁押诉讼模式，在保障诉讼顺利进行的前提下最大限度地保障人权，努力追求司法公正与效率。

（一）非羁押诉讼的背景

我国传统刑事诉讼在制度设计和司法实践中偏重惩罚功能，导致案件未决羁押率高，羁押时间长，羁押后被判轻刑率高等问题，增加了诉讼成本，降低了司法效率。这既不符合现代刑事司法规律，也不利于保障人权。

1. 未决羁押率高有违例外性原则

《公民权利和政治权利国际公约》第九条规定："等待审判的人被置于羁押状态不应当是一般的原则，但是释放时可以附加担保在审判时或者司法程序的其他阶段出庭，或者在案件需要的情况下于执行刑罚时到场的条件。"世界上大多数国家对未决羁押的适用都坚持例外性原则,被决定羁押的犯罪嫌疑人、被告人比例很低。根据美国联邦司法部统计,1996年,在美国经法院批准予以羁押的人数占被告人的34%。英国在施行《1976年保释法》后,羁押率大幅下降,1990年只有10%,最高的2000年也只有14%。在德国,被实行审前羁押的人数大约只占在刑事法院被判决人数的4%。日本也一直维持在20%左右[1]。而我国近十年来批捕率虽然从2006年的90.3%逐年降至2016年的77.6%,[2]但仍远高于世界平均水平。

2. 未决羁押时间长有违时限性原则

审前羁押涉及公民人身自由,应坚持时限性原则,一旦适用条件发生变化,应及时予以撤销或变更。而我国司法实践中,逮捕与羁押一体化,逮捕即产生犯罪嫌疑人、被告人被羁押的后果,而羁押期限与公安司法机关办案期限合二为一,加上很多办案机关没有严格遵守刑事诉讼法规定,随意延长或重新启动羁押期限,对不能在规定期限办结的案件不依法变更非羁押措施,导致犯罪嫌疑人、被告人在审前被长期羁押。

3. 羁押后被判轻刑率高有违适当性原则

逮捕等羁押性强制措施剥夺犯罪嫌疑人、被告人人身自由,既具有诉讼保障性,还具有一定的惩罚性,应坚持适当性原则,主要适用于罪行较重、社会危险性较大的犯罪嫌疑人、被告人。捕后判处3年以下有期徒刑、管制、拘役、单处附加刑以及免予刑事处罚案件比例过高,是违反人权保障和适当性原则的。如果羁押措施过多地适用于可能判处较轻刑罚的犯罪

---

[1] 王栋:《中西方审前羁押必要性判断标准的比较》,载http://www.jcrb.com/procuratorate/theories/academic/201107/t20110719_575365.html,最后访问时间:2017年3月20日。

[2] 数据来源于最高人民检察院案件管理办公室。

嫌疑人、被告人，就会因过分强调保障诉讼而忽视了对人权的保护，容易激化矛盾，不利于社会稳定。

司法实践中的这种状况，究其根源：一是司法理念的偏差。在司法实践中，很多办案人员没有准确把握现行刑事诉讼法的基本精神，没有牢固树立"惩治犯罪与保障人权并重"等司法理念，存在重实体轻程序、重打击轻保护、以捕代侦、构罪即捕、构罪即拘的倾向，办案中过分强调逮捕的控制作用，过分依赖通过羁押取得犯罪嫌疑人、被告人口供，机械地"一押到底"。二是传统法律文化的影响。受我国传统法律文化长期以来形成的报应主义刑罚观、权力本位观等影响，社会公众侧重对犯罪的惩治，忽视对人权的保障，在心理上对打击犯罪的期望值远远超过诉讼中保障人权的期望值。一旦某人被确定为犯罪嫌疑人或被告人，就被打上了罪犯的标签，社会大众会自觉不自觉地产生歧视心理，认为犯罪嫌疑人或被告人被羁押是理所应当，如果不被羁押反而难以接受，尚未形成尊重人权、谦抑诉讼的社会氛围。而犯罪嫌疑人、被告人对诉讼权利受到公权力侵害的情况，则基于对权力的敬畏和盲从而常常选择漠视或放弃申告。这种思想在潜移默化中影响着逮捕等强制措施的适用。三是制度设计不完善。我国刑事诉讼立法虽然进一步贯彻了人权保障等诉讼理念，但在制度设计上仍然偏重惩罚功能而非保护功能，对强制措施也没有完全突破"以羁押为主"的囿制。如对逮捕条件中社会危险性证明这一核心条件没有确定客观的标准；对取保候审、监视居住的适用标准过于模糊，可操作性不够，法律约束力不足；侦查机关对强制措施自由裁量权过大，侦查监督手段缺乏；羁押性强制措施在操作上、要求上都较非羁押措施更为便宜；捕后羁押必要性审查只赋予了检察机关建议权，实际效果不突出。四是运行机制不健全。按照我国宪法和刑事诉讼法的规定,公检法三机关之间是分工负责、相互配合、相互制约的关系,但因其所处诉讼地位不同,往往从各自视角出发适用刑事强制措施,没有建立统一有效的运行机制,特别是取保候审和监视居住等非羁押措施缺乏有效的案件办理、监管和救济机制,使得非羁押措施难以普遍适用。

(二)非羁押诉讼的价值基础

1. 人权保障

2012年"尊重和保障人权"被写入刑事诉讼法,彰显了立法者促进犯罪嫌疑人、被告人在未羁押状态参与诉讼,最大限度地保障人权的价值取向。人权包含很多种权利,其中人身自由权是基本人权,不仅在人权中占有前提性地位,是人权的其他内容存在的物质性基础,而且是人的一切权利的物质性基础,是人权的最重要的部分之一。[1] 非羁押诉讼可以在保障诉讼的前提下减少对人身自由权的剥夺,避免羁押性强制措施的滥用或误用,最大限度地保障人权。

2. 权利制约

一切权力都具有扩张性和侵略性,如果不加以限制则必然被滥用。权利制约权力原则的涵义是在正确理解权利与权力关系的基础上,恰当地配置权利,使它能够起到一种限制、阻遏权力之滥用的作用。[2] 非羁押诉讼正是基于国家公权力对个人权利的干预而进行的限制,以防止"滥捕"等侵害公民权利的情况,蕴含了权利制约权力原则的基本精神。

---

[1] 参见孙谦:《论逮捕的证明要求》,载《人民检察》2000年第5期。
[2] 参见陈卫东主编:《刑事审前程序与人权保障》,中国法制出版社2008年版,第21页。

3. 无罪推定

贝卡利亚在《论犯罪与刑罚》中提出无罪推定以来，经过 200 多年的发展，无罪推定原则已经成为现代法治国家刑事司法通行的一项重要刑事诉讼原则。我国刑事诉讼法第十二条规定"未经人民法院依法判决，对任何人都不得确定有罪"，体现了无罪推定原则的基本精神。与之相应，犯罪嫌疑人、被告人在未经法院依法作出有罪判决之前，应当被视为无罪之人，基于保障诉讼而对犯罪嫌疑人、被告人进行羁押必须是司法当局"不得已而进行的短期关押，一旦必要性丧失，随时有释放的可能，随时有结束逮捕导致的羁押的可能"。[1] 所以，非羁押诉讼符合无罪推定原则的核心精神。

4. 比例原则

比例原则作为一项公法上的基本原则，已为许多国家和地区法律制度所采纳。按照比例原则，刑事强制措施的适用种类和期限必须与犯罪嫌疑人、被告人所涉犯罪事实的轻重程度和人身危险程度相适应，司法机关应尽可能选择适用对相对人侵害最小的手段，以免过度侵害公民权利。非羁押诉讼就是为了在保障诉讼的前提下将对公民权利的限制控制在适度、必要的限度之内，彰显了比例原则的基本内涵。

5. 诉讼效率

公正与效率是刑事诉讼的基本价值。从经济学角度，国家对犯罪嫌疑人、被告人未决羁押必须修建监管场所、配置监管

---

[1] 联合国相关文件都体现了司法当局实施逮捕采取例外的、最后的"不得已而为之"的态度，如联合国《保护被剥夺自由少年规则》规定：被逮捕扣押的少年或待审讯的少年应假定是无罪的，应尽可能避免审查的拘留，在不得已拘留的情况下，少年法院和调查机构应最先给予最快捷方式处理此种案件，以保证尽可能缩短拘留时间。参见孙谦：《逮捕论》，法律出版社 2001 年版，第 48 页。

人员、配备相关设施，投入大量司法资源。诉讼效率原则要求在刑事司法程序中以较少资源的投入获得尽可能大的收益。非羁押诉讼可以在很大程度上降低诉讼成本，从而使司法资源的配置更加合理，实现诉讼效益最大化。

6. 修复性司法

1977年美国学者巴内特首次提出修复性司法理念。与以报应刑和目的刑为基础的报应性司法和矫正性司法不同，修复性司法着眼于未来，强调对话和协调，力求使侵害人重新融入社会的同时，也谋求与被害人和社区利益的平衡。非羁押诉讼可以通过刑事和解等方式，对犯罪嫌疑人、被告人不予羁押，使其真诚悔悟并采取实际行动对被害人予以赔偿，在获得被害人谅解的同时，使犯罪嫌疑人、被告人能够继续之前的正常生活，既有利于修复被破坏的社会关系，也有利于犯罪嫌疑人、被告人复归社会。

（三）我国非羁押诉讼的现状及完善

1. 非羁押诉讼的现状

近年来，各地公安司法机关在发挥非羁押性强制措施替代作用，推行非羁押诉讼方面作了有益探索。如河南省人民检察院与省高级人民法院、省公安厅会签了《关于在办理刑事案件中实行非羁押诉讼若干问题的规定》规范性文件，[1] 初步构建了减少羁押的保障体系，为构建非羁押诉讼体系打下了良好

---

[1] 2011年6月17日，河南省高级人民法院、河南省人民检察院、河南省公安厅出台《关于在办理刑事案件中实行非羁押诉讼若干问题的规定（试行）》，明确了适用非羁押诉讼的条件和程序，统一了非羁押诉讼的适用标准。

基础。河南省郑州市人民检察院推行取保候审直诉备案审查制度,[1] 取得了良好效果。但总体看,非羁押诉讼在我国并未成为常态,非羁押诉讼强制措施（取保候审和监视居住）在司法实际运用中仍然存在一些问题。

第一,适用比例低。公安司法机关在刑事诉讼中适用取保候审比例较低,监视居住适用比例则更低。这主要是因为监视居住需要24小时配置警力,与其他强制措施相比适用成本较高,缺乏可操作性,办案机关很少适用。而取保候审的方式单一、对违反取保义务的制裁可操作性不强、流动人口比例高取保风险大、审批程序烦琐等则是影响取保候审适用的现实原因。

第二,主动适用少。公安机关在侦查阶段大多数取保候审或监视居住都是在证据不足、检察机关不批准逮捕等情况下不得已作出的选择,审查起诉和审判阶段,很多情况也是检察机关拟对案件作不起诉处理或法院拟判处缓刑,才会考虑将逮捕变更为取保候审或监视居住,办案机关一般很少主动适用非羁押措施。

第三,适用对象不平等。司法实践中一些办案人员对社会危险性条件把关不严格、不精细,特别是因担心不批捕后犯罪嫌疑人"脱保"影响诉讼,对外来人员,因为流动性大,不具备人保或财保的条件,为保障诉讼一般采取"构罪即捕",较少适用取保候审、监视居住等非羁押措施。

2. 非羁押诉讼的完善

第一,法律规定的完善。首先,刑事诉讼法对于逮捕、取

---

[1] 2007年,郑州市人民检察院就探索实行了取保直诉备案审查机制,是指公安机关对轻微刑事案件认为无逮捕必要的,采取取保候审措施,直接移送审查起诉,并在作出取保候审决定后3日内向检察机关备案审查。2007年至2011年,郑州市检察机关共对2万多名犯罪嫌疑人适用了非羁押诉讼,非羁押诉讼率由6%上升到43%。参见高传伟、吕峰、许强:《不羁押:另一种选择体现法律温情》,载《检察日报》2012年7月2日第2版。

保候审和监视居住的适用标准,特别是社会危险性标准以及证明责任需要进一步明确界定,规范办案人员的自由裁量权。其次,刑事诉讼中除应当拘留、逮捕的情形外,取保候审和监视居住应是首要选择,建议将2012年刑事诉讼法第六十五条和第七十二条中的"可以"取保候审或监视居住修改为"应当"取保候审或监视居住,以体现"羁押是例外"的人权保障精神。再次,刑事诉讼法对违反取保候审和监视居住义务的处罚规定较为笼统,应进一步明确相关法律规定,加大对违反应遵守义务的处罚力度,降低犯罪嫌疑人、被告人违反义务妨碍诉讼的风险。最后,法律应赋予检察机关在羁押必要性审查中除建议权外的变更、撤销等决定权,保障犯罪嫌疑人、被告人不适宜的强制措施能得到及时变更,以充分发挥羁押必要性审查功能。

第二,适用程序的完善。从各国立法和司法实践来看,在非羁押措施适用启动程序上通常都赋予犯罪嫌疑人、被告人申请保释的权利,其有权申请启动非羁押措施适用程序。在审查决定程序上一般遵循公开、参与、辩护等正当程序原则。如美国和英国针对羁押或释放问题设置了听证程序,法国规定:"如果预审法官打算羁押嫌疑人并向自由与羁押法官提出申请的,则自由与羁押法官必须经过羁押庭对席辩论之后才能做出决定。"[1] 在救济程序上,普遍遵循有权利必有救济的原则,如美国规定对于法院拒绝保释、收缴过度保证金或者为审前释放附加其他条件的决定,被告人都可以向州上诉法院或者联邦上诉法院提起上诉。法国规定包括预审法官作出的司法监督裁

---

[1] [法]贝尔纳·布洛克:《法国刑事诉讼法》,罗结珍译,中国政法大学出版社2008年版,第395—406页。

定、自由与羁押法官作出的先行羁押裁定,当事人都有权上诉到上诉法院预审庭,对其进行上诉审查。[1] 我国刑事司法基于严格的犯罪控制观念,侧重于从社会安全和国家利益出发来设计和运行刑事司法程序,采取的是权力主导型非羁押措施模式。其适用程序的特点是,非羁押措施的适用主要由办案机关依职权启动,虽然我国法律和相关司法解释赋予了被羁押的犯罪嫌疑人、被告人及其法定代理人、近亲属或者辩护人提出取保候审申请的权利,但由于缺乏制度保障,难以产生实际效果。审查决定过程是内部行政性程序,犯罪嫌疑人、被告人及其辩护人无法参与。犯罪嫌疑人、被告人认为办案机关的决定不正确的,也无权提出复查申请,缺乏救济渠道。因此,在非羁押诉讼适用程序设计上应赋予被羁押的犯罪嫌疑人、被告人及其辩护人申请适用非羁押措施的权利并在制度和程序上予以保障。在审查决定过程中贯彻程序正义原则,减少行政审批色彩,听取犯罪嫌疑人、被告人及其辩护人和被害人等各方面意见。对有权机关作出的申请适用非羁押措施不批准或不适当等决定,还应赋予犯罪嫌疑人、被告人及其辩护人申请复议、复核等司法救济权利。

第三,配套措施的完善。对审前未予羁押的犯罪嫌疑人、被告人是否能有效监督管理,以防止其实施脱逃、毁灭证据甚至犯罪等行为是确保非羁押措施适用成效的关键。国外对被保释人的监管采取保释旅馆或监管之家、电子监控等方式,可以在不剥夺犯罪嫌疑人、被告人人身自由的情况下进行有效监督管理。我国许多地方检察机关对此进行了探索。如江苏无锡等

---

[1] 参见史立梅:《刑事诉讼审前羁押替代措施研究》,中国政法大学出版社2015年版,第153页。

地检察机关先后通过民营企业、社区或福利机构为无法提供保证金或保证人的外来犯罪嫌疑人、被告人提供保证人、工作和临时住所，建立"管护教育基地"，对管护对象进行监督管理，大大提高了当地审前非羁押措施的适用率。[1] 我们应借鉴国外经验和我国试点地区的有益探索，逐步完善集中监视场所、电子手铐等非羁押诉讼配套措施，在条件成熟时通过立法对其适用情形和条件予以明确。

第四，工作机制的完善。首先，应建立完善科学的风险评估机制。适用非羁押诉讼的重要环节是如何科学考量犯罪嫌疑人、被告人未羁押期间违反约定义务的可能性，即诉讼风险，其内容涉及犯罪情节、事后表现、人品人格等诸多方面。我国一些地方检察机关多年来一直对此进行探索。如上海市闵行区人民检察院率先采用定量评估方法对未成年犯罪嫌疑人适用取保候审的诉讼风险进行评估，整体上将犯罪行为、个人情况、家庭概况、保障条件作为四大变量，每个变量又分为若干子变量，子变量对诉讼风险的影响被划分为高、中、低三档，分别对应不同的分值，通过打分评估适用取保候审的诉讼风险。[2] 在这些有益探索的基础上，应进一步深入研究论证，逐步建立完善科学有效的非羁押诉讼风险评估机制。其次，应建立完善社会控制机制。有学者指出，"目前我国审前羁押制度改革的关键问题在于提高审前释放的安全性"，"审前释放安全性的提高是一项复杂的系统工程，除了刑事司法制度之外，社会控制

---

[1] 参见王丽丽、苏文海：《管护教育基地300余人无一重新犯罪——江苏江阴15家管护教育基地给涉罪外来人员家的温暖》，载《检察日报》2012年2月5日第1版。

[2] 参见陆勤俭、刘建：《上海闵行区检察院建立未成年犯罪嫌疑人非羁押措施可行性评估机制》，载 http://news.qq.com/a/20080818/002159.htm，最后访问时间：2017年3月20日。

系统是否完备、社会控制技术是否成熟，比如有无完备的公民个人信息资料库、严密的个人金融信用机制、完备的社区管理和社区自治机制以及有效的流动人口管理机制等，都会在很大程度上制约着审前释放的安全性"。[1] 诚然，刑事诉讼不是孤立存在的，法律之外的社会控制手段影响着非羁押诉讼的适用效果，应通过强化社会规范意识，拓展新型社区等社会组织，发挥"互联网+"等信息科技手段建立完善社会控制机制，为非羁押诉讼的适用提供良好的社会保障。

结束语

全面推进依法治国，建设中国特色社会主义法治体系是一个系统工程，是国家治理领域一场广泛而深刻的革命。逮捕作为刑事诉讼制度的重要组成部分，如何回应司法改革，既要符合优化司法职权配置、完善司法权运行机制等改革的内在机理，又要符合司法管理体制改革、以审判为中心等改革的外在条件，是完善逮捕制度必须面对的重要课题。

在司法改革背景下，完善逮捕制度，实现控制犯罪与保障人权的合理平衡是关键，也是本文要表达的核心理念。逮捕既是诉讼保障制度，也是人权保障制度，既要通过限制犯罪嫌疑人人身自由的方式保障诉讼进而控制犯罪，又要防止国家权力对公民人身自由的恣意侵犯。平衡公民个人自由与国家、社会利益，兼顾惩治犯罪与保障人权的目的，必须"将刑事诉讼中的强制措施定位于程序保障方面，使得羁押被限制在最必要的层面上"。[2] 逮捕的规范化、法治化必须紧紧围绕这一主线，科学设置程序，规范权力运行。具体从以下进路加以完善：一

---

[1] 参见史立梅：《刑事诉讼审前羁押替代措施研究》，中国政法大学出版社2015年版，第4页。

[2] 陈瑞华：《刑事诉讼的前沿问题》，中国人民大学出版社2016年版，第684页。

是在制度设计和司法理念上秉持司法审查原则、司法救济原则、比例原则等国际通行的审前羁押原则，规制逮捕程序，限制羁押适用。[1] 二是明确逮捕法定条件之间的递进关系，突出社会危险性在逮捕和羁押条件中的核心地位，坚持证据证明，细化评判标准，完善认定方法，提高社会危险性审查的可操作性，进而构建羁押审查一体化机制，杜绝恣意逮捕，减少长期羁押。三是建立双层次的逮捕证明标准，在证明模式、证明方法等方面对犯罪事实和社会危险性区分处理，为检察官行使批准逮捕权所必须完成的自向证明[2]提供可行依据，既防错捕，又防滥押，兼顾社会安全与公民自由、侦查效率与程序正义等多方面的要求。四是探索逮捕程序的诉讼化转型，科学设置诉讼化审查范围、审查程序、配套机制，通过各方充分参与、平等对抗，检察官兼听两造、居中裁决的诉讼化程序，保障当事人尤其是犯罪嫌疑人的诉权，实现对侦查机关的法律监督与程序制约，同时引入外部监督，防止司法擅断，贯彻少捕慎捕。五是推进非羁押诉讼模式，通过健全强制措施申诉救济程序、建立犯罪嫌疑人风险评估机制、引入信息技术、提高取保候审监管水平等多种路径，逐步减轻刑事诉讼对逮捕的依赖，顺应国际刑事司法潮流与我国强化人权司法保障改革要求，构建以非羁押为原则、以羁押为例外的强制措施适用格局。[3]

总之，我们从理论上探讨了影响逮捕发展的若干重大问题，对如何完善逮捕制度做了一些思考，以期对司法实践有所

---

[1] 卞建林：《论我国审前羁押制度的完善》，载《法学家》2012年第3期。

[2] 自向证明就是向自己证明，即证明者先提出一个假设的结论，然后去寻找证据，并按照一定规则运用证据去证明该结论是正确的或可以成立。参见何家弘：《论司法证明的目的和标准——兼论司法证明的基本概念和范畴》，载《法学研究》2001年第6期。

[3] 联合国人权事务委员会对《公民权利和政治权利国际公约》第九条的解释，明确了审前羁押应是例外。

裨益。我们也深知，仍有许多关于逮捕的理论性和实践性问题有待深入探讨和研究。比如，逮捕是强制措施的一种，是侦查阶段的一个重要节点，逮捕制度的科学构建与整个刑事强制措施体系的现代化、刑事侦查法治化的关系，需要我们深入研究。再如，在推进国家治理体系和治理能力现代化的背景下，逮捕功能如何与社会治理能力对接、如何更加有效回应社会转型要求和犯罪态势发展，也需要我们深入思考。马克思在《黑格尔法哲学批判》导言中指出，"理论在一个国家实现的程度，总是决定于理论满足这个国家的需要的程度"。司法改革背景下，我们期待理论界和实务界对逮捕问题有更多、更深入的研究，为司法实践提供科学的指引。

第五专题
公诉与法律监督[*]

在全面依法治国的大背景下，我国刑事司法制度逐步完善。随着"证据裁判"规则在我国刑事诉讼中的确立，公诉在刑事诉讼中的地位更加凸显，职能更加丰富完善。深刻认识刑事公诉制度发展的规律，结合刑事司法改革总体部署，更新刑事公诉理念，完善刑事公诉制度，推动刑事公诉工作科学发展，是适应全面依法治国和刑事法治建设的迫切需要。

---

[*] 本文原题为《全面依法治国背景下的刑事公诉》，发表于《法学研究》2017年第3期。

一、刑事公诉制度的价值与发展趋势

刑事公诉是检察机关代表国家要求人民法院审理被指控的被告人的行为，以确定被告人刑事责任并予以刑事制裁的诉讼职能。当下，对刑事公诉的相关理论和实践问题进行深入的探索，是适应全面依法治国和诉讼制度改革的需要，是推进刑事公诉工作健康、科学发展的需要。刑事公诉制度是检察制度的重要组成部分，是国家实现法治目标的重要手段。

（一）刑事公诉制度的价值

刑事公诉制度的产生，基于人们对司法权力运行中的弊端的反思，是对侦查权和审判权进行监督制约的产物，是人类司法文明进步的重大成果。我国台湾地区学者林钰雄指出，"创设检察官制度的主要目的，乃废除当时的纠问制度，确立诉讼上的权力分立原则"；[1] 将"检察官置于法官与警察两大山谷的谷间带，既制衡法官，又监督警察，具有双重控制的作用"[2]。检察官这一角色，通过监督侦查和制约审判，把住侦查出口与审判入口，守护法律的统一正确实施。现代公诉制度的发展，在坚持其创设初衷的同时又承担了人权保障的法治责任，成为现代司法的重要元素。在中国特色社会主义法治体系中，公诉体现出国家性与人民性的高度统一。

1. 保障国家统一行使刑罚权

刑事公诉是伴随着国家对犯罪社会危害性认识的深化和国

---

[1] 林钰雄：《检察官论》，法律出版社2008年版，第6页。
[2] 林钰雄：《检察官论》，法律出版社2008年版，第84页。

家权力强化的需要，由私人起诉发展而来的一种国家行使追诉权的起诉方式和诉讼制度。起初，基于朴素的报应观念，认为被害人本人才享有当然的起诉权利，可以启动诉讼程序，追诉犯罪。但随着犯罪形式的发展变化和对犯罪的认识不断深入，犯罪行为不再被认为是仅针对被害人的侵害，而被认为是对国家公共利益的侵害和对社会秩序的破坏，因此国家有必要、有责任以国家之名启动诉讼程序，这也是公诉制度的重要理论基础。而且犯罪形态的多样性、复杂性也决定了，私人启动刑事追诉受制于能力、精力、主观认识等方面的局限，难以完成权利的行使。

出于国家统治管理的需要，针对社会秩序被破坏而私诉权又无力救济的情形，由国家行使公诉权启动诉讼的制度应运而生。在现代社会，公诉已经基本垄断了刑事诉讼起诉方式，一些国家完全取消了自诉；另有一些国家虽然在法律上保留了自诉，但实际上自诉案件的数量已经很少，主要是作为公诉的补充而存在。在中国，公诉职能是检察机关的重要职能之一，是刑事诉讼中的主要起诉方式，它有利于保障刑罚权由国家统一行使。

2. 防止法官专断与控制警察恣意

检察官作为警察和法官之间的一种新的制度设置，是为了防止警察的恣意和法官的滥权，以检察官的监督制约功能实现司法公正。这一意义既可以从刑事司法体系的结构及关系法理来确认，又可以通过当初设立检察官制度的背景与初衷来判断。[1] "检察制度出现的主要目的之一，即在于透过诉讼分权

---

[1] 参见龙宗智：《检察官客观义务与司法伦理建设》，载《国家检察官学院学报》2015年第3期。

制衡模式,以法官与检察官彼此监督制约的方法,确保刑事司法权行使的客观性与正确性。"[1] 在封建纠问式诉讼下,由法官掌管追诉与审判职能,法官独揽权力,可任意启动司法程序,权力不受监督制约,导致秘密侦查与刑讯逼供盛行,严重影响司法公正。对司法公正的追求使人们反思刑事诉讼构造的弊端。伴随着西方权力制衡等启蒙思想的出现,纠问式诉讼逐渐退出历史舞台,法官的权力被分解为追诉(含侦查)与审判,分别由检察官和法官独立行使。由此,也催生了现代意义上的"控审分离"与"不告不理"原则,制约审判启动与限制审判范围,防止法官滥权。

除了防止法官专断外,控制警察恣意也是检察(公诉)制度创设的价值所在。"创设检察官制度的另外一项重要功能,在于以受严格法律训练及法律拘束的公正客观官署,控制警察活动的合法性,摆脱警察国家的梦魇。"[2] 在现代国家,随着社会治理精细化的发展,警察的权力十分广泛。基于专业化分工而产生的刑事侦查权,因涉及人身自由、私有财产、个人隐私等基本人权,是警察权力中最危险的一种。检察机关通过对侦查行为的监督、对侦查结果的审查、对侦查违法的调查等方式,监督警察在侦查活动中依法规范用权,防止警察恣意行使权力。在我国刑事诉讼中,检察官通过运用法定不起诉或证据不足不起诉,对无辜者进行法律宣告;通过运用相对不起诉或附条件不起诉,对微罪者予以司法宽容评价;通过排除非法证据,保障取证的合法性;通过对侦查活动的监督和引导,规范侦查权力运行,这些都起到了防止警察恣意的作用。因此,

---

[1] 许春金等:《刑事政策与刑事司法》,三民书局2011年版,第574页。
[2] 林钰雄:《检察官论》,法律出版社2008年版,第7页。

《中共中央关于全面推进依法治国若干重大问题的决定》(以下简称《全面推进依法治国决定》)要求,"健全公安机关、检察机关、审判机关、司法行政机关各司其职,侦查权、检察权、审判权、执行权相互配合、相互制约的体制机制"。

3. 惩治犯罪与保障人权

刑事诉讼本质上是国家为了实现刑罚权而进行的专门性活动。刑事公诉是国家权力在刑事诉讼中的一种具体体现。惩治犯罪是刑事公诉的基本目的,提起公诉是实现国家追诉权的基本方式。提起公诉是对侦查结果的法律态度,表明国家将行使追诉权对犯罪行为进行追究。公诉权在将国家意志融入刑事诉讼的同时,还肩负着监督侦查和制约审判的职能。并且,随着人权意识、程序意识的不断觉醒和深入人心,公诉权行使的目标逐渐从传统的注重打击犯罪转向惩治犯罪与保障人权并重。

惩治犯罪与保障人权是辩证的关系,惩治犯罪不能以侵犯人权的方式实现,否则不仅难以真正实现对犯罪的惩治,还将导致对法治的破坏;刑事诉讼中的人权保障并非为惩治犯罪设置障碍,而是在更高层次上实现惩治犯罪。保障人权不仅包括对犯罪嫌疑人、被告人的人权予以保障,还包括对被害人、证人等诉讼参与人的人权予以保障。在保障人权原则的要求下,检察官要摒弃"狂热追诉"的立场,不仅要依法有效追诉,还要依法不起诉或对有利于犯罪嫌疑人、被告人的情形予以高度关注和采取相应的法律行动。

4. 守护法律的统一正确实施

"设置检察官还有另一重要的法治国功能:守护法律,使客观的法意旨贯通整个刑事诉讼程序,而所谓的客观法意旨,除了追诉犯罪以外，更重要的是保障民权。"[1]"法律守护人"与"护法机关"的角色定位，要求检察机关在诉讼中要秉持客观公正立场，守护法律的统一正确实施。我国宪法确立了检察机关的法律监督地位，这是保障法律统一正确实施的制度设计，它构成了中国检察制度和司法制度的特色。

守护法律统一正确实施的职责，要求公诉人必须以合法有效的证据为指控基石，防止将非法证据带入审判环节。非法证据排除规则的确立，为检察官审查证据合法性提供了有力支持。审查证据合法性的意义在于，一方面通过遏制警察违法实现人权保障，另一方面通过有力支持公诉完成证明任务。检察官通过公诉活动，可以向世人昭示法律的不可违反性，以及维护法律尊严和权威的过程。

检察官对法律适用的把关，贯穿在侦查、审查起诉和审判的全过程。检察官主要通过"审查起诉""量刑建议"以及"抗诉"等具体职能对法律适用把关。检察官除对侦查机关提请批准逮捕和移送起诉案件的定罪是否准确进行把关外，还通过审查罪轻、罪重等犯罪情节，以提出量刑建议的方式为准确量刑提供参考意见。对于判决确有错误的，还可以通过抗诉的方式表达异议，通过审判监督职能完成法律适用的把关职责。《全面推进依法治国决定》指出"公正是法治的生命线"，要求"必须完善司法管理体制和司法权力运行机制，规范司法行为，加强对司法活动的监督，努力让人民群众在每一个司法案件中感受到公平正义"。检察机关严格而正确地履职包括开展公诉及在公诉中履行法律监督职能，是确保法律统一正确实施、实现公正司法的重要一环。

---

[1] 林钰雄：《检察官论》，法律出版社2008年版，第8页。

（二）刑事公诉制度的发展趋势

在全面推进依法治国的背景下，我国刑事诉讼制度发生了重大而深刻的变革。刑事公诉作为连接侦查与审判的承上启下环节，其作用的发挥直接影响着刑事诉讼的进程与质量。

刑事公诉制度在秉承传统制度价值与契合世界司法文明潮流的基础上，正在经历着深刻的变化，呈现出以下发展趋势：

1. 由起诉法定主义向起诉法定主义兼采起诉裁量主义转变

所谓起诉法定主义，是指"凡是具有犯罪的客观嫌疑，只要具备起诉条件，就必须提起公诉"。[1] 起诉法定主义强调维护法律的统一权威，要求对符合法定起诉条件的必须起诉，排斥检察官的自由裁量。随着刑法改革逐渐向"轻刑化""非刑罚化"方向发展，轻罪案件大量涌入，起诉法定主义过于机械和僵化的弊端逐渐凸显，起诉裁量主义应运而生。

起诉裁量主义也称起诉便宜主义，是指虽然具备犯罪嫌疑和起诉条件，但在不必要起诉时，由检察官裁量作出不起诉决定。[2] 其强调检察官在具体个案中拥有对是否起诉及如何起诉的酌定处置权，对不宜交付审判的可以决定不予起诉，这既有利于个别预防的实现，也为体现刑事政策提供了更大空间。

我国的刑事公诉制度正在经历由法定主义向兼采裁量主义的发展过程。在经历了1996年刑事诉讼法修改取消免予起诉权后，实践中检察机关对待相对不起诉的态度变得非常审慎，通常对不起诉设定了严格的审批程序。这种做法虽然避免了可能产生的不起诉滥用现象，但这种过于严格、机械的做法忽视了起诉裁量在案件分流、人权保障和庭审实质化方面的积极作

---

[1] 程味秋：《外国刑事诉讼法概论》，中国政法大学出版社1994年版，第188页。
[2] 参见［日］田口守一：《刑事诉讼法》，张凌、于秀峰译，中国政法大学出版社2010年版，第123页。

用，使大量轻罪案件进入普通审判程序，导致诉讼拖延、耗费司法资源，既无益于被告人回归社会，也不利于诉讼过程中的人权保障。因此，对起诉裁量权应当予以重新审视。《全面推进依法治国决定》提出要"完善刑事诉讼中认罪认罚从宽制度"。当下，以认罪认罚从宽制度为主的一系列分流诉讼程序的制度性改革正在推进，审查起诉环节的程序分流是各类审判程序得以开展的基础。改革要求检察机关对起诉裁量权要重新认识、科学运用，积极回应社会对司法效率的期许。一是在诉与不诉的裁量上，要依法适用新增的针对未成年人犯罪的附条件不起诉，逐步扩大相对不起诉范围，简化不起诉程序，转变限制约束不起诉的做法，依法运用不起诉方式分流案件，发挥起诉裁量的积极作用。二是在如何起诉的裁量上，要体现宽严相济刑事政策和个案具体情节的差异化，发挥自由裁量的能动性，准确提出量刑建议，推进诉讼制度改革。

2. 由注重追诉向履行客观公正义务转变

从检察官作为国家代理人的制度源起就注定其作为国家公权力的代表，不能将自己作为积极追诉的一方看待，而是应当承担维护国家司法公正的职责。因此，检察官必须抛弃偏见、客观公正。但我国在20世纪八九十年代，也是厉行法治的初期，诉讼观念以强调打击犯罪为主，忽视诉讼中的人权保障和程序正义，检察官往往成为打击犯罪的"急先锋"，片面追求打击犯罪、激情追诉，忽视了检察官的客观义务，导致很多冤假错案错过了阻断、纠正的机会。

聂树斌、呼格吉勒图等冤错案件就是忽视人权保障和程序正义的深刻教训。这其中，固然首先是因为侦查机关有罪推定、不依法行使侦查权，但也与公诉人履行客观公正义务不够、证据审查与法律适用把关不严有密不可分的关系。随着我国社会进步、司法文明的不断发展,法治理念逐渐深入人心。"尊重和保障人权"写入了宪法和刑事诉讼法,并成为刑事诉讼的重要目标;"疑罪从无""不得强迫自证其罪""非法证据排除"等法治原则、规则相应确立;诉讼制度向法治化方向完善。《全面推进依法治国决定》提出,要"健全落实罪刑法定、疑罪从无、非法证据排除等法律原则的法律制度。完善对限制人身自由司法措施和侦查手段的司法监督,加强对刑讯逼供和非法取证的源头预防,健全冤假错案有效防范、及时纠正机制"。在此法治语境下,国家和民众对公诉人的要求也逐渐恢复理性平和,由片面追诉向客观公正转变,如完善保障律师执业各项权利机制,完善听取辩方意见以及沟通协商机制,构建庭审理性对抗模式,强化审判监督促进依法公正裁判等。检察官客观义务本身是对检察官的一种单方面的限制和约束,在功能上迫使检察官抛弃单方面的控方(当事人)角色和意识,恪守客观中立的司法官立场履责行权,以充分保障被追诉方的利益。[1]

履行好客观义务,要求公诉人在审查起诉以及支持公诉中,要关注对被告人有利和不利的各种证据,依法排除非法证据;要克服单纯追诉心态,坚持理性平和、有理有据地开展指控。

3. 由注重实体正义向实体正义、程序正义与诉讼效益并重转变

由于社会进步程度和人的认识的局限性,追求实体公正在我国过往的较长时间里被认为是刑事诉讼的首要任务,甚至是

---

[1] 参见万毅:《检察官客观义务的解释与适用》,载《国家检察官学院学报》2015年第6期。

唯一任务。在"重实体、轻程序"的传统思维下，一味追求"实体真实"，导致忽视犯罪嫌疑人、被告人辩护权、妨碍律师依法执业等情况时有发生，"实体真实"反而难以实现。我国法治国家建设的进程就是不断深化法治内在认知的过程，随着程序意识、人权意识的觉醒，既往单一追求"实体真实"的认识逐渐向实体正义、程序正义以及诉讼效益并重转变。

程序正义保障了当事人的诉讼参与权、诉求表达权、诉讼程序与结果知情权以及诉讼权利不受非法侵犯，有利于增强人们对公诉程序的认同感，提高司法裁判的可接受度。在客观真实诉讼观向法律真实诉讼观的转型下，以确立非法证据排除规则、完善庭审结构、强化律师辩护权为标志的程序正义得到了重视。刑事公诉中也更加重视听取各方意见、强化证据合法性审查以及加强保障被告人诉讼权利等。此外，诉讼效益也得到了前所未有的关注。"面对着现代社会中权利救济大众化的要求的趋势，缺少成本意识的司法制度更容易产生功能不全的问题。"[1] 在保证公正的基础上，提高诉讼效率，优化司法资源配置，是当下司法改革的重要关注点。为提高诉讼效率，通过繁简分流，进一步扩大速裁程序和简易程序的适用范围，有效缩短诉讼周期。检察机关通过构建多种公诉模式和积极运用程序建议权，实现案件的繁简分流，对保证惩治犯罪的及时性与有效性是必要的、可行的。通过完善检察机关参与庭前会议制度保证庭审集中与庭审实质化，通过正确适用刑事和解以促进矛盾化解，都提升了刑事公诉的法律效果与社会效果。

4. 由定罪请求权向定罪请求权与量刑建议权并行转变

由定罪请求权向定罪请求权与量刑建议权并行转变，是近

---

[1] [日]棚濑孝雄：《纠纷的解决与审判制度》，王亚新译，中国政法大学出版社2004年版，第267页。

年来刑事公诉制度发生的新变化。在以往的刑事公诉中,公诉人只对被告人的定罪问题提出指控意见,只要法院认定了指控事实即完成了公诉任务,而少有对量刑问题的关注,即使指出从重或从轻的量刑情节,也较少关注法院如何量刑,法庭上更是鲜有对量刑专门展开辩论。而随着司法精细化和对被告人诉讼权利保障的要求,刑事公诉理论不断发展,"将公诉权明确区分为定罪请求权和量刑建议权两个独立的部分,从根本上改变了公诉权的结构",[1]是对刑事公诉权的完善。量刑程序形成了控、辩、审三方参与的诉讼构造。刑事公诉权在量刑建议上的延伸,完善了量刑程序的启动,使辩护方有机会就量刑充分发表意见,也规范了法官的量刑裁量权。"规范自由裁量权,将量刑纳入法庭审理程序"是深化司法体制改革的内容之一。[2]将量刑作为庭审的重要内容,使检察机关的"量刑建议"成为刑事公诉的组成部分,这应当被看作刑事公诉制度的新发展。

二、依法治国背景下的刑事公诉制度改革

随着全面依法治国的推进和展开,我国刑事司法中的人权保障、程序公正、证据规则、监督制约等成为社会关注的焦点,取得了高度的社会共识,是推进刑事法治的重要基础。依法治国背景下的各项刑事司法改革举措都与刑事公诉息息相

---

[1] 陈瑞华:《刑事诉讼的前沿问题》,中国人民大学出版社2011年版,第337页。
[2] 参见《最高人民法院关于印发〈人民法院第三个五年改革纲要(2009—2013)〉的通知》(法发〔2009〕14号),载司法业务文选编辑部:《司法业务文选》(2009年第27期),法律出版社2009年版,第25页。

关。正确理解和实践改革精神，才有利于依法治国的科学推进；及时妥善解决和处理改革中的问题，才有利于依法治国的全面确立。

为在更高层次上实现司法公正和司法效率的统一，改革进行了一系列的制度设计，如通过"繁案精审""简案快办"的方式，提高司法效率，把优质司法资源集中到处理复杂、疑难案件上来；围绕认罪认罚从宽制度改革，形成了速裁程序、简易程序、普通程序等多层次的案件审理体系；为保障快速审理程序的顺利运行，与之相配套的制度改革还包括量刑建议和庭前会议制度；基于各种快速办理程序以"认罪"为前提，庭审重点也呈现由"定罪"向"量刑"转化的趋势，提出量刑建议成为适用认罪认罚从宽制度的配套性机制；庭前会议通过完善庭前准备工作增强了庭审实质化的可能，弥补了我国以往对庭前程序重视不够的弊端；通过严格证据规则和完善诉讼构造来实现"繁案精审"，加大了公诉人证明证据合法性的责任等。

（一）庭前会议制度

1. 庭前会议制度的定位与实践状况

庭前会议制度，是指审判人员在开庭前召集公诉人、当事人和辩护人、诉讼代理人，对回避、出庭证人名单、非法证据排除等与审判相关的问题，了解情况，听取意见的制度。

以往我国由于缺少对庭前过滤、准备、分流的法律规定，导致庭审负担过重，庭审重点不清晰，出现了庭审拖沓甚至虚化的现象，影响了控辩质量和庭审效果。为了有利于确定庭审重点，提高庭审效率，保证庭审质量，[1] 2012年刑事诉讼法[2]

---

[1] 参见郎胜：《中华人民共和国刑事诉讼法释义》，法律出版社2012年版，第395页。
[2] 下文没有特殊说明时，刑事诉讼法均指2012年修改后的刑事诉讼法。

修改时增设庭前会议制度,"将庭前审查程序由封闭式的构造改造为三方参与的诉讼构造,将附属于审判的程序改造为相对独立的审判前程序",[1] 旨在承担起审前程序应有的功能。司法实践中,对案情重大、疑难、复杂的案件,特别是当事人、辩护人申请排除非法证据的案件,依法召开庭前会议,对庭审的顺利进行具有重要的意义。但从目前的情况看,庭前会议制度的实践效果尚不理想,主要是各方召开庭前会议的积极性不高。据统计,地市级以上检察院参加庭前会议的案件数量占其办理起诉案件的约2%。[2] 庭前会议适用率低,其原因在于:第一,庭前会议上法官已经作出决定或控辩双方已经达成合意的事项是否具有法律效力,缺乏明确规定。有的地方对庭前已经解决的问题,庭审时又允许重新审查,否定了庭前会议决定的效力,影响了适用庭前会议制度的积极性。第二,对庭前会议的功能定位缺乏清晰的认识。有的地方庭前会议被异化为"小庭审";有的地方对本该在庭审中解决的问题在庭前会议中进行过多调查,甚至对证据内容、证明力等详细质证,这种做法有损庭审功能的发挥。

2. 对庭前会议制度相关问题的思考

庭前会议制度旨在承担审前程序过滤、准备、分流等功能,在这样的定位下,其制度功能应包括:一是做好庭前准备,保障庭审能够集中连贯进行;二是整理案件争议点,明确庭审重点,保证庭审质量;三是进行程序繁简分流,确定个案的审理程序。为此,应重点解决以下问题:

---

[1] 汪建成:《刑事审判程序的重大变革及其展开》,载《法学家》2012年第3期。
[2] 据最高人民检察院案件管理办公室统计,2013年至2016年,全国地市级以上检察院召开庭前会议的案件数分别占其起诉数的2.07%、2.07%、2.01%、2.19%。

(1) 坚持庭审为主、庭前会议为辅原则

庭前会议审议的事项及其与庭审的界限，一直是各方关注的热点。有观点认为，庭前会议只能解决程序性问题；也有观点认为，除了法律规定的程序性问题外，还可以将申请变更强制措施、确认自首、立功情形、当事人达成和解协议等情况一并纳入庭前会议讨论范围。[1] 我们认为，实践中实体问题和程序问题往往相互交织，难以明确界分，应当从庭前会议的定位和制度功能出发，明确审议范围和审理程度。

其一，庭前会议应当以审议程序性异议为核心。庭前会议一般适用于普通程序审理的一审公诉案件，对于管辖、回避、非法证据排除、不公开审理、证人、鉴定人出庭事宜、延期审理、变更强制措施等单纯程序性事项，可以在庭前会议中审议；二审开庭审理的案件，法官也可以与控辩双方沟通后，根据情况召开庭前会议。

其二，庭前会议应当以明晰争点和证据能力为基本点。在庭前会议中，应当注重控、辩、审三方的沟通，充分交换意见，争取实现控辩双方证据双向开示。在庭前会议中，要厘清案件争点，将有争议的事实作为出庭公诉和庭审的重点。特别要关注辩护方提供的被告人无罪、罪轻的证据，这将有助于检察机关全面审查案件，适时调整公诉方案、量刑建议，甚至撤回起诉。要尽量确定证据能力，排除非法证据。对于辩方质疑其合法性的证据，检察机关应当履行证明责任，除需要侦查人员出庭作证或情况复杂需要在庭审中予以解决的以外，尽量在庭前会议中明确证据能力，确认证据合法或排除非法证据，以

---

[1] 相关观点参见魏晓娜：《庭前会议制度之功能"缺省"与"溢出"——以审判为中心的考察》，载《苏州大学学报（哲学社会科学版）》2016年第1期；卞建林、陈子楠：《庭前会议制度在司法实践中的问题及对策》，载《法律适用》2015年第10期。

保障庭审集中连贯进行。

其三，庭前会议不应深究与案件核心事实紧密相关的事实证据。庭前会议在梳理争点、开示证据时，控辩双方应只就对证据有无异议发表意见，而不进行质证，要防止将庭前对证据的听取意见变为对证据的实体审查。由于程序性事项和实体性事项存在交织的可能，在审议程序性事项时可能牵涉实体性事项，如需要证人出庭，需要对案件主要事实、证据进行核实，或对自首、立功等量刑情节有争议等，这些实体性事项应当在庭审时解决，以保证庭前会议的辅助性功能。

此外，庭前会议要兼顾程序分流。应当适用简易程序、速裁程序审理的案件，由于事实清楚、证据确实、充分，从诉讼效率出发，通常没有必要召开庭前会议。但对于适用普通程序审理的案件，如果在庭前会议中，被告人的态度发生变化，导致案件符合简易程序或速裁程序的适用条件的，可以进行程序分流。

（2）赋予庭前会议决定以法律效力

庭前会议中对审议事项能否作出决定、决定是否具有法律效力，在理论上认识比较一致，基本认可庭前会议就审议事项所作决定应当具有法律效力。但司法实践中，由于缺少明确依据，导致做法各异。我们认为，应当从规范层面推动庭前会议决定效力的实现，具体包括：

其一，对庭前会议中已经依法作出决定的管辖、回避、不公开审理等程序性事项，赋予其法律效力，在没有新的事实和证据的情况下，庭审中一般不得再次提出异议。

其二，对证据合法性提出异议，在庭前会议中确定为非法证据的，要坚决予以排除；对已确认合法的证据，在没有新的事实和证据的情况下，庭审时再次提出的，法庭不予审理，维持庭前决定的效力。对于能够在庭前会议中提出非法证据排除申请而不提出的，应当予以合理解释；对于故意进行"证据突袭"的，检察官可建议法庭对辩护人予以警告。

其三，庭前会议中基于当事人双方自愿和真实意思达成刑事和解的，和解协议具有法律约束力，没有新的事实和理由不得随意改变。

此外，还需要进一步细化庭前会议工作流程，规范庭前会议启动主体、参与人员、会议内容、决定的效力等问题，以及对无故不参加庭前会议的相关方给予一定的惩戒等。

（二）简易程序

1. 简易程序的制度背景与实践状况

广义上的简易程序是指包括与普通程序相对而言的所有快速办理程序。世界上许多国家都有各自的简易程序，如美国的辩诉交易、德国的处罚令程序、日本的即决裁判程序等，而且有的国家还不止一种刑事案件快速办理程序。[1] 相比较而言，我国针对轻微刑事案件或认罪案件的快速办理程序发展较为缓慢，与刑事案件的数量不相适应，造成了实践中大量简单案件积压、诉讼效率低下、司法资源浪费、当事人难脱讼累等弊端。因此，在依法治国与司法改革的背景下，通过法律或司法解释扩大简易程序适用范围、增设案件快速办理程序的意图非常明确。我国狭义上的简易程序是指根据刑事诉讼法第二百零八条的规定，适用于基层人民法院管辖的所有认罪案件的审判程序。

在司法实践中，对于简易程序的具体适用，很多地方作了积极探索，如有的地方推行了集中移送、集中审查、集中起

---

[1] 参见汪海燕、付奇艺：《刑事速裁程序的两种模式——兼论我国刑事速裁程序的构建》，载《安徽大学学报（哲学社会科学版）》2016 年第 5 期。

诉、集中开庭的"四集中"工作模式；有的地方建立了专人承办、专人出庭的工作机制；一些地方出台相关文件，通过规范讯问方式、出庭程序、庭审时间等，兼顾办案质量和效率。[1]但是，简易程序适用率总体偏低，没有像人们期待的那样承担起大量刑事案件的分流任务。据统计，2013年至2016年适用简易程序的案件数量分别为490021件、520555件、537995件、565683件，2016年全国适用简易程序案件占基层人民检察院起诉案件的54%，[2] 与人们普遍预期的高适用率有较大差距。我们认为，简易程序适用率不够高的原因，主要在于法律规定不够明确，现有做法并未真正使简易程序"简"下来，导致"简者不简"。

2. 对简易程序相关问题的思考

在现代社会，刑事案件大幅增长，犯罪轻刑化趋势凸显，诉讼效率已成为司法机关不得不重视的问题和必须采取相应举措解决的问题。司法改革中，很多改革举措都是围绕提高诉讼效率而设立的，检察人员要转变观念，不能固守传统的办案模式，而应对适用简易程序采取积极的态度，探索解决适用中的具体问题。

（1）全程简化简易程序

法律对简易程序庭审活动作了简化规定，但对审前程序及庭后程序如何简化并未作出规定。司法实践中存在"简者不简"现象，如适用简易程序的案件，庭外工作与普通程序相差不大，文书制作、案件审批仍然沿袭旧有做法。仅仅庭审程序的简化并不能大幅缩短办案期限，而简易程序的审限却比普通

---

[1] 如2013年江苏省苏州市中级人民法院、苏州市人民检察院、苏州市公安局、苏州市司法局会签了《关于规范适用简易程序审理的公诉案件的工作意见（试行）》。

[2] 数据来自最高人民检察院案件管理办公室。

程序缩短了很多，致使公诉人并不热衷于适用简易程序。对此，应针对性地简化简易程序各环节，将简易程序与普通程序真正区别开来。一是审批程序"放权"。能否适用简易程序，应由司法人员依法决定。二是法律文书"精简"。简易程序案件做庭前准备时，只制作必要的法律文书和工作文书，探索文书格式化、审查报告简易化，"三纲一书"[1]等适用于普通程序的文书可以省略。三是庭审程序有"侧重"。庭审中，公诉人可以只摘要宣读起诉书中的案件事实、罪名等重点内容；对控辩双方没有异议的事实、证据，可以不讯问，仅宣读证据目录；对需要讯问询问、示证质证的，应当突出重点，针对有争议的证据进行；法庭辩论应重点围绕有争议的问题，特别是量刑问题进行辩论。此外，对选择适用简易程序的被告人可以从宽处理，让"用者有利"，也能够促使被告人自愿选择简易程序等快速审理程序。

（2）探索办案模式集约化、科技化

司法实践中，部分地方探索了集中移送、集中审查、集中起诉、集中开庭的"四集中"办案模式，将办案流程集约化，节约了办案时间，但公、检、法三机关在机制层面对接配合尚不够健全。我们认为，应当加强各机关间的沟通协调，如检察机关可以商请侦查机关尽可能集中移送审查起诉、对接法院安排固定时间集中开庭审理，检察机关自身则应探索"简案专办"，由专门人员或办案组专门办理，调整现有办案方式与"四集中"不对接的问题。此外，有条件的地方还可以积极利用科技手段，探索远程视频提讯、出庭和送达等方式，甚至实

---

[1] "三纲一书"指控方的举证、质证、辩论提纲和公诉意见书。

现"三地四方"[1] 视频开庭方式。广东深圳市及所辖地区、东莞市、浙江杭州西湖区、福建福州苍山区[2]等不少地方已经实现了远程视频庭审,大大提升了诉讼效率。

(3) 加强检察监督

适用简易程序的案件不能因简化诉讼程序而降低案件质量,不能因缩短审理时限而放弃监督职责。刑事诉讼法之所以要求适用简易程序的案件公诉人必须出庭支持公诉,就是为了避免诉讼结构缺陷,防止出现监督盲点。公诉人要提高监督意识,注重监督量刑幅度是否超出合理范围以及简易程序向普通程序随意转化的情况,尤其是为了延长审理期限而不当转为普通程序的情况,保证案件审理的公平公正。

(三) 认罪认罚从宽制度

1. 认罪认罚从宽制度的背景与价值基础

为了提高诉讼效率,2014 年 6 月,经全国人大常委会授权,在 18 个城市开展了为期两年的刑事速裁程序试点工作。在试点基础上,2016 年 11 月 16 日,最高人民法院、最高人民检察院、公安部、国家安全部、司法部联合发布了《关于在部分地区开展刑事案件认罪认罚从宽制度试点工作的办法》(以下简称《认罪认罚试点办法》),确立了认罪认罚从宽制度。根据该制度,犯罪嫌疑人、被告人自愿如实供述自己的罪行,对指控的犯罪事实没有异议,同意量刑建议,签署具结书的,可

---

[1] 即"法院、检察院、看守所"三地,"法官、公诉人、被告人、辩护人"四方。
[2] 参见相关报道:《南山法院启用远程视频庭审系统促诉讼高效率》,载 http://www.chinacourt.org/article/detail/2013/04/id/948035.shtml;《东莞法院首用"远程视频"开庭审刑案》,载 http://news.163.com/16/1028/05/C4EK453H00014Q4P.html;《西湖区检察院首次对刑事速裁案件开展远程视频庭审支持公诉》,载 http://www.toutiao.com/i6239568457801 6629771;《福建福州仓山区:远程视频开庭提升办案效率》,载 http:///news.163.com/15/1025/101B6P/NVDR00014SEH.html。最后访问时间:2017 年 2 月 3 日。

以依法从宽处理。根据《认罪认罚试点办法》，全部刑事案件均可纳入认罪认罚从宽范围，有助于全面提升办案效率。

经过多次司法改革，我国目前形成了速裁程序、简易程序、普通程序等互相衔接、层次分明的多层次案件审理体系。对于可能判处3年有期徒刑以下刑罚的案件，可以适用速裁程序，最快可将案件审理时间缩短至10日以内;[1] 对于基层法院管辖的可能判处3年以上有期徒刑的案件，可以适用简易程序；对于其他认罪认罚案件，在适用普通程序审理时，可以适当简化庭审程序。

认罪认罚从宽的精神在我国刑事法律中早已存在，且被广泛运用于司法实践。如关于"坦白从宽"的刑事政策和刑法中关于"自首"的规定，刑事诉讼法中关于"刑事和解"的规定等。认罪认罚从宽制度是在以往经验基础上的具体化和系统化，以契合中国刑事司法实践需要和特点为基本导向，具有重要的制度价值。一是体现了现代司法的宽容精神。认罪认罚从宽体现了现代刑事司法宽容、平和、谦抑的理念，也是我国"坦白从宽""宽严相济"等刑事政策的具体化、制度化。二是推动了刑事案件繁简分流。面对刑事案件的快速增长和轻罪案件的高位运行，有区别、分层次的审理方式是司法科学化、精细化的体现，有利于优化司法资源配置，提高诉讼效率。三是促进被追诉人认罪服法和教育改造。通过"从宽"的司法承诺，有利于促使犯罪嫌疑人、被告人自愿认罪，主动配合司法机关查明犯罪事实、补充完善证据、及时结案，使被追诉人及时接受教育改造，有效减少因刑事追诉产生的冲突对抗。

---

[1]《认罪认罚试点办法》第十六条第二款规定，适用速裁程序审理案件，人民法院一般应当在10日内审结；对可能判处的有期徒刑超过一年的，可以延长至15日。

2. 对认罪认罚从宽制度相关问题的思考

认罪认罚从宽制度以宽容、谦抑、效率为主要宗旨，运行过程中容易忽视对公平公正的追求，因此要特别强调对法治原则的遵循。只要始终遵循法治原则，改革中出现的问题就不难找到正确的解决路径。

（1）对适用阶段的理解

根据《认罪认罚试点办法》，认罪认罚从宽制度原则上适用于审查起诉和审判阶段，在侦查阶段除有重大立功或涉及国家重大利益等两类特殊案件外，原则上不能适用。我们认为，侦查阶段原则上不适用该制度，不表明侦查程序中犯罪嫌疑人不能认罪认罚。从制度设计来讲，应当鼓励犯罪嫌疑人尽早认罪认罚，只是"从宽"的后果不宜体现在侦查阶段。因为侦查阶段的主要任务是依法全面收集固定证据、查明案件事实，若此时允许从宽，"可能导致侦查人员放弃法定查证职责，采取威胁、利诱等非法手段获取犯罪嫌疑人的口供，造成冤假错案"。[1] 同时，也不利于保障犯罪嫌疑人的诉讼权利。办案人员容易因为嫌疑人认罪而放松证据要求，降低证明标准，为案件后续办理埋下隐患。对侦查阶段认罪认罚的，从宽后果应当在审查起诉阶段或者审判阶段予以体现。审查起诉阶段是适用认罪认罚从宽的主要阶段，但不排除审判阶段的适用。有的观点认为，有的被告人在庭审终结前认罪认罚是根据庭审情况作出的不得已的选择，无法体现其悔罪诚意，也没有节约司法资源，不宜对其从宽。这种观点虽有一定道理，但不排除被告人在庭审中认识加深而改变态度的情况。从司法宽容精神出发，只要一审法庭辩论终结前或适用简易程序判决前，征得法

---

[1] 陈卫东：《认罪认罚从宽制度研究》，载《中国法学》2016年第2期。

院同意，对于上述情形应当允许适用认罪认罚从宽制度，这样也可以减少上诉的发生。但是，对审判阶段的从宽和审查起诉阶段的从宽应有一定区别。英国在被告人认罪制度中的做法可以给我们提供一些借鉴和思路。英国实行量刑"逐级折扣"优惠，被告人在不同阶段认罪，将获得不同的量刑折扣，越早认罪折扣幅度越高。[1]

（2）对"认罪""认罚"与"从宽"的认识

一是"认罪"应当具有实质性，即自愿如实供述自己的罪行或对指控的事实无异议，仅有认罪表示不能认为是认罪。有的观点认为，"认罪"需认同指控的具体罪名。我们认为，对"认罪"的要求不宜太严格，"概括认罪"即可。对于指控的主要犯罪事实予以认可，仅对个别细节提出异议的，或对犯罪行为的法律性质存在不同意见的，不影响"认罪"的成立。

二是在"认罚"的问题上，我们认为，在审查起诉阶段，"认罚"是指犯罪嫌疑人对检察机关建议判处的刑罚种类、幅度及刑罚执行方式没有异议，同意量刑建议、签署具结书的行为。而在侦查阶段，由于侦查机关不能提出从宽意见，因此不存在认罚的基础。"认罚"要体现出悔罪态度和悔罪表现，对于只认罪不认罚，或者表面"认罚"，背地里却串供、毁灭证据或者隐匿、转移财产，不赔偿损失的，则不能认为是认罚。对于犯罪嫌疑人不同意适用速裁程序、简易程序的，是其对程序选择权的行使，不影响对"认罚"的认定。

三是"从宽"应当体现在实体从宽和程序从简两方面。实体从宽指实体上的从轻处理，包括对被告人提出从宽处罚的量刑建议；程序从简包括适用人身自由限制程度较轻的强制措施

---

[1] 参见郑曦：《英国被告人认罪制度研究》，载《比较法研究》2016年第4期。

和优先适用从简从速的诉讼程序。

四是要宽严有度、依法从宽。司法机关在裁量是否从宽、如何从宽时，应当依法进行，并且考虑从宽的社会效果和个案公正；在体现从宽政策的同时，也要避免一味从宽，特别是对犯罪性质恶劣、犯罪手段残忍、危害后果严重的犯罪分子，认罪认罚不足以从宽的，则不能从宽，防止突破法律和政策底线。

（3）对证明标准的理解

有观点认为，认罪认罚从宽案件的证明标准可以有所降低，否则达不到提高诉讼效率的目的。[1] 我们认为，认罪认罚从宽案件的证明标准不能降低。近年来暴露出的一些冤假错案，没有把握好证明标准是发生这些冤错案件的主要原因之一。在这种情况下，如果允许对事实证据存在疑问的案件适用认罪认罚从宽从而适用较低的证明标准，无疑是认可了"疑罪从轻"的错误做法，可能导致侦查人员采取威胁、利诱等方式获取口供，后果将不堪设想。

"认罪认罚归根结底是被告人的认罪态度问题，其并不能动摇对于案件事实清楚，证据确实、充分的证明标准。"[2] 因此，我国刑事诉讼法规定的"案件事实清楚，证据确实、充分"的证明标准不能降低，认罪认罚案件同样要坚持这一标准。当然，这"并不意味着一些次要的事实、情节都要达到此

---

[1] 参见张相军、顾永忠、陈瑞华：《检察环节认罪认罚从宽制度的适用与程序完善》，载《人民检察》2016年第9期。

[2] 樊崇义、李思远：《认罪认罚从宽程序中的三个问题》，载《人民检察》2016年第8期。

种程度",[1] 在证据规则的具体运用上,可作适当调整[2]。

(4) 关于诉讼中的权利保障

一是保障犯罪嫌疑人、被告人合法权益和律师辩护权的行使。适用认罪认罚从宽制度,被追诉人享有程序选择权,但他们大多缺乏诉讼经验和法律知识,为保障其准确理解程序内容和适用后果,防止其为了尽早"解脱"而被迫认罪现象的发生,应当保障辩护律师的参与。辩护律师的参与,对于保障认罪认罚的自愿性、真实性,推动认罪认罚从宽制度公平公正落实具有不可替代的作用。因此,司法机关应尊重和保障律师执业权利的实现,认真听取律师关于量刑和程序适用的意见;适当提高值班律师[3]的待遇,探索值班律师的设置及职能作用;赋予值班律师通过适当方式行使阅卷、会见的权利,使犯罪嫌疑人、被告人获得更全面有效的法律帮助。

二是对被害人的权利保障要予以充分的关注。在适用认罪认罚从宽制度的过程中,不能将被害人置于事外,要防止为了加快诉讼进程而忽视被害人的权益保障,使其遭受二次伤害,而应充分听取被害方的意见,并将当事人双方是否达成和解作为从宽量刑建议的重要因素。在认罪认罚案件中,未能与被害方达成谅解的和已达成谅解的在从宽幅度方面应当体现差别。当然,也要防止被害方"漫天要价"的情况,对于确因犯罪嫌疑

---

[1] 陈光中、马康:《认罪认罚从宽制度若干重要问题探讨》,载《法学》2016年第8期。

[2] 参见陈瑞华:《认罪认罚从宽制度的若干争议问题》,载《中国法学》2017年第1期。

[3] 最高人民法院、最高人民检察院、公安部、司法部印发《关于在部分地区开展刑事案件速裁程序试点工作的办法》(法发〔2014〕220号)第四条规定:建立法律援助值班律师制度,法律援助机构在人民法院、看守所派驻法律援助值班律师。犯罪嫌疑人、被告人申请提供法律援助的,应当为其指派法律援助值班律师。

人、被告人无赔偿能力而未能达成和解的，不影响从宽的适用。

三是加强对认罪认罚案件办理的监督制约。对社会上担心的认罪认罚从宽制度可能带来的打击不力、冤错案件增加，特别是"权权交易""权钱交易"等司法腐败问题，要高度重视和警惕。一方面要严格落实办案责任制，细化权力清单、责任清单、审批流程和责任追究，实行内部制约和主动接受外部监督，公开办理过程和相关法律文书，"以公开促公正"；另一方面要加强对认罪认罚案件侦查和审判活动的法律监督，坚决排除非法证据，防止刑讯逼供等非法取证行为，对于裁判确有错误的，检察机关要及时提出纠正意见或者抗诉。[1]

（5）逐步扩大刑事和解范围

立法机关在将刑事和解引入法律之初，为防止以罚代刑和放纵犯罪，将刑事和解的适用范围限定于轻刑案件。[2] 有观点认为，法律规定的适用范围过于谨慎，和解的制度优势没有得到充分发挥，应考虑对重罪案件也适用和解。[3] 在刑事和解制度初建之时，出于对其中蕴含的高风险的考虑，持有审慎态度是正确的，但在制度发展过程中，我们发现，对于双方有和解愿望或已经自行达成和解的重罪案件，在没有违背社会公平的情况下，司法机关一概否定双方的和解合意和已平复的社会关系是值得商榷的。司法实践中，重罪案件甚至死刑案件将民事

---

[1] 参见孙谦：《关于检察机关开展"刑事案件认罪认罚从宽制度"试点工作的几个问题》，载《刑事司法指南》（2016年第4集），法律出版社2016年版，第11页。

[2] 即刑事诉讼法第二百七十七条规定的，民间纠纷引发，故意犯罪涉嫌刑法第四章、第五章罪名可能判处3年有期徒刑以下刑罚的案件；过失犯罪可能判处7年有期徒刑以下刑罚的案件。

[3] 例如参见陈光中：《刑事和解是否适用于死刑案件之我见》，载《人民法院报》2010年8月4日第6版；龙宗智：《刑事和解实证研究观点撷录》，载《国家检察官学院学报》2009年第2期；谢佑平、姚石京、刘晖：《刑事和解尚需厘清的八个问题》，载《人民检察》2013年第13期。

赔偿谅解作为从轻量刑情节的情况并不鲜见。"通过对中国裁判文书网上公开的统计发现，2014年故意杀人案因存在赔偿谅解情节而未判处死刑立即执行的有52件，已非个别现象。"[1]刑事和解在鼓励认罪、促进矛盾化解、关注诉讼当事人双方利益等内在价值上与认罪认罚从宽制度是一致的，其条件比认罪认罚从宽的要求更高，不仅要求被告人认罪认罚，还要求对被害方予以赔偿并获得谅解。认罪认罚从宽制度适用于所有刑事案件，可以认为是将刑事和解扩大至所有案件的制度依据。因此，可在试点范围内探索对于重罪案件甚至死刑案件，基于赔偿谅解情节，谨慎地予以从轻处理。当然，在推动刑事和解扩大适用时，要注意把握好罪行与赔偿幅度的平衡，把握好罪行与从宽幅度的平衡，把握好保护被害人权益与维护社会公平正义的平衡，谨慎平稳地推动刑事和解在认罪认罚从宽制度框架下发展。

（四）速裁程序

1. 速裁程序的定位与实践状况

2012年至2014年，全国法院判处拘役以下刑罚的人数占全部生效判决人数的40%以上，判处3年有期徒刑以下刑罚的人数占全部生效判决人数的80%左右。[2]在轻罪案件占绝大多数的情况下，以效率为导向的、针对轻刑案件的、"简上加简"的刑事速裁程序应运而生。速裁程序专门针对"事实清楚，证据确实、充分"、被告人认罪认罚、适用法律和诉讼程序无争议的轻刑案件，是简化诉讼流程、缩短办案期限的一种案件快速办理程序。"刑事速裁程序是一种在公正基础上以效

---

[1] 刘辰：《死刑案件刑事和解之法理分析与合理限度》，载《四川大学学报（哲学社会科学版）》2016年第2期。

[2] 参见赵恒：《刑事速裁程序试点实证研究》，载《中国刑事法杂志》2016年第2期。

率为主要价值取向的程序模式,这也是其区别于刑事普通程序与简易程序的独特属性。"[1] 2014年,全国人大常委会《关于授权最高人民法院、最高人民检察院在部分地区开展刑事案件速裁程序试点工作的决定》,授权北京、天津等18个城市对可能判处1年有期徒刑以下刑罚的案件试点适用速裁程序。试点两年后,又在"认罪认罚试点办法"中将速裁程序纳入认罪认罚从宽制度中整体推进,适用范围扩大至可能判处3年有期徒刑以下刑罚的各类案件,以便进一步提高司法效率。

在速裁程序试点的两年中,各地提起公诉的速裁案件56420件58500人,法院适用速裁程序审结52540件54572人,占试点法院同期判处1年有期徒刑以下刑罚案件的35.88%,占同期全部刑事案件的18.48%。全部速裁案件被告人上诉率为2.01%,检察机关抗诉率仅为0.01%,附带民事诉讼原告人上诉率为零,上诉率、抗诉率之和比简易程序案件低2.83个百分点,比全部刑事案件低9.52个百分点。速裁程序的成效主要体现在:

一是简化了诉讼程序,提高了诉讼效率,推进了繁简分流。各地普遍对速裁案件区别对待,大幅缩短了办案期限,审查起诉周期由过去的平均20日缩短至5日左右;法院10日内审结的占92.35%,比简易程序案件高65.04个百分点;当庭宣判率达96.05%,比简易程序案件高41.22个百分点。

二是体现了从宽精神,对认罪认罚的被追诉人减少了审前羁押,适用非监禁刑的比例明显上升,速裁程序案件中适用非

---

[1] 汪建成:《以效率为价值导向的刑事速裁程序论纲》,载《政法论坛》2016年第1期。

监禁刑的占42.31%，比简易程序案件高13.38个百分点。[1]

三是当事人服判息诉、矛盾化解效果明显。速裁程序判决认可度高，上诉、抗诉情况极少。但是，速裁程序在运行和构建上还存在一些争议，需要研究探讨。

2. 对速裁程序相关问题的思考

（1）速裁程序的价值取向

有观点认为，刑事速裁程序的价值取向在于提高诉讼效率，因此主张速裁程序应当适用一审终审的审级构建。[2] 也有观点认为，可借鉴国外有限上诉权的做法，在速裁案件上诉程序中设置过滤审查机制，只有在被告人替人顶罪、非自愿等情况下作出有罪供述的，被告人才具有上诉权。我们认为，虽然速裁程序的突出价值在于提高效率，但速裁程序的效率应是公正基础上的效率。在追求程序效率的同时，不能放松对公正的要求，否则这项改革将是失败的。"正义是社会制度的首要德性，正像真理是思想体系的首要德性一样。法律和制度，不管它们如何有效率和安排有序，只要它们不正义，就必须加以改造或废除。"[3] 基于此，我们认为，应当遵守我国两审终审的审级原则，不应剥夺被告人的上诉权。但鉴于被告人已认罪认罚，速裁程序的二审审理方式可以与其他上诉案件有所区别，如可以不开庭审理等。为提高诉讼效率，也有观点认为速裁程序没有开庭审理的必要，可借鉴德国的处罚令程序，进行书面

---

[1] 本自然段中的数据主要参见最高人民检察院新闻办公室：《图说检察2016》，中国检察出版社2017年版，第97页以下。

[2] 汪建成：《以效率为价值导向的刑事速裁程序论纲》，载《政法论坛》2016年第1期。

[3] [美]约翰·罗尔斯：《正义论》，何怀宏等译，中国社会科学出版社2009年版，第3页。

审理，公诉人也无须出庭。[1] 我们认为，公诉人出庭支持公诉是控、辩、审诉讼构造的基本要求，突破诉讼构造将打破兼听则明、相互制约的格局，最终导致司法公正受损。德国的处罚令程序判处的往往是罚金等财产刑，几乎没有自由刑，和我国速裁程序的适用范围差异很大。[2] 速裁程序在诉讼程序上已经十分简化，若不开庭审理，将难以准确判断被告人是否自愿认罪，认罪的真实性难以查清，产生错案的风险将明显增大。提高诉讼效率可以从科技手段入手，如很多地方为提高速裁程序效率而探索的视频开庭方式，效果良好，可以借鉴。

（2）消除制约诉讼效率的内外部因素

从外部环节来看，案件在侦查阶段耗时较长，移送审查起诉较分散，提出适用速裁程序建议的比例较低。有的庭前社会调查评估工作因犯罪嫌疑人户籍地、居住地不在本地，出现不同程度的拖延。从内部环节来看，一些原有的内部审批流程制约了速裁程序的效率。如检察机关对审查报告、起诉书、量刑建议的报批程序，审判机关对裁判文书的报批程序等。对此，我们认为，一方面要加强办案机关之间的沟通协调，构建集约化案件审理、调查机制；另一方面要通过司法责任制改革等理顺内部关系，解决办案机关内部审批程序烦琐等问题。此外，还可以探索通过大数据等科技手段，为社会调查评估工作构建数据化评估平台。

（五）量刑建议制度

1. 量刑建议制度的背景与实践状况

量刑建议指检察机关在刑事诉讼中，根据被告人的犯罪事

---

[1] 参见林喜芬、何斐明：《我国刑事速裁程序：角色定位与改革前瞻》，载《思想战线》2016年第4期。

[2] 参见刘哲：《刑事处罚令程序的比较与借鉴》，载《人民司法》2012年第11期。

实、性质、情节、主观恶性以及社会危害程度等因素，向审判机关就被告人应判处的刑罚提出建议的活动。为了适当约束量刑自由裁量权，赋予被告人在量刑上的辩护权，促进量刑公开公正，量刑建议制度应运而生。量刑建议是源于公诉权的一种司法请求权。"量刑建议与定罪申请一起，应当成为公诉权的有机组成部分。"[1] 早在20世纪末，我国检察机关就开始探索量刑建议，随后在最高人民检察院的推动下，部分地区开展了量刑建议试点，并逐步在全国推行。2010年2月，最高人民检察院出台《人民检察院开展量刑建议工作的指导意见（试行）》，2010年9月，最高人民法院、最高人民检察院、公安部、国家安全部、司法部发布《关于规范量刑程序若干问题的意见（试行）》，确立了检察机关量刑建议制度。刑事诉讼法增加了对量刑开展庭审辩论的规定后，量刑建议在量刑规范化改革的推动下得到整体推进。

从近年的司法实践看，检察机关在依法提出量刑建议与尊重量刑裁判相结合原则指导下，所提量刑建议采纳率达到90%以上。开展量刑建议案件的上诉率、抗诉率以及二审改判、发回重审率普遍下降，取得了良好的司法效果。[2] 但与此同时，量刑建议工作也存在着一些值得研究和厘清的问题，如量刑建议的适用范围、量刑建议的提出形式与提出时间、如何提高量刑建议精准度、大数据在量刑建议中的科学应用等。

---

[1] 陈瑞华：《刑事诉讼的前沿问题》，中国人民大学出版社2011年版，第314页。
[2] 参见赵阳：《福建93个中基层法院全部试行量刑规范化 量刑建议逾九成被法院采纳》，载《法制日报》2011年8月17日第5版；刘宜俭：《98%量刑建议被采纳》，载《检察日报》2012年6月13日第10版；欧阳晶、胡文星、罗春强：《量刑建议采纳率高达96.3%》，载《检察日报》2013年12月22日第2版。

2. 对量刑建议制度相关问题的思考

（1）量刑建议的范围

在量刑建议的适用范围上，有观点认为，对适用普通程序以及普通程序简化审的案件，可以充分行使量刑建议权。对适用简易程序的案件，可以暂时不提量刑建议。[1] 还有观点认为，量刑建议作为新生事物，适用范围应重点放在被告人认罪案件、未成年人犯罪案件和无受害人案件方面。[2] 我们认为，量刑建议权是公诉权的组成部分，其有利于规范量刑裁量权、保障辩护方量刑答辩权、促进审判公正，而且"建议"的性质与"决定"有质的差别，并没有妨碍法院的量刑决定权。因此，不论案情是否复杂、适用法律是否存在争议，也不论适用何种诉讼程序，以及拟适用的刑罚轻重，均可提出量刑建议。在当前认罪认罚从宽制度改革中，量刑建议是适用认罪认罚从宽的前置条件，其重要性更为凸显。

（2）量刑建议的类型

量刑建议可分为三种：一是概括的量刑建议，即仅向法庭提出从重、从轻或减轻处罚等原则性建议；二是相对确定的量刑建议，即向法庭提出相对较小幅度的量刑建议；三是绝对确定的量刑建议，即向法庭提出不存在幅度的具体刑罚。[3] 量刑建议的提出应以对法院提供科学量刑参考和进行合理量刑约束，便于辩护方有针对性地开展量刑辩护为目的。

概括的量刑建议范围过宽，起不到建议应有的作用，一般

---

[1] 参见王顺安、徐明明：《检察机关量刑建议权及其操作》，载《法学杂志》2004年第5期。

[2] 参见江苏省镇江市润州区人民检察院：《适用量刑建议值得注意的几个问题》，载《江苏法制报》2005年2月21日第3版。

[3] 参见王军、吕卫华：《关于量刑建议的若干问题》，载《国家检察官学院学报》2009年第5期。

情况下不值得提倡。相对确定的量刑建议,既有相对明确的建议范围,又为法官行使裁量权留有足够的空间,具有较强的合理性,可以作为量刑建议的主要方式。绝对确定的量刑建议一般用于附加刑、死刑(死缓)、无期徒刑等不存在幅度的法定刑,对于财产刑也宜提出确定的数额。量刑建议类型的选择要根据案件具体情况确定,不能一概而论。在当前认罪认罚从宽制度改革中,以相对明确的量刑建议征求犯罪嫌疑人的意见更具有实际意义,[1] 辩护方也更具有辩护依据和动力。因此,应尽量提出相对确定、范围相对明确的量刑建议。但也要防止走向另一个极端,量刑建议也并非越具体越好。一味追求过于具体的量刑建议会不当限缩法官的裁量空间。若量刑建议常被判决改变,则不利于当事人服判息诉。因此,提高量刑建议的精准度和科学性是检察机关面临的重大课题。

(3) 量刑建议的提出形式和时间

量刑建议的提出形式,实践中主要有两种:或在起诉书中提出,或单独以"量刑建议书"的形式提出。关于量刑建议的提出时间,有法庭调查之后、法庭辩论之初提出和审查起诉结束后提起公诉时提出等观点。[2] 实践表明,量刑建议的提出形式和时间应当区分案件类型具体把握,特别是在认罪认罚案件中,对量刑建议有更具体的需求,因此不宜完全统一。对于适用认罪认罚从宽的案件,需要在审查起诉阶段就量刑建议询问犯罪嫌疑人是否同意,签署具结书。量刑建议是"认罚"的前提,且已然形成并得到犯罪嫌疑人确认,自然可以在起诉书中

---

[1] 参见孙谦:《关于检察机关开展"刑事案件认罪认罚从宽制度"试点工作的几个问题》,载《刑事司法指南》(2016年第4集),法律出版社2016年版,第7页。

[2] 参见张国轩:《检察机关量刑建议问题研究》,中国人民公安大学出版社2010年版,第277页以下。

予以体现。对于其他案件,量刑建议则可以在法庭辩论时以公诉意见的形式提出。而在法庭辩论阶段提出,则便于公诉人根据庭审情况及时全面地把握量刑事实、情节、认罪态度等变化,从而能适时调整建议内容,提高量刑建议的科学性。

(4) 提高量刑建议的精准性

检察机关能否提出量刑建议的问题,随着刑事诉讼法修改和认罪认罚从宽制度的确立,不再有争议。现在面临的主要问题是检察机关如何提高量刑建议的精准度和科学性。量刑建议只有提得精准才能发挥出自身价值,只有提得科学才能树立"建议"的权威。一方面,可以探索大数据技术在量刑建议中的应用。如贵州等地探索的大数据量刑分析参考技术,通过对录入计算机的大量案件信息数据进行类案分析、比对,进行量刑提示和量刑偏离度分析,运用互联网思维提高量刑建议的准确性,解决案件量刑不均衡问题。[1] 另一方面,量刑规则和量刑指导意见是开展量刑建议的重要参考,对提高量刑建议的准确性起着重要作用。检察机关和人民法院应共同研究大数据背景下的量刑规则和量刑指导意见,为规范、准确量刑提供依据。

三、牢固树立正确的刑事公诉理念

习近平总书记指出:"天下之事,不难于立法,而难于法

---

[1] 2016年8月,贵州省检察机关对近两年14100件故意伤害案件进行大数据分析,发现2395件案件存在量刑偏离,参见李波:《大数据新技术破解老难题》,载《检察日报》2016年10月31日第7版。

之必行。"[1] 法律的有效施行依靠人,而人的行为方式靠理念。正确的理念是法律良好运行之基础。没有正确的理念,好的法律也会被曲意执行,而在正确的理念下,可以完善矫正法律的不足,可以充分彰显法律的内在精神与价值。"理念,不只是口号,需要变成自己内心深处的真实想法才有用。"[2] 崇尚维护法治、尊重保障人权、理性平和司法、加强监督制约是建设法治国家不可或缺的基本理念,关系到各项公诉制度改革能否正确实施,以及全面依法治国能否顺利实现。因此,公诉理念是检察官首先应该关注和树立的。

(一) 崇尚维护法治

党的十八大提出,"法治是治国理政的基本方式";《全面推进依法治国决定》提出要"运用法治思维和法治方式深化改革、推动发展、化解矛盾、维护稳定",明确了"法治思维和法治方式"在治国理政中的地位。法治与人治,就像民主与专制一样,是相反的两个概念。马克思曾深刻指出,在民主的国家,法律就是国王;在专制的国家,国王就是法律。[3] 法治是现代国家能够长治久安、不断发展的内在需求和前提条件。在我国当前社会经济高速发展、社会结构转型升级、人民需求期待不断提高的情况下,法治是必然的选择和基本的保障。中国有着漫长的封建社会,法治传统薄弱,人治观念深厚,在新中国初步奠定了法治基础后,又遭受了十年浩劫的严重破坏,法

---

[1] 中共中央文献研究室编:《十八大以来重要文献选编》(上),中央文献出版社2014年版,第717页。

[2] 张明楷:《网络时代的刑法理念——以刑法的谦抑性为中心》,载《人民检察》2014年第9期。

[3] 参见《马克思恩格斯文集》(第9卷),人民出版社2009年版,第224页。原文是"资本盈利凌驾于竞争之上,就像普鲁士国王当年凌驾于法律之上一样",后来被演绎发挥成了此说法。

治发展历程充满艰辛。直至宪法将"依法治国"确立为治国基本方略，法治才逐步成为社会共识。因此，我国法治理念的树立与维护仍任重道远。

在全面推进依法治国的司法改革进程中，诸多改革制度都与公诉工作密不可分。检察官要积极关注、支持和参与改革，在充分遵循司法规律的基础上，运用法治思维和法治方式履行公诉职责，推进公诉制度改革。要坚持证据裁判和证明标准，办理案件要证据先行，内心怀疑不能取代证据证明，达不到证明标准的要敢于不诉，摒弃"疑罪从轻"的做法。要坚持程序公正与人权保障，坚决排除非法证据，监督、引导侦查活动规范运行。检察必须在法律规定的范围和程序内，科学、规范地用好起诉裁量权，杜绝权力滥用。要以法治思维来解决改革中涌现的难题。比如，在认罪认罚从宽制度改革中，对能否因认罪认罚而降低证明标准的疑问，只要坚持证据裁判和证明标准的法治思维，就不难得出答案；而对认罪认罚后的"从宽"是否可在法定刑幅度之下"从宽"的困惑，只要坚持罪刑法定、程序法定的法治思维，就可得到合理解决。一系列司法改革中的新问题，都需要运用法治思维来解决。

（二）尊重保障人权

尊重保障人权是现代刑事司法的核心理念。人权的历史并不久远，两次世界大战带来的战争灾难引起了人们对人权的关注和重视。英国的米尔恩指出，人权是维护人类赖以存在的、普遍的，包括生命权、自由权在内的最低限度的权利。[1] 在我国，人权概念从最初的避于提及到被正式认可，再到如今被确

---

[1] 参见［英］A. J. M. 米尔恩：《人权哲学》，王先恒等译，东方出版社1991年版，第8页以下、第233页以下。

立为宪法原则和刑事诉讼法的基本任务,走过了一条艰辛但平稳发展的道路。之所以刑事司法领域要更加关注尊重保障人权,是因为以国家暴力为后盾的刑事司法更容易侵犯人权。在强大的国家追诉之下,个人的自我防卫能力很薄弱,也因此很容易产生冤假错案。我国自2012年以来纠正的重大冤假错案就有几十起,这些冤错案件中绝大多数都存在刑讯逼供的问题,如聂树斌案、于英生案、陈满案等。[1] 如果公诉环节检察官有牢固的人权保障意识,也许很多错案就能够被及早阻止。

检察官在履行公诉职责时,要时刻牢记客观公正的立场、法律守护人的职责,将尊重保障人权视为自己的神圣使命。程序公正是实体公正的重要保证,也是人权保障的重要内容,检察官要注重监督诉讼活动中违反正当程序的行为。除了防止刑讯逼供等人权保障的基本要求外,在全面依法治国背景下,认罪认罚从宽、速裁程序、简易程序等制度安排保障被告人快速接受审判,减少讼累,也体现了对人权的保障。以宽容、谦抑为导向的刑事司法改革容易使人忽视对犯罪嫌疑人、被告人辩护权的保障,因此,检察官要更加关注保障律师执业权利的充分行使,强化侦查监督和审判监督,将人权保障向纵深化、细微处延伸。

(三) 理性平和司法

理性、平和是一种司法境界。理性,是指正常思维下理智、客观、符合逻辑的思维活动;平和,乃不偏激、平正谐和、调和之意。[2] 检察官必须保持理性、平和,否则将难以履行实现司法公平正义的职责。

---

[1] 参见鲜铁可、高锋志:《刑事申诉检察视角下强化错案防范的若干思考》,载《刑事申诉检察工作指导》(2016年第2辑),中国检察出版社2016年版,第70页以下。

[2] 参见《汉语大词典》(缩印本),汉语大词典出版社1997年版,第1132页。

客观公正是刑事公诉的基本要求，理性平和是实现客观公正的保障。只有理性、平和的司法观才有助于公诉人排除干扰、坚持客观公正的立场。若公诉人持"狂热追诉"的非理性、不平和心态，在这种情绪下，将对侵犯人权、破坏程序不以为然，甚至对无罪证据视而不见，很难想象在此种情况下可以实现司法公正。价值衡平是刑事公诉的价值基础，理性平和又是价值衡平的前提。刑事公诉对诉讼价值的追求是多元的，要将实体正义、程序正义、诉讼效率、诉讼效果同时兼顾，不能偏废。要实现价值衡平，需要理性平和的司法理念支撑。如速裁程序中，保持理性就能避免只顾"摆平"效率、不顾正义而降低证明标准；刑事和解时，保持理性就能避免只顾效果、一味迁就当事人双方要求而罔顾法律底线；面对真实但由刑讯取得的供述时，保持平和的心态，才能在实体真实与程序正义之间不受冲动追诉的驱使，坚持排除非法证据。

宽容谦抑是刑事公诉的发展方向，理性平和是宽容谦抑的实现路径。在刑事司法改革中，要做到准确适用审理程序、准确进行"从宽"处理，在公诉环节就要做到对公诉裁量权的准确把握与科学运用，包括对相对不起诉的运用、对量刑建议的提出、对程序分流的把握等。要做到科学运用公诉裁量权，就需要以理性平和的司法理念为指导，对权力行使进行内在约束和自我克制。

"平和的司法境界，离不开司法思维方式的养成。"[1] 检察官要注重培养缜密的逻辑思维、冷静客观的处事态度、完善健康的人格，加强对自身情感因素和消极情绪的控制。检察官在准确理性地适用法律的同时，既不能机械司法、简单办案，

---

[1] 孙谦：《论检察》，中国检察出版社2013年版，第453页。

还要注重体会社会冷暖、人情世故，结合实际，为社会输出公平正义。

（四）加强监督制约

习近平总书记强调："权力不论大小，只要不受制约和监督，都可能被滥用。"[1] 依法治国的核心，是加强对公权力的监督制约和对私权利的有效保障。检察机关从创制之初就肩负着监督侦查和制约审判的职责，我国检察机关是宪法确立的法律监督机关，在保障国家法律统一正确实施方面更是责无旁贷。刑事公诉处在连接侦查和审判的特殊位置，发挥着无可替代的双重控制作用。在全面依法治国的背景下，一方面，刑事公诉要在传统的监督制约侦查、审判上予以加强；另一方面，也要在自身接受监督制约上予以加强。

在刑事司法改革顺利进行的过程中，不仅不能降低监督制约的力度，反而只有加强监督制约才能保障改革目标的圆满实现。如在认罪认罚从宽制度中，被告人认罪认罚的真实性和程序选择的自愿性是制度运行的基础，没有公诉人的监督容易产生违背意愿的妥协；"从宽"是对认罪认罚者的司法宽容，如果缺少监督，"从宽"也容易产生不依法、不平衡的问题；速裁程序、简易程序等可以采用独任审判，缺少监督则容易滋生司法腐败；刑事和解如果离开了监督，可能产生花钱买刑、漫天要价等弊端，从而消解刑事和解制度的生命力。因此，刑事公诉监督制约的范围和程度应与司法改革需求相匹配，进行合理的延伸和加强。

刑事公诉同样应该接受监督制约。不受监督的权力必然产

---

[1] 中共中央文献研究室编：《习近平关于全面推进依法治国论述摘编》，中央文献出版社2015年版，第59页。

生腐败，刑事公诉权也不例外，刑事公诉应当主动接受来自各个方面的监督制约。随着司法改革对公诉裁量权的不断扩大，公诉人更要增强接受监督制约的理念。如作出的不起诉决定，应当接受公安机关、被害人、被不起诉人以复议、复核、申诉等形式进行的监督制约；法院是否支持公诉请求和采纳量刑建议则是对起诉权的制约；在以"协商"为基础的各项改革中，公诉人应加强与律师的沟通，并充分保障律师的执业权利，高度重视律师的意见，学会以辩护思维审视自身工作中的不足。此外，公诉人还要以开放的心态，主动接受人大政协、新闻舆论以及上级检察院的监督制约。

结束语

随着全面依法治国的推进特别是刑事法治的发展，公诉工作面临深刻的变革：一要增强诉前引导作用。为从源头上保证办案质量，提高指控犯罪证据的合法性与完整性，要求公诉工作要向移送起诉前延伸，发挥诉前引导作用，通过引导侦查、退回补充侦查等方式强化诉前引导，对侦查取证活动施加必要的影响。二要发挥审前过滤功能。为保障庭审集中连贯进行，公诉在审前的过滤功能显得十分重要。一方面应构建以证据为核心的刑事指控体系，在坚持证据裁判原则下，推动从言词证据为主向实物证据为主的证据模式转型，并运用非法证据排除规则保障证据的合法性，对达不到起诉标准的案件，坚决依法不起诉。另一方面应完善以庭审准备为重点的审前程序。通过庭前会议发挥庭前证据双向开示、控辩双方充分交换意见、梳理庭审争点等功能，为庭审集中、高效进行打下基础。三要完善庭审程序分流职能。在当前认罪认罚从宽制度改革过程中，形成了速裁程序、简易程序、普通程序等多层次刑事案件审理体系，公诉人要准确引导科学的繁简分流、恰当选择诉讼程序。四要探索有区别的出庭公诉模式。为适应"繁案精审""简案快办"的要求,出庭公诉模式也需要进行有区别的应对,使公诉人在"繁案"中能够应对复杂的出庭要求,对"简案"能够做到突出重点、准确简化、快速了结。

习近平总书记在2017年5月3日考察中国政法大学时指出,"全面推进依法治国是一项长期而重大的历史任务,要坚持中国特色社会主义法治道路,坚持以马克思主义法学思想和中国特色社会主义法治理论为指导"。[1] 在全面依法治国背景下推进司法改革,对刑事公诉理论与实践都提出了新的更高的要求。为厘清改革中的难点与争议,研究破解改革中的困惑与障碍,我们对刑事公诉中的若干问题进行梳理、探讨,总结分析公诉工作的经验与教训,探索现代刑事公诉理念,目的就是通过推动刑事公诉制度科学理性发展,从而推进中国特色社会主义法治体系建设,推进全面依法治国方略的贯彻实施。

---

[1]《习近平在中国政法大学考察时强调 立德树人德法兼修抓好法治人才培养 励志勤学刻苦磨炼促进青年成长进步》,载《人民日报》2017年5月4日第1版。

第六专题
刑事诉讼与法律监督（一）[*]

2012年3月14日第十一届全国人大第五次会议通过了《关于修改〈中华人民共和国刑事诉讼法〉的决定》。从修改后刑事诉讼法贯彻执行情况看，纸面上的法要变成实践中的法，以及法律发挥的作用大小，依赖于执行运用法律的人。之所以实践中还有片面理解法律、选择性执法的现象，就是一些执法者的执法理念和执法能力还不适应法治时代的要求。因此，所有执法司法人员都应当在法治观念层面和执法能力层面有新的提升，忠诚地坚守法律信仰，运用知识、经验和技能，把法律执行好，这是建设法治国家的需要，是全体公民的期盼。

---

[*] 本文原题为《关于修改后刑事诉讼法执行情况的若干思考》，发表于《人民检察》2015年第7期，《新华文摘》2015年第15期转载。

我国刑事诉讼法 2012 年 3 月作出第二次重大修改，这是完善中国特色社会主义法律体系的重要成果，是全面推进依法治国的重要举措，对于更加有效地惩治犯罪、保障人权，维护司法公正和社会和谐稳定，意义重大。修改后刑事诉讼法实施已经两年多了，对其执行情况进行研究和分析，有助于我们更好地贯彻执行好这部重要的基本刑事法律。

一、执行修改后刑事诉讼法应坚守的核心理念与价值追求

2012 年刑事诉讼法修改是影响我国刑事诉讼全貌的一次重大变革，涉及各个诉讼环节几十项改革。之所以视修改后刑事诉讼法为全面推进依法治国的重要举措，不仅因为刑事诉讼法是体现一国法治发展状况的显著标志，更因为这次刑事诉讼法修改体现了影响司法品质的最关键因素——"司法理念"的长足进步。从刑事诉讼法的各项重大制度改革我们可以发现，贯穿修改后刑事诉讼法的一条核心理念就是加强对公权力的监督制约和对私权利的有效保障。正是在这条主线的指引下，刑事诉讼法完成了若干重要制度的设置。体现监督制约公权力的制度包括：确立非法证据排除规则，对侦查权的运行进行严格规范和更加有效的制约；施行讯问同步录音录像制度，用科技手段监督侦查活动合法开展；加强刑事诉讼法律监督，如简易程序检察人员全部出庭、扩大二审开庭范围、检察机关对死刑复核有权发表意见、对刑罚执行开展同步监督以及对特别程序履行法律监督等。体现有效保障完善私权利的制度有：律师侦查阶段辩护地位的确立，阅卷权、会见权的完善，辩护权的扩

大，羁押必要性审查制度的建立，等等。

正是在这一核心理念的指引下，刑事司法的精细化、效率化、科技化、民主化趋势等多条辅线共同作用，不断实现着刑事法律对司法价值的追求，使我国民主法制与司法文明迈出了新的步伐。一是推进诉讼结构司法化，实现对司法公正的追求。司法公正是司法的最高目标，而诉讼结构的完善、诉讼程序的正义是实现司法公正的最重要途径，刑事诉讼法对逮捕程序准司法化结构的完善，简易程序检察人员出庭，证人、鉴定人、侦查人员出庭制度的建立，二审开庭范围的扩大等都是诉讼结构不断完善的具体体现。二是加大诉讼程序繁简分流，实现对司法效率的追求。司法效率是司法公正的组成部分，没有效率的司法也是不公正的司法，在追求司法公正最大化时，必须考虑到司法效率的最低要求。[1] 诉讼程序繁简分流，合理配置司法资源，是司法体制面临现今诉讼案件大量增加所作出的必然选择。修改后刑事诉讼法在简化庭审程序方面，扩大了简易程序适用范围、增设了庭前会议分流庭审任务，建立了刑事和解和附条件不起诉制度包括之后设置的速裁制度以分流庭审案件和减轻庭审压力。三是加强诉讼过程精细化，实现对司法理性的追求。繁简分流的另一端就是对重大、疑难、复杂案件的精细化要求，通过程序的精密设置，实现打击犯罪与保障人权的平衡，充分发挥程序功能，严守防止冤假错案底线。例如：在侦查程序中开展同步录音录像和非法证据排除；细化逮捕适用中的社会危险性条件和径行逮捕条件；完善证人出庭程序和保障措施等。四是促进诉讼手段科技化，实现对司法科技

---

[1] 孙谦：《平和：司法理念与境界——关于法治、检察相关问题的探讨》，中国检察出版社2010年版，第234页。

的追求。司法领域对科技的追求与容纳是与现代犯罪智能化相伴而生的，是增强控制犯罪能力、加大打击犯罪力度的必要手段。修改后刑事诉讼法从增设电子证据种类、赋予侦查机关技术侦查和秘密侦查措施等方面逐渐实现着司法对科技的要求与回应。五是增强刑事诉讼民主化，实现对当事人意志的尊重。尊重诉讼当事人意志，便于当事人对刑事司法的参与和意愿的表达，有利于化解矛盾和提高诉讼效率，在这一点上，刑事诉讼法除了原有的刑事附带民事诉讼制度外，建立刑事和解制度和附条件不起诉制度、扩大简易程序适用范围等都是突破性的改革。

因此，刑事诉讼法的核心理念与价值追求，是衡量我们执行刑事诉讼法状况的标准，是把刑事诉讼法执行好的关键。在执行刑事诉讼法中存在的任何问题，几乎可以说都与此相关。

二、执行修改后刑事诉讼法应当处理好的重大关系

（一）控制犯罪与保障人权的关系

控制犯罪与保障人权的平衡是刑事诉讼制度发展的一条重要规律，在任何国家，刑事领域的人权保障水平都是与国家控制犯罪的能力相适应的。[1] 本次刑事诉讼法修改将"尊重与保障人权"入法，是我国刑事诉讼制度乃至国家法治建设中的重要里程碑，这不仅说明我国在司法领域从理念上对人权保障

---

〔1〕 孙谦：《平和：司法理念与境界——关于法治、检察相关问题的探讨》，中国检察出版社2010年版，第230—231页。

认识的提升,也说明从制度上人权保障水平的提升,从另一个侧面,也反映了我国控制犯罪能力的提升。但二者一定要保持适当的平衡,在最大限度地保障人权的同时,一定要充分考虑控制犯罪的能力和需要。把握住这条规律,对贯彻执行修改后刑事诉讼法中遇到的一些困扰我们的问题,如界定"非法证据"范围、律师"核实证据"范围等,就能够迎刃而解。

(二) 司法公正与司法效率的关系

公正与效率是刑事诉讼追求的两大价值目标,司法公正与司法效率的平衡是刑事诉讼制度的又一重要规律。没有效率的司法是不公正的司法,"迟到的正义非正义",是正义的蒙羞;没有公正的司法则失去了赖以存在的基础和安身立命之本。二者要保持平衡,不可偏废,当二者发生冲突不能兼顾时,司法效率应当为司法公正让路,避免盲目追求效率而损害司法公正,在保证司法公正的前提下,则必须考虑司法效率的最大化,使正义的实现更加迅捷。在这条规律的指引下,如何做好案件繁简分流、实现简易程序功能、明确庭前会议定位、保障证人出庭等问题在诉讼精细化与效率化之间的选择,就不再难以取舍。

(三) 侦、诉、审、辩的关系

刑事诉讼法对公检法机关和辩护律师在刑事诉讼中的权力(权利)和义务作了诸多调整,这对各主体间的诉讼关系产生了重大而深刻的影响。处理好这些关系,形成科学的、良性的权力运行和权利行使,以及监督制约机制,对于正确贯彻修改后刑事诉讼法,实现刑事诉讼的目的十分重要。检察机关作为法律监督机关,与公安机关、法院具有单向法律监督和双向配合制约两种不同性质的法律关系。检察机关既要坚持履行法律监督职责,也要摆正侦诉审关系,把握好监督边界,依法接受制约。在加大侦查监督力度，适时介入侦查、依法引导取证的同时，又要防止过度介入，避免不当干涉侦查；既要尊重和支持法官在审判活动中的主导地位和权威，又要恪守审判监督职责；随着辩护律师权利的扩大，庭审控辩对抗程度必将进一步提高，检察机关要尊重和保障辩护律师依法履职，形成控辩双方既相对又相容的良性、有序控辩关系。

因此，正确处理控制犯罪与保障人权的关系，司法公正和司法效率的关系，侦、诉、审、辩的关系，是检察机关正确执行刑事诉讼法的必要条件。

三、执行修改后刑事诉讼法需要思考和解决的几个问题

修改后刑事诉讼法施行至今已两年有余，作为司法人员，我们不仅要关注法律制度本身的设计，更要关注法律在实践中的运行情况。徒法不足以自行。观察实践中的司法运行状况，是检验法律制度设计的有效手段，也有利于不断纠正法律实施过程中的偏颇。检察机关立足自身职能和司法实践，坚持问题意识和问题导向，开展了一次刑事诉讼法实施情况的专项调查研究。[1]从调研了解的情况来看，对修改后刑事诉讼法的执行现状，可

---

[1] 2014年底，最高人民检察院组织有关业务部门和部分省级检察院开展了一次较大规模的专项调查研究，经全面收集和汇总情况，实地考察并召集专家学者、律师、司法实务部门人员召开座谈会与论证会，就十三个重点专题进行了调研，包括：非法证据排除和证据合法性证明、逮捕社会危险性与规范审查逮捕程序、羁押必要性审查、指定居所监视居住、同步录音录像、技术侦查措施、庭前会议、证人和鉴定人出庭、简易程序、二审出庭、特别程序、对律师履行辩护职责的保障、刑事诉讼监督等，形成了6万余字的《检察机关贯彻执行修改后刑事诉讼法情况的研究报告》。

以用"有喜有忧"来概括：一方面修改后刑事诉讼法实施两年来的效果值得高度肯定，法治精神与法治思维正不断深入人心，并引领司法人员在依法治国的道路上前行；另一方面既有的不相适应的思维方式和行为模式仍然惯性存在，实践中遇到的困难和存在的问题不容忽视，我国的法治化道路仍任重道远。

从检察机关贯彻执行修改后刑事诉讼法情况看，取得了重大进步。一是严格证据审查，落实出庭新规定，更加准确有效地惩罚犯罪，保护人民。严格执行非法证据排除规则，2013年至2014年，因排除非法证据不捕、不诉共1285人，纠正非法取证行为3797人次，要求补正1.6万人次；参加庭前会议1.91万件次，适用简易程序的案件做到全部出庭。[1] 二是依法控制审前羁押，保障律师辩护权，强化人权司法保护。加强逮捕社会危险性和捕后羁押必要性的审查把关，修改后刑事诉讼法实施后的2013年和2014年两年，与实施前的2011年和2012年两年相比，不捕率上升4个百分点，经检察机关建议解除羁押5.7万人。切实保障律师依法履行职责，对阻碍律师执业的违法行为提出纠正意见4327件。三是规范侦查办案行为，慎重使用技术侦查措施，推进查办职务犯罪工作。对技术侦查措施坚持严格依法慎重使用，对自侦案件全部实行讯问同步录音录像，对适用指定居所监视居住最高人民检察院专门下发文件严格依法规范，重大职务犯罪案件的侦查和追逃工作取得长足进步。四是强化监督力度，维护司法公正。2013年至2014年，对指定居所监视居住的决定、执行以及强制性侦查措施违法提出纠正3722件次；对暂予监外执行、减刑、假释提出建

---

[1] 数据来自最高人民检察院案件管理办公室。

议33.1万件,对不当决定提出纠正4.1万件;新增诉讼监督职能也逐步开展起来。五是探索适用特别程序,积极参加社会治理,促进社会和谐稳定。2013年至2014年,未成年犯罪嫌疑人不捕率、不诉率分别高于所有刑事案件7.2个和1.95个百分点,适用附条件不起诉7393人;对刑事和解案件不批捕、不起诉每年均在3万人左右;受理审查强制医疗和没收违法所得案件逐步开展。

与此同时,检察机关在贯彻执行修改后刑事诉讼法过程中也遇到不少困难,对一些新增程序和新设制度也存在认识不一致、执行不到位等问题。从司法实践看,有以下几个突出问题需要认真研究解决。

(一)关于非法证据排除范围的界定问题

确立非法证据排除制度是修改后刑事诉讼法的一大亮点,也是防止冤假错案、遏制刑讯逼供、制约侦查权违法行使的重要举措。总的看,检察机关严格执行非法证据排除规则,取得了明显的效果。例如:2014年3月,河北省顺平县人民检察院在办理王玉雷故意杀人案中,及时发现、排除非法口供,发现案件重大疑点,坚决作出不捕决定,并且通过积极主动引导侦查取证,最终抓获了真凶,还无辜者以清白,在审查逮捕环节有效防止了一起"呼格"案翻版的重大冤假错案的发生。[1]这正是确立非法证据排除制度的重大贡献。

非法证据排除的制度功效初步彰显,但实践中问题与争议仍在,最突出的问题是如何准确界定需要排除的"非法证据"的范围。实践中,对刑讯逼供取得的言词证据予以排除,认识

---

[1] 参见《纠正王玉雷冤错案:排除非法证据引导抓获真凶》,载《检察日报》2015年2月13日第2版;《最高检谈河北"王玉雷案":险些成为翻版呼格案》,载人民网,http://legal.people.com.cn/n/2015/0311/c188502-26675695.html,最后访问日期:2015年3月11日。

比较一致，但对"冻、饿、晒、烤、疲劳审讯"等方法取得的证据是否需要排除、对"威胁、引诱、欺骗"等方法与正常的侦查策略如何区分、对"未在规定场所讯问"和"未同步录音录像"取得的供述是否一律排除，无论是学界还是实务部门都存在不同认识。[1] 排除标准认识不一致，已成为排除过严和排除过宽两种倾向在实践中存在的根源。我们认为，立法步伐应当同一国政治经济法治环境相协调，并适度具有超前性和前瞻性，因为民众的法治意识和司法人员法治精神的培养需要一个过程。西方国家的非法证据排除制度经过了一个多世纪才逐渐发展和成熟起来，而非法证据排除制度在我国立法上确立时间尚短，面对当前严峻复杂的犯罪形势，如何更好地平衡控制犯罪与保障人权的关系需要立法者和司法者综合考量。若非法证据排除的范围过大，在现有的技术手段和侦查水平总体不高的情况下，可能将导致部分案件难以侦破，将严重影响人民群众追求安全与秩序的需要。现阶段，我们应当将重点放在解决那些导致犯罪嫌疑人、被告人违背意愿作出供述的非法方法上，坚决防止发生冤假错案。立足我国司法现状，应当借鉴"基本人权保障论"和"重大违法控制论"的基本内核，并将其作为我国非法证据排除规则的理论基础。[2] 据此我们认为，目前"两高"司法解释的界定是准确的，即"其他非法方法"是指

---

[1] "两高"司法解释都采取了"使用肉刑或者变相肉刑，或者采用其他使被告人在肉体上或者精神上遭受剧烈疼痛或者痛苦的方法，迫使被告人违背意愿供述"的痛苦规则。最高人民法院《关于建立健全防范刑事冤假错案工作机制的意见》第八条中对"冻、饿、晒、烤、疲劳审讯""未在规定场所讯问"和"未同步录音录像"取得的供述持一律排除态度。也有学者认为，在我国目前的司法体制下，为突出防范刑讯逼供的重心，采取"痛苦规则"的做法可以接受，对程序性违法，可以采取"相对合理"的思路应对。参见龙宗智：《我国非法口供排除的"痛苦规则"及相关问题》，载《政法论坛》2013年第5期。

[2] 孙谦：《平和：司法理念与境界——关于法治、检察相关问题的探讨》，中国检察出版社2010年版，第248页。

违法程度和对犯罪嫌疑人的强迫程度与刑讯逼供或者暴力、威胁相当而迫使其违背意愿供述的方法。因此,当"冻、饿、晒、烤、疲劳审讯等非法方法"的违法程度和强迫程度达到与刑讯逼供相当时,由此收集的供述就应当被排除。对于"未依法对讯问进行全程录音录像""未在规定场所讯问"等违反法定程序的行为,存在采用刑讯逼供等非法方法收集犯罪嫌疑人、被告人供述以及证人证言和被害人陈述,而又无法证明取证合法性时,所取得的言词证据就应当予以排除。同样,要把正常侦查策略与"威胁、引诱、欺骗等非法方法"取证区别开来,侦查策略在刑事司法活动中应当有存在的空间,但审讯中严重侵犯犯罪嫌疑人合法权利,如以非法利益或违反社会公德方式引诱、欺骗犯罪嫌疑人供述,或者以侵害犯罪嫌疑人亲属合法权利相威胁,迫使犯罪嫌疑人违背意愿供述的,所获取的供述则应当排除。

(二) 关于讯问同步录音录像的性质问题

为从制度上防止刑讯逼供行为的发生,保障侦查活动合法进行,修改后刑事诉讼法增设了讯问同步录音录像制度。《人民检察院刑事诉讼规则(试行)》将录音录像范围扩展至全部职务犯罪案件,并对讯问同步录音录像的调取、移送、审查、播放等进一步细化,体现了最高人民检察院对办理职务犯罪案件从严要求的态度。实际上,早在2005年最高人民检察院就要求对职务犯罪案件侦查讯问进行同步录音录像,是此制度的最早推行者。这次刑事诉讼法修改肯定和吸收了检察机关推行该制度的做法,并将范围扩大至公安机关侦查的重大刑事案件。

但在实践中,移送、查阅等仍存在争议。应当说,录音录像的性质问题是基础。从学理上讲,讯问同步录音录像不仅记载着与犯罪事实有直接关联的犯罪嫌疑人口供,还记载着侦查人员讯问是否合法的内容。在证明案件事实时,它和笔录一样是犯罪嫌疑人口供的载体,在证明讯问的合法性时,它又是一种视听资料。我们认为,在现有法律框架内,讯问同步录音录像本身不能作为证明犯罪事实的证据,而以工作性资料对待是适宜的;出庭时,笔录仍是举证质证的法定证据,但当被告人或辩护律师对讯问笔录提出异议或提出讯问过程可能存在刑讯逼供时,录音录像可以作为证明证据合法性的证据使用。主要理由:一是从录音录像制度设立的目的看,是为了保障侦查讯问合法进行,是规范侦查权的重要手段,而不是为了查明犯罪事实。全国人大常委会2012年3月9日提交全国人大审议的《关于〈中华人民共和国刑事诉讼法修正案(草案)〉的说明》就指出:"为从制度上防止刑讯逼供行为的发生,修正案草案增加规定了拘留、逮捕后及时送看守所羁押,在看守所内进行讯问和讯问过程的录音录像制度。"修改后刑事诉讼法第一百二十一条规定:"侦查人员在讯问犯罪嫌疑人的时候,可以对讯问过程进行录音或者录像;对于可能判处无期徒刑、死刑的案件或者其他重大犯罪案件,应当对讯问过程进行录音或者录像。"该条关于讯问同步录音录像的规定,实际是从工作层面而非证据角度提出的程序性要求。[1] 二是从法律依据看,证据应当是证明内容与法定形式的统一,记录犯罪嫌疑人供述内容的法定载体是笔录,而录音录像仅是选择性适用的措施,并非每案必录的法定证据形式。三是从录音录像出示的角度看,笔录是对言词的提炼和精简记录,办案时方便审查、庭审中方便

---

[1] 郎胜主编:《〈中华人民共和国刑事诉讼法〉修改与适用》,新华出版社2012年版,第244页。

出示，而录音录像动辄几十个小时，审查、出示等都面临较大困难。因此，虽然录音录像与讯问笔录相比具有直观、全面、重现讯问过程的优点，但目前我国的立法司法现状不适宜将同步录音录像作为证明案件事实的证据看待，只能作为证明取证过程合法性的证据使用。

（三）关于侦查阶段律师会见职务犯罪嫌疑人问题

修改后刑事诉讼法为解决律师执业难、保障犯罪嫌疑人、被告人辩护权的行使，对辩护律师权利的扩大作了重要调整。总体来看，检察机关对保障律师权利高度重视，采取专门设置阅卷室、建立网上预约平台、主动听取律师意见和转交法律援助申请等措施，认真落实相关规定。但一些地方由于对辩护制度的重要性认识不足和司法理念转变的滞后，还存在职务犯罪侦查期间律师介入不充分，尤其是贿赂案件会见难的问题较为突出。

一些检察机关在办理贿赂犯罪案件中，存在着不当行使"许可权"的问题。突出表现为对"特别重大贿赂犯罪案件"条件的扩大适用。如有的对"涉嫌犯罪数额在五十万元以上"的规定曲意理解，有以报案数额为准的，有以初查线索为准的，还有以共犯共同涉案数额为准的；有的对"特别重大贿赂案件"只看数额不看情节，只要涉嫌犯罪数额在五十万元以上，无论是否"情节恶劣"，都不许可会见；还有的甚至扩大至与所侦查贿赂案件相关联案件的会见。对实践中存在的这些阻碍律师依法行使执业权利的问题，检察机关高度重视，2014年底最高人民检察院专门出台了《关于依法保障律师执业权利的规定》，对检察环节尤其是职务犯罪侦查阶段依法保障律师执业权利的行使作出了严格规范。

我们认为，维护司法公正，遵守、敬畏法律，是法律工作者共同的价值追求和职业操守。听取律师意见，是发现办案错误最便捷的途径。要根治贿赂案件会见难问题，需要理念层面、制度层面、侦查模式层面的共同作用。

一是要转变控辩观念，构建新型、健康、良性互动的检律关系。律师是犯罪嫌疑人、被告人辩护权最有力的维护者，将律师看作司法机关对立面的思想观念已经不能适应现代诉讼理念的要求。"尊重和保障人权"写入刑事诉讼法不仅具有象征意义，而且已经体现为实实在在的具体制度和权利要求。因此，必须转变与律师相互对立的检律观念，恪守检察官客观公正义务，从维护司法公正的高度，以更善意和开放的心态对待和保障律师权利的行使。二是要统一对"特别重大贿赂犯罪案件"条件的理解，严密要件设置，减少曲解的空间。[1] 我们认为，"涉嫌贿赂犯罪数额"一般应理解为"立案时认定的数额"，主要考虑立案时已经有一定证据证明，可防止范围过宽和适用随意。如果立案后经侦查缩小或扩大了犯罪数额，则应按有证据证明的缩小或扩大后的数额认定；"情节恶劣"通常应包括贿赂的数额大、次数多、持续时间长以及负面影响广或者涉案款物为救急、救灾、救穷等紧急款物等因素；"有重大社会影响"主要指一些身居重要岗位或级别较高的国家工作人员涉嫌的犯罪；"涉及国家重大利益"主要指涉及国家政治、军事、外交以及重点工程等国家重要利益和重点领域。三是要推动职务犯罪侦查模式转型，提高侦查科技化水平。贿赂案件律师会见受阻，与其以言词证据为主认定犯罪的特点关系密切，说明传统的"口供中心主义"侦查模式仍占据主导地位。

---

[1]《人民检察院刑事诉讼规则（试行）》第四十五条第二款规定："有下列情形之一的，属于特别重大贿赂犯罪：（一）涉嫌贿赂犯罪数额在五十万元以上，犯罪情节恶劣的；（二）有重大社会影响的；（三）涉及国家重大利益的。"

随着律师权利的不断扩大,倒逼检察机关必须加快侦查模式转型,推动贿赂犯罪侦查从"口供中心"向加强客观证据收集和言词证据固定并重的模式转型,切实提升依法收集证据的能力。

(四) 关于律师"核实证据"的范围问题

修改后刑事诉讼法规定律师自案件移送审查起诉之日起,可以查阅全部案卷材料并有权向犯罪嫌疑人核实证据。审查起诉阶段辩护律师可以向犯罪嫌疑人"核实证据"的范围问题在理论上和实践中都存在较大争议。有的观点认为"核实证据"就是律师可以将阅卷时看到的全部证据都告诉犯罪嫌疑人,甚至认为法律承认了犯罪嫌疑人享有阅卷权。[1] 按照这种观点,犯罪嫌疑人在律师的帮助下可以知悉全部证据,实践中,有的律师就将案卷材料告诉了犯罪嫌疑人,甚至将卷宗材料给犯罪嫌疑人阅看。

律师向犯罪嫌疑人核实证据的范围大小,直接影响这项规定的落实和诉讼程序的进展。我们认为,确定"核实证据"的范围,应当注意把握以下几点。首先,法律将阅卷权赋予的是辩护律师,并没有赋予犯罪嫌疑人,律师享有的执业权利不等于犯罪嫌疑人就享有。其次,对"核实证据"范围的确定应尊重和遵循诉讼规律,牢牢把握控制犯罪与保障人权这对矛盾的平衡,在追求最大限度地保障人权、防止冤枉无辜的同时,还应当充分考虑控制犯罪的能力和需要。如果打破了控制犯罪与保障人权的平衡,二者目的都将难以实现。最后,在审查起诉阶段告知犯罪嫌疑人全部证据,确实有利于更充分地保障犯罪

---

[1] 参见顾永忠:《律师"会见难"、"阅卷难"基本解决》,载《检察日报》2012年3月26日第3版;陈瑞华:《刑事诉讼法修改对检察工作的影响》,载《国家检察官学院学报》2012年第4期。

嫌疑人的知悉权，但这种告知此时已难以达到发现冤假错案的目的，反而还将面临犯罪嫌疑人翻供的风险，甚至还可能使犯罪分子逃避法律的惩罚。与法治先进国家相比，我国对审前被告人知悉案卷内容的立法基本同步甚至超前，[1] 因此，为防止不当翻供与诱导，适当考虑控制犯罪的需要，对律师如何向犯罪嫌疑人"核实证据"需要有一定约束。我们认为，辩护律师可以向犯罪嫌疑人、被告人核实涉及犯罪嫌疑人、被告人的物证、书证等客观性证据，但不能核实除犯罪嫌疑人、被告人供述或辩解以外的言词证据。

核实证据应注意两点：第一，不能对犯罪嫌疑人造成诱导，更不能因此影响诉讼顺利进行。保障自白的自愿性是控辩双方的共同责任。实物证据客观性、稳定性较强，一般情况下可以向犯罪嫌疑人核实；言词证据原则上不属于核实范围，但核实犯罪嫌疑人供述或辩解的除外。第二，核实证据的目的是对律师在阅卷或会见后对案件事实产生的内心疑问的确认或消除，并据此调整自己的辩护策略和方法，因此，核实证据应当是向产生证据的主体询问，对质证据内容的真实性和形式的合法性。

（五）关于庭前会议的范围与效力问题

为保障庭审质量，提高庭审效率，修改后刑事诉讼法在审前程序中增设了庭前会议制度，其立法初衷就是在激烈的"对抗式"庭审程序之前设置一个缓冲带，明确庭审重点、审理方式，保证庭审顺利进行。总体上看，检察机关对庭前会议这一新的程序设计是积极参与的。2013年至2014年，地方各级检

---

[1] 德国刑事诉讼法虽允许辩护人阅卷并与其当事人谈论，但对被告人得知卷宗信息有限制，当被告人从卷宗中获得信息可能危害侦查或他人权利时，将不被允许得知卷宗内容（德国刑事诉讼法第一百四十七条第七款）。

察机关公诉部门共参加庭前会议2万余次。一些证据材料较多、案情重大的案件,如"湖南衡阳贿选"案、社会影响大的薄熙来案和刘志军案均召开了庭前会议。但我们在调研中也发现,召开庭前会议的数量还很低,不到起诉案件的2%。导致这种现象的主要原因在于庭前会议的审议范围和法律效力的问题。

第一,由于庭前会议的审议范围不明确,有些地方异化为"小庭审",导致重复开庭增大工作量。有些地方将本该在庭审中解决的实体性问题放在庭前会议中进行调查,甚至对证据内容、证明力等开展质证,之后再正式开庭审理,等于开了两次庭,造成"庭前实体审,庭审走过场"的现象,实质架空了庭审程序,有损程序公正。对庭前会议的审议范围,我们认为,应限定在管辖、回避、不公开审理、证人出庭名单、延期审理、简易程序适用、证据掌握情况及非法证据排除等程序性事项上,不能越俎代庖对案件事实事先进行实体审查。同时,还应积极探索证据开示,努力实现控辩双向开示,双方只就证据有无异议发表意见,而不进行质证,从而防止将庭前对证据的听取意见变为对案件证据的实体审查,避免出现庭审走过场的现象。

第二,庭前会议的法律效力没有明确规定,导致庭前会议"说了不算""开了白开"。立法对庭前会议上应该解决哪些问题、已解决的问题是否具有法律效力、该提出的问题不提出有没有程序性制裁等尚未明确。如对证据要不要开示、如何开示、不开示后果如何,庭前会议上不提非法证据排除但又在庭审中提出的如何处理,以及庭前会议达成合意的法律效力如何,都需要予以明确。实践中,在庭前会议中达成了合意,以及解决过的程序性问题,庭审时又被推翻,这使得庭前会议形同虚置,本意为提高效率的制度设计在实践中却产生了降低效率的效果,严重制约制度功能的发挥。对庭前会议的效力,我们认为应当把握以下几点:一是要力促非法证据排除问题在庭前解决。庭前会议中解决非法证据排除问题是其重要价值所在,对提高庭审效率和质量具有重要作用。对辩方提出证据合法性质疑的,检察机关应对证据收集合法性进行说明,除需要侦查人员出庭作证的以外,都应尽量在庭前解决;对确认为非法证据的,要坚决予以排除,不能再作为提起公诉的依据。二是对证据开示中辩护方无异议的证据,庭审举证时可简化进行,只需说明证据名称和证明事项。但为充分保障被告人诉讼权利,未参加庭前会议的被告人庭审中对辩护律师在庭前会议中未提出异议的证据发表不同意见的,对该项证据的质证不能简化进行。三是对在庭前会议上已经达成一致的事项和人民法院、人民检察院已经依法作出决定的程序性问题,如管辖、回避、不公开审理、非法证据排除等事项,在没有新的事实或证据情况下,法庭应当予以维持。

(六)关于指定居所监视居住的适用问题

为降低审前羁押率,丰富羁押的替代性措施,修改后刑事诉讼法对以往弊端丛生、适用率极低的监视居住措施进行了改造,将指定居所监视居住的适用范围从无固定住所的犯罪嫌疑人扩大到三类严重犯罪的犯罪嫌疑人,并同时完善了对通知家属、委托辩护人、执行场所、刑期折抵和检察监督的规定。由于这一措施适用空间很大,引起了学界广泛关注,也对这一制度的运行充满了警惕和担忧。

从调研情况和相关数据看,该制度执行中呈现以下特点:

第一,适用地区分布极不平衡,呈现两极分化状况。有的地方将该措施视为突破案件的"利器",认为具有空间隔离、信息阻断、时间独占等优势,青睐使用。而有的地方认为此措施执行成本高、安全隐患大、规定诸多方面还不明晰，不愿用或不敢用，2013年有的省份几乎没有适用。

第二，"无固定住处"被扩大理解，以"无固定住处"为由采取指定居所监视居住的比例较高。2013年至2014年，检察机关以无固定住处为由采取指定居所监视居住的占到适用总数的50%。

第三，适用指定居所监视居住后变更羁押措施的比例高。究其原因，除了有该措施具有较其他非羁押措施更易取得证据的优点外，还有对条文理解不一致和对制度定位不清晰的原因，如有的对没有违反监视居住规定的犯罪嫌疑人能否转为逮捕的理解不一致，[1] 有的将指定居所监视居住当作突破案件的手段，一旦突破口供，即转为提请逮捕。

第四，个别地方故意突破、违法滥用行为使制度功能被异化。有的地方对"涉嫌贿赂犯罪数额在五十万元以上"的适用条件作有利于侦查的扩大化理解，扩大为举报数额、供述数额、共同犯罪数额等；有的对不符合逮捕条件的犯罪嫌疑人也违法适用指定居所监视居住，导致其保障诉讼顺利进行的制度功能被异化为侦破案件的侦查手段。

虽然指定居所监视居住措施意在羁押与非羁押措施之间形成缓冲和过渡，形成强制措施的梯度，对一些侦查初期羁押在看守所可能影响保密和侦查顺利进行的特殊案件有积极作用，能够在避免妨害取证的同时对犯罪嫌疑人形成心理震慑，在降

---

[1] 有观点认为，仅需看报捕时犯罪嫌疑人是否符合逮捕条件，对于报捕前的指定居所监视居住不符合法定条件的，通过监督纠正解决。参见朱孝清：《刑事诉讼法实施中的若干问题研究》，载《中国法学》2014年第3期。也有观点认为，对于没有违反监视居住规定的，不转捕，对于侦查机关违法适用指定居所监视居住的案件而报捕的，不批准逮捕。参见元明等：《指定居所监视居住的侦查监督实务问题分析》，载《人民检察》2013年第17期。

低审前羁押率的同时给予犯罪嫌疑人较羁押措施相对宽松的环境。但指定居所监视居住实质上是一种准羁押措施，不能被当作非羁押措施看待，这样就难以获得法律对羁押措施的程序制约与对被羁押人的权利保障。[1] 因此，一方面要严格坚持少用慎用原则。检察机关要严格控制指定居所监视居住适用率，只针对极少数特别重大贿赂犯罪案件才能适用，不能作为侦破职务犯罪的特殊手段动辄适用。另一方面要准确理解适用条件。符合逮捕条件是适用指定居所监视居住的前提，不能将其视为突破口供的侦查手段，反过来先适用指定居所监视居住，待突破口供后再报捕。同时，对"无固定住处"不能扩大理解，对是否"有碍侦查"一定要作出正确的判断。总之，对指定居所监视居住要审慎适用，宁可限缩理解不能扩大理解，坚决杜绝故意曲解、片面理解、规避法律的做法。

结束语

从修改后刑事诉讼法贯彻执行情况看，纸面上的法要变成实践中的法，以及法律发挥的作用大小，依赖于执行运用法律的人。之所以实践中还有片面理解法律、选择性执法的现象，就是一些执法者的执法理念和执法能力还不适应法治时代的要求。因此，包括检察人员在内的所有法律工作者为执行好刑事诉讼法，贯彻好全面依法治国方略，都应当在法治观念层面和执法能力层面有根本性的提升，忠诚地坚守法律信仰，恪守法律的规定，运用知识、经验和技能，把法律执行好，这是建设法治国家的需要，是全体公民的期盼。

---

[1] 如指定居所监视居住的适用是侦查机关自我决定，而逮捕则要经司法机关的司法审查；指定居所监视居住是在看守所外羁押，与逮捕羁押在看守所相比，讯问合法性难以保障；通常监视居住期限要长于逮捕羁押期限；折抵刑期只相当于羁押折抵刑期的一半；"侦押分离""羁押必要性审查"等措施因监视居住不属于羁押措施而无法适用。

第七专题
刑事诉讼与法律监督（二）*

2018年10月26日，第十三届全国人大常委会第六次会议通过了《关于修改〈中华人民共和国刑事诉讼法〉的决定》，修改后的刑事诉讼法回应了司法实践需求，进一步完善了中国特色刑事诉讼制度。这次刑事诉讼法修改，涉及检察机关侦查权调整、与监察委办案程序衔接、认罪认罚从宽制度和增设缺席审判程序等多项内容，与检察机关法律监督职责、权能密切相关。

---

* 本文系作者在最高人民检察院2018年11月5日召开的"全国检察机关学习贯彻修改后人民检察院组织法和刑事诉讼法电视电话会议"上作的辅导报告，《国家检察官学院学报》2018年第6期以《检察机关贯彻修改后刑事诉讼法的若干问题》为题予以发表。此次出版，作者作了修改补充。

一、人民检察院侦查职权的调整

2018年3月，十三届全国人大一次会议审议通过了宪法修正案和监察法，规定设置国家监察机关，并授权监察机关履行对贪污贿赂、滥用职权、玩忽职守等职务违法犯罪行为进行调查的职责。为使刑事诉讼法与之相衔接，2018年10月，第十三届全国人大常委会第六次会议通过了修改刑事诉讼法的决定，对人民检察院的职务犯罪侦查职权作出相应的调整。修改后的刑事诉讼法删去了人民检察院对贪污贿赂等案件行使侦查权的规定，保留了检察机关对诉讼活动实行法律监督中发现的司法工作人员利用职权实施的侵犯公民权利、损害司法公正犯罪案件的侦查权以及机动侦查权。

（一）人民检察院侦查职权调整的背景

修改后的刑事诉讼法第十九条第二款规定："人民检察院在对诉讼活动实行法律监督中发现的司法工作人员利用职权实施的非法拘禁、刑讯逼供、非法搜查等侵犯公民权利、损害司法公正的犯罪，可以由人民检察院立案侦查。对于公安机关管辖的国家机关工作人员利用职权实施的重大犯罪案件，需要由人民检察院直接受理的时候，经省级以上人民检察院决定，可以由人民检察院立案侦查。"

对人民检察院侦查职权作出调整，是国家监察体制改革、司法体制改革的重大战略部署。保留检察机关对司法工作人员在诉讼活动中侵犯公民权利、损害司法公正犯罪的侦查权，是基于检察机关作为国家法律监督机关的职能特点，发挥检察机关保障诉讼底线作用的慎重考虑，对于检察机关排除侦查活动中的非法证据,排除诉讼中遇到的阻碍,保障诉讼活动顺利进行是必要的,也是检察机关在纠正违法、检察建议、抗诉之外的另一种刚性的监督手段,对于保证法律监督的刚性和威慑力具有重要意义。此外,保留检察机关对上述发生在诉讼中的犯罪的侦查权,有利于提升办案效率、节约办案资源。检察机关本就在审查逮捕、审查起诉等诉讼活动的全过程履行监督职责,在诉讼中发现犯罪线索由检察机关及时侦查,可以在调查核实和纠正违法的同时,完成对相关犯罪的侦查取证,提高追诉犯罪的效率。

(二) 人民检察院立案侦查的案件范围

人民检察院在对诉讼活动实行法律监督中,发现司法工作人员涉嫌利用职权实施侵犯公民权利、损害司法公正的犯罪案件,可以立案侦查。为规范人民检察院与监察委员会案件管辖范围衔接问题,最高人民检察院于2018年11月制定了《关于人民检察院立案侦查司法工作人员相关职务犯罪案件若干问题的规定》。

1. 此类犯罪主体仅限于司法工作人员

司法工作人员即法律规定有侦查、检察、审判、监管职责的工作人员。有侦查职责的人员,包括公安机关、国家安全机关、检察机关、军队保卫部门、监狱等部门中负责对犯罪嫌疑人的犯罪行为进行侦查的人员;有检察职责的人员,指检察机关负责审查逮捕、审查起诉、出庭支持公诉、诉讼监督、公益诉讼等工作的人员;有审判职责的人员,是指人民法院负责审判工作的人员;有监管职责的人员,包括公安机关、国家安全机关以及监狱中负责监管犯罪嫌疑人、被告人、罪犯的人员。

2. 此类犯罪发生的阶段

此类犯罪是发生在侦查、起诉、审判、执行等诉讼活动中的，检察机关在履行法律监督职责中发现的，司法工作人员利用职权实施的妨害诉讼、妨害司法公正的犯罪。

3. 罪名主要涉及侵犯公民权利、损害司法公正的犯罪

修改后的刑事诉讼法对于检察机关自侦案件范围采用了概括加列举的规定方式，人民检察院负责立案侦查司法工作人员利用职权实施的"非法拘禁、刑讯逼供、非法搜查等"侵犯公民权利、损害司法公正的犯罪。这里的"等"具体包括哪些罪名，为统一理解，《关于人民检察院立案侦查司法工作人员相关职务犯罪案件若干问题的规定》予以明确，包括14个罪名：非法拘禁罪；非法搜查罪；刑讯逼供罪；暴力取证罪；虐待被监管人罪；司法工作人员的滥用职权罪和玩忽职守罪；徇私枉法罪；民事、行政枉法裁判罪；执行判决、裁定失职罪；执行判决、裁定滥用职权罪；私放在押人员罪；失职致使在押人员脱逃罪；徇私舞弊减刑、假释、暂予监外执行罪。

(三) 如何把握检察机关与监察机关的管辖分工

修改后的刑事诉讼法规定"可以由人民检察院立案侦查"。一方面，"可以"暗含着条文的政策导向性，即由检察机关侦查，因为检察机关更贴近诉讼，更容易发现诉讼过程中司法人员相关职务犯罪。同时，查办这类职务犯罪，往往涉及证据合法性判断和诉讼走向，因此由检察机关立案查办更为便捷，也有利于及时判断证据合法性，保障诉讼顺利进行。发现、遇到此类案件线索，检察机关就应当依职责开展立案侦查工作。另一方面，"可以"也意味着并非必然由检察机关侦查。检察机关在立案侦查此类职务犯罪过程中，发现犯罪嫌疑人还涉嫌监察委员会管辖的职务犯罪线索的，应当及时与监察委员会沟通，一般应当由监察委员会为主调查，人民检察院予以协助。认为全案由监察委员会管辖更为适宜的，人民检察院应当撤销

案件，将案件和职务犯罪线索一并移送监察委员会。认为由监察委员会和人民检察院分别管辖更为适宜的，人民检察院应当将监察委员会管辖的相应职务犯罪线索移送监察委员会，对依法由人民检察院管辖的犯罪案件继续侦查。沟通情况应当及时报告上一级人民检察院。沟通期间，人民检察院不得停止对案件的侦查。监察委员会和人民检察院分别管辖的案件，调查（侦查）终结前，人民检察院应当就移送审查起诉有关事宜与监察委员会加强沟通，协调一致，由人民检察院依法对全案审查起诉。

人民检察院立案侦查刑事诉讼法所列犯罪时，发现犯罪嫌疑人同时涉嫌公安机关管辖的犯罪线索的，依照现行有关法律和司法解释的规定办理。

（四）如何把握人民检察院立案侦查案件的级别管辖和内部分工

1. 级别管辖

根据最高人民检察院的规定，司法工作人员利用职权实施的这14个罪名的案件，由设区的市级人民检察院立案侦查。基层检察院发现犯罪线索的，应当报设区的市级人民检察院决定立案侦查。设区的市级人民检察院也可以将案件交由基层人民检察院立案侦查，或者由基层人民检察院协助侦查。省级以上人民检察院发现犯罪线索的，可以自行决定立案侦查，也可以将案件线索交由指定的省、设区的市级人民检察院立案侦查。侦查终结后，应当按照刑事诉讼法的规定，交由有管辖权的检察院审查起诉。需要指定其他人民检察院提起公诉的，应当与同级人民法院协商指定管辖。对这类案件交由设区的市级人民检察院立案侦查，主要考虑这类案件的犯罪主体是司法工作人员，无论从其专业性还是与司法机关联系的紧密程度看，对案件侦查工作带来的干扰可能比其他刑事案件更大，为排除可能出现的办案阻力和干扰，也便于向上级检察院请示报告，将这类案件交设区的市级人民检察院办理更有利于侦查工作的开展，更有利于保证办案质量。

2. 部门分工

由人民检察院哪个部门来具体承担侦查职能，也是各界颇为关心的问题。有的意见提出专门设立刑事侦查部门办理，有的提出交由刑事检察部门办理，等等。目前，最高人民检察院决定由刑事执行检察部门负责具体侦查工作，由对接监察机关的刑事检察部门负责相关案件的审查逮捕、审查起诉等诉讼工作。这样安排主要考虑：一是这类案件数量不大，从节约司法资源考虑，没必要专门设立一个侦查部门；二是刑事执行检察部门原本负责对私放在押人员、失职致使在押人员脱逃、徇私舞弊减刑、假释、暂予监外执行等罪名的侦查职责，具有侦查相关经验，在此基础上充实力量，完善配置，即可顺利转型；三是将负责侦查的部门与刑事检察部门相分离，有利于加强对检察机关立案侦查案件的诉讼监督，有利于提升办案质量和检察机关司法公信力。同时由于机构和办案组织改革，各地可灵活运用专门办案组模式，集中办理此类案件，检察长、分管检察长均可作为主办检察官直接办理此类案件。

（五）机动侦查权与补充侦查权

1. 机动侦查权

修改后的刑事诉讼法第十九条第二款规定，对于公安机关管辖的国家机关工作人员利用职权实施的重大犯罪案件，需要由人民检察院直接受理的时候，经省级以上人民检察院决定，可以由人民检察院立案侦查。这条是对检察机关机动侦查权的规定。机动侦查权，是指法律赋予检察机关在其认为履行法律监督职责确有需要时,可以经过严格批准程序,依法对平常不具有侦查管辖权的刑事案件进行立案侦查。机动侦查权主要是赋予检察机关一种监督职责,对于一些社会影响很大、不便由公安机关立案侦查的案件,由检察机关立案侦查,有利于保证侦查活动的客观性和公信力。

检察机关行使机动侦查权的情况主要包括三类:一是可能涉及公安机关违法的案件,如公安机关有案不立、有罪不究,经检察机关监督立案仍未立案的,或公安机关消极侦查、以罚代刑、降格处理,经检察机关督促后仍不纠正的。二是公安机关和检察机关认识有分歧,如对于国家机关工作人员的行为是否构成犯罪认识不一致,检察机关认为应当依法追究刑事责任的案件,或对案件管辖发生争议,有管辖权的公安机关拒不侦查或者长期拖延侦查的。三是因案件涉及公安机关人员,从维护司法公信力出发,由人民检察院立案侦查更为适宜的。

机动侦查权只是针对公安机关侦查不便的个别案件启用,不能普遍适用。为确保机动侦查权规范行使,不越位、不滥用,在程序上,修改后的刑事诉讼法对机动侦查权设定了严格的程序启动要求,要经省级以上人民检察院决定,才可以启动,有效防止任意扩大人民检察院直接立案侦查案件的范围。

2. 补充侦查权

修改后的刑事诉讼法第一百七十五条第二款规定,人民检察院审查案件,对于需要补充侦查的,可以退回公安机关补充侦查,也可以自行侦查。这是赋予检察机关补充侦查权的法律规定。补充侦查权,指检察机关在审查起诉时,认为移送起诉的案件犯罪事实不清、证据不足或者有遗漏罪行、遗漏同案犯罪嫌疑人等情形的,可以将案件退回公安机关,由公安机关进行补充性侦查;对于只是有部分证据需要查证,检察机关有能力侦查或者自行侦查更有利于案件正确处理的，则由人民检察院自行补充侦查。另外，根据监察法的规定，对监察委员会移送起诉的案件，检察机关可以退回补充调查，也可以自行补充侦查。退回公安机关补充侦查以二次为限，每次补充侦查应当在一个月以内完成。补充侦查完毕移送人民检察院后，人民检察院重新计算审查起诉期限。检察机关自行补充侦查的，应当在审查起诉期限内侦查完毕。

二、检察机关与监察委员会办案程序的衔接

实现刑事诉讼法与监察法的顺畅衔接，为职务犯罪案件办理提供统一的可操作的衔接规则，是本次刑事诉讼法修改的重要内容。修改后的刑事诉讼法对监察机关移送案件的管辖、强制措施、审查起诉、提前介入、证据移送、证明标准、补充调查等作出了规定，实现了与监察法在程序上的全面衔接。

（一）检察机关采取强制措施的衔接

在职务犯罪调查阶段被采取留置措施的人员，被移送审查起诉后，如何在强制措施上衔接，需要作出规定。修改后刑事诉讼法对衔接方式与时间都予以明确，规定对于监察机关移送起诉的已采取留置措施的案件，人民检察院应当对犯罪嫌疑人先行拘留，拘留期限一般为10日，特殊情况下可以延长1日至4日。这里的先行拘留是为解决留置措施与刑事强制措施衔接问题而设置的一项临时性强制措施。检察机关需要一定的时间审查决定是否采取强制措施，以及采取何种强制措施，并与监察机关办理交接手续，而在这一期间内，对犯罪嫌疑人的人身自由需要采取临时的限制措施，因此法律上规定了先行拘留

作为衔接方式。专门规定这一环节,为羁押犯罪嫌疑人提供了法律依据,可以防止犯罪嫌疑人脱管,保障刑事诉讼的顺利进行。专门留出最长14日的拘留期限,既可以避免占用监察机关的留置时间或检察机关的审查起诉时间,也给检察机关留出了充分的时间,根据具体情况审慎地对犯罪嫌疑人作出逮捕或取保候审、监视居住等强制措施的决定。在检察机关决定采取强制措施之后,不需要再专门作出解除监察机关留置措施的决定,而是"留置措施自动解除"。

检察机关应当根据案件的实际情况,综合考虑犯罪事实、可能判处的刑罚、犯罪嫌疑人的社会危险性、身体状况等因素,决定是否采取强制措施,以及采取何种强制措施。审查中要坚持全面审查的原则,注重对犯罪嫌疑人的当面讯问。对于正在被留置的被调查人,经审查符合逮捕条件的,依法予以逮捕;如果犯罪嫌疑人涉嫌的罪行较轻,或者患有严重疾病、生活不能自理,或是怀孕或正在哺乳自己婴儿的妇女,即不应逮捕或没有逮捕必要的,可以采取取保候审或者监视居住措施。

(二) 如何把握提前介入调查的问题

检察机关提前介入监察机关的调查活动,可以从采取强制措施和审查起诉的角度对证据收集、事实认定、法律适用、证据标准以及取证方向、取证程序、证据效力等发表意见建议,有利于案件进入诉讼程序后准确、及时地审查逮捕与审查起诉,避免证据遗漏,确保证据合法性,提高职务犯罪案件办理的质量和效率。

1. 介入的案件范围

检察机关对职务犯罪案件介入调查,主要针对重大、疑难、复杂案件。为合理利用司法资源,避免介入的随意性,提前介入应限于对法律判断要求高且有必要的案件,故只宜针对重大、疑难、复杂案件。同时,鉴于职务犯罪案件调查阶段的特殊性,检察机关提前介入要以监察机关的"书面商请"为前提。

2. 介入的时间

检察机关要把握好介入时间,防止出现介入工作随意性,介入时间过早或者过晚,都会影响介入工作效果。介入过早,证据尚未收集完全,检察人员难以作出准确判断;介入过晚,又可能错过补充证据的最佳时机。因此,通常在案件进入监察机关案件审理阶段后介入比较妥当。一方面,案件进入审理阶段后,证据收集工作基本完成,调查部门已经将全部案卷材料及相关报告移送,有利于检察机关全面了解案情、把握证据,进而提出对事实认定、法律适用以及证据标准方面的意见建议。另一方面,如果有需要补充证据、对证据合法性进行补正、重新取证等情况,也可以及时提出,及时补充完善,保障后续诉讼工作的顺畅进行。

3. 介入的方式方法

检察机关提前介入调查活动,可以采取以下方式开展工作:(1) 听取监察机关关于案件事实和证据情况的介绍,参加监察机关的案件讨论;(2) 查阅法律文书、证据材料以及相关案件材料;(3) 调看讯问被调查人、询问证人同步录音录像;(4) 其他必要的工作方式。

4. 介入后所提意见建议

检察机关提前介入要对证据标准、事实认定、案件定性及法律适用提出书面意见,对是否需要采取强制措施进行审查。书面意见应当包括提前介入工作的基本情况、审查认定的事实、定性意见、补证意见及需要研究和说明的问题等内容。检察机关提出的意见建议，供监察机关参考，虽然并不必然产生法律上的约束力，但为避免案件在审查起诉中被退回补充调查或者不符合起诉条件，监察机关自然会慎重对待，需要补证的，由调查部门进行补充完善。

5. 把握好提前介入工作的定位

提前介入的目的是为了保障诉讼的顺利进行，是检察机关进行法律把关、证据审查的一种工作机制。因此要把握好提前介入的尺度，避免以引导之名干扰调查，甚至替代调查。检察人员应当站在客观公正的立场对事实认定、法律适用、证据合法性等发表意见建议，不能将自身置于追诉立场，否则容易忽视对无罪、罪轻证据的收集，丧失客观性。

（三）如何把握监察委员会向检察机关移送起诉案件的证据标准

人民检察院对于监察机关移送起诉的案件，应当依照刑事诉讼法和监察法的有关规定进行审查。监察机关调查取得的证据材料，可以在刑事诉讼中直接作为证据使用。人民检察院在对案件事实、证据的审查中，应当对证据合法性进行全面审查。同时，注重加强退回补充调查和自行补充侦查工作。经审查后，人民检察院认为犯罪事实已经查清，证据确实、充分，依法应当追究刑事责任的，应当作出起诉决定。犯罪嫌疑人认罪认罚的，可以适用认罪认罚从宽制度；符合速裁程序适用条件的，也可以适用速裁程序。

（四）如何把握退回补充调查和自行补充侦查

对监察机关移送的案件，检察机关经审查后认为犯罪事实不清、证据不足，需要补充核实的，应当退回监察机关补充调查，必要时可以自行补充侦查。"这是检察机关对监察机关进行监督的重要体现和制度措施",[1] 也是保障职务犯罪案件办案质量的重要制度设计。

与对公安机关移送案件的退回补充侦查、自行补充侦查有所不同的是,对于公安机关移送的案件,人民检察院认为需要补充侦查的,可以退回公安机关补充侦查,也可以自行侦查。即采取何种侦查方式,检察机关可以根据案件情况自行选择。但对于监察机关移送的案件,"退回补充调查和自行补充侦查是有先后顺序的,考虑到监察机关移送的案件政治性强、比较敏感,检察机关审查后认为需要补充证据的,一般应当先退回监察机关进行补充调查;必要时,才由检察机关自行补充侦查"。[2] 在退回补充调查和自行补充侦查的选择上,以退回监察机关补充调查为原则,检察机关自行补充侦查为例外。检察机关自行补充侦查主要把握在人民检察院查证更为便利、更有利于查清案件事实的情形。

对于退回监察机关补充调查的案件,应当在一个月内补充调查完毕。补充调查以二次为限。补充调查结束后,需要提起公诉的,由监察机关重新移送检察机关审查。人民检察院重新计算审查起诉期限。自行补充侦查的案件,应当在审查起诉期间补充侦查完毕。

---

[1] 中共中央纪律检查委员会法规室、中华人民共和国国家监察委员会法规室编写:《〈中华人民共和国监察法〉释义》,中国方正出版社2018年版,第214页。

[2] 中共中央纪律检查委员会法规室、中华人民共和国国家监察委员会法规室编写:《〈中华人民共和国监察法〉释义》,中国方正出版社2018年版,第214页。

三、认罪认罚从宽制度

认罪认罚从宽制度是这次刑事诉讼法修改的一个重点内容，涉及的条款最多。2014年6月全国人大常委会作出决定，授权最高人民法院、最高人民检察院（以下简称"两高"）在北京等18个城市开展刑事案件速裁程序试点；2016年9月又作出决定，授权"两高"在这18个城市开展刑事案件认罪认罚从宽制度试点，扩大范围后的速裁程序试点纳入新的试点继续进行。从试点开始到2018年10月，试点地区适用认罪认罚从宽制度起诉的案件数，占同期起诉刑事案件总数的50%左右，审查起诉平均用时缩短至26天，人民法院15日内审结的占80%以上；适用速裁程序审结的占70%左右，其中当庭宣判率达95%；适用简易程序审结的占25%左右；当庭宣判率为79.8%。[1] 这说明，认罪认罚从宽制度在依法惩治犯罪、强化人权保障、优化司法资源配置、推动繁简分流、提升诉讼质量效率、完善多层次刑事诉讼程序体系等方面发挥了重要作用。基于此，在充分吸收试点经验的基础上，刑事诉讼法修改中将这项制度立法化。

（一）修改后的刑事诉讼法在完善认罪认罚从宽制度方面主要有哪些新增内容

修改后的刑事诉讼法总结试点工作中行之有效的做法，从四个方面作出了明确规定：

---

[1] 参见董凡超：《最高检副检察长孙谦解读修改后的刑事诉讼法有关问题 认罪认罚从宽贯穿整个刑诉程序》，载《法制日报》2018年12月13日第3版。

1. 在刑事诉讼法第一编第一章中明确刑事案件认罪认罚可以依法从宽处理的原则。

2. 完善刑事案件认罪认罚从宽的程序规定。包括侦查机关告知诉讼权利和将认罪情况记录在案；人民检察院在审查起诉阶段就案件处理听取意见，犯罪嫌疑人认罪认罚的，签署认罪认罚具结书；人民检察院提出量刑建议和人民法院如何采纳量刑建议；人民法院审查认罪认罚自愿性和具结书真实性合法性等。

3. 增加速裁程序。适用于基层人民法院管辖的可能判处3年有期徒刑以下刑罚、被告人认罪认罚、民事赔偿问题已经解决的案件。规定速裁程序不受刑事诉讼法规定的送达期限的限制，不进行法庭调查、法庭辩论，但应当听取辩护人的意见和被告人的最后陈述意见；应当当庭宣判。同时，对办案期限和不宜适用速裁的程序转化作出规定。

4. 加强对当事人的权利保障。对诉讼权利告知、建立值班律师制度、明确将认罪认罚作为采取强制措施时判断社会危险性的考虑因素等作出规定。

（二）认罪认罚从宽制度给检察机关带来哪些重要影响

认罪认罚从宽制度对于进一步落实宽严相济刑事政策，完善刑事诉讼程序，合理配置司法资源，提高办理刑事案件的质量与效率等方面具有重要意义。在全面推行司法责任制改革的新形势下，解决案多人少的矛盾，在刑事诉讼程序上推进繁简分流，实行认罪认罚从宽制度更具有现实意义。从修改后的刑事诉讼法的规定看，认罪认罚从宽制度最核心的一环是在审查起诉阶段，犯罪嫌疑人通过认罪认罚而与检察机关达成一致，签署具结书。进入审判程序后，法院一般应当采纳人民检察院指控的罪名和量刑建议，也就是说，通过认罪认罚从宽制度的设置，检察机关的公诉裁量权进一步丰富和完善，公诉在诉讼程序中特别是审前程序中的主导作用更为突出，同时也对公诉工作提出了新的挑战和要求。

（三）适用认罪认罚从宽制度有无对罪名和刑罚的限制

修改后的刑事诉讼法第十五条规定，"犯罪嫌疑人、被告人自愿如实供述自己的罪行，承认指控的犯罪事实，愿意接受处罚的，可以依法从宽处理"；第一百七十四条规定，"犯罪嫌疑人自愿认罪，同意量刑建议和程序适用的，应当在辩护人或者值班律师在场的情况下签署认罪认罚具结书"。这两条对认罪认罚从宽制度的适用范围和条件作出了规定，对认罪认罚从宽制度适用罪名和可能判处的刑罚没有限定，包括重罪案件、职务犯罪案件以及共同犯罪案件，只要认罪认罚的，均可以依法从宽处理。

（四）如何理解"认罪"

根据修改后的刑事诉讼法的规定，"认罪"是指"犯罪嫌疑人、被告人自愿如实供述自己的罪行，承认指控的犯罪事实"，具体可以根据刑法中关于自首、坦白中"如实供述自己的罪行"来把握。而何为"如实供述"，《关于处理自首和立功具体应用法律若干问题的解释》《关于处理自首和立功若干具体问题的意见》等相关司法解释中已有较为明确的规定，可以参照把握。实践中，认罪的内涵较为宽泛、情况也比较复杂，一定要结合具体案情来把握。比如，承认指控的主要犯罪事实，仅对个别细节提出异议的，或者对犯罪事实没有异议，仅对罪名认定提出异议的，都不影响"认罪"的认定。

（五）如何理解"认罚"

从修改后的刑事诉讼法的规定看，"认罚"是指犯罪嫌疑人、被告人愿意接受处罚，具体就是同意量刑建议，签署具结书，即对检察机关建议判处的刑罚种类、幅度及刑罚执行方式没有异议。"认罚"直接体现了悔罪态度和悔罪表现,是适用认罪认罚从宽制度的前提条件。以往检察机关办理刑事案件对"认罪"关注较多,对"认罚"关注相对较少,认罪认罚从宽制度确立后,"认罚"就成为在决定是否从宽以及如何从宽时应当考虑的重要因素。如果犯罪嫌疑人、被告人只"认罪"不"认罚",或者表面上"认罚",背地里却串供、毁灭证据或者隐匿、转移财产,不赔偿损失,则不能适用认罪认罚从宽制度。需要注意的是,认罪认罚从宽制度中犯罪嫌疑人、被告人享有程序选择权,若犯罪嫌疑人不同意适用速裁程序、简易程序的,不影响"认罪""认罚"的认定。

(六) 如何理解"从宽"

从宽是对认罪认罚的激励,也是这一制度的重要价值。对"从宽",一定要全面理解:

1. 依法从宽

办理认罪认罚案件,应当遵循刑法、刑事诉讼法的基本原则,从宽情节的把握可以依照刑法、刑事诉讼法和有关司法解释关于自首、坦白、自愿认罪、真诚悔罪、取得谅解、达成和解等法定、酌定从宽情节的规定,依法决定是否从宽、怎么从宽、从宽的幅度。对于减轻、免除处罚,必须于法有据,不具备法定减轻处罚情节的,应当在法定刑幅度以内提出从轻处罚的量刑建议。对犯罪情节轻微不需要判处刑罚的,可以依法作出不起诉决定。

2. 一般应当从宽

认罪认罚从宽,同刑法第六十七条规定的自首一样,都是"可以"从宽。这里的"可以"暗含了从宽的导向性,即不是可有可无,而是没有特殊理由的,都应当体现法律规定和政策精神，从宽处罚。特别是对民间矛盾引发的犯罪、真诚悔罪并取得谅解、达成和解、不会严重影响群众安全感的，都应当考虑从宽。

3. 不能一味从宽

是否从宽以及从宽幅度，应当根据犯罪的事实、性质、情节和对社会的危害程度，综合考虑认罪认罚的具体情况，依法确定，确保宽严有据、罚当其罪，避免片面从严和一味从宽两种偏差，避免案件处理显失公平。对犯罪性质恶劣、犯罪手段残忍、危害后果严重的犯罪分子，虽认罪认罚但不足以从轻处罚的，不能适用从宽规定。

（七）办理认罪认罚案件是否必须签署具结书

根据修改后的刑事诉讼法的规定，犯罪嫌疑人自愿认罪，同意量刑建议和程序适用的，应当在辩护人或者值班律师在场的情况下签署认罪认罚具结书。辩护人或者值班律师在场，一方面是见证，确保签署具结书是犯罪嫌疑人、被告人在充分了解认罪认罚后果情况下的自愿行为；另一方面，可以为犯罪嫌疑人、被告人提供法律帮助。具结书是双方对认罪认罚从宽达成合意的形式体现，也是审判环节法官对认罪认罚予以确认的基本依托。除法律规定不需要签署具结书的情形外，都应当签署具结书。

修改后的刑事诉讼法规定，有下列情形之一的，不需要签署认罪认罚具结书：犯罪嫌疑人是盲、聋、哑人，或者是尚未完全丧失辨认或者控制自己行为能力的精神病人的；未成年犯罪嫌疑人的法定代理人、辩护人对未成年人认罪认罚有异议的；其他不需要签署认罪认罚具结书的情形。法律对盲、聋、哑犯罪嫌疑人，或者是精神病人、未成年犯罪嫌疑人等刑事责任能力受限的群体作出了特殊规定，允许其不签署认罪认罚具结书。主要考虑上述人群认知能力不完整，从充分保障其诉讼权利的角度出发，防止其因对认罪认罚从宽制度理解不清而违背意愿认罪认罚。但为保障这些特殊人群能够享受认罪认罚从宽制度带来的从宽，同样并不否认其可以适用认罪认罚从宽制度。也就是说，对于这类特殊人群，虽然没有签署具结书，但检察机关承诺的"从宽"也是有效力的，不能随意变化更改。

（八）采取逮捕措施是否要考虑认罪认罚情况

在关于逮捕条件的规定中，修改后的刑事诉讼法增加了认罪认罚作为逮捕社会危险性的考虑因素。修改后的刑事诉讼法第八十一条第二款规定，"批准或者决定逮捕，应当将犯罪嫌疑人、被告人涉嫌犯罪的性质、情节，认罪认罚等情况，作为是否可能发生社会危险性的考虑因素"。犯罪嫌疑人、被告人自愿认罪认罚，表明其对自身行为的认识和悔罪的态度，相较于不认罪情形，显然社会危险性明显降低。因此，对于认罪认罚案件，应当将犯罪嫌疑人、被告人认罪认罚作为其是否具有社会危险性的重要考虑因素，并且结合刑事诉讼法规定的逮捕条件综合衡量，作出是否逮捕的决定。经审查没有社会危险性不需要逮捕的，应当作出不批准逮捕或者不予逮捕的决定；已经逮捕的，可以通过羁押必要性审查或者在审查起诉阶段直接变更为取保候审或者监视居住，以便为后续作出不起诉、适用非监禁刑预留空间。

对此，在审查逮捕时应注意几个问题：一是认罪认罚是社会危险性条件判断的重要内容之一。认罪认罚与社会危险性条件的判断在价值上具有一致性，但此次修改并未改变2012年刑事诉讼法所确立的"社会危险性"标准，"认罪"仅是衡量其是否有社会危险性的前提条件，认罪后仍应当根据案件的性质、量刑起点、犯罪嫌疑人主观恶性等综合判断其社会危险性。对初犯、偶犯、与被害人一方达成赔偿和解的以及符合刑法等相关法律规定的减轻、从轻等从宽处罚条件的，可以不批准逮捕；对于一些过失犯罪，比如交通肇事案件，若犯罪嫌疑人愿意且赔偿合理，但暂未达成和解条件，犯罪嫌疑人一方愿提供保证金的，可以综合案件情况作出不批准逮捕决定，以体现宽严相济政策；对于未成年人犯罪案件，应当坚持可捕可不捕的不捕，对已经批捕的未成年人，经审查没有继续羁押必要的，应当及时建议释放或者变更强制措施。二是准确理解认罪认罚与刑事诉讼法第八十一条规定的其他逮捕情形之间的关系，对于符合本条第三款情形的，即使认罪，也应当予以逮捕；对于存在可能实施新的犯罪、同案犯在逃、危害国家安全或者公共安全、可能毁灭伪造证据等情形，确实有碍刑事诉讼顺利实施的，即使表示认罪也应当予以逮捕。

（九）办理认罪认罚案件检察机关如何提出量刑建议

犯罪嫌疑人同意量刑建议，是适用认罪认罚从宽制度的必要条件，而人民法院依法作出判决时，一般也应当采纳人民检察院的量刑建议。实际上，提出量刑建议已成为办理认罪认罚案件的必经环节。

1. 关于量刑建议的内容

根据修改后的刑事诉讼法第一百七十六条的规定，量刑建议一般应当包括主刑、附加刑，并明确刑罚执行方式。根据刑法的规定，这里的"主刑"包括管制、拘役、有期徒刑、无期徒刑、死刑；"附加刑"包括罚金、剥夺政治权利、没收财产；缓刑，即对原判刑罚附条件不执行的一种刑罚执行制度，属于刑罚执行方式，是否适用缓刑也属于量刑建议的内容。也就是说，检察机关不仅要对主刑提出建议，还要对附加刑提出建议，特别是附加刑中的财产刑，作为"认罚"的重要组成部分，直接体现着犯罪嫌疑人的悔罪态度，直接影响着从宽的后果，应当予以关注。

2. 关于量刑建议的提出形式

是否需要单独制作量刑建议书，修改后的刑事诉讼法对此未予以明确，最高人民法院、最高人民检察院、公安部、国家安全部、司法部《关于在部分地区开展刑事案件认罪认罚从宽试点工作的办法》中规定"人民检察院向人民法院提起公诉的，应当在起诉书中写明被告人认罪认罚情况，提出量刑建议"，也就是说，不需要单独制作量刑建议书，而是在起诉书中写明。但是，根据修改后的刑事诉讼法的表述，检察机关提出量刑建议的方式可以更为灵活，既可以在起诉书中写明，也可以另行制作量刑建议书。实践中，对于适用速裁、简易程序的案件，为提高诉讼效率，人民检察院一般可以不制作量刑建议书，直接在起诉书中写明；对于适用普通程序，案情较为复杂的案件，人民检察院可以根据需要另行制作量刑建议书。

3. 关于量刑建议的提出方式

修改后的刑事诉讼法对于量刑建议应当是"确定的刑期"还是相对明确的"量刑幅度"没有硬性要求，但是在认罪认罚案件中，为了使犯罪嫌疑人在签署具结书时对将要被判处的刑罚有一个合理的预期，提出确定刑期的量刑建议显得更为必要。因此，检察机关一般应当提出明确、具体的量刑建议，并充分听取犯罪嫌疑人及其辩护律师的意见，建议判处财产刑的，一般应当提出明确的数额。当然，考虑到案件情况千差万别，根据案件实际情况，也可以提出一定幅度内的量刑建议。

4. 客观公正地提出量刑建议

要秉持检察官的客观公正义务，克服单纯追诉立场，既要重视不利于被告人的量刑情节，也要重视有利于被告人的量刑情节，确保量刑建议的客观性。要全面收集量刑证据和信息，既要重视自首、立功等法定情节，也要重视和解、赔偿、被害人过错等酌定情节，确保量刑信息掌握的完整性。

（十）如何保障认罪认罚的自愿性

保障犯罪嫌疑人、被告人在自愿的前提下认罪认罚，是认罪认罚从宽制度能否取得实效的关键。

1. 获得有效法律帮助

公检法三机关都有义务保障犯罪嫌疑人、被告人及时获得有效法律帮助。审查起诉阶段，犯罪嫌疑人认罪认罚的，检察机关应当告知其享有的诉讼权利和认罪认罚导致的后果。犯罪嫌疑人自愿认罪认罚，没有辩护人的，应当通知值班律师为其提供法律咨询、程序选择、申请变更强制措施等法律帮助，确保其在获得及时、充分、有效法律帮助的前提下自愿认罪认罚。符合应当指定辩护条件的，依法通知法律援助机构指派律师为其提供辩护。切实保障犯罪嫌疑人的程序选择权，犯罪嫌疑人不同意适用速裁程序和简易程序的，应当建议法院适用普通程序审理。

2. 听取意见

犯罪嫌疑人认罪认罚的，检察机关应当就相关事项，包括涉嫌的犯罪事实、罪名及适用的法律规定，从轻、减轻或者免除处罚等从宽处罚的建议，认罪认罚后案件处理适用的程序等，听取犯罪嫌疑人及其辩护人或者值班律师的意见。

3. 认罪认罚自愿性审查

审查起诉阶段，检察机关应对侦查阶段认罪认罚的自愿性进行审查。如果犯罪嫌疑人或者其辩护人提出在侦查阶段认罪认罚非系自愿，检察机关可以重新就认罪认罚事项与犯罪嫌疑人及其辩护人进行沟通，记录在案并附卷。若经审查，认定侦查机关采取刑讯逼供等非法手段强迫犯罪嫌疑人违背意愿认罪认罚的，则认罪认罚的供述应当作为非法证据予以排除。

4. 尊重和保障律师依法执业

在刑事诉讼中，犯罪嫌疑人、被告人大多不懂法律，更缺乏诉讼经验和相关知识，律师作为法律工作者，其作用的发挥对于保障认罪认罚自愿性、推动落实从宽具有不可替代的重要作用。检察机关要尊重和保障律师依法执业，切实保障其会见权、阅卷权等合法权利，就量刑、程序适用等问题认真听取律师意见，共同维护当事人合法权益，推进认罪认罚从宽制度落实。

（十一）法律援助机构能否在检察机关派驻值班律师

基于我国当前刑事辩护率不够高，一些案件犯罪嫌疑人、被告人尚无法获得律师帮助，导致辩护权无法有效行使的问题，从速裁程序试点开始，建立了法律援助值班律师制度。实践证明，这一制度对认罪认罚从宽制度试点和速裁程序的有效运行发挥了重要作用。修改后的刑事诉讼法第三十六条规定，"法律援助机构可以在人民法院、看守所等场所派驻值班律师"。根据上述规定，"等场所"是可以包含检察机关的，检察机关根据实际工作需要联系法律援助机构派驻或者安排值班律师是完全必要的。实际上，在认罪认罚从宽制度实施中，核心问题是检察官与被告人及其律师之间的沟通。

（十二）值班律师是否有阅卷权

修改后的刑事诉讼法将值班律师定位为"由值班律师为犯罪嫌疑人、被告人提供法律咨询，程序选择建议、申请变更强制措施，对案件处理提出意见等法律帮助"。也就是说，值班律师行使的是法律帮助权，这与辩护律师的辩护权是有区别的，主要起到见证认罪认罚过程、释明制度程序与后果、保障被追诉人自愿性等作用。这也是由目前我国刑事辩护律师数量少，难以承担实际需求的实践现状所决定的。因此，我国辩护制度形成了当前"委托辩护、法律援助、值班律师"三者并行的模式。具体到律师的阅卷权，刑事诉讼法使用的表述是"提供必要的便利"，我们认为，由于与辩护律师的定位有所区别，刑事诉讼法未赋予值班律师阅卷权，而是赋予了人民检察院自由裁量权，这就需要由检察机关决定采取何种方式"为值班律师了解案件有关情况提供必要的便利"。对简单的认罪认罚案件，只需由值班律师提供帮助即可，律师无须承担辩护职责，但是律师对事实认定有疑问的，可以要求阅卷。我们的观点是律师要求阅卷的，检察机关应当允许。

（十三）办理认罪认罚案件如何保障被害人的合法权益

随着 20 世纪 20 年代被害人学研究的逐渐兴起，刑事被害人的地位、境遇及权利保护等问题开始进入学者们研究和关注的视野。尊重和保障刑事被害人的合法权益，对于减少社会对抗、修复被损害的社会关系、化解矛盾意义重大，也将直接影响认罪认罚从宽制度的实际效果。修改后的刑事诉讼法将听取被害人及其诉讼代理人意见作为人民检察院办理认罪认罚案件的必经程序，在检察机关审查起诉环节明确要求检察机关就涉嫌的犯罪事实、罪名及适用的法律规定，从轻、减轻或者免除处罚等从宽处罚的建议，认罪认罚后案件审理适用的程序等事项听取被害人的意见，防止被害人被排除在认罪认罚从宽程序之外。这要求，一是认罪认罚案件必须听取被害人及其诉讼代理人的意见，并记录在案；提出书面意见的，应当附卷。二是做好释法说理工作，促使犯罪嫌疑人主动向被害人赔礼道歉，与被害人达成和解或者赔偿损失。三是将被害人的谅解或者双方的和解作为量刑的重要考虑因素，在量刑中予以体现。此外也要注意把握，对于犯罪嫌疑人认罪认罚，但没有赔礼道歉、退赃退赔、赔偿损失，未能与被害人达成调解或者和解协议取得谅解的，检察机关在考虑如何从宽时要有所区别。同时，对因被告人确无赔偿能力、被害人要求不合理，而未能达成和解协议的，不影响认罪认罚从宽制度的适用。对严重破坏社会秩序犯罪，影响恶劣的，不能仅仅因为赔偿被害人损失，就一律从宽处罚。判断和处理案件要严格依法，体现公平正义。

（十四）如何理解和执行特殊案件认罪认罚从宽的规定

修改后的刑事诉讼法第一百八十二条规定，"犯罪嫌疑人自愿如实供述涉嫌犯罪的事实，有重大立功或者案件涉及国家重大利益的，经最高人民检察院核准，公安机关可以撤销案件，人民检察院可以作出不起诉决定，也可以对涉嫌数罪中的一项或者多项不起诉"。这实际上是创设了两种新的制度，一是特殊案件的撤销制度；二是特殊案件的不起诉制度。对此，总的原则是"严格控制，慎重适用，防止滥用"，实践中只适用于个别极特殊的案件，而不具有普遍适用的意义。本条规定的"重大立功"，可以参照最高人民法院《关于处理自首和立功具体应用法律若干问题的解释》的规定加以把握，对于"犯罪分子有检举、揭发他人重大犯罪行为，经查证属实；提供侦破其他重大案件的重要线索，经查证属实；阻止他人重大犯罪活动；协助司法机关抓捕其他重大犯罪嫌疑人（包括同案犯）；对国家和社会有其他重大贡献等表现的"，应当认定为有重大立功表现。"涉及国家重大利益"，主要是指涉及国防、外交、国家安全、尖端科技等国家重大利益。

（十五）认罪认罚案件在审判程序上有何变化

认罪认罚从宽制度在程序上的体现，就是从简、从快。修改后的刑事诉讼法为此增设了速裁程序，加上原有的普通程序、简易程序，在认罪认罚从宽制度下，构建了多元化、分层次的多层诉讼体系。与这种多层次的刑事诉讼程序相适应，需要完善与之相衔接的公诉模式。一是规范和深化速裁程序；二是完善简易程序办理机制。除对基层法院管辖的可能判处3年有期徒刑以下刑罚的案件适用速裁程序外，其他案件都属于适用简易程序的范围。

四、刑事速裁程序

（一）速裁程序制定的背景及意义

随着经济社会快速发展，我国进入了改革的深水区，各类社会矛盾凸显，轻微刑事案件增长较快，现有的司法办案人员有限，基层司法机关办案压力大，案多人少矛盾较为突出。

为合理配置司法资源，提高审理刑事案件的质量与效率，切实维护当事人的合法权益，2014年6月27日全国人大授权最高人民法院、最高人民检察院在北京、天津、上海、沈阳、南京、杭州等18个城市开展了为期两年的刑事案件速裁程序试点工作。同年8月12日，最高人民法院、最高人民检察院、公安部、司法部印发了《关于在部分地区开展刑事案件速裁程序试点工作的办法》（以下简称《试点办法》），明确了适用速裁程序的具体条件，简化了案件审理程序，并对法律援助值班律师、认罪认罚从宽等相关内容进行了规定。速裁程序试点是立法机关首次就司法改革事项进行授权，更有利于及时巩固司法实践中的运行效果，及时发现程序运行的具体问题，便于立法、司法机关根据试点运行情况进行局部调整，完善内部设计，为后续相关立法提供参考。

2015年10月,"两高"对速裁程序试点工作进行中期总结。截至2015年8月20日,各地确定基层法院、检察院试点183个,共适用速裁程序审结刑事案件15606件16055人,占试点法院同期判处一年有期徒刑以下刑罚案件的30.70%,占同期全部刑事案件的12.82%。其中,检察机关建议适用速裁程序的占65.36%。[1]

在试点过程中,对危险驾驶等11种犯罪以及依法单处罚金的案件,事实清楚,证据充分,适用法律无争议的,经当庭确认,被告人自愿认罪,同意检察机关量刑建议并同意适用速裁程序的,进一步简化庭审,可不再进行法庭调查、法庭辩论,由审判员独任审判,当庭宣判。对于速裁案件,普遍实行专人办理、集中起诉、集中开庭。各地也积极探索速裁法庭、集中办案平台、视频提讯、视频开庭、短信快速送达、文书网上流转等高效办案措施,有效提高了工作效率。一年多的试点证明,对简单、轻微刑事案件探索专门的快速办理程序,形成普通程序、简易程序、速裁程序相互衔接的多层次、多元化诉讼体系,实现诉讼程序与案件难易、刑罚轻重相适应,符合我国司法实践需要和刑事诉讼制度发展规律,为完善我国刑事诉讼程序制度提供了实践基础,具有重大的示范价值和现实意义。

1. 简化了诉讼程序,实行繁简分流

简单案件从快办理,刑事诉讼效率明显提高,有利于及时惩治犯罪,化解社会矛盾,稳定社会秩序;通过繁简分流,优化司法资源配置,有效缓解司法机关案多人少的矛盾。

---

[1] 参见《最高人民法院、最高人民检察院关于刑事案件速裁程序试点情况的中期报告》,载《中华人民共和国全国人民代表大会常务委员会公报》2015年第6期。

2. 充分体现认罪认罚从宽制度的优越性

对于被告人认罪认罚的案件,不仅要在实体上从宽处罚,在程序上也要从快处理、从宽对待,尽量避免审前羁押,扩大非监禁刑的适用,更加准确兑现宽严相济刑事政策,充分体现认罪认罚从宽精神,有效避免"刑期倒挂",充分发挥社区矫正功能,促进罪犯更好地改造和回归社会。

3. 当事人权益得到更好的保障

速裁程序强调被告人和被害人的有效参与,通过调解和解、量刑激励、法庭教育,敦促被告人退赃退赔、赔礼道歉,有效保护被害人权益,及时化解社会矛盾。[1] 同时,赋予犯罪嫌疑人、被告人程序选择权,适用认罪认罚从宽,简化诉讼程序,降低审前羁押率,做到案结事了。适用速裁程序的案件检察机关抗诉率、附带民事诉讼原告人上诉率均明显低于普通刑事案件。

4. 强化了检察机关的量刑建议权

以速裁程序为契机,全面强化检察机关在刑事诉讼程序中求刑权的落实。对认罪认罚的犯罪嫌疑人、被告人,检察机关可以提出从轻处罚的量刑建议,该量刑建议对法院裁判具有一定的约束作用。

(二) 如何理解速裁程序适用的案件范围与条件

速裁程序适用于基层法院办理的轻微刑事案件。其适用案件范围在试点阶段仅限于危险驾驶、交通肇事、盗窃、诈骗、抢夺、伤害、寻衅滋事、非法拘禁、毒品犯罪、行贿犯罪、在公共场所实施的扰乱公共秩序犯罪情节较轻、依法可能判处一

---

[1] 参见《最高人民法院、最高人民检察院关于刑事案件速裁程序试点情况的中期报告》,载《中华人民共和国全国人民代表大会常务委员会公报》2015年第6期。

年以下有期徒刑、拘役、管制的案件，或者依法单处罚金的案件。经认罪认罚从宽制度试点的探索，2018年刑事诉讼法修改后，速裁程序的适用范围进一步扩大为"基层人民法院管辖的可能判处三年有期徒刑以下刑罚的案件"，不再作具体罪名的限制，对于可能判处的刑罚由原来的一年以下有期徒刑、拘役、管制扩展到3年以下有期徒刑。

在适用条件方面，既规定了可以适用的条件，包括案件事实清楚，证据确实、充分，被告人认罪认罚，被告人同意适用速裁程序等四项要求，也规定了不适用速裁程序的五种具体情形，包括：（1）被告人是盲、聋、哑人，或者是尚未完全丧失辨认或者控制自己行为能力的精神病人的；（2）被告人是未成年人的；（3）案件有重大社会影响的；（4）共同犯罪案件中部分被告人对指控的犯罪事实、罪名、量刑建议或者适用速裁程序有异议的；（5）被告人与被害人或者其法定代理人没有就附带民事诉讼赔偿等事项达成调解或者和解协议的；（6）根据案件其他情况，司法机关认为不宜适用速裁程序的。排除适用速裁程序的几种案件，主要是考虑到以下几个方面：一是被告人属于限制刑事责任能力人或者在生理上有一定缺陷，可能影响其认知水平，无法确定其选择适用速裁程序以及认罪认罚的自愿性；二是事实清楚、证据充分，控、辩、审三方对认定事实、量刑、程序适用均无争议是适用速裁程序的前提，案件有重大社会影响或者在犯罪事实、罪名、量刑建议等方面存在争议的案件，需要通过法庭审理程序进一步查清，不得省略法庭相关查证程序；三是附带民事诉讼案件的当事人有权就附带民事部分参与法庭调查，进行法庭辩论，如果当事人双方就民事赔偿等事项尚未达成调解或谅解，就需要司法机关在庭审中进一步就相关问题进行法庭调查，以保障附带民事诉讼当事人法庭辩论的权利。从保障犯罪嫌疑人、被告人以及被害人的合法权益，更有利于查明案件事实等多方面出发，对以上几种类型的案件均不宜适用速裁程序。

（三）速裁程序的启动

刑事诉讼法第二百二十条第二款规定，"人民检察院在提起公诉的时候，可以建议人民法院适用速裁程序"。速裁案件的启动是从检察环节开始的，对检察机关而言，就要审查案件是否符合适用速裁程序的条件。

速裁程序的启动一般以检察机关提出建议为主。对于人民检察院没有提出建议的，人民法院经审查认为可以适用的，在征得人民检察院、被告人同意后，也可决定适用速裁程序。辩护人经犯罪嫌疑人同意，也可以提出建议，由检察机关决定是否启动速裁程序。公安机关在侦查终结前，认为案件符合速裁程序适用条件的，可以建议检察机关按速裁程序办理。需要特别注意的是，虽然公安机关、人民检察院、人民法院、辩护人均有适用速裁程序的建议权，但均需要得到犯罪嫌疑人、被告人同意，以体现对犯罪嫌疑人、被告人合法权益的保障。

（四）速裁程序的法庭审理规则

相较普通程序、简易程序，速裁程序在庭审程序上得到较大简化。

1. 证明程序相对简化

检察机关出席速裁程序法庭，可以简要宣读起诉书指控的犯罪事实、认定的证据，适用法律及量刑建议，不再讯问被告人。速裁程序不进行法庭调查和法庭辩论，但应当保障被告人最后陈述的权利。适用速裁程序案件的证明标准并没有随着程序的简化而降低，仍然要坚持"事实清楚，证据确实、充分"的一般证明标准。"案件事实清楚"，是指与案件有关的事实都必须查证清楚。"证据确实、充分",是对证据材料在质与量方面的要求。一是定罪量刑的事实都有证据证明;二是据以定案的证据均经法定程序查证属实;三是综合全案证据,对所认定事实已排除合理怀疑。被告人自愿认罪,有关键证据证明被告人实施了指控的犯罪行为的,可以认定被告人有罪。量刑方面,在被告人认罪认罚、签署具结书的基础上,对被告人依法从宽处罚,对于量刑事实的认定,采取有利于被告人原则。速裁程序庭审的主要目标不在于查证事实,而是通过司法审判确认被告人认罪认罚的自愿性,对于发现案件存在疑点或被告人提出异议的,应当立即转为普通程序或简易程序审理。

2. 适用速裁程序的案件,包括可能宣告缓刑、判处管制、免予刑事处罚的案件,实行独任法官审理,一般不提交审判委员会、检察委员会讨论决定

适用速裁程序的案件是控辩双方对指控罪名、量刑建议没有异议的案件,审理将省略法庭调查、法庭辩论,因此不需要太多司法人员参与也能顺利完成审判任务,故法律规定可由审判员一人独任审判。这也充分落实了谁办案、谁负责的原则,对于推进司法人员办案责任制的落实具有积极意义。

3. 刑事速裁程序的裁判文书一般由独任法官直接签署,法官当庭宣判,裁判文书当庭送达被告人

送达、通知、公告期限不受刑事诉讼法规定的限制。人民法院应当及时向被告人送达起诉书和适用速裁程序审理决定书。

(五)速裁程序对被告人权利的保障

1. 充分保障被告人的程序选择权

人民法院、人民检察院、公安机关受理案件后,应当及时告知犯罪嫌疑人、被告人适用速裁程序的有关规定,确保其在

充分知悉法律后果的前提下，自愿认罪并同意适用速裁程序。在押的犯罪嫌疑人、被告人在羁押期间向看守所提出适用速裁程序要求的，看守所应当及时将其请求转达给相关办案部门。

2. 充分发挥值班律师在速裁程序中的作用

人民法院、人民检察院、公安机关应当及时告知犯罪嫌疑人、被告人有权获得法律帮助。在押的犯罪嫌疑人、被告人提出法律帮助要求的，看守所应当通知值班律师提供法律帮助，并为值班律师及时会见犯罪嫌疑人、被告人提供便利。值班律师的设置对于确保被告人充分了解适用速裁程序的法律后果，从而保证适用程序的自愿性具有重要意义。

3. 尽量减少审前对犯罪嫌疑人、被告人人身自由的限制，优先适用非羁押强制措施

适用速裁程序的案件均为可能判处 3 年以下有期徒刑的轻罪案件。在办理此类案件过程中要严格审查对犯罪嫌疑人、被告人羁押的必要性和合理性，严格把握审查逮捕的各项条件，尤其是社会危险性条件。对于犯罪嫌疑人已经自愿认罪认罚的，在保障诉讼顺利进行的前提下，能不捕尽量不捕，优先适用取保候审等非羁押性强制措施。

（六）速裁程序的办案期限

提高诉讼效率，是速裁程序改革的主要目标。速裁程序在侦查、审查起诉、审判程序上均进行简化，在审查起诉期限和审理期限方面都作了特殊规定，故而在办案时限上大大缩短。一是审查起诉期限大幅缩短。根据修改后的刑事诉讼法第一百七十二条的规定，人民检察院适用速裁程序办理案件，应当在 10 日内作出决定，对可能判处的有期徒刑超过一年的，可以延长至 15 日。相应的，人民法院审理速裁程序的案件应当在 10 日以内审结，对可能判处的有期徒刑超过一年的，可以延长至 15 日。

（七）速裁程序转换

速裁程序通过使刑事案件分流，简单案件从快办理，复杂案件精细化办理，真正实现庭审不流于形式，推进庭审实质化的实现。但为有效保障被告人的合法权益，明确规定了审判程序的转换问题。在庭审过程中如果发现案件不适于速裁程序，应当立即转化为普通程序或者简易程序。

刑事诉讼法第二百二十六条规定需要转化程序的四种情形：一是被告人的行为不构成犯罪或者不应当追究其刑事责任；二是被告人违背意愿认罪认罚；三是被告人否认指控的犯罪事实；四是其他不宜适用速裁程序审理的情形。"被告人的行为不构成犯罪或者不应当追究刑事责任"时，适用速裁程序审理，因为省略了调查、辩论等庭审程序，不仅无法查清案件事实，还可能侵犯被告人的合法权益。对于"被告人违背意愿认罪认罚"的，应当明确认罪认罚的自愿性、真实性是速裁程序发挥积极作用的基础，是程序公正和实体公正相统一的要求，否则这一制度将走向它的价值反面，将导致无辜者被错误定案。

五、刑事缺席审判制度

建立刑事缺席审判制度，有利于推动司法机关积极履职、丰富惩治犯罪的手段，对于促进反腐败国际追逃，对腐败犯罪予以有力惩处和形成震慑，都具有重要的意义。

（一）如何把握刑事缺席审判适用的案件范围

根据修改后的刑事诉讼法第五编第三章的相关规定，缺席审判适用的案件范围包括三种情况：

第一种情况是贪污贿赂犯罪案件，以及需要及时进行审判，经最高人民检察院核准的严重危害国家安全犯罪、恐怖活动犯罪案件，因犯罪嫌疑人、被告人在境外的；

第二种情况是因被告人患有严重疾病无法出庭，中止审理超过6个月，被告人仍无法出庭，被告人及其法定代理人、近亲属申请或者同意恢复审理的；

第三种情况是被告人死亡，有证据证明被告人无罪，人民法院经缺席审理确认无罪的。

后两种情况的缺席审判，实际上是一种排除审判障碍的方式，即普通审判程序在运作中遭遇客观障碍（被告人患有严重疾病、无法出庭或被告人死亡），丧失审判要件，导致庭审无法正常进行，为排除这种审判障碍，只能选择在被告人不在场的情况下继续审判。因此，其在性质上属于普通程序的一个环节，系普通程序处置审判障碍时的一项诉讼措施。修改后的刑事诉讼法增加的缺席审判制度，主要指第一种情况。

第一种情况中，缺席审判适用的案件范围包括两类：一是刑法分则第八章规定的国家工作人员贪污贿赂犯罪。这是我国加大反腐败力度，严惩外逃贪官的客观需要，也是践行《联合国反腐败公约》实现国内法与国际条约在法律规定层面上对接的客观需要。二是危害国家安全犯罪和恐怖活动犯罪案件。"危害国家安全犯罪"，是指刑法分则第一章规定的危害国家安全罪相关罪名。根据反恐怖主义法第三条的规定，恐怖活动包括："（一）组织、策划、准备实施、实施造成或者意图造成人员伤亡、重大财产损失、公共设施损坏、社会秩序混乱等严重社会危害的活动的；（二）宣扬恐怖主义，煽动实施恐怖活动，或者非法持有宣扬恐怖主义的物品，强制他人在公共场所穿戴宣扬恐怖主义的服饰、标志的；（三）组织、领导、参加恐怖活动组织的；（四）为恐怖活动组织、恐怖活动人员、实施恐怖活动或者恐怖活动提供信息、资金、物资、劳务、技术、场所等支持、协助、便利的；（五）其他恐怖活动。"在判断是否属于恐怖活动犯罪时，主要看犯罪嫌疑人实施该犯罪行为是否以制造社会恐慌、危害公共安全或者胁迫国家机关、国际组织为目的。

对于"危害国家安全犯罪、恐怖活动犯罪案件"，需要同时具备以下条件：一是案件需要及时进行审判的，即具有缺席审判的紧迫性；二是需经最高人民检察院核准，这一规定为缺席审判程序的提起设置了严格的程序审批限制，说明对缺席审判适用的慎重；三是犯罪的社会危害性需达到严重的程度，只有属于严重的危害国家安全犯罪、恐怖活动犯罪案件方可适用缺席审判，以此来限制缺席审判制度的适用。

（二）关于犯罪嫌疑人、被告人潜逃境外的缺席审判的具体程序

为了确保缺席审判制度的正确实施，修改后的刑事诉讼法对犯罪嫌疑人、被告人潜逃境外的缺席审判的具体程序等作了严格的限制：

1. 在管辖上，明确由犯罪地、被告人离境前居住地或者最高人民法院指定的中级人民法院组成合议庭进行审理。

2. 规定了对潜逃境外被告人法律文书的送达程序。人民法院应通过有关国际条约规定的或者外交途径提出的司法协助方式或者被告人所在地法律允许的其他方式，将传票和人民检察院的起诉书副本送达被告人。

3. 规定送达后"仍未到案"作为启动程序的前置条件。送达传票和起诉书副本后，被告人未按要求到案的，人民法院应当开庭审理，依法作出判决，并对违法所得及其他涉案财产作出处理。

(三) 在缺席审判制度中如何充分保障被告人的诉讼权利

在刑事审判中，被告人在场是常态，缺席审判是例外。为充分保障被告人的诉讼权利，修改后的刑事诉讼法从六个方面作出了规定：

1. 对委托辩护和提供法律援助作出规定

"被告人有权委托辩护人，被告人的近亲属可以代为委托辩护人。被告人及其近亲属没有委托辩护人的，人民法院应当通知法律援助机构指派律师为其提供辩护。"在缺席审判程序中，依法保障缺席被告人的辩护权尤为重要。缺席审判中，实际规定了委托辩护和指定辩护两种情形。缺席审判中的委托辩护，区别于普通刑事诉讼程序中被委托的辩护人协助被告人完成辩护任务，被委托的辩护人将独立出席法庭代表被告人进行辩护；此外，缺席审判程序中有权委托辩护人的既可以是被告人本人，也可以是被告人的近亲属。缺席审判中的指定辩护与普通刑事诉讼审判程序的规定一样，对于被告人及其近亲属没有委托辩护人的，指定承担法律援助义务的律师为其辩护。

2. 赋予被告人及其近亲属、辩护人上诉权

"被告人或者其近亲属不服判决的，有权向上一级人民法院上诉。辩护人经被告人或者其近亲属同意，可以提出上诉。"缺席审判的案件，人民法院应当将判决书送达被告人及其近亲属、辩护人。由于被告人可能无法送达，为保证被告人辩护权的充分行使，修改后的刑事诉讼法首次赋予被告人的近亲属及辩护人享有代被告人上诉的权利。被告人近亲属不服判决的，可以直接向上一级法院提出上诉，被告人的辩护人在经被告人或者其近亲属同意后，也可以代被告人提出上诉。

3. 规定了重新审理的情形

"在审理过程中，被告人自动投案或者被抓获的，人民法

院应当重新审理。"

4. 规定了罪犯异议权

"罪犯在判决、裁定发生法律效力后到案的,人民法院应当将罪犯交付执行刑罚。交付执行刑罚前,人民法院应当告知罪犯有权对判决、裁定提出异议。罪犯对判决、裁定提出异议的,人民法院应当重新审理。"

5. 规定了检察机关的抗诉权

对于缺席审判的判决,人民检察院认为确有错误的,应当向上一级人民法院提出抗诉。缺席审判程序作出的判决、裁定如果具备如下情形的,人民检察院应当提出抗诉:(1)认定事实不清、证据不足的;(2)有确实、充分的证据证明有罪而判无罪,或者无罪判有罪的;(3)重罪轻判,轻罪重判,适用刑罚明显不当的;(4)认定罪名不正确,一罪判数罪、数罪判一罪,影响量刑或者造成严重社会影响的;(5)免除刑事处罚或者适用缓刑、禁止令、限制减刑错误的;(6)人民法院在审理过程中严重违反法律规定的诉讼程序的。

6. 规定了纠错机制

即依照生效判决、裁定对罪犯的财产进行的处理确有错误的,应当予以返还、赔偿。这些制度设计,不违反刑事诉讼的公正审判和程序参与原则,也符合国际上通行的司法准则的要求,有利于充分保障被告人的权利。

(四)重新审理与财产处理错误的返还和赔偿

1. 重新审理

刑事缺席审判不是通常案件适用的诉讼程序,而是刑事诉讼法的特别程序之一,其设置初衷不是对不到案的被告人进行审判,而是通过审判程序敦促被告人及时到案,接受审判,消除犯罪分子通过潜逃等手段逃避审判的消极心理,体现了我国刑事法律有罪必罚、有罪必究的精神。为体现刑事缺席审判程序适用的慎重，保障被告人参与诉讼、充分行使抗辩权，防止被告人的诉讼权利受到侵害，同时为保证法院依法全面查清案件事实，维护司法公正，有必要在缺席审判这一特殊程序中规定缺席审判重新审理程序，赋予缺席审判的被告人救济途径。

一是在缺席审判过程中，被告人自动投案或者被抓获的，此时缺席审判程序应当终止，程序倒流、更新程序、重新审理。启动缺席审判程序主要因为被告人潜逃境外而无法于审判期日到场，但如果在缺席审判期间，被告人得以归案（自动投案或者被抓获），则适用缺席审判程序的前提即告丧失，自应恢复正常的审判流程。[1]

二是缺席审判程序已进行完毕，判决、裁定也已经发生法律效力，但罪犯归案后对判决、裁定提出异议的，应当重新审理。此种情形，实际是立法者赋予被缺席判决之人的一种救济途径。[2]

此外，对于缺席审判程序进行完毕，判决、裁定已经发生法律效力，此时罪犯归案的，人民法院应当直接将罪犯交付执行刑罚。

2. 财产处理错误的返还和赔偿

依照生效判决、裁定对罪犯的财产进行的处理确有错误的，应当予以返还、赔偿。该规定可以与刑事诉讼法第三百零一条没收违法所得审理的终止作同一理解。刑事诉讼法第三百零一条第二款规定，没收犯罪嫌疑人、被告人财产确有错误

---

[1] 万毅：《刑事缺席审判制度立法技术三题——以〈中华人民共和国刑事诉讼法（修正草案）〉为中心》，载《中国刑事法杂志》2018年第3期。

[2] 万毅：《刑事缺席审判制度立法技术三题——以〈中华人民共和国刑事诉讼法（修正草案）〉为中心》，载《中国刑事法杂志》2018年第3期。

的，应当予以返还、赔偿。本款所说的"确有错误"，主要是指人民法院依据犯罪嫌疑人、被告人逃匿、死亡案件违法所得的没收程序的规定，对犯罪嫌疑人、被告人的违法所得及其他涉案财产所作出的予以没收的判决、裁定确实存在错误的。"返还"是指对不该没收的财产及时退回有关利害关系人。"赔偿"是指错误没收给有关利害关系人造成经济损失的，应当予以赔偿。根据本款规定，对于没收犯罪嫌疑人、被告人财产确有错误的，应当予以返还，对于财产已经损毁或者不存在的应当予以赔偿。[1]

（五）检察机关在贯彻缺席审判制度中有哪些重要职责

检察机关在缺席审判制度中，既担负着提起公诉的职责，也担负着诉讼监督职责。

1. 为防止缺席审判程序启动的随意性，明确由最高人民检察院履行对部分缺席审判的核准权

缺席审判程序是特别审理程序，对于普通刑事案件一般不适用，对于特殊类型案件仍须严格把握适用条件。对于刑事诉讼法规定的严重危害国家安全犯罪、恐怖活动犯罪案件，只有在被告人在境外且必须及时审判的情况下，才可以考虑适用缺席审判程序，但对此类程序的启动仍应严格把握，应由层报最高人民检察院核准后适用。

2. 明确人民检察院对缺席审判案件的抗诉权

对于缺席审判案件，人民检察院仍具有审判监督的职责。缺席审判裁判作出后，人民检察院经审查，认为案件判决确有错误的，应当向上一级人民法院提出抗诉。

---

[1] 孙谦主编：《新刑事诉讼法条文精解与案例适用》，中国检察出版社2012年版，第406页。

第八专题
少年司法与法律监督[*]

改革开放以来，以20世纪80年代上海市长宁区人民法院、人民检察院先后成立专门的未成年人刑事案件办案组织为起点，我国少年司法工作经过30多年的实践发展，取得了重大成就，探索了社会调查、附条件不起诉、圆桌审判、犯罪记录封存等一系列适合未成年人的工作机制。但是，我们也应该看到，我国少年司法制度尚未定型，仍然处于初始阶段，在理论研究、立法规范和组织体系建设等方面还有很长的路要走，建立中国特色的少年司法制度还需要积极的探索和付出艰苦的努力。

---

[*] 本文原题为《关于建立中国少年司法制度的思考》，发表于《国家检察官学院学报》2017年第4期，《新华文摘》2017年第23期转载。

一、少年司法制度产生和发展的内在动力

一般而论,所谓少年司法制度,就是规定少年不良行为和保护处分以及对少年的违法犯罪行为所进行的刑事诉讼及其教育改造方法的总称。从世界范围看,解决未成年人违法犯罪问题,加强社会治理,是建立少年司法制度的最初和最直接的动力。1899年7月1日,美国成立世界上第一个少年法院,其时代背景是,美国正处于工业化、城市化的进程中,大量未成年人进入城市,带来一系列社会问题急需解决。"自其伊始,少年法院就力图同化、整合、美国化和控制这些涌进东部和西北部工业化中心城市的儿童。"[1] "通过少年犯罪的治理来重建适应转型社会的新的社会控制机制,通过对少年的规训来强化对游离出传统社会控制机制人群的控制,是许多国家在现代化加速期社会治理的一个共同特点,也是许多国家在社会转型时期维护社会秩序与稳定的成功经验。这也可以在一定程度上解释少年法院运动何以会在20世纪初期迅速发展成为世界性运动的重要原因。"[2]

与此同时,随着新派刑法和实证主义犯罪学等理论的发展,人们对"未成年人"及其犯罪有了新的认识,为建立少年司法制度提供了理论支持。不同于刑事古典学派传统的"报应刑主义",刑事实证学派的目的刑主义强调刑罚的作用在于犯罪预防,主张不按罪行轻重而按犯罪人的类型和犯罪趋势进行

---

[1] [美]巴里·C. 菲尔德:《少年司法制度(第二版)》,高维俭、蔡伟文、任延峰译,中国人民公安大学出版社2011年版,第3页。
[2] 姚建龙:《对少年司法改革之应有认识》,载《青少年犯罪问题》2010年第5期。

第八专题　少年司法与法律监督

审判。实证犯罪学派兴起后，许多专家学者从社会学、心理学、生理学、教育学等各个方面研究少年犯罪的原因，认为未成年人是脆弱、无辜、被动和需要帮助的，在身心上与成年人有明显的区别，不是"小大人"；未成年人犯罪是恶劣的环境所导致的，一方面更容易矫正，另一方面也更容易受刑事追诉的不良影响而更加恶化。因此，未成年人不应当和成年人一样适用相同的惩罚，应有专门的立法和法庭来处理。[1] 在此理论指导下，逐渐形成了治理青少年犯罪的一些基本思想和有别于成年人的司法制度，如少年司法的目的应当是矫治康复而不是惩罚；对少年犯应分隔于成年人案件进行审理，应采取非正式、非公开、非污名化的诉讼程序；强调非刑事化，注重个别化矫治和康复等。

在强化社会治理的功利主义目的之外，少年司法也有自身的独立价值基础，并随着儿童权利观念的发展不断凸显。少年司法制度成立之初，即践行着"国家亲权"这一核心指导理念，强调国家有对未成年人的保护和教育责任。"不是以太多的惩罚作为改造的手段，不是诋毁而是鼓励，不是打压而是发展，不是将他作为一个罪犯而是作为一个有价值的公民"，[2] 在此基础上又衍生出"儿童利益最大化"原则，并成为少年司法制度的另一个核心指导理念。在这一理念下，未成年人成为权利主体而非客体。最大限度地保护未成年人，促进未成年人全面发展被认为是人类的义务。[3] 1924年，当时的国联通过

---

[1] 参见施琦、康树华：《再论少年司法制度的发展及其对我国的启示》，载《青少年犯罪问题》2013年第3期。

[2] Mack, The Juvenile Court. 23 Harvard Law Review (1909), p.107.

[3] 参见张鸿巍：《少年司法语境下的"国家亲权"法则浅析》，载《青少年犯罪问题研究》2014年第2期。

《日内瓦儿童权利宣言》，第一次在国际社会提出儿童权利的概念，宣称所有国家的男女都应承认人类负有提供儿童最好的东西之义务。1959年通过的联合国《儿童权利宣言》再次肯定"人类有责任给儿童以必需给予的最好的待遇"，并提出儿童应当受到特殊保护，以实现其全面发展。1990年生效的联合国《儿童权利公约》则更加明确地规定了儿童利益最大化原则："关于儿童的一切行动，不论是由公私社会福利机构、法院、行政当局或立法机构执行，均应以儿童的最大利益为一种首要考虑。"而在此前后通过的联合国《少年司法最低限度标准规则》《预防少年犯罪准则》《保护被剥夺自由少年准则》等则要求，少年司法应关注少年的幸福，诉讼程序应按照最有利于少年的方式和在谅解的气氛下进行；要建立处理未成年人案件的专门机构；应允许少年参与诉讼程序，并且自由地表达自己的意见；强调犯罪预防和非监禁、非刑罚，同时也规定了犯罪记录封存、社会调查等一些适合未成年人身心特点的具体司法制度。这些成为少年司法的国际法渊源。

应当看到，社会治理的功利需要与未成年人保护的道义责任是对立统一的辩证关系，并且共同推动着少年司法的产生和发展变化。从长远和根本看，二者是统一的。因为在任何国家，未成年人都是最为宝贵的财富，保护未成年人就是保护国家的希望和未来。而保护未成年人，有效预防未成年人犯罪也是消除社会问题的重要内容。少年司法制度的诞生即是二者共同推动的结果。但在具体实践中，在一定历史阶段，二者又是对立的、此消彼长的。很多西方国家少年司法制度的发展历程证明了这一点。在19世纪末20世纪前期，美国形成了福利型少年司法制度。但到了70年代后期，由于社会环境的改变，未成年人罪错尤其是未成年人实施暴力犯罪形势的恶化，社会

第八专题　少年司法与法律监督

对福利型少年司法应对少年严重犯罪、暴力犯罪和累犯过于宽容不满,推动少年司法呈现出走向"严罚"的明显趋势。[1] 但到近年来,研究证明惩罚性的法律并不能有效降低犯罪率,反而提高了未成年人成为累犯的可能性,也给社会带来巨大的包括金钱在内的成本。关于人脑研究的成果也表明未成年人和成年人在认知能力上有显著差别。因此,人们认识到基于矫治的少年司法比惩罚性的、成人化的或者准成人化的制裁更有效、更符合人道主义精神,从而又认可最初少年司法原则所蕴含的智慧和政策效应。现在美国一些州的法律已朝着轻缓的方向做了修改。[2] 又如属于大陆法系的法国,其少年司法制度最初建立时,采用的是保护主义模式,禁止在强制基础上对未成年犯采用教育手段,把对未成年人的保护置于社会秩序之上。而20世纪90年代以来,面对未成年人犯罪日趋严重的情况,法国少年司法制度逐步形成了混合模式。在这一模式下,少年司法在保持自我特性的同时,表现出对公共秩序的更多关注。对少年犯的教育并不排除法律约束,其刑事责任尽管被减轻,但依然是存在的。[3]

通过以上对世界范围内少年司法制度的发展规律和内在动力的分析,可以对建立我国少年司法制度的必要性有更为深刻的认识。社会治理和未成年人保护这一对立统一关系在转型时期的我国同样存在,并且有更强的现实意义。因为,我国少年司法制度也一直存在"本身难题",即如何处理保护未成年人

---

[1]　参见姚建龙:《超越刑事司法——美国少年司法史纲》,法律出版社2009年版,第177—178页。

[2]　参见张文娟:《中美少年司法制度探索比较研究》,法律出版社2010年版,第10—13页。

[3]　参见[法]多米尼克·尤夫:《未成年人司法的发展》,方颂华译,载《司法》2013年(总第8辑)。

利益和社会利益的矛盾。[1]

  我们认为,创设中国少年司法制度,是全面推进依法治国、实现司法文明的重要内容。当前,世界发达国家都有独立的少年司法制度,少年司法的发展水平,已经成为一国法治水平和司法文明发展程度的重要指标。我国是联合国《儿童权利公约》的缔约国,也是联合国《少年司法最低限度标准规则》的签署国,建设独立的少年司法制度,既是履行国际义务,也是彰显我国法治文明的重要窗口。同时,建立中国少年司法制度是强化社会治理,促进社会和谐稳定的现实需要。十八大以来,党对推进国家治理体系和治理能力现代化,推进多层次多领域依法治理,提高社会治理法治化、现代化水平提出了明确要求。立足当下,由于我国经济社会正处于迅速发展转型时期,受各种社会矛盾和问题的影响,未成年人违法犯罪和侵害未成年人权益的问题突出。一方面,未成年人犯罪虽然整体数量下降,但呈现多元化趋势,一些过去只有成年人才实施的犯罪,如贩毒、绑架,甚至暴力恐怖犯罪、邪教犯罪,也出现未成年人的身影。故意伤害(重伤)、抢劫等恶性犯罪增多,且犯罪手段残忍、不计后果。另一方面,性侵害、拐卖、虐待、遗弃等侵害未成年人的刑事案件也不断发生。尤其是,我国的未成年人中有很多处于留守或者流动状态,这个群体中涉嫌犯罪、违法和受到不法侵害的比例都相对较高。因此,建设少年司法制度,对涉罪未成年人及时开展有效的早期干预,切断其犯罪人格的发展进程,不但有利于未成年人健康茁壮成长,从源头上预防和减少大量犯罪,还有利于解决未成年人问题背后的深层次社会问题,化解社会矛盾,消除不安定因素。着眼长

---

[1] 储槐植:《刑事一体化与关系刑法论》,北京大学出版社1997年版,第53页。

远,"少年强,则国强",民族复兴、国家富强的目标,需要由一代代的少年来接力完成。建设少年司法制度,最大限度地预防和减少未成年人违法犯罪,最大限度地预防和减少未成年人遭受犯罪侵害,才能最大限度地实现"中国梦"。

二、少年司法制度的基本要素

有学者认为,司法制度包括概念系统、组织系统、规则系统和设备系统。[1] 笔者认为,作为一项司法制度,至少应当包含三个基本要素:一是功能要素,也即司法制度所要实现的特有的功能,这是该制度独立存在的意义所在。二是规则要素,也就是实现制度功能所依据的相关法律和制度。司法是依照法定的职权和程序处理案件的行为,规则因此是司法制度的基石。三是主体要素,也就是把规则付诸实际,实现制度功能的机构和个人。一切司法都是人的活动,主体是司法制度的核心。少年司法制度要成为独立的司法制度,就应当具有独立于成年人司法的功能,为此还要具备独立于成年人司法的规则和主体。联合国《少年司法最低限度标准规则》第2.3条规定:"应努力在每个国家司法管辖权范围内制订一套专门适用于少年犯的法律、规则和规定,并建立授权实施少年司法的机构和机关,其目的是:(a)满足少年犯的不同需要,同时保护他们的基本权利;(b)满足社会的需要;(c)彻底和平地执行下述规则。"这一条款就明确规定了少年司法制度的基本要素:在功能要素上,少年司法要满足少年犯和社会的需要,维护少

---

[1] 参见姚建龙:《少年司法制度概念论》,载《当代青年研究》2002年第5期。

年犯的利益;在规则要素上,要制定一套专门适用于少年犯的法律、规则和规定;在主体要素上,要建立授权实施少年司法的机构和机关。[1] 综观各国的少年司法制度,虽然具体模式不同,无不具备上述三个要素。此外,与成年人司法相比,少年司法制度更需要有一个成熟的社会支持体系。

(一) 关于少年司法制度的功能要素

如前所述,少年司法制度总的功能,应当是在最大限度地保护未成年人权益的同时,促进加强社会治理。在此总的功能之下,则具体包括对未成年人权益的保护,对处于不良环境或者危险状态未成年人的干预,对触法未成年人的教育、矫治。也有学者称之为保护、干预、转化。[2] 这与成年人司法的功能是不同的。

功能的不同,也决定了二者有着不同的运行规律和特征。少年司法不仅要像成年人司法那样关注证据和已经发生的与定罪量刑有关的案件事实,更要关注未成年人本身,因此会以案件事实为切入点,探究未成年人问题产生的原因,采取必要的干预手段,改善未成年人的心理状况、家庭教养和社会环境,帮助陷入困境的未成年人重回正常轨道,呵护其健康成长。[3] 在一定条件下,可能发生犯罪的迹象也属于少年司法管辖和干预的范围。相对于成年人司法强调的中立、保守、被动,少年司法有更多的主动、扩张、干预色彩。这种不同直观地表现在职能管辖上。

在世界范围内,从受案事项看,少年司法可以分为宽幅和

---

[1] 这里需要明确的是,从联合国《少年司法最低限度标准规则》及其他联合国文件整体来看,少年司法所保护的应当是所有少年的权益,而并非局限于该条所称的少年犯。
[2] 参见张文娟:《中美少年司法制度探索比较研究》,法律出版社2010年版,第363页。
[3] 参见孙谦:《切实加强未成年人检察》,载《检察日报》2016年1月18日第3版。

窄幅两大类，其区别主要在于是否将可能违法犯罪的未成年人的不良行为列入少年司法管辖范围。

宽幅的代表国家和地区是日本、美国和我国台湾地区。日本《少年法》规定交付家庭裁判所（家庭法院）的未满20周岁的"非行少年"，包括犯罪少年（14岁以上20岁以下的实施刑法所规定犯罪行为的少年）、触法少年（未满14岁的触犯刑罚法令的少年）与虞犯少年（从品行或环境来看，被认为将来有可能犯罪或触犯法令的少年）三类，而且侵害未成年人的成年人犯罪案件也归家庭裁判所管辖。[1] 我国台湾地区的少年法院主管的少年事件包括"少年保护事件"及"少年刑事案件"，前者就是指日本所称"非行少年"中的触法少年和虞犯少年，后者就是指犯罪少年。而美国各州少年司法受理的案件类型基本上包括三种，即少年越轨、少年身份犯和少年保护（亦可称"少年扶助"或者"儿童保护"）案件，前两者对应日本所称的"非行少年"，少年保护案件则是指因父母虐待、疏于照管等使未成年人陷于危困需要司法干预以及政府扶助的少年案件。[2]

不论少年司法制度管辖范围的宽窄，其管辖范围都大于成年人刑事司法。如果二者管辖范围相同，只在对象年龄上有差别，则少年司法就失去了独立存在的价值。尤其是，少年司法本质上是保护性、预防性、教育性的，而不是惩治性的，扩大管辖范围并不等同于扩大打击面。而且只有扩大管辖范围才能

---

[1] 参见张美英：《论现代少年司法制度——以中、德、日少年司法为视角》，载《青少年犯罪问题》2006年第5期。

[2] 参见高维俭：《美国少年审判机构现状概览——兼谈我国当前少年审判机构改革及其相关问题》，载《青少年犯罪问题》2010年第2期。

体现其预防作用和保护职能。[1] 当然,毕竟司法在保护未成年人方面是最后的防线,少年司法管辖的范围也应当限制在一定范围内,即社会力量能够解决的,就不需要司法干涉。

(二) 关于少年司法制度的规则要素

一个国家的少年法体系,主要包括少年福利法和少年司法法,前者规定的是未成年人所享有的各种权利及保障,而后者是处理各种少年案件的办法。世界上很多国家和地区,比如美国、英国、法国、德国和日本等,都有独立的少年司法法,有的是法典,有的是单行法律(法令)。

少年司法法多是综合性法律,集程序法、实体法和组织法为一体,涵盖办理刑事、民事和行政案件方面的内容,还规定了一系列适合于未成年人身心特点的诉讼程序和实体处置措施。比如,在刑事方面主要包括以下内容:

一是与成年人不同的刑事政策。各个法治国家,包括未成年人刑事政策有严厉趋势的美国、法国等国,未成年人刑事政策还是比成年人刑事政策轻缓,仍然是立足教育。

二是特殊的调查制度。建立了社会调查、心理评估等制度,要求不仅要查明案件事实,还要查明未成年人的家庭社会背景、成长经历,进行人格甄别,了解犯罪原因等,为下一步处置提供依据。

三是更多的权益保护措施。如法律援助、心理干预、不公开审理、犯罪记录封存等。

四是更为严格的审前羁押条件,尽量减少羁押给未成年人带来的不良影响。如法国《少年犯罪法令》对未成年犯罪嫌疑人规定了多种非羁押诉讼保障措施,同时分年龄阶段规定了非

---

[1] 参见孙谦、黄河:《少年司法制度论》,载《法制与社会发展》1998年第4期。

常详细的先行拘押条件，只有在其他非羁押措施不能保障诉讼时才能先行拘押，还要特别说明理由。[1]

五是设置阶梯式的多种实体处遇措施，供法官针对涉案未成年人具体情况采用，以实现矫治的个别化和有效性。如德国《少年法院法》规定了教育处分、惩戒措施和少年刑罚三大类刑事处分，并确立了它们的优先等级。它们又可以分为指示和教育帮助，训诫、义务和少年拘禁，缓处、缓刑、假释等多种具体措施。[2]

制定专门的少年司法法，是建立少年司法制度的基础，这是由少年司法法调整的社会关系所决定的。未成年人成长过程中出现问题的原因不仅在未成年人自身，更主要的是各种不良因素、社会管理机制缺陷和恶劣环境交互作用的结果。未成年人问题的背后往往隐藏着诸多儿童福利问题。要保护未成年人权益，教育矫治违法犯罪未成年人，仅在处罚的轻重上做文章是不够的，还要改善他所处的社会环境，这就要对其家庭、学校、社区等进行干涉。而为了同样保护社会秩序，还需要对严重违法犯罪的未成年人进行必要的惩治。因此，少年司法法调整的是司法主体、涉案少年和其所处环境三方的关系，也就是有学者所称的少年法律关系。这与刑事诉讼法、民事诉讼法等其他任何一个法律的调整对象都不同，这也就决定了少年司法法要成为独立的部门法。[3]

同时，制定专门的少年司法法也是立法技术和司法实践所

---

[1] 参见《法兰西共和国少年犯罪法令》，宋浚沙译，载《国家检察官学院学报》2011年第6期。

[2] 参见刘昶：《德国少年刑事司法体系评介——以〈少年法院法〉为中心》，载《青少年犯罪问题》2016年第6期。

[3] 参见高维俭：《论少年法的基本原理》，载《预防青少年犯罪研究》2014年第2期。

要求的。比如前述未成年人刑事诉讼制度，如果比较详细全面地规定，条文会很多，篇幅很长。法国《少年犯罪法令》并不是法典，主要是刑事实体和程序方面的内容，却已经有五章70条左右。[1] 如果上述内容规定到刑事诉讼法或者刑法中，立法技术上不好把握。如果规定得过少或者过于原则，又失去了意义。如果少年司法法的相关内容分散到不同部门法中，既有可能会发生矛盾和抵触，也会给司法人员操作带来困难。

（三）关于少年司法制度的主体要素

少年司法是一项很专业的工作，需要专门机构和专业人员负责。在任何国家，司法资源都是有限的。如果少年案件和成年人案件都由一个部门来办理，面对数量更多的成年人案件，少年司法就会处于成年人司法的从属性地位，其目的和任务难以实现。少年司法要求的涉及刑事、民事、行政、儿童福利的综合保护，在分工已经比较精细的成年人司法部门中也难以实现。建立专门机构负责少年司法工作是法治国家普遍的做法，如德国的少年司法机构主要有警察、检察院、少年法院、少年监狱组织机构等；日本的少年司法机构主要有警察、检察厅、家庭裁判所、少年鉴别所、少年监狱等；[2] 美国50个州和哥伦比亚特区都颁布了少年法院组织法，确认全国2700个法院可以受理少年案件[3]。各国和相关地区少年司法机构主要有以下特点：

一是机构设置法治化。法律对少年司法专门机构作了详细

---

[1] 参见《法兰西共和国少年犯罪法令》，宋浚沙译，载《国家检察官学院学报》2011年第6期。

[2] 参见张美英：《论现代少年司法制度——以中、德、日少年司法为视角》，载《青少年犯罪问题》2006年第5期。

[3] 参见李贤华：《国外少年司法制度的发展趋势》，载《人民法院报》2012年6月1日第8版。

的规定，包括机构设置、职能、人员组成等等。

二是机构设置体系化。比如在审判组织方面，设立了独任少年法官、少年审判庭、少年法院等多种组织形式，分别办理轻重不同的案件，而且设立了一、二审的审判组织。不仅要求有专门的少年审判机构，而且要求有专门的少年警察、检察和监狱、矫正机构。我国台湾地区和日本有专门的少年警察等机构。[1] 美国一些地方也设有专门的少年检察部门。[2]

三是人员组成专业化。我国台湾地区要求少年法院院长、庭长、法官应由具有少年保护之学识、经验及热忱者任之。[3] 美国挑选少年检察官的原则"乃基于候选人之少年法知识、对青少年事业之兴趣、教育程度及经验"。[4] 瑞典法律则要求"少年嫌疑犯、少年犯所接触到的所有人员（警察、社会服务工作者、检察官、法官、陪审团等等）都应该有兴趣与年轻人打交道，并且具有一定的知识"。[5]

四是实行职权一体化。比如在法国的刑事诉讼制度中，为避免先入为主，预审法官和审判法官必须相互独立。但少年法官、少年法庭是预（审）、审（判）分离原则的例外。少年法官在办理同一起未成年人案件时，可以同时行使预审法官、审判法官和刑罚执行法官的职责。[6] 这样的制度设计仍然是少年

---

[1] 参见陈慈幸：《台湾日本警察处理少年事件过程之探究》，载《山东警察学院学报》2012年第4期。

[2] 参见张鸿巍：《美国未成年人检察制度》，载《国家检察官学院学报》2011年第3期。

[3] 参见张知博：《从"教罚并重"到"保护优先"——论台湾地区少年司法理念的转变》，载《山西师大学报（社会科学版）》2016年第4期。

[4] 张鸿巍：《美国未成年人检察制度》，载《国家检察官学院学报》2011年第3期。

[5] ［瑞典］戈德贝克·洛·卡米拉：《瑞典少年司法制度概述（上）》，张紫千译，载《青少年犯罪问题》2012年第1期。

[6] ［法］贝尔纳·布洛克：《法国刑事诉讼法》，罗结珍译，中国政法大学出版社2009年版，第282页。

司法的功能所决定的，因为一体化模式避免了办案人员频繁更迭，有利于同一办案人员更有效地对涉案未成年人进行感化教育和保护救助。

(四) 关于少年司法制度的社会支持体系

与成年人司法制度相比，少年司法更具有开放性，它与社会的互动更为积极，对社会支持更为依赖。"没有社会支持体系就不会有少年司法，因为少年司法关注的是行为人而不是行为，关注的是行为人的回归而不是对行为的惩罚，离开社会支持体系就不可能有少年司法。"[1] 为了推动涉案未成年人回归社会，就需要对其提供一系列的帮助和服务。但或者受人力不足的限制，或者受缺乏专业知识的局限，或者就是为了不让涉案未成年人与社会隔离，有些需要转介给社会专业力量来承担。有学者把这类需要转介的措施和服务概括为六个方面：完成未成年人刑事诉讼活动所必需的非司法机关力量的介入，主要包括社会调查、心理测试、合适成年人参与、人民陪审员参审等；未成年人的考察帮教需求，主要包括采取非羁押性强制措施期间的考察帮教、附条件不起诉期间的考察帮教、社区矫正期间的考察帮教等；未成年人的身心康复需求，主要包括心理辅导需求和医疗需求；未成年人的就学需求，即为未成年人提供教育支持；未成年人的就业需求，即为未成年人提供就业服务；未成年人的生活需求。[2]

上述社会支持，也被称为儿童福利，可以来自政府部门、专业研究机构、社会组织、社工乃至志愿者，一些国家的少年

---

[1] 宋英辉：《从六个方面着手推进少年司法社会支持体系》，载《检察日报》2015年6月27日第3版。

[2] 参见姚建龙：《少年司法的转介：一个初步的探讨》，载《未成年人检察》（第一辑），中国检察出版社2016年版，第16页。

法对此有比较具体的规定。比如在挪威,有专门的社会服务委员会根据法院的判决裁定对涉案未成年人进行康复矫治。[1] 在德国,有一种少年法院帮助制度,即由少年福利局和少年帮助协会共同完成对少年犯的帮教。这些机构的少年帮助代表参与到诉讼中,向少年法院提供有关教育的、社会的和帮助的建议,供少年法院参考。[2] 美国建立了多元化的社会矫正机构,可以分为机构式和社区式两种。

三、中国少年司法的成绩与不足

经过多年的发展,我国的少年司法取得了长足的进步,应予以充分肯定:

一是相关法律和司法解释日臻完善。近年来,《刑法修正案(八)》通过免除未成年人前科报告义务、排除未成年累犯等修改,加大了对未成年人犯罪的宽缓力度。《刑法修正案(九)》通过废止嫖宿幼女罪,增设虐待被监护人、看护人罪等,严密了对未成年人保护的法网。刑事诉讼法于2012年设立了未成年人刑事案件特别程序专章,确立一系列特殊制度。2017年通过的民法总则则完善了监护制度。未成年人保护法、预防未成年人犯罪预防法、反家庭暴力法等也得到了完善或者制定。最高司法机关和有关部委先后制定了《关于依法惩治性侵害未成年人犯罪的意见》《关于依法处理监护人侵害未成年人权益行为若干问题的意见》《人民检察院办理未成年人刑事

---

[1] 参见[瑞典]戈德贝克·洛·卡米拉:《瑞典少年司法制度概述(上)》,张紫千译,载《青少年犯罪问题》2012年第1期。

[2] 参见樊荣庆:《德国少年司法制度研究》,载《青少年犯罪问题》2007年第3期。

案件的规定》《未成年人刑事检察工作指引（试行）》等相关司法解释和规范性文件。

二是组织体系日益健全，专业队伍不断壮大。截至2016年11月，全国共有1963个检察院建立了未检专门机构，占检察院总数的半数以上。最高人民检察院于2015年设立了未成年人检察工作办公室，初步形成贯穿四级检察院的未检工作体系。截至2014年，全国法院共设立少年法庭2253个，合议庭1246个。[1] 北京海淀、广西钦州、江苏淮安、上海等地公安机关成立了专门办理未成年人案件的部门或者办案组。刑罚执行方面，除专门的未成年犯管教所外，有的地方还成立了专门的未成年人社区矫正机构。[2] 2010年，中央综治委等六部委共同制定下发《关于进一步建立和完善办理未成年人刑事案件配套工作体系的若干意见》，强化各政法机关和有关部门在办理未成年人刑事案件中的配套衔接。各地政法机关也根据实际需要，进一步推动完善配合衔接机制，形成工作合力。[3] 经过长期的实践，我国锻炼和培养了一支专业的少年司法队伍，他们为强化未成年人司法保护，探索、创新和完善我国少年司法工作作出了积极贡献。

三是工作机制体制日趋规范和完善。经过长期实践，未成年人检察逐步形成了有别于成年人的捕、诉、监、防一体化工作模式，并将侵害未成年人权益的犯罪案件纳入受案范围，日益朝着全面保护、综合保护的方向发展。法院系统从2006年

---

[1] 参见骆惠华：《为了孩子幸福为了国家未来 人民法院少年法庭工作辉煌30年回顾》，载《人民法院报》2014年11月25日第4版。
[2] 参见周立武、王真琪：《江苏省未成年人社区矫正工作调研报告》，载《未成年人检察》（第二辑），中国检察出版社2016年版，第22页。
[3] 参见刘雅清：《跨部门合作中的未成年人刑事检察工作》，载《人民检察》2011年第16期。

开始启动涵盖刑事、民事、行政审判职能的少年综合审判庭试点工作，截至 2014 年已有少年综合审判庭 598 个，少年法庭呈现出多元化审判机构模式的发展格局。[1] 此外，各地政法机关在法律援助、心理干预、一站式取证、法庭教育等方面也进行了积极的探索和实践。

四是社会支持体系不断完善。一些地方政法机关依托"政府购买服务"，或者与共青团、妇联、关工委、高等院校、公益组织、爱心企业、志愿者等合作，在少年司法工作中引入政府和社会力量，取得了很好的效果。[2] 2016 年，民政部成立未成年人（留守儿童）保护处，有利于推动实现未成年人家庭保护、学校保护、社会保护和司法保护的有序衔接，建立完善未成年人保护工作机制和服务体系。[3]

不可否认的是，虽然我国少年司法工作已经初具规模，但要实现质的飞跃——建立真正意义上的少年司法制度，还要解决一系列问题：

一是少年司法的独立价值、功能尚未获得广泛认同和充分体现。有的地方实务部门以成年人司法的标准来评价少年司法，甚至单纯看案件数量，忽视少年司法的特殊性和专业性，认为没有必要设立独立的少年司法专门机构，一些地方甚至把已有的机构并入其他部门。社会、理论界和实务部门都有声音批评对未成年人依法从轻处理是"小恶不惩纵容大恶"，要求对涉罪未成年人严厉打击，导致未成年人特殊制度和程序未能

---

[1] 参见骆惠华：《为了孩子幸福为了国家未来 人民法院少年法庭工作辉煌30年回顾》，载《人民法院报》2014年11月25日第4版。

[2] 参见吴燕：《刑事诉讼程序中未成年人司法保护转介机制的构建——以上海未成年人司法保护实践为视角》，载《青少年犯罪问题》2016年第3期。

[3] 参见《民政部设立未成年人（留守儿童）保护处》，载 http://www.gov.cn/xinwen/2016-02/27/content_ 5046905.htm，最后访问日期：2017年3月25日。

有效贯彻,就案办案问题突出,影响少年司法的成效和可持续发展。

二是尚没有专门的少年司法法。涉及少年司法的相关条文散见于多部法律法规和司法解释、规范性文件中,缺乏系统性,甚至存在冲突。刑事实体法方面,仍然停留在比照成人标准从宽处罚的"小儿酌减"思路,[1] 缺乏专门的处置措施。刑事诉讼法方面,未成年人刑事案件特别程序采用的是对成年人诉讼程序"打补丁""加外挂"的方式,而且比较原则,操作性不强。关于少年司法机构设置的法律规定非常原则,缺乏约束力。社会支持体系则基本没有专门规定。

三是少年司法处遇措施单一不完备。例如,对不满刑事责任年龄的涉罪少年和虞犯少年的司法处理缺乏保护处分制度的支持,司法机关在"一判了之"和"一放了之"的两个极端之间左右为难,陷入学者所称的"养猪困局"。[2] 这一群体在危害社会后难以得到有效的处置和预防,导致社会公众不满情绪持续发酵,降低刑事责任年龄的呼声日益高涨。[3]

四是专业化体系化建设还比较薄弱。一方面是各地不平衡,东部沿海经济发达地区的少年司法发展水平要远高于中西部地区,不少未成年人人口和案件较多的地方都还没有成立专门的少年司法机构。另一方面是各政法机关发展的不平衡。公安机关只有零星的地方设立少年警务机构和配备专门人员,未

---

[1] 参见代秋影:《司法改革背景下未成年人审判理论与实务专家论证会综述》,载《预防青少年犯罪研究》2016年第1期。
[2] 参见姚建龙:《在美留学生凌虐案:中国究竟应当借鉴什么?》,载《文汇报》2016年1月29日第10版。
[3] 参见张鸿巍:《未成年人刑事责任年龄调整之检视》,载《预防青少年犯罪研究》2016年第3期。

成年人社区矫正的专业化更是有待加强。[1] 政法机关之间在司法理念、体制机制、考核评价、法律适用等方面均存在较大的差异，少年司法职业共同体远未形成，配合衔接存在诸多障碍。

五是少年司法与社会力量的对接缺乏法律依据和长效机制。不少地方还是停留在少年司法人员自行寻求社会力量支持的层面，社会服务转介机构基本空白，社会支持体系薄弱。[2]

四、创设中国少年司法制度的基本思路和路径

创设中国少年司法制度，要把握少年司法的精神内核和基本规律，并立足我国实际。首先，要做到立足国情和适度借鉴相结合。充分考虑我国政治体制、法律制度、文化传统、社情民意等实际情况，吸纳我国成功经验，适当借鉴国际和域外先进做法。不能削足适履，生搬硬套某一种模式。其次，要做到问题导向和目标导向相结合。从当前面临的问题出发，以提高未成年人司法保护水平和犯罪预防效果为目标，以制定少年司法法和专业化建设为重点，确保制度设计的针对性和可行性。最后，要做到司法克制与司法能动相结合。少年司法并非解决少年问题的唯一手段和最佳手段，[3] 要把握好司法干预的面和度，并注重综合治理。对于其他干预可以解决问题的，少年司

---

〔1〕 参见周立武、王真琪：《江苏省未成年人社区矫正工作调研报告》，载《未成年人检察》（第二辑），中国检察出版社 2016 年版，第 25 页。

〔2〕 参见宋志军：《论未成年人刑事司法的社会支持体系》，载《法律科学（西北政法大学学报）》2016 年第 5 期。

〔3〕 参见姚建龙：《少年司法制度基本原则论》，载《青年探索》2003 年第 1 期。

法就不要轻易介入；其他干预无效或者不适合的，少年司法责无旁贷，应积极作为。

按照上述思路，我们应当重点研究和改进以下几个方面：

（一）适度拓展我国少年司法制度的管辖范围

我国少年司法一直采用的是"社会·司法"模式。[1] 在这一模式下，司法机关仅受理未成年人犯罪和侵害未成年人犯罪等案件，司法干预手段也主要是不起诉、附条件不起诉和判处刑罚等措施，大多数问题少年都是由家庭、学校、社区、共青团、妇联、村（居）委会等社会力量以及行政机关进行非司法干预。这种模式能够最大限度减少司法强力干预可能带来的负面影响，有利于发挥社会支持体系的正面作用，减少回归社会的障碍，但也存在非正式干预力度不够、刚性不足、作用有限甚至出现空档等问题，而且由于缺乏正当司法程序支撑，还可能造成"合法伤害"干预对象、社会支持体系缺失时干预手段难以落实或效果不彰等问题。

因此，构建中国少年司法制度，要在继续发挥传统"社会·司法"模式优势的基础上，克服这一模式的弊端，将"大社会·小司法"的模式改造为"社会·司法"并重的模式，适度扩大司法机关对少年案件的管辖范围，从原有的刑事、民事、行政诉讼的未成年当事人，扩展到严重不良行为未成年人（一般不良行为还是坚持非司法手段干预为宜）、严重违法未成年人、不满刑事责任年龄的涉罪未成年人等。另外，要把纳入工读学校、收容教养等在一定程度上限制未成年人人身自由的处遇措施交由司法机关决定，建立司法干预的正当程序，既保证未成年人的合法权利，又提升干预的力度和效果。此外，还

---

[1] 参见孙谦、黄河：《少年司法制度论》，载《法制与社会发展》1998年第4期。

应考虑将负有监护责任的家长的强制性亲职教育案件纳入管辖,由司法机关审查决定。[1]

(二) 制定我国专门的少年司法法

可以将散见于刑法、刑事诉讼法、治安管理处罚法、社区矫正法、预防未成年人犯罪法等相关法律中的专门条款加以归拢、细化和完善,制定一部集组织法、实体法和程序法于一体的少年司法法。少年司法法不必规定所有的实体和程序内容,只需要对专门针对未成年人的特殊内容进行规定即可。其他无区分必要的内容,例如大多数犯罪的构成要件、刑事诉讼一般流程等,可以参照刑法、刑事诉讼法的相关规定。

根据我国实际,少年司法法应当确定以下原则:

一是全面保护、综合保护原则。注重综合运用惩治、预防、监督、教育等方式,将司法保护的触角延伸到刑事、民事、行政等各个领域,最大限度地维护未成年人合法权益。同时注重吸纳家庭、学校、社会、政府力量参与少年司法,提供支持。

二是双向保护、平等保护原则。既重视保护违法犯罪未成年人的合法权益,也注重保护社会秩序,尤其是要加强对未成年被害人的保护救助,努力实现各方利益的平衡和协调。

三是特殊保护、教育为主原则。要将"教育、感化、挽救"方针、"教育为主、惩罚为辅"原则贯穿于少年司法法的始终,做好对违法犯罪未成年人的教育和矫治工作,助其顺利回归社会。

四是宽严相济、注重效果的原则。要强化分流转处机制,构建阶梯式的未成年人处遇措施,在尽量减少刑事诉讼对未成

---

[1] 参见高健:《亲职教育应强制问责失职监护人》,载《北京日报》2014年9月3日第7版。

年人负面影响的同时,对性质和情节恶劣、手段残忍、后果严重的犯罪案件依法惩处。

为此,少年司法法要重点健全完善以下制度:

一是健全违法犯罪未成年人的司法处遇制度。应当重点完善健全非刑罚化、非监禁措施,增加少年司法干预手段,提升干预措施的刚性和干预程序的规范性。一方面,要针对不满刑事责任年龄的触法少年、实施严重不良行为的虞犯少年和依照特殊刑事政策不予刑事处罚的涉罪未成年人,健全完善保护处分制度,为司法机关"宽容而不纵容"提供手段和程序支持,填补判处刑罚和释放不处理之间的空白。[1] 主要是,进一步完善和落实刑法规定的训诫、责令具结悔过、责令赔礼道歉、责令家长管教、禁止令等非刑罚处置措施,健全完善社会观护帮教制度、专门学校制度和收容教养制度,实现上述措施适用的司法化,既维护未成年人的权利,又增强措施的刚性。另一方面,要完善未成年人刑罚制度,提高刑罚针对性和矫治个别化程度,减少监禁刑的适用,强化刑罚的教育挽救功能。要对未成年人取消适用财产刑和剥夺政治权利等不必要的附加刑,增设社区服务令等非监禁刑种类。完善少年刑罚裁量制度,严格把握判处刑罚的必要性,建立刑罚缓科等制度,并逐步将犯罪记录封存制度改革为犯罪记录消灭制度。深化少年刑罚执行机制,适当限定实际执行刑罚的上限,明确减刑、假释和收监执行的从宽标准,完善刑罚执行期间的特殊处遇措施。

二是完善未成年人刑事强制措施和羁押制度,最大限度减少交叉感染和标签效应,为涉罪未成年人社会化帮教和回归社

---

[1] 参见姚建龙:《犯罪后的第三种法律后果:保护处分》,载《法学论坛》2006年第1期。

会创造条件。完善未成年人逮捕制度,建立不同于成年犯罪嫌疑人的逮捕标准,明确对未成年人不适用径行逮捕和附条件逮捕措施;完善未成年人羁押制度,切实落实分押分管,在交通便利的地方建立集中羁押未成年人的看守所,改善食宿待遇和社会化帮教条件;[1] 建立检察机关依职权对在押未成年人羁押必要性定期复审制度,及时变更强制措施;增设指定保证人制度,[2] 建立专门的未成年人取保候审援助机构,为流动未成年人平等保护创造条件。

三是建立贯穿刑事诉讼全程的分流转处制度,为涉罪未成年人及时退出刑事诉讼转向保护处分和社会帮教创造机会,落实非犯罪化、非刑罚化。在公安机关侦查环节,对于情节轻微,可能不需要判处刑罚的未成年人,可以暂缓移送审查起诉,经过一定时期考察表现良好的,撤销案件,不再移送起诉。在检察机关环节,要完善附条件不起诉制度,取消罪名限制,将刑罚条件提高到可能判处3年有期徒刑以下刑罚。在审判环节,对于因认罪态度变化、达成刑事和解等原因,认定未成年被告人无须判处刑罚的,可以由法院进行一段时间考察后作出终结审理决定。

四是健全监护干预制度,消除未成年人触法涉罪的家庭教育诱因,实现国家监护的替代功能,预防再犯。深化责令家长管教制度和强制性亲职教育制度,对监护疏失较为严重或监护能力存在重大缺陷的罪错未成年人家长,应当责令其加强管教,必要时要求其接受指定时间、地点和内容的亲职教育。建

---

[1] 参见韩哲、边志伟:《看守所未成年犯分管分押制度的改进》,载《预防青少年犯罪研究》2012年第10期。

[2] 参见林中明、孙启亮:《上海试行合适保证人制度 50余名涉罪未成年人无一妨碍诉讼或重新犯罪》,载《检察日报》2016年3月22日第1版。

立严重监护疏失家长监护权转移机制，可以由法院根据检察机关或者其他利害关系人的申请，决定将其监护权临时转移给其他相关人员或专门的国家教养机构。必要时，可以撤销其监护权。

五是建立未成年被害人保护制度，注重预防"二次伤害"，加大司法保护救助力度。建立一站式取证制度，尽量一次性完成询问等取证活动，确保法定代理人或合适成年人、心理专家等到场。建立出庭保护制度，一般不通知未成年被害人出庭，必须出庭的，也要做好技术保护措施和对不当询问的纠正机制。进一步完善未成年被害人法律援助、心理评估干预、司法救助等制度。

（三）加强我国少年司法组织体系和专业队伍建设

健全少年司法组织体系，应当推动各政法机关专门机构和体制机制的协调发展。少年司法是涉及多个部门的综合性工作，只有协调一致才能发挥出最大效能。因此，要大力推动少年警务、少年刑罚执行尤其是社区矫正的专业化建设，并开展未成年人保护处分执行机构专业化的探索。

在少年司法机构体系的构建方面，要注意因地制宜，构建符合实际、形式多样的少年司法机构体系。中央和省级政法机关承担着较大区域内少年司法工作的领导或者指导职责，有必要设立专门的少年司法机构。地市级政法机关负有上传下达之责，有一定工作量支撑，以设立专门机构为宜。县级政法机关的机构编制、案件规模差距悬殊，要根据实际情况决定是设立专门机构还是指定专人负责，但要避免单纯考察案件数量，充分考虑未成年人案件特别程序和帮教救助、犯罪预防等额外工作量。在少年案件较多、少年司法工作较为发达、交通便利的地方，可以考虑建立少年检察院、少年法院，对未成年人案件实行跨行政区划集中管辖，实现职能集中整合、案件集中管辖、人员集中管理的目标，解决因案件分布不均衡、受理案件数量过少所导致的一系列问题。[1]

在少年司法人员专业化建设方面，要考虑保持队伍相对稳定，在司法改革中提供相对清晰的职业发展路线图，并在时机成熟时设置必要的准入门槛。要开展专业化培训，特别是以司法保护能力为核心[2]的岗位基本素能的培养，鼓励少年司法人员参加心理咨询师、社会工作师等培训和资格考试。同时，一定要建立专业化的少年司法评价标准，对少年司法工作人员的具体司法行为起到正向、专业的导向作用，改变以成年人司法标准甚至单纯以案件数量评价少年司法工作的做法，建立以办案质量和司法保护效果为核心，涵盖帮扶教育、感化挽救、落实特殊制度、开展犯罪预防等内容的专业化评价标准和机制。

（四）构筑我国少年司法制度的社会支持体系

我国的少年司法社会支持体系至少应当包括以下内容：

一是未成年人不良行为早期干预社会支持系统。对存在一定不良行为、尚无司法干预必要的未成年人，应当建立早期干预体系，由家庭、学校、社区和行政机关进行干预，既起到过滤作用，减轻司法负担，又避免司法过早干预的弊端。例如轻微校园欺凌事件处理、轻微不良行为学生校内转化等机制。

二是涉案未成年人诉讼需求社会支持系统。未成年当事人的法定诉讼权利，如果脱离社会支持，往往落空。例如合适成年人到场，要有专门的合适成年人队伍予以支撑。又如少捕慎诉，

---

[1] 参见蒲晓磊：《设立少年家事法院和少年检察院》，载《法制日报》2017年2月14日第11版；苗生明、张宁宇：《创设少年检察院：未检制度发展新愿景》，载《检察日报》2016年12月29日第3版。

[2] 参见姚建龙、尤丽娜：《对办理未成年人案件检察官群体的初步研究》，载《预防青少年犯罪研究》2012年第1期。

要有社会观护体系提供必要的取保候审和帮教条件作为基础。

三是涉案未成年人教育矫治和保护救助需求社会支持系统。少年司法人员能力、精力、资源有限，不可能、也没有必要搞"全能司法"，应当将教育矫治和保护救助需求交给社会力量来完成。例如未成年人的心理干预，就应当交由社会化的专业机构和人员来开展。

四是未成年人罪错和被害预防社会支持系统。少年司法机关在办案中发现未成年人罪错或被害案件背后存在的社会治理问题，并不能越俎代庖，只能向相关政府职能部门提出完善社会治理的建议，需要有相关机制来确保落实。例如，针对娱乐场所招揽未成年人入内引发的罪错或被害案件，只有依托政府综治体系，才能形成治理合力和长效机制，创新社会治理。

要构筑我国少年司法的社会支持体系，可以从以下几个方面着手：

一是明确政府责任，指定具体牵头部门（如预防青少年违法犯罪专项组织或者民政部门），授予必要的协调和监督职权，整合调配政府官方资源、人民团体等半官方资源和社会组织等非官方资源，搭建少年司法社会支持体系。

二是培养社会组织，发挥群团组织作用，打造自主管理运营、市场化运作的专业组织，通过纳入政府购买服务范围、建立少年司法社会服务转介机构、建立服务质量第三方评估机制等方式，形成长效机制，规范运作方式。[1]

三是建立对少年司法社会支持力量的激励机制，制定简化审批手续、降低审批条件、税收减免、荣誉表彰等政策，鼓励

---

[1] 参见吴燕：《刑事诉讼程序中未成年人司法保护转介机制的构建——以上海未成年人司法保护实践为视角》，载《青少年犯罪问题》2016年第3期。

各种社会力量支持少年司法工作。

四是完善少年司法社会支持体系的顶层设计。可以先由最高司法机关牵头,与相关的中央政府职能部门、群团组织或社会组织共同制定规范性文件,继而推动地方立法机关在立法权限内制定相关的地方性法规,再适时推动在国家少年司法法中设置社会支持体系专章,或者采用制定单行法或者在预防未成年人犯罪法、未成年人保护法、儿童福利法等立法中专章规定的方式,实现顶层设计。

五、未成年人检察工作的职责与使命

自1986年上海市长宁区人民检察院成立我国第一个"少年起诉组"起,我国未成年人检察工作已经历了30年的发展历程。2015年底,最高人民检察院正式成立"未成年人检察工作办公室",标志着未成年人检察工作专业化规范化建设进入了一个新的发展阶段。为切实加强新时期未成年人检察工作,应当充分认识未成年人检察工作的责任与定位,应当认真总结未成年人检察工作的成就与不足,应当深入思考未成年人检察工作发展的方向与路径。

(一)职责与使命:未成年人检察对完善中国少年司法制度、强化未成年人保护作用突出、意义深远

未成年人是亿万家庭的寄托,是国家和民族的希望,承载着实现"中国梦"的历史使命。一个未成年人出现问题,毁掉的是一个家庭的幸福;一批未成年人出现问题,危害的是国家和民族的未来。未成年人成长过程中出现问题的原因不仅在未成年人,更主要的是各种不良因素、社会管理机制缺陷和恶劣

环境交互作用的结果。国内外发展历程均表明，在经济社会迅速发展转型时期，受各种社会矛盾和问题的影响，未成年人违法犯罪和侵害未成年人权益的问题会更加突出。而强化未成年人犯罪预防和权益保护，不但有利于未成年人健康茁壮成长，还有利于解决未成年人问题背后的深层次社会问题，化解社会矛盾，消除不安定因素。党的十八届三中、四中、五中全会对推进国家治理体系和治理能力现代化，推进多层次多领域依法治理，提高社会治理法治化现代化水平提出了明确要求，强调建立健全帮教特殊人群、预防违法犯罪的机制和制度化渠道。加强未成年人检察工作，最大限度地保护未成年人合法权益，最大限度地教育挽救涉罪未成年人，最大限度地预防未成年人犯罪，是检察机关参与推进国家治理能力和治理体系现代化的重要内容和载体，关乎未成年人的健康成长、关乎万千家庭幸福安宁，关乎社会和谐稳定和国家民族未来。

在未成年人司法保护工作上，检察院的工作涵盖了整个司法过程，任务相当繁重。检察机关在中国少年司法改革与司法政策的贯彻中应当而且也能够发挥重要的作用。中国少年司法制度需要借鉴国外先进做法，但更重要的是根植于中国特色司法体制中。与国外实行司法审查制度不同，我国实行的是分工负责、相互配合、相互制约的诉讼体制，检察机关承担着对刑事诉讼、民事诉讼和行政诉讼活动的监督职责，国外少年司法中的先议权在我国为检察机关所有，而且只有检察机关才能够介入侦查、审判、刑罚执行的诉讼全过程。做好未成年人检察工作，不仅能够促进对未成年人进行及早和全程的保护、帮教，还能够有力推动公检法司机关统一认识、协调一致、有效衔接，从而推动整个中国少年司法制度的完善。

对未成年人的权益保护和犯罪预防是一项系统社会工程，

需要从源头抓起，需要有关部门和组织共同努力。同时，司法是最后的手段，少年司法的一些特殊程序、特殊制度的落实也需要社会的支持。"没有社会支持体系就不会有少年司法，因为少年司法关注的是行为人而不是行为，关注的是行为人的回归而不是对行为的惩罚，离开社会支持体系就不可能有少年司法。"[1] 检察机关依法承担着国家法律监督职能，为拓展未成年人保护与犯罪预防工作空间，推动社会资源在未成年人保护中的合理配置，争取各方支持创造了有利条件。在实践中，许多地方正是由于检察机关的推动，在当地建立了由各个部门和社会组织参与的未成年人保护和犯罪预防的联动机制，取得了良好效果，获得了社会高度评价。

未成年人检察对完善中国少年司法制度，强化未成年人保护作用突出、责任重大、意义深远，不能削弱，只能加强。这也是最高人民检察院成立未成年人检察工作办公室的目的和意义所在。

（二）机遇与挑战：未成年人检察发展任重而道远

30年来，在一代一代未检人的接力下，未成年人检察硕果累累，教育挽救感化了一大批罪错未成年人，初步形成了符合司法规律和未成年人特点的特殊的司法理念、工作机制和工作规范，专业化队伍也实现了从无到有到的逐步壮大，并有力推动了国家未成年人法制建设。但随着社会经济的发展，新情况、新问题不断出现，给未成年人检察工作提出了许多新要求、新挑战，其中既有机遇，又有困难，必须认清形势，勇于面对，积极破解。

---

[1] 宋英辉：《从六个方面着手推进少年司法社会支持体系》，载《检察日报》2015年6月27日第3版。

一是全社会对未成年人保护工作重视程度的提高,给未成年人检察工作提出了新的更高的要求。习近平总书记强调,全社会都要了解少年儿童、尊重少年儿童、关心少年儿童、服务少年儿童,为少年儿童提供良好社会环境;对损害少年儿童权益、破坏少年儿童身心健康的言行,要坚决防止和依法打击。全国人大常委会在全国范围内开展了未成年人保护法执法检查,推动有关方面齐抓共管、综合治理。有关专家学者、新闻媒体也奔走呼吁要切实加强未成年人司法制度建设。这既是给未成年人检察工作提出的更高的要求,也是全社会寄予的厚望。

二是未成年人权益保护和涉及未成年人的犯罪发生新变化,给未成年人检察工作提出了新的挑战。当前,我国的未成年人中,有很多处于留守或者流动状态,这个群体中涉嫌犯罪、违法的比例相对较高,受到不法侵害的比例也相对较高。对处于留守或者流动状态而实施危害行为或者受到犯罪侵害的未成年人而言,要使他们回归社会或者恢复正常生活,心理疏导、技能培训、未来成长规划和指导等是必不可少、非常迫切的。当前,未成年人犯罪呈现多元化趋势,一些过去只有成年人才实施的犯罪,如贩毒、绑架,甚至暴力恐怖犯罪、邪教犯罪,也出现未成年人的身影。故意伤害(重伤)、抢劫等恶性犯罪增多,且犯罪手段残忍、不计后果。奸淫、猥亵、拐卖、虐待、遗弃等侵害未成年人的刑事案件不断发生。南京虐童、北京摔婴、海南校长"开房门"等案件一经披露即成为社会事件。这些都要求从事未成年人检察工作的检察人员不仅要有过硬的业务水平,更要有良好的社会责任意识和较高的社会工作能力。

三是司法改革对机构、人员的新要求,给未成年人检察专业化建设带来新的课题。目前，全国省级检察院尚有相当一部分没有独立的未成年人检察机构，有的虽有机构但人员配备不到位，未成年人检察人员"兼职"现象普遍存在。特别是由于对司法改革认识不足，有的地方开始徘徊观望，一些原本有计划成立未成年人检察专门机构的也暂时搁置；有的试点单位搞"一刀切"，没有充分考虑未成年人检察工作实际，简单地将未成年人检察并入其他业务部门，未成年人检察办案力量减少。与此同时，在未成年人检察专业化建设中，如何处理好未成年人问题与未成年人犯罪问题的关系、少年司法与未成年人检察的关系、保护未成年人利益和保护社会利益的关系、权力集中与制约监督的关系等，还需要进一步研究。

四是特殊司法理念与执法现实矛盾突出，给未成年人检察带来新的问题。对涉罪未成年人的特殊司法理念，要求司法执法机关采取有别于成年人的特殊刑事政策、特殊办案制度。但这一要求在实践中并没有得到普遍认同和自觉实践，未成年人检察工作发展非常不平衡。如有的认为"特别程序"仅仅是对未成年人处理上的"小儿酌减"，甚至批评"少捕慎诉少监禁"是"小恶不惩纵容大恶"，"特别程序"是损害正义一味从轻，进而质疑开展教育挽救和犯罪预防是"不务正业"。反映在执法中就是刑事诉讼法规定的特殊制度和程序在不少地方没有得到有效贯彻，就案办案问题突出，社会调查少、听取律师意见少、指定辩护走形式、附条件不起诉适用率低、犯罪记录封存执行不严等现象不同程度存在。

（三）长远与当下：以构建中国特色少年司法制度为目标，扎实推进未成年人检察工作专业化、规范化建设

未成年人检察的长远目标应当是形成健全的独立的有中国特色的少年司法制度。一个国家的少年司法制度能否确立健全，其核心问题是要有自成体系的、不同于成年人案件审理的程序法以及实体法，有自成体系的少年司法机构和完善的社会支持体系。正如一些学者提出的，要跳出刑事诉讼法、刑法、监狱法等部门法来宏观考虑少年司法改革，不能就刑事诉讼法的修改谈少年司法，也不能就事诉讼法的修改谈少年司法。未成年人保护与案件办理的未来走向应当是综合保护和全面保护，涉及刑事、民事、行政、儿童福利等各个方面。因此，应当拓宽视野，着眼于未来发展。路漫漫其修远兮，立足当下，就要在30年未成年人检察工作积累上，一步一个脚印地继续推动未成年人检察专业化、规范化建设，并以此逐步推动未成年人司法的健全完善。

一要切实提高对未成年人检察工作特殊性的认识。未成年人检察不以实现惩罚为首要目的，而以保护未成年人权益、预防再犯、帮教未成年人为出发点、着力点和落脚点，除司法办案和诉讼监督职能外，还承担着帮扶教育、预防犯罪等社会职能。未成年人检察不以定罪量刑和定分止争为最终目标，而是以案件事实为切入点，探究未成年人问题产生的原因，采取必要的干预手段，改善未成年人的心理状况、家庭教养和社会环境，帮助陷入困境的未成年人重回正常轨道，呵护其健康成长。为此，要真正将对未成年人的特殊方针、原则、政策贯穿办案始终，将帮教、挽救涉罪未成年人作为办案的主要任务，摒弃就案办案、不加区分的办案方式。尤其要更加注重特殊保护理念，摒弃传统的报应主义思想，严格落实特别程序要求；更加注重平等保护理念，特殊政策适用和特殊司法保护不受民族、宗教、籍贯、身份等情况影响；更加注重双向保护理念，既要保护涉罪未成年人的合法权益，也要注重保护和救助未成年被害人。

二要进一步加强未成年人检察专业化建设。设置独立的少年司法专门机构是少年司法制度发展的重要组织保障，也是衡量一个国家少年司法制度是否成熟的重要标志之一。我国司法实践证明，没有未成年人检察专门机构就没有未成年人检察案件的专门办理。检察机构改革不能影响检察职能的发挥，要在加强扁平化管理的同时加强专业化建设，确保不削弱未成年人检察工作。各级检察机关尤其是省级检察院应当按照《人民检察院办理未成年人刑事案件的规定》要求，进一步加强独立的未成年人检察机构建设。要全面落实捕、诉、监、防一体化的未成年人检察工作模式，由同一承办人负责同一案件的相关工作，并保证专职，以强化对未成年人权益的保护。未成年人违法犯罪问题的背后，往往隐藏着诸多未成年人权益保护不力的问题，因此涉及未成年人权益的民事案件并非单纯的普通民事法律主体间的关系，涉及未成年人权益的行政诉讼案件也并非一般的"民告官"，同样要体现国家亲权理念，遵循和实现未成年人利益最大化原则。未成年人检察部门要在办理好传统的涉及未成年人的刑事案件基础上，本着实际需要、量力而行、突出专业的原则，根据"遵循司法客观规律与检察工作特性，整合检察资源，结合检察业务特点进行分类"的检察体制改革要求，探索开展涉及未成年人权益的刑事执行检察和民事行政检察工作，为更有效、更广泛地保护未成年人权益作出不懈的努力。

三要进一步加强未成年人检察规范化建设。要推动办案程序和标准规范化。有关司法解释虽然对未成年人办案程序方面进行了一定的完善，但还有很多方面需要进一步细化。如讯问、询问未成年人程序规制、帮教涉罪未成年人方式、开展犯罪预防等，目前尚缺乏统一规范，缺乏操作性，必须进一步完善和明确。要加强司法衔接规范化，积极与公安、法院、司法行政等部门的沟通配合，在评价标准、社会调查、逮捕必要性证据收集与移送、法律援助、分案起诉等制度上达成共识，形成未成年人司法保护工作合力。要加强社会化支持体系规范化，加强与综治、共青团、关工委、妇联、民政、学校、社区、企业等方面的联系配合，积极促进党委领导、政府支持、社会协同、公众参与的未成年人犯罪帮教社会化体系建设，共同做好涉罪未成年人帮教考察和犯罪预防工作。

四要建立未成年人检察独立评价机制。未成年人检察工作并非侦监、公诉等业务的简单叠加，除传统审查逮捕、审查起诉、法律监督的司法职能之外，还承担着大量的帮教涉罪未成年人、预防未成年人犯罪等社会职能。未成年人检察的工作目标应当是教育挽救了多少人，而不是定罪惩罚了多少人。因此，对未成年人检察工作的评价尺度不是仅凭办案数量，而是评价每办理一个案件特殊程序是否落实，围绕涉案未成年人做了多少教育矫治和帮扶工作。目前的评价体系需要调整改革，使其全面涵盖未成年人检察工作的特殊职能，在评价重点、目的、方式等方面体现其特殊性。因此，要逐步健全科学的符合未成年人检察规律特点的工作评价机制，以更好地引导未成年人检察工作科学、健康发展。

第九专题
行政公诉与法律监督[*]

中国正处于社会转型期，社会矛盾和利益纠纷呈高发态势，通过厉行法治，保证行政权正确行使，是预防、减少和妥善应对社会风险的良策。由于行政诉讼在制度架构方面的缺陷，其制度功能发挥并不充分。设置行政公诉制度，应当成为完善行政诉讼制度的一个重要选择。它具有监督和促进依法行政、化解社会矛盾等多方面的价值，也是完善中国特色社会主义检察制度的应有之义。建立行政公诉，应当从理念和制度建构等不同层面予以设计。

---

[*] 本文原题为《设置行政公诉的价值目标与制度构想》，发表于《中国社会科学》2011年第1期，《新华文摘》2011年第9期、《人民检察》2011年第4期转载。本文发表于2011年，与当下的"公益诉讼"既有理论逻辑上的联系，又有所不同。且"公益诉讼"是后来的事情。此次再次将此文选作专题予以出版，核心意思是想表达这样一个观点：行政公诉与检察机关的法律监督更契合。

中国正处在现代化进程中的社会转型期。从总体上看,中国政局稳定,经济快速发展,社会全面进步,各种关系基本协调,社会基本和谐。然而,随着社会转型过程的加速,社会生活的各个方面也在发生着结构性的变化,由此带来很多新的矛盾和隐患:因贫富差距、城乡差距、社会保障、劳动就业等民生问题引发的社会矛盾不断出现;因企业改制、土地征收、房屋拆迁、环境保护等原因导致的利益纠纷时有发生,构建社会主义和谐社会面临着严峻的挑战。这些社会矛盾和问题的产生原因是多方面的,解决这些社会矛盾和问题也需要采取综合性措施,但是最根本、最有效的措施就是厉行法治,实施依法治国的方略,使法治调整和化解社会矛盾的作用得以切实发挥。在厉行法治、推进依法治国的进程中,加强对行政权的监督制约,促进依法行政是其中的难点和关键。从现实情况看,行政机关的滥用职权和失职、渎职等行为是导致和激化诸多社会矛盾的主要原因;同时,相当数量的行政违法行为又难以及时得到纠正。行政诉讼是通过司法程序对行政权进行监督制约的一项重要法律制度,但由于制度设计方面的缺陷,"行政诉讼制度在权力制约方面显得相当力不从心",[1] 其应有的制度功能并未充分发挥,当事人通过诉讼渠道解决行政纠纷的途径并不顺畅,导致一些行政相对人寻求上访、闹访甚至采取群体性冲突的方式来表达诉求。因此,弥补我国行政诉讼在启动诉讼方面的缺失和不足,不仅是当务之急,而且对国家法治的推进具有长远的意义。笔者认为,赋予检察机关提起行政公诉的权能是一种具有制度价值的构想。所谓行政公诉,是指在没有适格

---

[1] 杨海坤:《对于摆脱〈行政诉讼法〉实施困境的反思》,载《行政法学研究》2009年第3期。

原告的情况下，检察机关认为行政机关的行为违反了有关法律规定，侵害公民、法人和其他组织的合法权益，损害国家和社会公共利益，依照行政诉讼程序向法院提起公诉，提请法院进行审理并作出裁判的活动。

一、设置行政公诉制度的价值

（一）有利于中国权力监督制约体制的进一步完善

任何一项法律制度的创设和生发都蕴含着一定的根据，返回制度的历史原点，从源头上探究制度的本来面目，有助于发现制度背后的特性，并对当下具有重要的启示意义。从世界各国行政诉讼制度发展史看，设立行政诉讼的初衷并不主要是为了保障公民权益，而首先是为了维护客观法律秩序，协调司法权与行政权的关系。"司法救济的历史表明，行政诉讼肇始于客观之诉，即最初目的主要不在于保护行政相对人的权益，而在于监督和维护行政机关依法行政，这在大陆法系与英美法系国家都是如此。"[1] 有"行政法母国"之称的法国行政审判制度建立的直接动因在于行政与普通法院的对立，目的在于排斥封建的法院对行政的干预，维护和促进行政职能的实现。"不惟大陆法系，在司法审查制度产生源头的英国，司法审查所广泛使用的各种救济手段，即特权令状制度，其最初目的也是为了维持各级公共机构的效率和行政秩序。"[2] 而我国则与欧陆

---

[1] 张坤世、欧爱民：《现代行政诉讼制度发展的特点——兼与我国相关制度比较》，载《国家行政学院学报》2002年第5期。

[2] 孔繁华：《行政诉讼性质研究》，载《武汉大学学报（哲学社会科学版）》2009年第1期。

略有不同，在人民代表大会根本政治制度下，按照司法权与行政权分工制约的原理，我国行政诉讼制度的基本宗旨在于保护公民的权益不受来自行政机关的非法侵犯，监督和保障依法行政，建立起"以权力制约权力"的法律监督机制。行政公诉制度正是在不断改进和完善行政诉讼制度的基础上凸显其必要性的。

行政诉讼法虽然对检察机关在其中的监督作用作了原则规定，但只有抗诉一种监督手段，存在间接性、滞后性等缺陷。事实上，行政执法多年来一直游离于国家检察机关法律监督的视野之外。基于中国行政诉讼制度的现状，[1] 如果没有检察机关提起公诉，那么将有相当大数量的行政违法行为由于没有适格原告提起行政诉讼，从这个意义上说，游离于检察监督之外实际上也意味着游离于行政诉讼制度的监督体系之外。因此，由检察机关采用诉讼形式，利用国家检察权力启动审判，通过检察权和审判权两种权力的合理运用，发挥司法的政策引导功能和强制威慑功能，从而实现司法权对行政权的制约，这是十分必要的。行政公诉以检察权这种公权力集中公意，代表公益，独立于行政权之外行使对行政行为的监督职能，开辟出检察权启动审判权监督行政权的途径，也是完全可行的。[2]

(二) 有利于引导和推动中国市民社会的生成和发展

"市民社会的出现，使权利观念向前迈进了一大步。"[3]

---

[1] 长期以来，在行政诉讼领域，行政相对人"不愿告、不敢告"的现象十分普遍。多年来，全国法院行政案件一直徘徊在10万件左右，这与现实生活中大量存在的行政违法行为以及公众对违法行政行为的广泛不满形成鲜明对照。

[2] 参见田凯：《行政公诉论》，中国检察出版社2009年版，第43页。

[3] 张康之、张乾友：《对"市民社会"和"公民国家"的历史考察》，载《中国社会科学》2008年第3期。

第九专题　行政公诉与法律监督

这一结论如果推及当下中国的社会建设中来认识，也具有适用的价值。通过行政公诉制度的确立，对遭受行政违法行为侵害的社会权利与利益给予尊重和保护，将起到倡导和普及权利意识的作用，从而极大促进市民社会的生成和发展。

市民社会是西方政治哲学中的一个重要概念，它与"国家"概念相对应。马克思对市民社会有精辟的论述。[1] 他强调："现代国家的自然基础是市民社会以及市民社会中的人，……现代国家既然是由于自身的发展而不得不挣脱旧的政治桎梏的市民社会的产物，所以，它就用宣布人权的办法从自己的方面来承认自己的出生地和自己的基础。"[2] 在中国，市民社会这一概念受到学术界的重视，还是近十几年来随着市场经济的建立和发展而出现的事情。自1949年到改革开放前，我国实行的是计划经济体制以及与之相适应的高度集权的政治体制，"这种体制不可避免地导致了国家和社会的高度一体化"。[3] 在政府的职能定位上，是一种无所不包的全能型政府，而社会并没有真正的独立性。随着经济体制改革特别是社会主义市场经济体制的确立，国家在强调政府职能转变，实行政府和企业分开、政府和社会分开的同时，着力培育和壮大独立的市场经济主体，这些举措客观上加快了中国市民社会的生成和发展。中国共产党第十六次代表大会提出了构建社会主义和谐社会的战略构想，把社会建设提高到一个新的高度，不断强调要尊重和保障人民群众的主体地位，这为中国的"市民社会"建设赋

---

[1] 参见伍俊斌：《马克思市民社会理论评析》，载《福建论坛（人文社会科学版）》2010年第6期。

[2] 《马克思恩格斯全集》（第2卷），人民出版社1957年版，第145页。

[3] 参见邓正来、景跃进：《建构中国的市民社会》，载邓正来：《市民社会理论的研究》，中国政法大学出版社2002年版，第12页。

予了丰富的时代内涵。

市民社会具有多方面的特征，对于中国深化改革开放、推动社会转型过程具有十分重要的意义。[1] 市民社会的构建，就是要确立国家与社会的良性互动关系，其核心是对社会以及构成社会的人（包括自然人和组织）的独立性、主体地位和权利的尊重。其中，社会主体与行政机关的关系无疑是最为基本的关系。要在制度层面，承认和确立社会主体特别是自然人独立的主体地位，发挥其在监督和制约行政权方面的作用。从域外的历史经验看，公民自觉地通过法律渠道，运用司法权监督制约行政权，正是市民社会发展的重要途径之一。但从中国行政诉讼法实施以来的实际情况看，行政诉讼这项具有推动市民社会构建的制度，发挥的作用十分有限。在实践中，基于诉讼的成本和证据要求以及所耗费的时间和精力等因素，绝大多数公民都是宁愿采取上访的方式而不愿意采取行政诉讼的方式来实现自己的诉求。实证研究的结果也表征了这一点。有学者利用2005年在中国28个省份调查所得的一项综合社会调查数据（CGSS2005），对中国行政纠纷的分布及中国公民如何有针对性地进行纠纷解决的制度选择进行定量研究。研究表明，针对行政纠纷，现阶段中国公民的法律意识并不淡漠，但现实中却大多经常性地采取司法程序及准司法程序之外的渠道解决纠纷。公民对中国行政纠纷解决存在事实上的"双轨"制度需求，即对通过司法（或准司法）渠道和党政渠道解决纠纷有同

---

[1] 邓正来、景跃进认为，中国市民社会构建的主要作用有几个方面：可以积极主动地承担起培训市场和发展经济的任务；日常生活中能够抑制国家权力的过分膨胀，为民主政治的建设创造条件；其内部发展起来的契约性规则、自治能力和利益格局是社会稳定的保险机制和控制机制。参见邓正来、景跃进：《建构中国的市民社会》，载邓正来：《市民社会理论的研究》，中国政法大学出版社2002年版，第12页。

等程度的需求。[1] 这说明，在大多数公民心目中，对于司法权监督行政权的力度和效果还是存有疑虑的。而当这种疑虑成为一种普遍的社会心态时，人们自然更多地寻求比法律更加有效的解决方式，对权力、权威的依赖就成为必然，从而丧失对自我主体地位的维护，离市民社会和法治也越来越远。深入考察，这种司法对行政监督不力的主要原因在于行政诉讼在制度设计层面的若干不足——尤其是公民、法人和其他社会组织在没有能力与违法的行政行为相抗衡的情况下缺乏相应的救济。要达到社会的法治化，使所有的社会主体都能依法办事，就应当从法律上设计一种科学的制度，使损害国家和社会公共利益的行为都能通过最后的诉讼途径获得救济。事实上，当某一个地方出现比较多的行政纠纷案件而没有有效的途径供相对人投诉，或者虽然能够投诉但进入了处理程序却没有获得制度支持时，就会损害公民对社会主义法治的信念。理想的行政诉讼制度，就应当能够为公民提供有效的救济，确保公民不受违法、不公的行政行为侵害。如果经由行政诉讼制度能够保障公民的正当权益，公民对社会主义法治的信仰就会更加坚定。[2]

有学者指出，由于历史和现实的原因，中国法治化进程主要是政府主导、政府与社会互动的模式。[3] 因此，在市场经济发育程度尚不够成熟，民主化进程有待推进，社会自治能力较为欠缺的情况下，在不排斥社会对法治的推动力前提下，国家

---

[1] 参见程金华:《中国行政纠纷解决的制度选择——以公民需求为视角》，载《中国社会科学》2009年第6期。

[2] 参见谭宗泽:《行政诉讼结构研究：以相对人权益保障为中心》，法律出版社2009年版，第186页。

[3] 孙笑侠、郭春镇:《法律父爱主义在中国的适用》，载《中国社会科学》2006年第1期。

在某些领域运用一定的强制力来规制经济与社会的法治建设是很有必要的。在中国现阶段,没有政府主导,仅靠社会规范和社会力量来推进法治,将会延宕这一进程的实现,同时还可能因各种矛盾冲突使法治化过程耗费过多社会资源。赋予检察机关提起行政公诉的职能,使检察权作为一种公权力进一步介入行政诉讼,体现了国家对于行政诉权的尊重和引导,更重要的是,这种公权力的介入和引导是在法律的框架下,通过司法程序实现的,它不仅体现了一种法律上的人文关怀,而且也是对法治精神的尊重和弘扬,对市民社会法治进程有着示范和引领的作用。同时,从现代行政法的发展看,很多国家行政诉权的主体都呈现出多元化。"倘若限制公民只有在权利受到侵害时才能起诉,不仅混淆公法关系和私法关系的性质,而且过分束缚法院对公共机构违法行为的监督,不符合现代行政法发展的趋势。"[1] 检察机关提起行政公诉,体现了市民社会与国家之间的良性互动、权利与权力的制约及功能耦合关系,从而对市民社会的培育具有重要的引导、推动作用。

(三) 有利于化解冲突,对社会矛盾发挥"减压阀"的作用

近年来,因城市房屋拆迁、农民负担、企业改制、社会保障、环境保护等引发的行政争议较多,往往涉及面广、人数众多、矛盾尖锐。一些行政行为不仅损害了公民、法人和其他社会组织的合法权益,也在不同程度上影响着社会的稳定和安全。调查表明,在行政纠纷解决过程中,五分之一左右的被访者表示其行动策略是容忍。这个数值是相当高的,而在被问及其真实意愿时,只有十分之一左右的被访者视容忍为首选途径。这表明,中国公民事实上不那么愿意容忍。对此的解读

---

[1] 参见王名扬:《英国行政法》,中国政法大学出版社1987年版,第199页。

是，那些不愿意容忍而事实上容忍了行政纠纷的公民是有相当大的怨气的。一些法律社会学者的研究表明，"怨气"或者"讨说法"往往是中国底层公民采取固执或激烈行动的根源。众多个体公民的积怨如果未能适时疏导，往往可能因为不相关的意外事件而诱发大规模的群体性事件。[1] 从这个意义上讲，行政纠纷解决机制的建设，也是疏导公民"泄愤"的制度需要。但是，目前的纠纷解决制度体系显然并不令人乐观。行政诉讼作为一种行政纠纷解决机制的作用并没有充分发挥。[2] 因此，需要从制度设计层面重新予以思考。在没有适格主体提起行政诉讼的情况下，由检察机关针对行政纠纷提出检察建议、提起行政公诉，将有利于公民权利救济渠道的畅通，对社会矛盾和冲突起到"减压阀"的缓冲作用。

（四）有利于整合对行政权的监督资源，实现制度效益最大化

既然检察机关对没有适格起诉主体的案件提起行政公诉是基于对国家和社会公共利益的维护，那么，为什么由检察机关而不是由其他机关提起行政公诉呢？对此，首先要明确的是，提出由检察机关提起行政公诉来维护公共利益，并不排斥由别的机关或社会团体、个人对公共利益的维护，只是就提起行政公诉而言，由检察机关来行使，更为适宜。

政治制度的发展与建构，须基于和充分利用本国已有的政治资源，才可能稳定地、持续地以较低成本实现较高政治绩

---

[1] 程金华：《中国行政纠纷解决的制度选择——以公民需求为视角》，载《中国社会科学》2009年第6期。

[2] 需要说明的是，笔者并非主张社会纠纷主要依靠诉讼制度来解决。对此，笔者赞同刘莘教授的观点，利用诉讼这一法律渠道解决冲突，"并不是鼓励人们去打官司，而是鼓励人们利用合法途径解决问题。利用合法途径解决问题的人多了，社会积累矛盾就越少，社会就更加和谐安定"。刘莘：《行政诉讼是纠纷解决机制》，载《行政法学研究》2009年第3期。

效。在我国，对行政权监督制约的制度、机制是多种多样的，"却还处于一种未经整合的状态"，其中行政诉讼具有"技术性、程序性和中立性"的制度特点和优势。[1] 我国的检察制度是一项具有中国特色的政治和司法制度，检察机关是国家的法律监督机关，它渊源于人民代表大会的监督权，是由国家权力机关的监督职能派生的专门监督职能。而提起公诉恰是检察机关履行其法律监督职能的基本手段和途径。因此，建立检察机关提起行政诉讼制度，使本来已具有监督职能和公诉职责的检察机关更加充分地运用行政诉讼的制度优势，发挥对行政行为的监督作用，从而完善对行政行为的司法审查，将是对我国现有的行政诉讼制度和检察制度在权力监督功能方面的有效整合，有利于实现制度效益的最大化，是完善中国监督体制的有益突破。

与此同时，从中国的法治实践看，由其他公权力主体来承担行政公诉职责并不可行。由权力机关来承担提起行政公诉这样具体的监督职能，不仅与中国权力机关的性质定位不符，而且也力不从心。而其他的行政机关或行政组织，由于都共同属于同一个大的行政系统，难以克服其作为内部监督的天然缺陷，使监督的可行性、监督的效能及社会公众的认同和信赖度大打折扣。现实生活中大量的违法行为在行政管理环节中就没

---

[1] 喻中：《权力制约的中国语境》，山东人民出版社2007年版，第189页。

有得到行政机关的及时监督和纠正,[1] 更难以想象由行政机关通过行政公诉来挑战行政机关自身的违法行为。而我国的检察机关是人民代表大会之下"一府两院"的组成部分,是独立于行政机关和审判机关的,它相对地超然于行政机关的违法行为,在行政机关滥用权力、不作为等情形下,由检察机关承担起对行政违法行为的法律监督职责,将比较严重的行政违法行为诉诸法院,启动审判,更具有现实可行性。检察机关还可以综合运用检察建议、提起行政公诉等多种监督方式,能够最优化地实现对违法行政行为监督制约的资源配置。

二、行政公诉符合中国检察权的内在逻辑

检察机关作为国家的法律监督机关,对行政权力行使的合法性进行监督是法律监督的应有之义。根据我国宪法规定的检察机关的性质和地位,检察机关应当享有广泛的监督职能,其中,对诉讼活动进行监督则是检察机关最基本的职能。但比较检察制度与刑事、民事、行政三大诉讼,不难发现,检察制度与行政诉讼制度有着更为相近的制度背景、理念和目标。现代意义上的检察制度和行政诉讼制度的诞生标志着人类对分权、权力监督和制约等权力运行规律的认识都达到了新的高度。同

---

[1] 类似的例子是大量的,如 2009 年初,山西省晋城市国土资源局经过调查,确认当地亚美大宁公司煤矿的主斜井、副斜井、进风斜井全部建在相邻的山西金能源有限公司金海煤矿矿区范围内,随即发出通知书责令其改正违法行为,立即停止开采,接受查处。然而,通知书发出后,亚美大宁煤矿一天也没有停产。晋城市国土资源局将有关情况函告市安全生产监督局、煤矿工业局、煤矿安全监察局和阳城县人民政府,这些单位竟无一对亚美大宁公司的违法行为采取任何措施。参见丁志军:《山西亚美大宁能源有限公司合资外方频频违法违规该谁管》,载《人民日报》2009 年 5 月 15 日第 13 版。

时，不断强化对公民权利的保障功能，是法治发展的共同规律，也是检察制度和行政诉讼制度共同的发展趋势。把两者结合起来，有效地发挥行政诉讼检察制度的功能，检察制度和行政诉讼制度就可以起到互为促进的作用，保障各自价值目标的实现。[1]

(一) 公诉权是检察机关实现法律监督职能的基本形式

提起公诉是世界各国检察机关共同的基本职能，也是最本源意义上的检察权。因为检察机关本来就是通过控审职能分离，专司起诉职能而出现的。无论是大陆法系、英美法系还是苏联社会主义法系的检察机关，其起诉权都不局限于刑事诉讼领域，在民事、行政领域都享有广泛而完整的起诉权。"现代诉讼的基本理论认为，检察机关在诉讼中，最突出、最主要的职责是代表国家、公众把被告人（刑事被告人、民事被告人、行政被告人）的违法行为和违法事实提供给法院，要求其依法进行审理和裁判，并对审理的过程以及裁判的结果进行监督。"[2] 不论这种归纳的准确性如何，有一点则是确定无疑的，即提起诉讼是检察机关参与诉讼活动的重要方式和基本职能之一。

社会主义国家检察机关是国家的法律监督机关。但检察机关法律监督职能的实现，并不是对被监督行为的合法性直接进

---

[1] 有学者认为，把行政诉讼（只）视为一种诉讼程序，从与民事诉讼、刑事诉讼的比较之中，获得对行政诉讼制度本身的理解，这种横向的比较分析方法本无可厚非，……但它却无法积攒行政诉讼自己的话语，更无法解释行政诉讼特有的现象。参见余凌云：《行政诉讼法是行政法发展的一个分水岭吗？——透视行政法的支架性结构》，载《清华法学》2009 年第 1 期。笔者认为，只有走出狭隘的诉讼视野，从国家宪政层面以及行政诉讼制度与检察制度相互结合的视角，才能不断地摆脱余凌云教授所说的行政诉讼在学术研究上和实践中产生的困境。

[2] 湛中乐、孙占京：《论检察机关对行政诉讼的法律监督》，载《法学研究》1994 年第 1 期。

行裁决，而是通过诉讼行为获得司法裁决实现的。当检察机关发现违法行为时，并没有直接处置的权力，但可以通过把案件提交法院审判，实现对违法行为的监督。这一过程实际上是检察机关将法律监督具体化为诉讼程序中的起诉权的过程。这种转化的根据，就是监督和诉讼两者之间存在内在的联系，都具有维护法制的作用，诉讼是监督的主要手段，而监督又可以通过诉讼来实现。对此，社会主义法律监督理论的奠基者列宁有十分精辟的论述，他指出："一般是用什么来保证法律的实行呢？第一，对法律的实行加以监督，第二，对不执行法律的加以惩办。"[1] 对于检察机关法律监督的内容，列宁作了这样的论述："检察长的唯一职权和必须作的事情只有一件：监督整个共和国对法制有真正一致的理解，不管什么地方的差别，不受任何地方的影响。检察长的唯一职权是把案件提交到法院判决。"[2] 这段精辟论述把法律监督和提起诉讼二者统一起来，说明了提起诉讼是实行法律监督的形式和手段。因此，人民检察院的诉讼监督职能与追诉职能是不可分割地联系在一起的，否定了追诉或公诉职能的法律监督性质，也就从根本上否定了检察职能的法律监督职能性质。

（二）公诉权应当而且能够拓展到行政诉讼之中

中国行政诉讼法规定的行政诉讼受案范围，仅局限于行政相对人认为侵犯了自己合法权益的部分具体行政行为，更多的行政行为被排除在司法审查之外。这一局限使法院对行政行为的监督受到很大限制。与中国行政诉讼制度的结构性缺陷相映照的是，现实生活中存在着大量的责任缺位的行政违法行为：

---

[1] 《列宁全集》（第2卷），人民出版社1963年版，第253页。
[2] 《列宁全集》（第33卷），人民出版社1956年版，第326页。

一是行政机关不主动履行法定职责，损害国家利益、社会公共利益而又无人起诉的行为；二是行政行为有利于相对人，侵害国家和社会公共利益，相对人不起诉的行为；三是受害人为不特定多数，公民、法人和其他社会组织不愿告、不敢告或无力起诉的行为等。由法院的中立性、被动性和不告不理原则所决定，这些行为无法进入审判程序，法院也就无法对这些违法行政行为进行审判。在这种情形下，由于提起诉讼主体的缺位直接导致了行政责任的缺位。

从利益保护的角度，原告资格限制过严，导致对公共利益保护的机制性缺失。有专家认为，20世纪80年代以后的中国法律在加强个体利益保护的同时却走向另外一个极端，那就是忽视公共利益。表现在行政诉讼制度中，就是忽略了通过行政公诉保护公共利益的程序。[1] 现实生活中存在大量公益被侵犯而得不到司法救济的情况，尤为典型的是环境污染和破坏、土地开发中的不合理利用、公共工程审批和招标过程中的违法行为、政策性价格垄断等。[2] 人民检察院组织法第二条规定了检察机关保护各种利益包括国家、集体利益的任务。同时，法律监督和维护公共利益在性质上是完全一致的。因此，由检察机关作为公共利益的代表，担当起维护公共利益的职责，是与其法律监督的职能定位完全契合的。

违法行为是否应予纠正，在民事纠纷和行政纠纷中具有不同的容忍限度。民事纠纷属于权利自治范围，民事侵权行为是否必须纠正，通常取决于权利人的意志。但是，行政违法行为

---

[1]《寻求依法制约公共行政权力的有效途径——中葡"公共行政监督的理论与实践"学术研讨会综述》，载http://kyhz.nsa.gov.cn/kyhy/20010701.htm，最后访问时间：2010年10月6日。

[2] 蔡虹、梁远：《也论行政公益诉讼》，载《法学评论》2002年第3期。

是否应予纠正，并不以行政相对人的意志为转移，即并非相对人愿意容忍其违法，行政机关或行政行为就可以违法。为忠实履行宪法规定的法律监督职责，"检察机关作为独立行使监督权的国家机关是监督行政的权威机关，它不仅应当在出现公务罪案时对行政权加以控制，而且可以在任何时候对行政权的运用进行监督"[1]。但问题是，依据法治原则，所有的公权力都必须有合法、正当的权力来源，即公权力的行使需要有法律的明确授权，法无规定不得为。虽然肩负着国家法律监督机关的法定职责，但面对大量的行政违法行为却没有相应的监督权力和机制，无法实施具体的监督，这就使检察机关在社会生活中处于极其尴尬的地位，正如有学者所言："就如同头戴一顶华丽的大帽子，手中却只拿着一根拐杖。"[2] 人民检察院组织法先于民事诉讼法和行政诉讼法制定，虽然立法的滞后性使民事和行政诉讼检察监督的内容没有在人民检察院组织法中反映出来，但行政诉讼法第十条对检察监督原则作了与刑事诉讼法相类似的规定：人民检察院有权对行政诉讼实行法律监督。这是作为专门法律监督机关的法律监督权的应有之义。因此，完全有理由认为，这种法律监督权在行政诉讼中运用时同样应该是完整的、全面的。从立法层面赋予检察机关提起诉讼的权力，既体现了检察监督的独立性和完整性，又体现了通过司法程序解决问题的现代法治精神。[3]

在分权制衡的司法体制之下，无论是审判权还是检察权，

---

[1] 胡建淼：《公权力研究》，浙江大学出版社2005年版，第331页。

[2] 梁玉霞、沈志民：《走向公平正义——浅谈法律监督的意义与局限性》，载《广州大学学报（社会科学版）》2006年第1期。

[3] 周汉华：《行政诉讼法修改中检察权的定位》，载最高人民检察院民事行政检察厅编：《民事行政检察指导与研究》（总第3辑），法律出版社2005年版，第133页。

都是不完整的权力结构,只有彼此结合,方能实现诉讼的目的和任务。因此,有必要赋予检察机关特定情形下对行政违法行为提起行政诉讼的权能,将担负专门监督职责的检察机关引入对行政行为的监督体制之中。这对于完善行政责任体系,实现对行政权的有效监督,推进依法行政意义深远。

(三) 行政公诉制度有丰富的域外经验可资借鉴

建立行政公诉制度符合行政诉讼制度发展的规律,海外有不少类似制度可资借鉴。从世界范围看,不断放宽原告的起诉资格,不仅对行政相对人给予充分的救济、同时扩大对公共利益的保护,是行政诉讼制度发展的一个内在规律。"只给有资格的诉讼当事人以救济,这历来是获取救济的重要限制。……在私法中,这个原则可以从严应用。在公法中,只有这个原则还不够,因为它忽略了公共利益的一面。""法律必须设法给没有利害关系或没有直接利害关系的居民找到一个位置,以便防止政府内部的不法行为,否则没有人能有资格反对这种不法行为。"[1] 在具体制度的建构中,不少国家赋予不同的主体、甚至公民提起公益诉讼的资格,如日本的民众诉讼[2]等。但检察长一般被认为有当然的起诉权。特别是在英美法系国家并未区分民事诉讼和行政诉讼的程序,代表政府或公共利益提起诉讼是检察长的基本职能之一。在英国,检察总长不仅是公诉权的原始的享有者,而且这种公诉权是广泛的,不受干预的。"为了公共利益而采取行动是检察总长的专利,他的作用是实质性的、合宪的,他可以自由地从总体上广泛地考虑公共利益。因

---

[1] [英] 威廉·韦德:《行政法》,楚建译,中国大百科全书出版社1997年版,第364页。

[2] 公民可以以选举人的身份通过诉讼手段制约公共权力机构的行为。参见 [日] 盐野宏:《行政法》,杨建顺译,法律出版社1999年版,第430页。

第九专题 行政公诉与法律监督

而他可自由地考虑各种情形,包括政治的及其他。"[1] "公共利益只能由检察总长代表公众在民事诉讼中得到伸张。检察总长就此类决定的自由裁量权不可以在法院中接受司法审查。"[2] 在美国,检察长不仅可以提起公诉,还可以授权其他人员以他的名义提起诉讼,这就是"私人检察总长"理论。[3] 换言之,在理论上,维护公益的起诉权,即公诉权是检察总长专属的,其他人员的起诉权是来源于检察总长的。在德国,《行政法院法》明确规定,以检察长作为公益代表人。[4] 比较有代表性的是俄罗斯的制度。因为中国检察制度受到苏联社会主义检察制度的重大影响,苏联解体后,俄罗斯持续进行着司法改革,检察制度已经发生了很多变化,但检察机关的基本职能并没有特别大的变化。根据《检察机关法》第三十五条、第三十六条和第三十九条的规定,检察长参加法院各类案件(包括刑事案件、民事案件、仲裁案件和行政案件)的审理,在法庭上作为国家公诉人;为了捍卫由法律予以保护的社会利益和

---

[1] [英]威廉·韦德:《行政法》,楚建译,中国大百科全书出版社1997年版,第263页。

[2] A. W. Bradley and K. D. Ewing: Constitutional and Administrative Law, Longman 2003, 13edn, p. 732. 类似的制度还包括"用公法名义保护私权之诉",即当检察总长在别人要求禁制令或宣告令或同时请求这两种救济时,为阻止某种违法而提起的诉讼,这两种一般用于捍卫私人权利的救济转而成为保护公共利益的公法救济。该程序的基础是国家利益,是为了维护普遍的公共利益而维护法律。国家有责任阻止公共机构对权力的滥用,因此国家总有这方面的起诉资格,而私人原告可能因为他不比社会中任何别人在该事情上有更多的利益而被拒绝给予救济,这时检察总长可以应请求将他的名字出借给请求人。参见[英]威廉·韦德:《行政法》,楚建译,中国大百科全书出版社1997年版,第257—267页。

[3] 20世纪40年代就通过判例确立,法院认为为保护公共利益,国会可以授权检察总长提请法院审查行政行为,也可以通过法律授权其他人员以私人检察总长的身份提起行政诉讼。参见王名扬:《美国行政法》,中国法制出版社1995年版,第619—623页。

[4] 德国《行政法院法》第三十五条规定,在联邦法院内任命一名检察长,以维护公共利益。第三十六条规定了高级行政法院和行政法院内的公益代表人制度。

国家利益，可以在诉讼程序的任何阶段介入案件审理。[1] 2002年7月生效的《俄罗斯联邦行政违法法典》还"显著地扩大了检察长在追究行政违法行为人责任领域的活动范围"，根据该法第28.4条的规定，在对俄罗斯联邦宪法的遵守情况和对俄罗斯联邦境内生效的法律执行情况实施监督时，检察长还有权提起《俄罗斯联邦行政违法法典》或俄罗斯联邦主体法律规定其责任的关于任何其他行政违法行为的案件。[2]

三、设置行政公诉制度的具体构想

目前，在立法上，中国行政诉讼法中关于行政诉讼检察监督有两个条文。总则第十条规定："人民检察院有权对行政诉讼实行法律监督"。分则第六十四条规定："人民检察院对人民法院已经发生法律效力的判决、裁定，发现违反法律、法规规定的，有权按照审判监督程序提出抗诉。"这样的规定主要问题在于，造成了"总则规定的检察机关诉讼监督权力的广泛性和分则规定的具体监督方式的狭窄性之间的矛盾"，[3] 使行政诉讼实行法律监督的范围规定得不够明确、具体，行政检察监督的内涵和外延不甚明确[4]。因此，为了解决行政诉讼中检察监督的不完善性和间接性，使司法权真正对行政权形成有效的监督制约，我们应在立法层面通过构建行政公诉制度，逐步解

---

[1] 参见 Ю. Е. 维诺库罗夫主编：《检察监督（第七版）》，刘向文译，中国检察出版社2009年版，第284页。

[2] 参见 Ю. Е. 维诺库罗夫主编：《检察监督（第七版）》，刘向文译，中国检察出版社2009年版，第343—352页。

[3] 杨立新主编：《民事行政检察教程》，法律出版社2002年版，第93页。

[4] 参见胡卫列：《行政诉讼检察制度若干问题研究》，吉林大学2008年博士后论文。

决这一问题。

（一）理念的转变：社会控制与权力制衡并重

中国共产党第十六次代表大会报告中指出："我们党历经革命、建设和改革，已经从领导人民为夺取全国政权而奋斗的党，成为领导人民掌握全国政权并长期执政的党；已经从受到外部封锁和实行计划经济条件下领导国家建设的党，成为对外开放和发展社会主义市场经济条件下领导国家建设的党。"[1]党由革命党转变为执政党，并由此带来的党的执政理念、方式、目标与任务的转变，要求检察工作也必须实现相应的转变。

从理论层面，中国的人民代表大会制度更能体现人民主权的原则和权力制衡的要求，是适合中国国情的根本政治制度。但从实践层面看，人大制度并没有得到很好的落实。其中的原因是多方面的，主要原因，是来自"革命党"的思维方式没有随着时代的变化而作出相应的调整。具体到检察制度，从法律规定来看，检察权一直具有权力制衡和社会控制两大功能，这种制度设计，既符合历史传统，又适应现实需要。但是，中国检察制度的"混淆性格"，模糊了其人大制度下的权力制衡本质，特别是由于新中国成立初期紧张的国内外形势，运用检察权镇压敌对势力的破坏、维护法制的统一，成为新生人民政权必然的现实选择。基于这种历史思维惯性，人们对检察机关始终强调的是"公检法"一体的社会控制功能，而忽视了法律监督作为社会主义制度下"权力制衡"的本质和功能。实务中则体现为强化批捕、起诉，实施"严打""快捕快诉"，打击刑事犯罪成为检察机关的首要任务。随着革命任务向建设任务的

---

〔1〕 江泽民：《全面建设小康社会开创中国特色社会主义事业新局面——在中国共产党第十六次全国代表大会上的报告（2002年11月8日）》，人民出版社2002年版。

转变、革命党向执政党的转变、夺取政权向依法治国的转变，要求及时转变检察工作指导思想。随着社会稳定和法制统一，过于强调检察权社会控制功能的旧观念，已经不适应社会主义市场经济和民主政治的发展。必须及时更新观念、与时俱进，让法律监督回归"权力制衡"的本源——通过对行政活动和审判活动的监督，实现权力制衡，保障公民权利，促进社会民主。

在中国设置行政公诉制度，首先要求在理念上将检察机关的功能由单一的社会控制调整为以权力制衡为主、兼顾社会控制。[1] 事实上，在新中国成立伊始，参照苏联等国家的司法实践经验，中国检察机关的职权之一，就是代表国家公益，参与重要民事和行政案件。1949年12月制定的《中央人民政府最高人民检察署试行组织条例》第三条规定：检察机关的职权之一是"对于全国社会与劳动人民利益有关之民事案件及一切行政诉讼，均得代表国家公益参与之"。1951年9月制定的《中央人民政府最高人民检察署暂行组织条例》第三条和《各级地方人民检察署组织通则》第二条规定：最高人民检察署、各级地方人民检察署"代表国家公益参与有关全国社会和劳动人民利益之重要民事案件及行政诉讼"。这说明，检察机关参与行政公诉案件，在中国的检察制度史上是有立法例的，随着民主政治和法治的发展，现在时机成熟了，可以考虑恢复。

（二）提起行政公诉的范围

行政公诉的范围是建立行政公诉制度的一个核心问题。行政公诉范围的设定要贯彻有利于司法资源的合理配置、有利于监督行政权同时保障行政权的有效行使、有效保护公共利益又

---

[1] 参见金波：《对法律监督的重新认识》，载《法律监督的理论与实务》，中国检察出版社2005年版。

要防止滥诉等原则要求。基于此，检察机关提起诉讼的行政案件主要应当包括以下几类：

1. 需要代表国家提起的行政诉讼案件。在国家利益受到具体行政行为侵犯，具有保护国家利益的相关主体（如国有企事业单位）疏于履行职守时，检察机关有权作为国家的代表提起行政诉讼。主要包括国有资产受到毁坏、侵占或流失等严重侵害的案件；造成自然资源严重破坏的案件；垄断市场、干扰社会经济正常发展的案件。

2. 引起社会严重公害的案件。社会公害主要是指对大气、水流所造成的严重污染以及噪音等。因行政机关的作为或不作为造成的环境污染，严重影响到不特定多数人的人身、财产安全，检察机关作为社会公益代表提起行政诉讼，是终止和预防此类公害事件的有效途径。

3. 行政决定有利于直接的行政相对人，侵害国家和社会公共利益，相对人不起诉的案件。[1]

4. 有利于保护弱势群体、维护社会正义的行政诉讼案件。弱势群体由于缺乏相应的物力、人力和社会地位较低，其应当享有的合法权益容易被忽略。弱势群体人员的合法权益在遭受到行政行为的侵犯时，有的是无能力提起诉讼，有的是迫于权力的压力不敢提起诉讼。检察机关作为国家的法律监督机关，对于公民、法人和其他社会组织不敢起诉或放弃起诉而又损害行政相对人合法权益的，可以参照中国刑法第九十八条的规

---

〔1〕 比较典型的案例：2005年11月13日，中国石油天然气股份有限公司吉林石化分公司双苯厂发生爆炸事故，并引发震惊中外的松花江污染公共事件。除去相关责任人员受到了党纪、政纪处分外，国家环保总局对肇事单位作出了罚款100万元的处罚，而污染事件直接经济损失高达6908万元之巨；间接损失——如果算上精神损失、政治影响——难计其数。参见温辉：《行政公诉的理论基石》，载《国家检察官学院学报》2009年第3期。

定，以国家名义向法院提起诉讼。[1]

(三) 行政公诉的基本程序

行政公诉程序是指检察机关在决定和提起行政公诉过程中应当采取的工作步骤。

1. 前置程序

前置程序是根据行政公诉的特点而必须设立的一个前提性程序。有学者认为，环境公益诉讼的目的在于"督促执法而非执意与主管机关竞赛或令污染者难堪"，[2] 事实上，其他类型的行政公诉案件也大体如此。如果行政机关在检察机关提起公诉前能及时纠正违法行为，行政公诉目的即已实现。建立诉讼前置程序，一是能够防止滥诉，节约司法资源；二是体现了对行政自制的尊重；[3] 三是采取非诉形式解决社会矛盾，有利于促进社会和谐。行政公诉的诉讼前置程序的基本方式是检察机关在初步调查的基础上向行政机关发出检察建议。也有学者提出赋予检察机关对行政机关提出司法质询权，若检察机关向行

---

[1] 参见杨曙光等：《行政执法监督的原理与规程研究》，中国检察出版社2009年版，第433页以下。

[2] 叶俊荣：《环境政策与法律》，中国政法大学出版社2001年版，第249页。

[3] 行政自制是一种主动性和自律性的控制。随着市场经济的发展、民主政治的成熟、行政规模的扩大，以行政指导、行政合同、行政扶助等为代表的非强制行政行为日益成为政府管理社会、服务人民的重要手段。非强制行政行为大多具有简便性、灵活性、应急性、温情性等个性，相对于处罚、强制、命令为内容的强制性行政行为而言，它具有权利义务内容的协商性、行为主体意志的互动性及行为的自觉履行性等特征。对此类行政行为，各国法律通常只作出抽象性的原则规定，而且即使发生危害行政相对方权益的情形，法律也排除了通过诉讼予以救济的可能，如不具有强制力的行政指导、行政居中调解行为不得起诉，在法律规则和司法监督作用有限的情况下，必然考虑对其实施行政的自我约束和引导。参见崔卓兰、卢护锋：《行政自制之生成与构建探讨》，载《社会科学战线》2009年第1期。从检察机关对行政执法的监督方式来看，是一种集教育、建议、提起或支持诉讼、职务犯罪侦查等多种手段为一体的模式，这种模式是一种温和主义的监督模式，体现了监督行政与尊重行政自制的统一。而行政自制对于促进官民和谐乃至整个社会和谐、防止行政权的异化、节约监督行政的成本等具有重大的现实意义。

政机关提出行政违法的司法质询时，由法律规定行政机关应该在某一合理的期限内予以答复，如果行政机关不予以答复或延误答复的期限，行政机关及负责人应承担相应的法律责任。[1]当然，这种建议或质询权并不要求行政机关必须按照检察机关的意见作为。因为对于检察监督权而言，其本质是一种程序性的权力，即便是公诉权，在法律上唯一具有强制性效力的仅是启动审判程序而已，关于实体的裁断权仍为法院享有。作为行政公诉的前置程序，检察机关作出的检察建议，其实质是提醒行政机关对行政决定重新进行审慎的考量。检察机关不能代替行政机关变更或撤销它认为违反法律的行政行为，也不能要求行政机关直接作出某个行为。如果检察机关被赋予了这样的实体处分权，检察监督权同样也面临着擅断或滥用的风险。

2. 诉前程序

诉前程序包括受理、立案、审查、决定是否提起诉讼等几个方面。受理是指对案件线索的接受。检察机关提起行政诉讼的案件来源主要有：（1）公民、法人和其他社会组织对行政违法行为的控告、检举和申诉；（2）国家权力机关交办的案件；（3）舆论监督反映出的问题等。

立案是检察机关对行政诉讼案件行使检察权的起点。一般而言，应具备以下条件：（1）存在严重行政违法行为，并且这些违法行政行为造成的危害后果或社会影响是严重的。在一定情况下，还包括行政行为明显违法，可能导致严重的危害后果或社会影响的。检察机关只是监督法律实施的一个专门机关，不可能对法律实施中所有主体的所有违法行为进行监督，只能

---

[1] 杨曙光等：《行政执法监督的原理与规程研究》，中国检察出版社2009年版，第427页。

对关系到法制统一的严重违法行为进行监督,为法律实施提供一种最低限度且最有力的监督保障。(2) 属于检察机关提起行政公诉的管辖范围。(3) 具有由检察机关作为国家公诉人提起行政公诉的必要。应当明确指出的是,设置检察机关的行政公诉权,必须体现司法的谦抑理念。"艰巨的社会责任感和高度的自我克制,构成司法活动的最基本特征。"[1] 只要有适格起诉主体,就不需要检察机关提起行政公诉。只有在没有相应主体起诉,或者检察机关的检察建议等方式不足以阻止违法行为的情况下,才能用公诉权抗衡。因此,检察机关的行政公诉权具有补充性的特征,公诉权的补充性并不是指在抗衡行政违法行为中居于次要地位,而是指相对于相对人的起诉权与检察机关的检察建议等柔性行为而言,公诉权作为强制性启动行政诉讼司法审查程序的一种诉讼活动,是抗衡行政违法的最后手段。换言之,公诉权介入行政诉讼的深度和广度应该是最后的,它不仅不排斥其他一切对行政违法进行监督和救济的可能渠道和手段,更不是要包办对行政违法进行监督和救济,相反,它为采用其他手段进行权力监督和权益保护留出了优先适用的机会和空间。同时,发展行政公诉制度,同样必须进一步整合和优化包括权力机关监督、行政机关监督和舆论监督等在内的各种监督资源,形成对行政违法行为监督的合力。

审查是指检察机关对受理的行政案件进行审核和鉴别的过程。行政公诉案件的审查内容应当包括:(1) 行政违法事实是否存在;(2) 行政对象的权益是否确实受到侵害;(3) 确认行政违法行为的证据是否确实、充分;(4) 是否符合提起行政公诉的条件。

---

[1] 周汉华:《论行政诉讼中的司法能动性》,载《法学研究》1993年第2期。

决定是否提起行政公诉是在审查的基础上，作出提起或不提起行政公诉的决定。对于决定提起行政公诉的案件，由检察官制作行政起诉书，代表人民检察院向人民法院提起行政诉讼；对于不符合提起行政公诉的案件，则视情况作出不起诉、暂不起诉或撤销案件的决定。

3. 诉中程序

诉中程序主要是指检察机关在提起行政公诉后，参与法庭行政诉讼审判程序的过程。诉中程序按先后依次为：（1）阅卷并制作阅卷笔录；（2）调查和核实有关证据；（3）出庭，其中包括宣读行政起诉书，出示书证、物证和视听资料，宣读鉴定结论和勘验报告，对出示的证据进行询问和质证，发表出庭意见并进行必要的辩论；（4）对法庭判决裁定是否合法进行监督。

4. 诉后程序

诉后程序主要是指检察机关对行政公诉案件裁判结果的承受问题。如果法院不支持检察机关的诉讼请求，对于一审裁判，检察机关认为确有错误的，可以向上一级人民法院提出抗诉，同时将抗诉书抄送上一级人民检察院。上级人民检察院如果认为抗诉不当，可以向同级人民法院撤回抗诉，并且通知下级人民检察院。对于生效的裁判，法院不支持检察机关的诉讼请求，一般表现为对行政行为的维持，换言之，原有的行政法律关系并没有变更，没有相关的利害关系人的实体利益因为检察机关的行政公诉及其随后的"败诉"而受到影响，因而并不存在"不利"后果需要承担的问题。同时，由于检察机关是代表国家利益或公共利益起诉的，根据检察监督权的性质，其提请法院启动行政审判程序，对可能存在问题的行政行为进行审查的目的已经实现，可以认为已经履行了法律赋予的法律监督职责，自应尊重和接受人民法院的终审判决。

如果人民法院的裁判支持检察机关的诉讼请求，撤销或变更了行政行为，则其判决的"不利"后果主要由行政机关承担。在这种情况下，检察机关还可以根据行政公诉过程中了解和掌握的情况，就完善相关的行政管理、追究有关责任人的行政或法律责任以及防范类似情况的发生，向作出行政行为的行政机关或其上级行政机关或其他有权机关，提出检察建议。

总之，行政公诉不同于行政相对人为维护自己利益而进行的"主观诉讼"，而是一种以维护国家和公共利益、监督行政违法行为为目标的"客观诉讼"。在中国建立行政公诉制度，实际上引入了一种新型的诉讼类型，它与中国现有的行政诉讼类型在诉讼目的、主体和结构上都有很大的不同，因此需要研究和设计有利于实现其独特的诉讼目的的程序环节，单独规定在行政诉讼法中。

（四）与行政公诉制度密切相关的问题

1. 关于在立法上增加法院"禁令判决"的问题

所谓"禁令判决"，就是法院判令行政主体停止即将侵害或者正在持续侵害国家利益、社会公共利益及相对人权利的行政行为的判决形式。这种判决形式的优点在于，有助于克服目前行政诉讼无法救济那些即将受到或者持续受到侵害的国家利益、社会公共利益及相对人权利的情况。中国现行行政诉讼法强调事后性，即只能对已经现实发生的行政行为提起行政诉讼，而把即将侵害国家利益、社会利益及相对人权利的行政行为排除在行政诉讼的受案范围之外。事实上，有些行政行为如果得到实施或进一步实施，将给国家利益、社会公共利益及相对人的权利造成无法挽回的重大损失。借鉴国外特别是英美法系国家"禁止令"等形式，增加"禁令判决"，与行政公诉相衔接，在检察机关、行政相对人等发现行政违法行为正在进行时，不迟延地请求法院作出"禁令判决"，对于避免或减轻违法行政行为的损害度是十分必要的。

2. 关于保障审判权、检察权依法独立行使的问题

行政行为进入司法审查的视野之后，行政机关就成为司法审查的对象。从理论上说，行政机关从行政主体身份向行政诉讼被告身份转换应当具有自觉性，这种自觉性观念将为行政诉讼排除行政权力干涉提供重要的基础。法院审查的是行政机关作为行政主体时实施的具体行政行为，行政机关的行政主体身份一旦转化为被告身份，被诉的行政行为就已经固定化。即在行政诉讼"立体三角形"结构中，禁止行政权在行政诉讼阶段对特定事项的作为资格成为必然。行政诉讼结构中，只有行政被告而没有行政机关，法院借口行政干预而放弃司法监督权的事实也不复存在。[1] 这种理想状态同样适用于检察机关。然而，作为行政公诉程序的启动者之一，检察机关面临的实际压力可能比法院更大。由于社会结构关系的互动性，行政公诉制度是否能够实现其预设功能，与外部环境密切相关，甚至在某种程度上及某些场合下具有决定性的意义。如果该制度的原理、程序规则不能抵御外来的不当影响，那么，再美好的法律原则和制度都将是一纸空文。因此，研究如何更好地保障检察权和审判权依法独立行使，是一个不可回避的重大问题。

3. 关于妥善处理行政公诉与民事诉求之间关系的问题

在很多群体性行政诉讼中，相对人针对具体行政行为提起

---

[1] 参见谭宗泽：《行政诉讼结构研究：以相对人权益保障为中心》，法律出版社2009年版，第192页。

诉讼，寻求公平与正义，实际上其深层次诉求可能与表面上的诉讼请求存在距离。例如，在因征收土地引起的土地登记群体性行政诉讼中，表面上，相对人是请求法院撤销被诉的土地登记行为，而实质上是想通过行政诉讼的方式，尽快足额地获得土地补偿款。此等情况下，如果由检察机关提起行政公诉，如何理顺检察机关提起的行政公诉与民事诉求之间的逻辑关系，如何妥善处理司法的有限性与涉诉相对人深层次诉求之间的矛盾，是一个重大的现实问题。

行政公诉从理论的研究和完善，到制度设计和建构，再到司法的探索和实践，有不少艰巨任务，还会面临一些困难和阻力。其中，最大的问题还在于传统的思维方式和行为模式。虽然已经把依法治国、建设社会主义法治国家作为治国的基本方略写进了宪法，但是依法治国、依法执政、依法行政的法治理念并没有普遍地、牢固地确立起来。对于行政纠纷，通过行政手段、其他非法律的手段甚至运动的方式进行解决，依然具有普遍性。建立行政公诉并通过司法审查的手段来解决行政纠纷，对行政权力进行监督，在观念上还有一定的阻碍。同时，如何理解在社会主义制度下法律监督体系的建构，检察机关在其中的职能、定位和范围，公诉职能与法律监督职能的协调一致等问题，都需要进行理论和制度的创新、完善。人民检察院如何恪守"理性、平和、文明、规范"的执法理念，防止将行政公诉理解为根治行政违法行为的根本途径，秉持司法谦抑的原则，客观、理性地认识行政公诉在促进依法行政中的作用，避免出现行政公诉的滥用，都是司法改革实践中必须解决的理论和实践命题。在中国，设置行政公诉制度任重而道远，对于行政公诉的研究和探索需要更多的法学家、社会学家和法律工作者共同推进。

第十专题
最高人民检察院的司法解释[*]

最高人民检察院的司法解释具有体制合理性、功能正当性和实践必要性。它在保障检察人员正确理解法律,促进司法办案尺度的统一,弥补立法和立法解释迟延之不足,为立法或者立法解释积累司法经验,弥合司法机关之间对具体应用法律问题的认识分歧,促进公正司法等方面发挥着重要作用。

---

[*] 本文原题为《最高人民检察院司法解释研究》,发表于《中国法学》2016 年第 6 期,《人民检察》2016 年第 24 期转载。

检察机关是国家的法律监督机关,也是国家的司法机关。为了保障各级检察机关正确履行法律监督职能,维护法制统一和司法公正,最高人民检察院承担着司法解释的重要职能。近年来,理论界对最高人民检察院司法解释的合理性、正当性和必要性有不同的认识,同时,最高人民检察院司法解释在计划性和时效性方面也存在进一步改进的问题。为此,我们有必要对最高人民检察院司法解释的相关理论问题进行系统地研究,总结历史经验,厘清理论根据,明确基本原则,加强和改进司法解释工作。

一、最高人民检察院司法解释的发展历程

新中国成立以来,最高人民检察院单独或者联合最高人民法院等部门制定了大量的司法解释和司法解释性质的文件。初步统计,截至2016年6月底,最高人民检察院单独或联合最高人民法院等部门制定的司法解释和司法解释性文件共计710件,其中,最高人民检察院单独制定442件,联合最高人民法院等部门制定268件,年均制定11件。最高人民检察院司法解释的发展历程,大致可分为探索、发展和规范三个阶段。

(一)探索阶段(1952年1月1日—1980年12月31日)

1952年5月23日,为有效贯彻刑事法律和政策,最高人民检察署联合最高人民法院、司法部、公安部制定了《关于通缉在逃犯问题的联合通知》。1952年10月18日,最高人民检察署制定了《关于处理战犯、汉奸、官僚资本家及反革命分子财产的初步意见》,这被视为最高人民检察院司法解释工作的

第十专题　最高人民检察院的司法解释

开端。[1] 1954年12月20日，全国人大常委会制定了《中华人民共和国逮捕拘留条例》。为正确适用该条例和有效打击犯罪，最高人民检察院制定了一些司法解释性文件，如《各级人民检察院侦查工作试行程序》（1956年）、《人民检察院刑事审判监督工作细则》（1957年）、《各级人民检察院办案程序试行规定》（1959年）等。后来，由于"左"倾思想的影响和"文化大革命"，检察机关被削弱乃至取消，最高人民检察院的司法解释工作也相应地停止。1978年，检察机关恢复重建。1979年，全国人大颁布了刑法、刑事诉讼法、人民检察院组织法等基本法律。为保证这些法律的正确实施，最高人民检察院就刑法、刑事诉讼法的理解和适用以及检察机关办案制度、内部工作机制、宏观工作指导等方面，制定了一些司法解释性文件，如《关于到外地逮捕人犯手续的几项规定》（1979年）、《关于执行刑事诉讼法规定的案件管辖范围的通知》（1979年）、《人民检察院刑事检察工作试行细则》（1980年）等。这一时期，国家还没有关于最高人民检察院司法解释的法律规定，最高人民检察院根据工作需要，单独制定司法解释4件，与最高人民法院等部门联合制定司法解释39件，[2] 年均约1.5件，对于刑事司法办案和检察机关工作制度建设都发挥了重要的指导作用。这说明：第一，司法办案对司法解释具有客观的、经常性的需求；第二，最高人民检察院探索性地开展司法解释工作，对于保障法律实施发挥了积极的、重要的作用；第三，司法解

---

〔1〕 参见陈志军：《中国刑法司法解释体制演进过程之检视与反思》，载《云南大学学报》2006年第1期；黄硕：《最高人民检察院司法解释研究》，中国检察出版社2015年版，第20页。

〔2〕 本数据来源于中国法律法规信息库（载 http://law.npc.gov.cn/FLFG/ksjsCateGroup.action），最后访问时间：2016年10月15日。统计数据包括现今有效的司法解释及文件和经过司法解释清理工作后失效的司法解释及文件。下同。

释是最高人民检察院领导全国检察工作的重要途径，也是职责所系。

（二）发展阶段（1981年1月1日—2006年12月31日）

1981年6月10日，全国人大常委会通过了《关于加强法律解释工作的决议》，规定"凡属于法院审判工作中具体应用法律、法令的问题，由最高人民法院进行解释。凡属于检察院检察工作中具体应用法律、法令的问题，由最高人民检察院进行解释。最高人民法院和最高人民检察院的解释如果有原则性的分歧，报请全国人民代表大会常务委员会解释或决定"。该决议明确赋予了最高人民检察院司法解释权，确立了符合中国实际的司法解释体制。1996年12月9日，最高人民检察院根据全国人大常委会的授权和要求，制定了《最高人民检察院司法解释工作暂行规定》，对最高人民检察院司法解释的范围、基本原则、工作程序等作出了明确规定，促进了司法解释工作的制度化、规范化，从而使最高人民检察院的司法解释进入了有法可依、规范发展的阶段。2006年4月18日，最高人民检察院在总结10年司法解释工作经验的基础上，通过了《最高人民检察院司法解释工作规定》，最高人民检察院司法解释工作的制度和程序日臻完善。

这一时期，随着经济社会的快速发展，我国法制建设也进入了快车道。最高人民检察院围绕刑法和刑事诉讼法的适用，制定了一系列司法解释，如《关于办理组织和利用邪教组织犯罪案件具体应用法律若干问题的解释》（1999年）、《关于人民检察院直接受理立案侦查案件立案标准的规定（试行）》（1999年）、《关于渎职侵权犯罪案件立案标准的规定》（2006年）、《人民检察院刑事诉讼规则》（1999年）、《人民检察院民事行政抗诉案件办案规则》（2001年）、《人民检察院扣押、冻结款物工作规定》（2006年）等。单独制定司法解释397件，与最高人民法院等部门联合制定司法解释167件，年均制定司法解释约21.7件。这一时期更为重要的成果是，从法律上确立了中国特色社会主义司法解释体制，即二元司法解释体制：由最高人民法院和最高人民检察院在职能范围内行使司法解释权，下级司法机关均无司法解释权。

（三）规范阶段（2007年1月1日—2016年6月30日）

近年来，随着全面依法治国基本方略的实施和司法体制改革全面推进，国家立法和司法解释工作都有长足的进步。2015年3月15日全国人大修订了立法法，确认了最高人民法院、最高人民检察院的司法解释权。2015年12月16日，最高人民检察院重新修订了《最高人民检察院司法解释工作规定》，完善了司法解释的形式、范围和工作程序，促进了司法解释的规范化，为提高司法解释的质量和效率提供了制度保障。

这一时期，全国人大及其常委会制定和修订了一系列法律，如《刑法修正案》（七、八、九）、刑事诉讼法、民事诉讼法、行政诉讼法、律师法和监狱法等。为保证这些法律的正确实施，最高人民检察院单独或联合制定了一些司法解释，如《关于执行〈中华人民共和国刑法〉确定罪名的补充规定（六）》（2015年）、《人民检察院刑事诉讼规则（试行）》（2012年）、《关于依法保障律师执业权利的规定》（2015年）、《人民检察院提起公益诉讼试点工作实施办法》（2015年）等。最高人民检察院单独制定司法解释41件，与最高人民法院等部门联合制定司法解释62件，年均制定司法解释约10.8件。

1952年至2016年最高人民检察院司法解释数据统计

类别	探索阶段 （29年）	发展阶段 （26年）	规范阶段 （9.5年）	合计 （64.5年）
单独制定	4	397	41	442
联合制定	39	167	62	268
共制定	43	564	103	710
年均制定	1.48	21.69	10.84	11.01

60多年来，最高人民检察院司法解释经过了探索、发展和规范三个阶段，法律依据从无到有、发展空间逐步拓展、解释数量从少到多再到适度，制定程序越来越规范、指导作用越来越重要，已经成为检察工作不可缺少的司法依据，成为我国司法解释的重要组成部分。最高人民检察院司法解释工作取得了可喜的成就，积累了宝贵的经验，概括而言，主要有三条：一是要立足国情，坚持中国特色社会主义的司法解释体制；二是要规范司法解释活动，维护宪法法律权威；三是要提高司法解释工作的质量和效率，及时回应检察机关司法办案的需要。

二、最高人民检察院司法解释的理论基础

最高人民检察院的司法解释，是最高人民检察院为统一法律适用标准，维护司法公正，针对具体的法律条文，根据立法的目的、原则和原意，对检察工作中具体应用法律问题作出的具有法律效力的解释。关于最高人民检察院司法解释权的理论研究持续的时间比较长，最高人民检察院行使司法解释权的合理性和必要性得到学界的普遍认同，但也有一些质疑的声音。

第十专题　最高人民检察院的司法解释

譬如，有的观点认为，最高人民检察院不是典型的司法机关，不应当行使司法解释权；有的观点认为，二元司法解释体制不符合国际惯例，容易导致司法解释冲突，主张由最高人民法院一家行使司法解释权。我们认为，最高人民检察院行使司法解释权不仅具有坚实的理论基础，而且对于促进司法办案尺度的统一、弥补立法和法律解释迟缓的不足，弥合司法机关的认识分歧都具有重要价值。

（一）最高人民检察院司法解释的基本特征

我国的司法解释是由最高人民法院的司法解释和最高人民检察院的司法解释构成的。相较最高人民法院的司法解释而言，最高人民检察院的司法解释具有如下特征：

1. 对象上只限于检察工作中具体应用法律问题

根据立法法的规定，最高人民检察院只能对检察工作中具体应用法律问题作出解释。检察机关的职能包括职务犯罪侦查、批准逮捕和决定逮捕、刑事审查起诉、诉讼监督（包括刑事诉讼监督、民事审判监督和行政诉讼监督）等，[1] 这就决定了最高人民检察院的司法解释的对象具有特定性，不同于以审判工作中具体应用法律问题为对象范围的最高人民法院司法解释。

2. 内容上侧重于刑事法和程序法

从以往实践情况看，最高人民检察院的司法解释的内容虽然涉及刑事、民事、行政等多个部门的法律，既有实体法方面的，也有程序法方面的，但是由于检察业务多年来以刑事司法活动为主，法律监督职能贯穿于刑事诉讼全过程，因而最高人

---

[1] 参见孙谦主编：《中国特色社会主义检察制度》，中国检察出版社2012年版，第152页。

民检察院司法解释大多数是关于刑事法和程序法方面的，有关民商事法、行政法和实体法方面的比较少。

3. 本质上体现了法律监督属性

检察机关是国家的法律监督机关。最高人民检察院司法解释作为检察职能的组成部分，不但体现了检察机关法律监督的本质属性，而且是实现法律监督职能的重要手段。在最高人民检察院司法解释中，专门针对法律监督工作而制定的不少，例如《人民检察院对指定居所监视居住实行监督的规定》（2015年）、《人民检察院民事诉讼监督规则（试行）》（2013年）等。此外，最高人民检察院的司法解释对最高人民法院的司法解释也具有一定的监督制约作用。

（二）最高人民检察院司法解释的基本价值

在司法实践中，司法解释为处理办案中遇到的具体法律适用问题提供了依据和标准，对建立健全检察机关内部工作程序和工作制度发挥了重要作用。从过去60多年的实践经验来看，最高人民检察院的司法解释具有以下三项基本价值。

1. 保障检察人员正确理解法律，促进司法办案尺度的统一

法律必须具有一定的抽象性和概括性，才能在实践中规范和指引千变万化的社会生活。然而，民众认知法律的基本规律是，越简单越容易理解，越清晰越容易明白。在这抽象与简单、概括与清晰的矛盾中，法律文本是难以做到周全和万无一失的，司法解释可以发挥必要的补充作用和辅助作用。正如我国台湾地区学者林纪东所言："法条文字咸以简明扼要为尚，乃不免晦涩不明，疑问滋生，而有待解释之阐明。"[1] 同一部法律，不同的人可能有不同的理解，就可能导致不同的行为。

---

[1] 林纪东：《"中华民国宪法"释论》，"大中国"图书公司1981年版，第55页。

第十专题 最高人民检察院的司法解释

这对于普通民众来说问题不是很大，因为他们还有执法和司法机关来校正，但是对于司法机关来说问题就很严重了，因为司法是保障正义的最后一道屏障。如果检察机关在司法办案中适用法律的尺度不统一，不仅损害国家的法制统一和司法权威，而且导致同案不同判等违背公平正义的现象。对于检察机关的司法办案来说，如何理解和执行某一个或者一些法律条款，如何应用法律和政策处理某一个或者一类案件，如果没有最高人民检察院作出统一的司法解释，全国各地可能出现多种不同的结果，产生不良的法律效果和社会效应。

司法解释是适时界定法律文本中概括性情节的必要工具。在法律事实的界定上，法律常用一些概括性情节来表达，如数额"较大""巨大"，情节"较轻""严重"等。对于某些案件，司法机关可以从日常生活和常识上去把握这些程度副词，而且大致是多年不变的；对于另一些案件，譬如盗窃、贿赂等行为涉及具体的金额，在经济发展程度不同的时期或者地区，同样的金额具有不同的社会影响，司法机关必须根据社会经济发展的状况适时地界定这些概括性情节。譬如，1997年刑法对贪污贿赂犯罪定罪量刑规定了具体数额标准（起刑点由1988年规定的2000元提高到5000元），当时看，既统一了司法标准，又不需要司法解释，但是几年后这些规定就难以反映案件的社会危害程度，各地纷纷出台地方标准，影响了法制统一和罪责刑相适应原则的贯彻。2015年8月29日通过的《刑法修正案（九）》对此作了调整，将贪污贿赂犯罪定罪量刑的具体数额修改为"概括数额+情节"的定罪量刑模式，只规定"数额较大或者情节较重""数额巨大或者情节严重""数额特别巨大或者情节特别严重"三种由轻到重的犯罪情况，相应地规定了三档法定刑；并规定数额特别巨大且使国家和人民利益遭受特别重大损失的，处无期徒刑或者死刑。2016年3月由最高人民法院和最高人民检察院联合制定的《关于办理贪污贿赂刑事案件适用法律若干问题的解释》设定了贪污贿赂犯罪定罪量刑的具体数额（起刑点由1997年规定的5000元提高到30000元）和情节标准，贯彻了《刑法修正案（九）》的修法精神和罪责刑相适应原则的要求，保障了司法公正。相对于立法来说，司法解释便于适时调节，也可以保持刑法的张力。

2. 弥补立法和立法解释迟延之不足，为立法或者立法解释积累司法经验

法律规范来源于已发生的社会生活的概括和将要发生的社会生活的预测。社会在前进，时代在发展，民众的思维在更新，理念在转变，这就导致了法律规范在适用中会出现新情况新问题，而立法又往往是滞后的，不可能立即对社会问题进行规范。在此时就需要司法解释来发挥作用，弥补立法的不足，回应司法办案的需求。检察机关在履行法律监督中有其自身的职权范围，在这些权能行使中，需要具体应用法律文本以认定案件事实，时常遇到法律规范存在歧义、模糊不清等问题，而这些法律规范是法院不适用的，最高人民法院不会作出司法解释，只能由最高人民检察院及时作出司法解释。许多司法解释由最高人民检察院单独制定，其原因就在于此。

最高人民检察院的司法解释主要是对检察工作中具体应用法律问题的解释。这些司法解释直接来源于检察实践，并接受检察实践的检验。通过司法实践对司法解释的检验，立法机关可以总结其经验和教训，使立法和法律解释更加完善和科学。

3. 弥合司法机关之间对具体应用法律问题的认识分歧,促进公正司法,维护司法权威

在法律运行中,检察机关作为法律监督机关对刑事、行政和民事诉讼都具有监督职责,而且是国家和公共利益的代表,具有一定的诉讼职能。因而在司法办案中,许多具体应用法律问题与检察职能有关。譬如,证据标准问题、定罪量刑问题,检察机关与审判机关同样关切。对于这些同时涉及审判工作和检察工作的问题,单独由一方作出司法解释难免考虑不周,或者容易产生意见分歧,造成不良影响。最高人民检察院和最高人民法院在制定相关司法解释时,通过相互征求意见和协商,通常就可以避免司法解释冲突。两个最高司法机关之间协商进行司法解释的过程,是处理司法办案中认识分歧的良好机制,对于保障法律正确统一适用,维护司法公正和司法权威都具有重要意义。

(三) 最高人民检察院司法解释权的合理性

最高人民检察院司法解释权是在长期检察工作中探索发展而来的,得到了国家法律的确认。这种司法解释权植根于我国政体,来源于检察机关的司法属性,符合司法实践的需要,因而具有体制合理性、功能正当性和实践必要性。

1. 体制合理性:作为法律监督机关行使司法解释权

检察机关作为法律监督机关的根本使命就是维护国家法制统一,保障法律统一正确实施。列宁说:"法制应当是统一的,而我国全部社会生活中和一切不文明现象的主要祸害,正是对旧时俄国观念以及对希图保留加路格法制使之别于喀山法制的半野蛮恶习,采取宽容态度。我们应当记住,检察机关与一切行政机关不同,它没有任何行政权,关于行政上的任何问题,它都没有表决权。检察长的唯一职权是:监视全共和国内对法

律有真正一致的了解,既不顾任何地方上的差别,也不受任何地方上的影响。……工农检察院不仅要从法制观点上,而且也要从适当性上来从事审查。检察长的责任是要使任何地方当局的任何决定都不与法律相抵触,也只有从这一观点出发,检察长才必须抗议一切非法的决定,同时检察长无权停止决定本身之执行,而只是必须设法使对法制的了解在全共和国内,都是绝对一致的。"[1] 列宁的法律监督思想是我国社会主义检察制度的重要理论渊源。

最高人民检察院行使司法解释权是保障法律统一正确实施的重要措施。首先,最高人民检察院的司法解释具有普遍的法律约束力而不仅仅对检察机关具有法律约束力。通过这种司法解释可以统一监督者(检察机关)和被监督机关(审判机关、公安机关、国家安全机关等)适用法律的尺度。其次,最高人民检察院制定司法解释既是依法独立行使检察权的过程,也是与其他相关机关就应用法律问题进行协商的过程。这有助于排除部门的局限和偏见,比由最高人民法院独家进行司法解释更有利于法律的统一正确实施。最后,最高人民检察院在研究制定司法解释过程中,可能发现最高人民法院的司法解释存在违背法律的情况,经协商不能解决的,可以提请全国人大常委会解释或者决定,对最高人民法院的司法解释权形成一定的制约和监督。

2. 功能正当性:作为司法机关行使司法解释权

将国家法律应用于具体案件是司法机关的职责。法律条文难免具有一定的模糊性、歧义性,或者缺乏可操作性,不同的

---

[1] [苏] В. Г. 列别金斯基、Д. И. 奥尔洛夫编:《苏维埃检察制度(重要文件)》,党风德、傅昌文、邹信然、邱则午、方蔼如译,中国检察出版社2008年版,第166—167页。

司法官对同一法律条文可能有不同的理解和认识，或者难以具体应用法律，因而有必要对法律进行解释，统一认识，明确操作规范。如果将宪法和法律比作中枢神经，司法解释则是神经末梢，没有神经末梢，神经系统有时就难以有效发挥作用。因此，经过司法解释，法律能更好地应用于具体案件，保证案件的公正处理。

检察机关是国家的司法机关。最高人民检察院作为国家的最高司法机关之一，对于全国检察机关具体运用法律处理案件的司法活动负有领导职责。对于地方各级人民检察院和专门人民检察院行使检察权处理案件的活动，必须给予指导和监督，对其在司法办案中遇到的疑难问题（有的是个别案件，有的是某一类案件，有的是某一法律）必须给予及时的解答。通过制定司法解释，可以防止各级检察机关在检察工作中对法律的错误理解和不当适用。这是维护司法公正的需要，也是最高司法机关的当然职责。

3. 实践必要性：依法独立行使检察权的保障机制

宪法第一百二十六条和第一百三十一条以相同的措辞和表述方式分别规定审判独立原则和检察独立原则。检察独立原则是依法公正行使检察权的保障，同时，检察独立本身也需要一系列保障机制，其中就包括司法解释。

检察机关在履行职责中往往会面临大量的具体应用法律问题，譬如批捕标准、起诉标准、抗诉标准问题等。谁来解决这些问题关系到检察机关能否独立行使职权。最高人民检察院作为全国检察机关的领导机关，由其作出司法解释，既是其职责所在，也是对检察独立的一种保障。因此，对于检察工作中遇到的具体应用法律问题，既不能靠最高人民法院作出司法解释，也不适宜由全国人大常委会作出法律解释，应当也只适于由最高人民检察院作出司法解释。

最高人民检察院的司法解释在我国法治建设中作出了积极的、重要的贡献,特别是在改革开放时代,检察工作中遇到的适用法律问题既复杂又频繁,如果没有最高人民检察院的司法解释,全国检察机关的司法办案状况是难以想象的。一项制度是否合理,不是看它是否为西方国家的通例,而是要看它有无生命力,它是否符合国家和社会的需要,这是根本的标准。最高人民检察院司法解释的不断发展说明其具有旺盛的生命力、深厚的理论基础和实践基础。

三、最高人民检察院制定司法解释的基本原则

最高人民检察院在制定司法解释时遵循的基本原则来源于它的理论基础,反映了司法解释工作的实践经验,决定着司法解释工作的成效。近年来,学术界对司法解释的原则作过一些理论探讨,譬如,有五原则说[1]、四原则说[2]、三原则说[3],这些理论认识都有一定的合理性。我们认为,最高人民检察院司法解释工作应遵循合法原则、必要原则、科学原则、协调原则、公开原则五项基本原则。

(一) 合法原则

合法原则,是指制定司法解释的主体、内容和程序都必须

---

[1] 五原则是指独立行使司法解释权原则、合法原则、具体明确原则、公开化原则、程序规范原则。参见周道鸾:《论司法解释及其规范化》,载《中国法学》1994年第1期。

[2] 四原则是指合法原则、及时原则、规范原则和公开原则。参见罗庆东:《最高人民检察院司法解释的基本原则》,载《人民检察》1997年第11期。

[3] 三原则是指个案因应原则、尊重法律原则和司法终决原则。参见谢志红:《论司法解释的原则》,载《江西社会科学》2007年第9期。

以法律为依据，不得违背和超越法律。

主体的合法性是指根据全国人大常委会的授权，检察工作中具体应用法律的问题只有最高人民检察院有权进行司法解释，其他检察机关均无权解释。在实践中出现过一些地方检察机关根据当地具体情况和政策自行制定或者与其他机关联合制定司法解释性质的规范性文件的情形，这明显违反了合法原则，容易导致实践中司法办案尺度的混乱。2012年1月"两高"为此联合下发了《关于地方人民法院、人民检察院不得制定司法解释性质文件的通知》，对此进行严格规范。2015年修订的立法法第一百零四条第三款明确规定："最高人民法院、最高人民检察院以外的审判机关和检察机关，不得作出具体应用法律的解释。"最高人民检察院在2015年修订出台的《最高人民检察院司法解释工作规定》重申，在检察系统中，只有最高人民检察院享有司法解释权，地方各级人民检察院、专门人民检察院和最高人民检察院内设机构都不得作出具体应用法律的司法解释。制定主体合法性的本质是司法解释权具有专属性，从而避免因制定主体多元而产生司法解释内容和效力冲突，损害国家的法制统一。

内容的合法性是指最高人民检察院作出的司法解释必须符合法律原意和立法法的要求。立法法第一百零四条规定："最高人民法院、最高人民检察院作出的属于审判、检察工作中具体应用法律的解释，应当主要针对具体的法律条文，并符合立法的目的、原则和原意。"这一条强调了司法解释内容的合法性，具体包括两层含义：其一，司法解释必须符合立法原意，不得突破法律；其二，司法解释所针对的是检察工作中具体应用法律的问题，不能改变法律的规定或与法律规定相冲突。立法法第四十五条和第一百零四条将如下两种情形列为立法解释的对象：一是"法律的规定需要进一步明确具体含义的"，二是"法律制定后出现新的情况，需要明确适用法律依据的"，实际上对司法解释对象进行了限制。

程序的合法性是指司法解释的制定和发布必须符合法定程序。遵循正当法律程序乃现代法治国家的一项基本原则。程序是司法解释工作的质量和权威性的保障。最高人民检察院制定了专门的司法解释工作规范，[1] 规定司法解释的程序包括立项、调研、征求意见、起草、论证、审查、审议、发布、备案等重要环节。这些程序在司法解释工作中必须得到严格遵循。

（二）必要原则

必要原则，是指最高人民检察院作出的司法解释都是检察工作中适用法律所必需的。它包括两层含义：其一，它意味着制定司法解释应当尽量保持谦抑性。对于那些一般性适用法律问题，应当由最高人民检察院汇总情况，向全国人大常委会提出法律解释的要求或者提出制定、修改有关法律的议案，而没有必要为之出台司法解释，以免浪费司法资源，造成司法解释泛滥，损害立法机关权威。对于那些可作可不作的司法解释，原则上不要作。其二，它意味着制定司法解释应当及时满足检察实践中适用法律的迫切需求。检察机关在司法办案中遇到的应用法律问题都是迫切需要解决的问题，因而司法解释工作应当迅速回应，及时地满足实践需要。

（三）科学原则

科学原则，是指司法解释的方法和内容都应当科学、合

---

[1]《最高人民检察院司法解释工作规定》（2015年）第九条规定："制定司法解释按照以下程序进行：（一）立项；（二）调查研究并起草司法解释意见稿；（三）论证并征求有关方面意见，提出司法解释审议稿；（四）提交分管副检察长审查，报请检察长决定提交检察委员会审议；（五）检察委员会审议通过；（六）核稿；（七）签署发布；（八）报送全国人民代表大会常务委员会备案。"

第十专题 最高人民检察院的司法解释

理，遵循法律解释学中的基本原理，反映社会发展的客观需要。主要包括两层含义：其一，制定司法解释应当遵循法律解释学的基本原理，合理使用语义解释、文义解释、体系解释、历史解释、目的解释、当然解释、扩张解释、限缩解释等方法。[1] 最高人民检察院制定司法解释应当遵循法理学界对法律解释的这一基本共识：语义解释具有严格的优先性，若语义解释的条件得到满足，就应优先适用语义解释；只有具备足够的理由对语义解释的结果表示怀疑时，才有条件考虑上下文解释和体系解释；当这些解释结果都不能明显成立的时候，才可以考虑法意解释和目的解释；而比较法解释和社会学解释则通常是最后的选择，不能超出法条语义可能的范围。[2] 其二，司法解释应当顺应社会发展需要。"法律持久的生命力从根本上说来源于它与社会发展相一致的程度，因此，在本国实际允许的情况下，在法律原则的范围内，法律解释应该具有一定的变革性，要从发展的角度考虑法律的解释工作。"[3] 司法解释存在的价值就在于保证法律在运行和实施中不至于与频繁变迁的社会现实错位。为了保持与社会现实之间最大限度的契合，制定司法解释时必须对法律之外的各种因素给予适当关注，公共政策、大众观念、利益群体以及整体社会利益等，都应当在制定司法解释时的考虑之列，有时还要根据上述考量因素进行利益

---

[1] 参见张文显：《法理学》（第二版），高等教育出版社、北京大学出版社2003年版，第326页。

[2] 参见杨仁寿：《法学方法论》，三民书局1987年版，第123页；梁慧星：《民法解释学》，中国政法大学出版社1995年版，第243—246页；张志铭：《法律解释的操作分析》，中国政法大学出版社1999年版，第174—185页；陈金钊：《法治与法律方法》，山东人民出版社2003年版，第259—260页；桑本谦：《法律解释的困境》，载《法学研究》2004年第5期。

[3] 张文显：《法理学》（第二版），高等教育出版社、北京大学出版社2003年版，第324页。

权衡或价值判断,从中选出具有社会妥协性的解释结果。同时,与法律相比,政策更具灵活性和针对性,更能及时反映社会发展的实际需要,因而,在解释法律时,将实践证明正确的政策性规定及时转化为解释性文件也是法治社会发展的内在要求和制定司法解释科学性的重要体现。

(四) 协调原则

协调原则,是指最高人民检察院前后制定的司法解释在内容上要协调一致,同时涉及审判工作中具体应用法律的问题,应当与最高人民法院及时沟通协调、协商一致,避免出现司法解释冲突或者出台之后执行困难的现象。

首先,要注意处理好最高人民检察院司法解释的前后协调。从新中国成立之初至今,最高人民检察院制发的司法解释和司法解释性文件数量庞大,时间跨度较长,所解释的法律可能发生不同程度的修订,司法解释之间难免存在冲突或相互吸收或替代。同时,随着社会经济结构的不断调整,社会环境也发生着持续的变化,许多司法解释都是依据当时的社会形势、国家政策和价值观念制定的,或是对特定时期具体问题的处理意见,时过境迁,就会与之后的司法解释在理念和处理原则上不尽一致,从而给检察机关适用司法解释造成难题。因此,在制定司法解释时应当首先评估已经出台的相关司法解释的效力,审查对相同问题出台新的司法解释的必要性,并应当根据国家法治的发展和法律的变化及时清理、废止不宜继续有效的司法解释,避免出现前后内容不一致的情况。

其次,要处理好最高人民检察院与最高人民法院之间的沟通协调。"程序的本质特点既不是形式性也不是实质性,而是过程性和交涉性。"[1] 在司法解释制定过程中，两个具有司法解释权的最高司法机关之间的沟通和协调特别重要。对于同时涉及检察工作和审判工作中应用法律的问题，最高人民检察院应当商请最高人民法院联合制定司法解释；对最高人民法院商请最高人民检察院联合制定司法解释的，最高人民检察院应当及时研究，提出意见。最高人民检察院与最高人民法院联合制定的司法解释需要修改、补充或者废止的，应当与最高人民法院协商。为了保证最高人民检察院司法解释的顺利执行，在所解释的问题或制度中涉及公安机关、监狱或其他行政机关的，也应当主动沟通，征求意见，争取达成共识后再出台司法解释。反复交涉、相互沟通、理性选择、争取共识是立法理论中的重要理念，也是制定司法解释应当遵循的准则。

（五）公开原则

公开原则，是指最高人民检察院制定司法解释包括征求意见、备案和清理等工作都应当及时向社会公布，广泛征求意见，接受社会监督，以及向全国人大相关专门委员会或者工作机构征求意见，报送全国人大常委会备案，主动接受人大监督。简而言之，公开原则包括司法解释工作公开透明和接受人大监督两个方面的内容。

无论是公共规则的制定还是公共规则的实施，社会成员对于事关切身利益的信息享有知情权。正如德沃金所言："每个公民都应该知晓社会对原则的公开承诺是什么及在新的情况下这些承诺要求的又是什么。"[2] 信息享有的对称性对于程序公正十分重要，也是程序公正的必要条件。为了防止因信息不对

---

[1] 季卫东：《法治秩序的建构》（增补版），商务印书馆2014年版，第20页。

[2] [美]罗纳德·德沃金：《法律帝国》，李常青、徐宗英译，中国大百科全书出版社1996年版，封四。

称而产生的暗箱操作，一个行之有效的方法就是将相关的信息向全社会充分公开，以便人们查阅、提出完善意见和进行外部监督。制定司法解释属于制定公共规则的范畴，也应当坚持公开原则。无视公众平等表达意见的权利，闭门造车，属于程序不公正，司法解释内容的公正性也就难以保证。《最高人民检察院司法解释工作规定》第十五条规定："司法解释意见稿应当报送全国人民代表大会相关专门委员会或者全国人民代表大会常务委员会相关工作机构征求意见。司法解释意见稿应当征求有关机关以及地方人民检察院、专门人民检察院、最高人民检察院有关业务部门以及相关专家学者的意见。涉及广大人民群众切身利益的司法解释，经检察长决定，可以在互联网、报纸等媒体上公开征求社会各界和人民群众的意见。"这就从三个层面规定了司法解释意见稿征求意见的程序，保证了征求意见环节的公开和接受人大监督原则的落实。

司法解释工作的公开原则还要求将司法解释的立项、起草、论证情况和草案文本及时向社会公布，以增强透明度，充分听取和吸收地方各级人民检察院、有关部门、专家学者和社会各界的意见。对于重大的或意见分歧较大的司法解释，应当通过听证会、座谈会、网上征求意见等形式，广泛听取各方面意见。这是弥合分歧，确保司法解释质量的需要，也是实现司法解释的科学化和民主化的需要。当然，由于司法解释的制定具有较强的专业性，公开的对象根据司法解释具体内容的不同可以有所侧重。譬如，最高人民检察院2015年制定了《最高人民检察院关于下级人民检察院对上级人民检察院不批准不起诉等决定能否提请复议的批复》（高检发释字〔2015〕5号），目的是解决上下级检察机关之间的复议程序问题；仅涉及上下级检察机关之间工作关系的内容，可以重点向地方各级检察机关就如何增强操作上的可行性和程序上的科学性公开征求意见，不涉及普通民众切身利益的司法解释在发布前则不一定要向全社会公开征求意见。

四、加强和改进最高人民检察院的司法解释

在新的历史时期，最高人民检察院司法解释工作面临着诸多新的机遇和挑战，我们要站在全面依法治国的高度，正视并着力研究解决如下问题：一是司法解释的针对性不足。对于司法办案中遇到的具体应用法律问题总结不充分、提炼不到位，导致有的司法解释不能切中要害，不能以点带面，实现"类似问题"的全覆盖解决。二是时效性不足。有的司法解释的制定周期较长，影响了一线检察官对案件的及时处理，"同案不同办"的现象在某些地方偶有发生，影响了检察机关的权威性和司法公信力。三是系统性不足。整体性布局和体系化思维有待加强，一些解释之间缺少必要的协调和关照；新旧司法解释的更替脱节，新的司法解释已经施行，与之内容交叉的旧的司法解释中相关条款却未被明令废止，可能导致一线检察人员在司法办案中的误用。四是科学性不足。检察机关在制定司法解释的过程中有时还存在调研不周密、方法有瑕疵、评估有缺位的现象，少数司法解释出台后不久即面临再次修改的尴尬境地。认真贯彻落实党的十八届四中全会关于加强和规范司法解释的工作要求，以问题为导向，推动最高人民检察院司法解释工作科学发展，应当着重做好以下工作：

（一）加强最高人民检察院司法解释的计划性

加强最高人民检察院司法解释工作的计划性，一要围绕大

局、突出重点、落实责任，减少司法解释的随意性和盲目性；二要强化司法解释工作的前瞻性和针对性。

地方各级人民检察院要高度重视司法解释的基础性工作，主动走到检察一线，沉下心、俯下身去调研和发现实践中的实际情况和突出问题，广泛收集数据、案例和意见，将带有普遍性的法律适用困惑和典型性的个案难题及时汇总到最高人民检察院，确保司法解释的立项能够以问题为导向，突出重点，及时满足检察工作中具体应用法律的迫切需求。同时，要坚持和完善司法解释年度计划制度，每年年末在征求省级人民检察院和最高人民检察院有关业务部门等意见的基础上，提前明确重点选题，列入第二年度司法解释计划，必要时也可对计划进行补充或调整。司法解释工作规划有短期规划与长期规划之分，对具有不同紧迫和困难程度的实践问题要有计划、分步骤地逐步予以回应和解决。

(二) 加强最高人民检察院司法解释的时效性

司法实践中不断出现重大法律应用问题，急需制定司法解释的情况时有发生。我们在强调计划的周密性的同时，还要建立快速反应机制，及时研究立项，组织精干力量集中进行攻关，确保司法解释的时效性和高质量。为此，要建立和落实司法解释工作责任制和专业人才养成机制，不断提高完成司法解释工作任务的能力，满足检察实践对司法解释的时效性需求。

在通过司法解释应对新情况、新问题的同时，要充分发挥指导性案例在时效性方面的优势。指导性案例往往具有前沿性、新颖性的特征，对于司法办案人员处理新型案件具有直接的参考价值。同时，指导性案例的制发程序较之司法解释简单，对司法实践的回应迅速，可以为正式司法解释的出台积累经验，争取时间。其在法律效力方面的柔性，又为司法解释保留了必要的弹性空间。因此,面对实践中的紧迫问题,可先以指导性案例作出及时回应,并以此为过渡,制定出具有普遍约束力的司法解释。

(三) 加强最高人民检察院司法解释的协同性

加强最高人民检察院司法解释的协同性,主要应当落实好协调原则。协调原则包括两个层面的含义:一是最高人民检察院制定的众多司法解释在内容上的协调一致;二是最高人民检察院制定的司法解释与最高人民法院制定的司法解释的协调一致。

对于前者,最高人民检察院应当在司法解释的立、改、废过程中注重对既有司法解释的充分占有、细致研判,做到内容上不重叠、规定上不冲突,在新旧司法解释的衔接过渡上也要做好对既有司法解释的清理或相关条款的修改说明。除此以外,还应采取必要措施在司法解释的制发过程中强化检察系统横向与纵向的协商沟通,多征求最高人民检察院各业务部门和地方检察机关的意见,对涉及人民群众切身利益的司法解释,应坚持公开和接受人大监督原则,实行向社会公开征求意见、专家咨询的方式,科学论证、民主决策,确保最高人民检察院司法解释的内在一致性,精准解决司法办案中的问题。

对于后者,根据2007年"两高"《关于进一步加强协作构建和谐司法座谈会纪要》、2010年中央政法委《司法解释党内协调工作规定(试行)》,最高人民检察院应主动加强与中央政法委和最高人民法院的联系,及时掌握中央的最新相关信息,在制发司法解释中注意征求有关部门的意见,对于同时涉及检察、审判工作的应用法律问题,最高人民检察院应与最高人民法院沟通协商,尽量联合制发司法解释。

（四）加强最高人民检察院司法解释的系统化

有必要加强和推进司法解释编纂整理工作。作为今后加强最高人民检察院司法解释系统化工作的重点，应当尤其关注司法解释的汇编与清理这两个方面的工作。

加强对最高人民检察院司法解释文件的汇编整理工作，使之更加系统化、公开化。汇编方式可以按照检察工作的业务归口进行专题性汇编，也可以围绕某一法律，如刑法或刑事诉讼法进行某一专门法律的集中汇编，最终目的是方便司法工作人员掌握运用和广大公民了解遵守。明确性是司法解释汇编工作的重要要求。[1] 新制发的司法解释如果对旧有的司法解释有修订或替代，在汇编中应当指明这些修订内容或替代文件。

做好司法解释的清理工作，着力解决司法解释与法律不一致、司法解释之间不协调以及司法解释内容不适当等问题，确保最高人民检察院司法解释的体系化和规范性。其一，要参照司法解释制定程序的相关规定，严格司法解释的清理程序，在立项、起草、征求意见、审议、核稿、签发、公布等各个环节设定严密的流程控制，确保司法解释清理工作的质量。其二，要加强清理工作的协调性。最高人民检察院应积极与最高人民法院沟通协商，考虑确立"两高"联合清理司法解释的新模式，以便统一意见，提高效率，做好清理工作。其三，最高人民检察院应当认真贯彻新修订的《最高人民检察院司法解释工作规定》，将司法解释清理情况及时报送全国人民代表大会常务委员会备案，接受来自人大的监督。其四，建立健全司法解释清理工作长效机制，根据新法实施和法律修订情况，定期启

---

[1] 参见张明楷：《明确性原则在刑事司法中的贯彻》，载《吉林大学社会科学学报》2015年第4期。

动清理工作，确保司法解释内容合法、形式规范、相互协调，更好地发挥司法解释在正确适用法律、指导检察工作的重要作用。其五，要探索推进司法解释的"数字化"工程，建立司法解释数据库，便利司法解释汇编及清理工作。

（五）建立最高人民检察院司法解释效果评估机制

建立司法解释效果评估机制，对公布施行的司法解释适时进行"回访"和"体检"，既能够及时了解掌握司法解释执行情况和施行效果，也能够督促指导各级检察机关正确适用司法解释，统一法律适用标准，规范司法行为。要做好最高人民检察院司法解释效果的评估工作，一是要注重评估主体的选择，确保评估主体的中立性、客观性和专业性；二是要注重评估过程的公开透明；三是要注重评估成果的及时转化。

司法解释的效果评估及其评估报告或评估意见的转化运用是不断提升最高人民检察院司法解释质量和施行效果的保障机制。通过司法解释效果的评估，发现司法解释在制定和执行中的问题，一是司法解释本身在规范层面暴露的缺陷或不足，二是司法解释在执行层面所出现的操作性问题。对于前者，应当总结经验、强化调研，对相应的司法解释适时启动立、改、废的工作。对于后者，则应当加强对司法解释实施中的监督，落实制度，强化责任，并辅之以必要的培训，确保司法解释最终的实施效果。

第十一专题
刑事指导性案例制度*

长期以来，最高人民法院、最高人民检察院积极运用典型案例的形式进行工作指导，发挥了指导执法办案、统一执法尺度的重要作用。2003年，最高人民检察院发布了《关于加强案件管理的规定》，提出要进一步加强案例编纂工作，对带有普遍指导意义的案件进行深入分析，及时编纂和印发。建立刑事案例指导制度引起法学理论界和司法实务部门的广泛关注。但是，对于案例指导制度的若干重大问题，如指导性案例的效力、指导性案例与立法和司法解释的关系、案例指导制度与判例制度的区别，以及案例的选择标准、选择范围、确认程序、发布主体和方式、编纂、清理、废止等问题，需要作进一步的研究。

---

* 本文原题为《建立刑事司法案例指导制度的探讨》，发表于《中国法学》2010年第5期。

第十一专题 刑事指导性案例制度

一、建立案例指导制度的必要性

(一) 建立案例指导制度,是规范案例指导的需要

以案例来指导执法办案,不仅古已有之,也是新中国成立后我国司法机关一直坚持的行之有效的做法。《最高人民法院公报》《最高人民检察院公报》自创刊以来,发布了一大批典型案例。"两高"的一些业务部门也通过编选下发典型案例的方式指导工作。可以说,以案例指导执法办案早已成为司法工作实践的重要内容。建立司法机关案例指导制度,已经具备了比较充实的实践基础。同时也要看到,由于缺乏明确的制度规范和相关工作机制,司法机关的案例指导工作不可避免地存在一些问题,如:各级司法机关均可选编案例,选择案例的标准模糊、不明确;已公布的案例数量不能满足司法工作实践的需要;案例的遴选发布程序不完善;缺乏统一的清理与变更程序;缺乏相应的监督保障机制等。更重要的是,由于缺乏明确的约束机制,案例是否具有指导作用,在很大程度上取决于执法者个体的取舍。这就使得司法机关案例指导工作长期停留在随机的、偶发的层面,在很大程度上影响了典型案例指导作用的发挥,未能有效解决司法实践中执法标准不统一等问题。因此,我们要及时把握、适应司法工作实践的客观需要,逐步探索建立案例指导制度,以科学的制度来规范和引导丰富多彩的司法实践,进一步规范司法工作,促进司法公正。

(二) 建立案例指导制度,是弥补成文法局限性的需要

我国是成文法国家,具有悠久的成文法传统。当前,以宪法为核心,以涵盖7个法律部门的法律为主干,由法律、行政

法规、地方性法规等3个层次法律规范构成的中国特色社会主义法律体系已经基本形成，国家经济、政治、文化、社会生活各个方面基本做到有法可依，[1] 成文法已经成为治国理政的主要手段。但是，应当看到，成文法在具有规范明确、内部协调、内容完整、体系清晰、逻辑严密、结构科学等优势的同时，也具有一定的局限性，主要表现在：

第一，将一般规则适用于具体的个案，必然存在缺乏平衡性的局限。成文法是对社会实际生活中反复出现的问题和现象进行适度归纳、抽象的产物，是总结提炼共性、剔除个性后建立起来的一般规则，是调整某一类社会关系而不是某一个社会关系的普遍性规则，其普遍性也就意味着对事物的特殊性和个别性的舍弃。在实际运用中，以一般规则为矩尺去衡量具体的案件，势必产生一定的不一致性，即一般与特殊、抽象与具体、共性与个性的差异。因此，执行法律的过程往往是追求确定性、一致性但同时也是牺牲个别化正义[2]的过程。司法活动是实现法律正义的专门活动，确定性与个别化都应当作为法律追求的目标。如果只追求确定性而彻底牺牲了个别化，可能会走向正义的反面。[3] 因此，有必要兼顾确定性与个别化，在二者之间建立一种必要的协调机制。在坚持成文法传统的前提下，发挥典型案例的指导作用，应当是一个理想的选择。

第二，在成文法稳定性特征的背面是滞后性和缺乏灵活性。法律是国家管理和社会治理的重要手段，其实施主要是通

---

[1] 参见中共中央政法委员会：《社会主义法治理念读本》，中国长安出版社2009年版，第156页。

[2] 参见[美]迈克尔·D.贝勒斯：《法律的原则——一个规范的分析》，张文显等译，中国大百科全书出版社1996年版，第38页。

[3] 近年来为社会广泛关注的许霆利用银行ATM出错超额提款案、一系列"飙车"案、酒后驾车致人死亡案等，在某种程度上反映了成文法的这种局限性。

过预先的宣告、明示，对人们的行为方式、方向和后果进行提示，使人们可以具有一定的预见性，能够妥当地安排工作和生活。因此，依靠法律进行治理，主要是通过自觉地遵守法律、法律"默默无闻"地发挥作用进行的。维护法律的稳定性、安定性是法律能够发挥作用的一个前提。然而法律是对已经存在的社会生活的类型化和规则化反映，社会生活却总是变动不居的，"法律规则并不是要陈述事实，而是要设定行为的模式；它们并不是要探究既定条件下的行动后果，而是要制定关于给定条件下会产生何种行为后果的规则；它们并不是提供一个本属于现实世界的模式，而是要为现实世界提供一个模式"。[1] 这就决定了成文法总是落后于社会生活。与社会生活的变化相适应，人们的价值观也处在不断变化之中，这也影响、左右了人们对法律中蕴含的价值观的认同。我国改革开放以来，经济快速发展，各种利益关系深刻变动，社会发展处在一个前所未有的深刻变革时期，法律的滞后性比以往任何时候都更显突出。

第三，成文法不可避免地具有一定的模糊性和不确定性。这种模糊性和不确定性的主要原因：一是语词的限制。语言不是精确的表意工具，相对于复杂多样、变动不居的社会生活而言，语言的表达能力是有限的甚至是贫乏的，"不管我们的词汇是多么详尽完善，多么具有识别力，现实中始终会存在着为严格和明确的语言分类所无能为力的细微差异与不规则的情形。虽然许多概念可以被认为是对存在于自然世界中的关系与一致性的精神映象，但对现实的这种精神复制，往往是不精确

---

[1] [英]尼尔·麦考密克：《法律推理与法律理论》，姜峰译，法律出版社2005年版，第98页。

的、过于简化的和不全面的"。[1] 此外，语言本身也始终是发展变化的，在不同的社会生活条件下，特定语词的含义可能不一样。二是认识能力的限制。"无论一项法律什么时候被提出来考虑，人们都没有能力预见到在实际生活中可能出现的多种多样的情况。即使人们有这种预见能力，也不可能用没有任何歧义的措辞把这些情况都包括进去。"[2] 认识能力的这种限制不仅可以从立法环节体现出来，也可以从对法律的理解适用上得到反映。三是立法技术的限制。主要体现在法律文本当中不可避免的弹性条款、原则性规定和法律规定的相互冲突等。这是其客观原因。从主观原因上看，立法者为了保证法律的涵盖性和适应性，也会运用一些弹性的语言来表述法条，使一些法律条文与其他法律条文相比显得更加原则，从而也增加了成文法的不确定性和模糊性。对这类法律条款，不同的司法人员会因为个体的知识结构、性格特征、工作经验和能力等差异而作出不同的理解，对同样的案件作出不同的处理。

（三）建立案例指导制度，是约束自由裁量权的需要

第一，案例指导制度不仅具有指导功能，还具有监督、制约作用。司法活动是一个判断是非、分析利害、平衡利益的思辨活动，是复杂的综合的智力活动。由法律的原则性、弹性规定及司法分配正义的目的所决定，自由裁量权是实现司法功能不可缺少的要素和条件。倘若没有一定的自由裁量的余地，不仅法律本身无法容纳各种各样具体的案件情况，司法活动也会沦为"自动售货机"式的机械作业，难以实现其功能。因此，

---

[1] [美] E. 博登海默：《法理学——法哲学及其方法》，邓正来、姬敬武译，华夏出版社1987年版，第464页。

[2] [英] 丹宁勋爵：《法律的训诫》，杨百揆、刘庸安、丁健译，法律出版社1999年版，第13页。

第十一专题 刑事指导性案例制度

我们应当承认，司法人员独立行使自由裁量权，是由司法的专业性、中立性等裁判理性所决定的，也是司法机关发挥其专门职能并排除外部干扰的客观需要。同时，独立行使职权并不是绝对的。对权力的有效制约和监督是我国政治体制和司法体制的重要内容，是人民主权的必然要求，也是规范权力运行，防止权力腐败和权力滥用的重要保障。改革开放以来的法治建设和司法实践表明，仅仅强调司法机关独立行使职权原则是不够的，还必须加强对司法权的制约和监督，并保持两者之间的平衡。[1] 如果不对司法机关、司法人员行使自由裁量权进行合理的限制和科学的引导，不仅容易造成司法的随意性，而且也会破坏法制的统一、权威和尊严。这些年来比较突出的现象是类似案件在不同层级、不同地区甚至同一个司法机关得到不同处理，通俗的说法是"同案不同判"。据有的学者统计，最近几年来，全国法院审理的二审案件改判、发回重审的比率高达20%以上，审判监督案件改判、发回重审的比率更是高达40%以上。[2]

避免"同案不同判"现象成为司法机关探索建立案例指导制度的主要动因。同样情况同样处理，是一种直观的公正；同样情况不同处理，就是一种显见的也是直观的不公正。民众看司法是否公正，一般总是用朴素的思维、直观的比较来判断。本杰明·卡多佐说过："如果有一组案件所涉及的要点相同，那么各方当事人就会期望有同样的决定。如果依据相互对立的原则交替决定这些案件，那么这就是一种很大的不公。如果在

---

[1] 参见孙谦、童建明：《遵循刑诉规律优化职权配置》，载《人民检察》2009年第22期。

[2] 参见董皞：《指导性案例在统一法律适用中的技术性探讨》，载《法学》2008年第11期。

昨天的一个案件中,判决不利于作为被告的我;那么如果今天我是原告,我就会期待对此案的判决相同。如果不同,我胸中就会升起一种愤怒和不公的感觉;那将是对我的实质性权利和道德权利的侵犯。"[1] 法律适用上的平等是"法律面前人人平等"这一现代社会基本原则在司法领域的具体体现,"同案不同判"的现象,引发了上诉、申诉和上访等多方面的消极影响,同时也损害了法律和司法的权威。通过公布指导性案例,客观上就为办理某类案件提供了一个权威的参照物,不仅司法人员可以参照办理有关案件,广大群众也可以之作为评判司法人员对具体案件的处理是否公正、合法的标尺。

第二,案例指导制度是维持司法的连续性、一致性,树立司法权威的重要手段。同样情况同样处理构成了司法的一致性,这种一致性持续下去,就构成了司法的连续性。司法的一致性和连续性为民众保持对法律决定的可预测性(形式法治的要求)和正当性(实质法治的要求)提供了可能。如果说法律的公开是公正的一个前提,那么,司法的一致性和连续性则是公正的一个重要内容,也是公正得以实现的一个基本途径。司法的权威性是指司法机关应当享有的威信和公信力,体现在法律和司法的尊严得到民众的信赖和认同上。司法机构的职责是代表国家执行法律、裁决纠纷。司法具有权威性,实际上表明了法律的权威性。[2] 司法为什么要有权威?其一,司法权的权威性是依法治国、建设社会主义法治国家的必然要求,司法无权威,法律也不可能有权威。其二,司法的权威性是由司法机关的固有性质所决定的,是实现司法功能的必然要求,没有权

---

[1] [美]本杰明·卡多佐:《司法过程的性质》,苏力译,商务印书馆2005年版,第18页。

[2] 参见孙谦:《法治与构建和谐社会》,载《社会科学战线》2006年第3期。

威的司法无法实现定分止争、权利救济等目的。其三，司法的权威性正是司法能够有效运作并能够发挥其应有作用的基础和前提。[1] 信任来源于公正。公正是司法核心和灵魂，虽然影响和构成司法权威的因素有很多，但是有权威的司法一定是公正的司法。司法权威代表着公众的信任、承认和尊重，是司法权能够有效运作并发挥其应有功能的基础与前提。[2]

要维护司法权威和司法公正，就必须规范和约束自由裁量权，统一司法尺度。规范和约束自由裁量权，除了提高立法水平、完善立法技术，加强司法解释工作，强化监督外，实行案例指导制度是一个重要的途径。指导性案例对其后的案件办理具有对比参照作用，实际地监督和规范了自由裁量权的行使。

（四）建立案例指导制度，是总结推广司法经验和司法智慧的需要

案件是社会关系、社会观念、社会知识的聚合体，经过司法机关审理并作出决定的案例还包含了司法经验和智慧。成文法的制定是一个从个别现象到一般规则的过程，与此相同，司法的发达也是一个从个案到经验再到制度的过程。没有办理个案的大量经验积累，司法不可能实现专业化、规则化并日臻成熟。重视个案研究，深入挖掘和发挥其指导作用，是总结司法经验、借鉴司法智慧的重要途径。

首先，司法活动是一种特殊的、理性的法律思维活动，要遵循一定的认知模式和一般规则。司法人员要将抽象的法律规范适用于具体个案，至少要同时完成两种逻辑思考：一是对法

---

[1] 参见孙谦：《法治与构建和谐社会》，载《社会科学战线》2006年第3期。
[2] 参见胡建淼：《公权力研究》，浙江大学出版社2005年版，第403页。

律事实的认知和判断;二是对法律规则的合理解释和价值追问,[1] 并在此基础上经演绎推理得出案件结论,最后还要进行艰苦的文书写作工作。法律思维过程的曲折性和思维内容的复杂性,决定了司法认知活动必须形成共同的、科学的认知模式,并遵循司法思维的基本原则和一般规则,[2] 从而避免司法思维的盲目性,确保思维过程和结论正确。案例是对司法人员进行法律思维活动过程的直观、具体的反映,是司法人员学习提高司法思维能力的重要素材。

其次,运用法律方法和司法技术,是司法行为的理性保证。[3] 司法活动离不开技术,无论是对案件事实的查证、对法律规则的选择,还是对纠纷作出判决,都需要相应的司法技能。法律推理技术和司法判决技术,是长期司法经验的积累和理性升华,客观上也不可能同时为所有司法人员熟练掌握和运用,也就是说,司法人员的职业素养和工作经验存在很大的个体差异。此外,现代社会关系十分复杂,社会分工日益精密,法律门类和诉讼类型众多,案件的办理日益呈现高度的专业化,这其实又对司法经验的积累提出了更为急迫的要求。一个成功的、典型的案例,不仅蕴含了司法人员对司法规律、法律方法的总结探索,而且凝结了司法人员的经验和智慧,对其他司法人员正确理解法律、熟练掌握和运用司法技术具有不可替代的学习借鉴意义。

最后,社会关系的重复性和人类善于模仿的特性决定了案

---

[1] 参见汪习根:《司法权论——当代中国司法权运行的目标模式、方法与技巧》,武汉大学出版社 2006 年版,第 513 页。

[2] 参见汪习根:《司法权论——当代中国司法权运行的目标模式、方法与技巧》,武汉大学出版社 2006 年版,第 513 页。

[3] 参见汪习根:《司法权论——当代中国司法权运行的目标模式、方法与技巧》,武汉大学出版社 2006 年版,第 513 页。

例的内在指导功能。虽然社会关系各个不同,不同案件的法律事实也千差万别,但是,仍然具有重复性和类似性。这既为社会生活经验所证实,也为制定一般的法律规则提供了可能性。此外,人是善于模仿的动物,遇见难题时求助于他人的经验是人类认识问题和处理问题的固有习惯。指导性案例能够结合具体的案件事实去阐释法律规定,使抽象、枯燥的法律条文或法律原则变得生动、具体。这种以案释法的方式,是帮助理解法律的最生动的教材。

但是,由于缺乏一定的制度和机制,目前每一个案例实际发挥的作用很有限。通过案例指导制度,可以使个案的影响力不局限于本案而延伸到同类的案件,有助于帮助司法人员形成正确的思维方式,形成理解法律、感受事实的最佳视角,可以使司法经验和司法智慧得到传承、发扬。诚如卡尔·拉伦茨所言:"借其说理的内容,法院的裁判常能超越其所判断的个案,对其他事件产生间接的影响。假使其系正确的裁判之主张确实,那么对未来涉及同样法律问题的裁判而言,它就是一个标准的范例。"[1] 确定并公布指导性案例,是发现和实现个案的潜在价值的过程。

二、案例指导制度的功能与价值

(一)有助于强化上级司法机关对下级司法机关执法办案工作的监督和指导

司法机关的职责是通过行使司法权,维护国家法律的统一

---

[1] 参见刘作翔、徐景和:《案例指导制度的理论基础》,载《法学研究》2006年第3期。

正确实施,维护社会公平正义。要履行好这一职责,司法机关自身首先要做到严格公正统一执法。在理解、解释和适用成文法的时候,上级司法机关也同样要面对下级司法机关所面对的问题和困难,同样存在上级司法机关和下级司法机关对法律的理解、解释和适用不一致的危险。指导性案例的确认和发布,不仅有助于在上下级司法机关之间建立统一的执法标准,也有助于强化上级司法机关对下级司法机关执法办案的指导和监督。人类社会多年的司法经验表明,只有法律的明确规定并不足以产生统一司法标准的效果,上级司法机关指导和监督下级司法机关的执法办案行为,对统一司法标准是不可或缺的途径。

(二) 有助于弥补司法解释之不足

针对司法机关执法办案中提出的法律适用问题制作司法解释,是最高人民法院和最高人民检察院对下进行工作指导的重要方式。不可否认,司法解释在一定程度上克服了成文法的缺陷,为正确理解适用法律提供了明确、具体的指引。但是,司法解释也仍然是一种抽象性解释,不能摆脱作为一般规则必然具有的原则性和局限性,还存在一个需要统一理解和执行的问题。司法解释"不能结合具体的案件事实去阐释某一法律规定的含义,它走的是'从一般到一般'的道理,而'从一般到个别'这条路子仍然是封闭的"。[1] 正是由于司法解释对成文法缺陷的弥补作用仍然具有局限性,而判例法对成文法有很好的补充作用,借鉴判例法的有利因素,建立一个对我国司法体系有促进作用的案例指导制度是十分必要的。按照案例指导制度的运行模式,最高司法机关将随机的、零散的案例加以筛选,经过一定的程序确认和公布,既具有权威性,又具有普遍指导

---

[1] 罗豪才:《行政审判问题研究》,北京大学出版社1990年版,第431页。

性，同时对我国司法管理制度也是重大的创新。

（三）有助于提高司法工作效率，节约司法资源

先例的指导作用在人类的认识活动中是自然存在的，遇见难题，人们习惯于去寻找此前的处理办法；遇见利益分配，习惯于与其他类似情况的处理作横向比较。"寻求先例的冲动存在于任何官员的行为之中，不考虑他是否需要，也不顾及先例是否存在。"[1] 先例有助于提高效率，降低直接成本。若将每个案件都当作初见案件处理，司法机关的负担就会加重，提请上级处理的案件将大量增加。典型案例蕴含着司法人员发现案件事实、准确诠释法理的司法智慧和经验，成功的案例本身即是一个新型案件或者疑难案件得到妥善解决的生动样板，通过对典型案例的分析、参考，可以大大减轻司法人员的工作量，节约司法资源，提高司法效率。

（四）有助于增强法律的确定性和可预测

成文法虽然具有明确的内容，但由于充斥了大量的专业术语，同时又存在比较抽象和原则的问题，伴随着社会的发展，法律自身也不断精细化、精密化、专业化，这就给法律的理解带来很大困难。即使是法律专业人士，至多也只能做到对一两个法律领域比较熟悉，其他人要熟悉和理解法律基本上不可能。从社会实际生活看，民众对案例这种形式比较容易接受，案例使公民预测法律具有了可能性。此外，从某种意义上讲，司法机关对案件作出的处理决定，可以视为一种承诺，司法机关对类似情况作接近的处理，是践行这种承诺的表现。通过建立案例指导制度，确认并公布的案例就会对司法机关构成无形

---

[1] [美] 卡尔·卢埃林：《布满荆棘的丛林》，载 [美] 博西格诺等：《法律之门》，邓子滨译，华夏出版社2002年版，第6页。

的约束，诉讼当事人如果以指导性案例为依据，要求司法机关说明对类似情况的处理相差过大的理由时，就会对司法机关统一执法标准、严格公正司法产生积极的约束和促进作用。在这种情况下，指导性案例就在约束司法权力与保护公民对法律和司法的信赖之间搭起了沟通的桥梁，通过司法的连续性维护法律的确定性和统一性。

三、案例指导制度的性质和定位

构建案例指导制度最根本的一个问题在于如何定位指导性案例的效力。

从名称的表述上看，我们要研究建立的是"案例""指导"制度，绝非判例制度，指导性案例也不具有法律效力或者强制拘束力。虽然判例与案例仅仅是一字之差，判例二字并不当然意味着遵循判例或遵循先例，但在我国的语境下以及人们的认知习惯中，判例二字更倾向于特指英美判例法国家的判例。使用"案例"的表述，就是要刻意表明：我们要建立的制度不是英美法意义上的判例制度；使用"指导"的表述，则进一步表明了指导性案例的法律地位和效力。因此，我们的案例指导制度不是一种新的"造法"制度，它在本质上仍是一种法律适用活动和制度。[1] 这是对案例指导制度名称上的一点说明。

对于我国的指导性案例到底应当具有何种效力，理论界和实务部门认识分歧较大。一种观点认为，将先前的判决作为有实际约束力的法律规范来对待与我国的宪政制度不符，因此指

---

[1] 参见刘作翔、徐景和：《案例指导制度的理论基础》，载《法学研究》2006年第3期。

第十一专题 刑事指导性案例制度

导性案例不应当具有正式的法律效力,不属于正式的法律渊源,但对于处理同类案件不仅具有参考作用,还应具有事实上的约束力。另一种观点认为,为了进一步发挥指导性案例的作用,可以将指导性案例逐步发展成为司法解释的一种形式。还有观点主张,借鉴西方国家判例法制度,建立具有中国特色的判例制度。

笔者认为,主张将指导性案例发展成一种司法解释形式的观点只看到既有的司法解释中有案例形式,而没有认识到司法解释和指导性案例是两种不同性质和形式的司法指导方式。司法解释与其所解释的法律一样,具有法律效力;指导性案例则不具备法律效力。我们建立案例指导制度的目的是发挥指导性案例灵活、简便、快捷地指导司法的作用,以弥补司法解释的局限。把案例指导制度转变为司法解释制度,既不符合司法解释工作的规律,也不利于加强司法指导。更重要的是,全部或者大部分以案例的形式作出司法解释,只能削弱而不是加强司法指导,对统一执法标准反而不利。借鉴西方国家判例法制度建立具有中国特色的判例制度的观点,只看到判例法制度下判例的"硬约束""硬指导"的一面,在欲将指导性案例的约束力"做实"的同时,没有看到我国宪政体制、法律体制和文化传统中,均不存在"司法造法"的空间,也没有看到西方国家成文法比重日益增加而判例法逐渐式微的变化趋势。基于上述分析,我们认为,应当将指导性案例的效力定位为"事实上的指导"而非规范意义上的指导。

有人认为事实上的指导看不见摸不着,如果不赋予指导性案例以强制执行的效力,恐会致其指导作用虚置。笔者认为,指导性案例事实上的指导或者说影响力主要是依靠其自身的说服力发挥作用。指导性案例公布后,客观上会强化这种指导作用，扩大这种指导作用的范围。对于掌握、知悉指导性案例的司法人员来说，遇见类似案件或相同情况，参考指导性案例对法律的理解和适用，参考指导性案例分析问题、处理问题的方法，是保证正确办理案件的重要方式。一般情况下，司法人员不会对指导性案例的指导意义视而不见。西方判例法的先例之所以得以遵循，其内在的生命力就是依靠先例中实质推理的正确性和说服力。在此问题上，大陆法系国家的判例实践具有重要启示意义。先以日本的做法为例。在日本，现行法上判例的先例约束力没有制度化，司法人员不是必须遵守判例，下级裁判所不服从最高裁判所的判例也不违法，并且，最高裁判所的判例也可由大法庭变更，因此，不能认为判例具有法律上的约束力。但在现实中，判例在实际业务上具有相当大的约束力。主要原因在于：第一，一切司法权属法院所有。[1] 在审判机关里采用审级制（三审制）的日本，下级审判服从最高法院的判例，同样或类似的案件用同样的方式解决，是司法满足公平要求之基本原理。第二，下级审判作出违反上级审判的判例判决时，这种判决很有可能被上级审判撤销，会给当事人造成不必要的负担，所以原则上为避免这种危险，要求下级审判遵守审判员的职业道德。因此，在日本，判例具有事实上的约束力，其研究、学习在法律上占重要位置。[2] 在德国，法律并未明确规定判例具有法律效力，但是判例仍然发挥了重要的作用。"发生先例拘束力的不是有既判力的个案裁判，而是法院在判决理由中对某些法律问题所提的答复，该问题于当下待判个案

---

[1] 在我国，检察机关也属于广义的司法机关，人民法院行使审判权，人民检察院行使检察权。

[2] 参见[日]后藤武秀：《判例在日本法律近代化中的作用》，载《比较法研究》1997年第1期。

又以同一方式发生。此等判决先例在法院实务（特别是法的续造）中扮演重要角色。如其为最高审级法院的裁判，则下级法院多将之奉为圭臬。"[1] 也有学者把这种事实上的指导或者事实上的约束力概括为柔性约束力，即其法律效力表现为指导性、说服性、参考性，以区别于成文法的刚性约束力，呈现出一种柔性约束力。一个指导性案例的应用频次越高、应用范围越广，其法律约束力就越强；反之亦然，一个很少被应用的指导性案例，其法律约束力则极弱。[2]

四、我国案例指导制度与西方国家判例制度的区别

我国的案例指导制度与西方国家的判例法制度存在本质的区别，而且我国现在也不存在移植判例法制度的条件。

（一）案例指导制度与判例制度的区别

"判例""判例法""判例制度""先例制度"等，是西方学术研究和法律实践通常使用的具有特定内涵的概念，其背后是特定的法律制度和法律传统。在英美法系国家，"判例"是以法律渊源的地位而存在的，故而被称为"判例法"，是一种创制、借鉴以及遵循先例的一整套的法律制度或者法律体系，其根本原则是遵循先例，要求法院审理案件时，必须将先前的特别是上级法院的判例作为审理和裁决的法律依据。虽然没有明确的规定要求遵循先例，但是，按照英美法学家的说法，

---

[1] [德] 卡尔·拉伦茨：《法学方法论》，陈爱娥译，商务印书馆2005年版，第301页。
[2] 参见郜永昌、刘克毅：《论案例指导制度的法律定位》，载《法律科学》2008年第4期。

"先例"的约束力来自于实质推理的正确性和说服力,[1] 并基于审级的分工而得到维持。在大陆法系国家,"判例"虽不是正式的法律渊源,但被推定具有约束力或者具有事实上的约束力。一般来说,下级法院都遵从上级法院的判例,否则,下级法院作出的判决就必然在上级审时被撤销。可见,遵循先例或受先例拘束与指导,并不是某些国家特有的法律现象。我们有必要借鉴西方国家判例制度的合理成分和积极因素。但是,必须明确的是,我们欲建立的案例指导制度与西方国家的判例制度仍然存在本质区别,主要是:第一,创立规则与解释规则的区别。我国实行案例指导制度,其目的是在保持我国目前的法的正式渊源体系的前提下,完善法律适用。是以成文法为主,结合司法解释,以案例指导为辅,在不影响成文法作为正式法律渊源的前提下,借鉴判例法的一些具体做法,发挥典型案例的指导作用,对法律规则的准确理解和适用进行指导,以弥补成文法之不足,而不是一种新的"造法"制度,不涉及改造既有的法律体制和司法体制,在本质上仍是一种法律适用活动和制度。因此,我国的"案例指导制度"不等同于"判例制度""先例制度",而是将单个的"案例"通过一定的程序确认和发布后,使其上升到对执法办案具有一定指导意义的层面,而不是像过去那样仅仅起到随机的"参考"作用。但是,参考与指导的区别仅仅限于用语上的不同,并不表明这二者在效力层级上有实质的区别。一些学者对我国实行案例指导制度深感忧虑,认为是填补法律漏洞的"司法立法""法官造法",是对立法权的僭越。实际上,在我国,最高司法机关的司法解释也

---

[1] 参见[美]P.S.阿蒂亚、R.S.萨默斯:《英美法中的形式与实质》,金敏等译,中国政法大学出版社2005年版,第99页。

只是对理解和适用有关法律进行比较原则的解释,虽然也具有普遍指导意义,但并不具有创设法律规则的地位和作用。至于具体案件,如果最高司法机关按照制定司法解释的程序作出批复,则属于司法解释性质;如果仅仅作为指导性案例予以发布,则仅有指导、参考作用,并不具有法律和司法解释的强制约束力。

第二,积极指导与自发约束的区别。我国司法机关的案例指导制度是最高司法机关主导,根据规定的程序筛选、报送、审查、发布的一种制度,是对典型案例指导作用的积极挖掘和主导确立,是一种主动的司法行为。此外,指导性案例的办理者与发布者不一定同一,甚至在大多数时候不是同一的。西方国家的判例则是法官具体承办的案件由于在解决某一类案件、处理某个法律关系上具有创制规则的先例作用,根据遵循先例的原则自动自发地发挥作用的,不存在独立的确认和发布程序,案件的裁判者也不负有整理和发布案例的义务,其先例作用的发挥主要依靠其他法官和律师。

第三,有无司法管理功能的区别。我国的案例指导制度是一种司法管理制度的创新。指导性案例在诉讼外程序中自下而上报送,然后又自上而下发布,其中反映了最高司法机关对办理某类案件的意见和政策倾向,因而具有普遍指导意义和宏观业务指导功能,发布指导性案例也就成为司法管理的重要手段。在西方国家的判例制度下,先例形成于诉讼程序之中,不存在最高司法机关主动发现典型案例并发布的机制,因此,其作用发挥是随机的,不具有司法管理的意向和功能。

(二) 我国移植西方国家的判例法制度不具有可行性

在研究和探索建立我国的案例指导制度过程中,也有的学者提出,我国应当借鉴西方国家的判例法制度,建立我国的判例法制度。其主要理由是从分析判例的优点入手的。但我国的法律制度、文化传统并未提供判例法制度存在的空间。

第一，判例法制度不适合中国现行的政治制度。宪法明确规定，国家的一切权力属于人民；人民行使国家权力的机关是各级人民代表大会；各级人民代表大会都由民主选举产生，对人民负责，受人民监督。国家行政机关、审判机关和检察机关都由人民代表大会产生，对它负责，受它监督。国家立法权属于全国人大及其常委会，虽然全国人大常委会授权最高司法机关进行司法解释，但司法解释不能等同于法律，它只是在司法机关具体办案的过程中具有拘束力。若实行判例法制度，则意味着司法机关创造的判例法也约束国家权力机关，不符合我国宪法规定，是对宪法体制的破坏。判例法制度和"三权分立"的原理是密切联系的，表现为权力之间的制约。判例法制度赋予了法官极大的自由裁量权，实行的是"法官造法"，法官成为立法的主体，对其他机关立法权具有制约职能。这种分权制衡的体制与我国的政体模式明显不符，故判例法的实行在我国缺乏其基本的政治基础，无法套用。

第二，判例法具有自身无法克服的缺陷。考察判例法制度的发展过程可见，英美等国实行判例法制度并不是在成文法和判例法之间进行比较后的理性选择，而是在法院先于议会诞生，立法机构缺位而导致的缺乏成文法的特定历史条件下无可奈何的做法。在长期的司法实践中，法院所制定的判例法弥补了制定法的空缺，强化了司法造法的强势地位。尽管如此，判例法仍然存在无法克服的弊端。弊端之一是判例数量众多，卷帙浩繁。如美国至今至少有三四百万件判例，单单这一点就导致了查阅上的严重困难。英国的判例数则比美国还要多。[1] 弊端之二是众多判例之间相互抵牾和矛盾，难以选择。实际上，遵循先例常常指在相互竞争的先例中作出一个以政策为根据的选择，或对一个先例的范围做一个受政策影响的解释。"全景的判例法上散落着前后不一致的先例，当下的法官可以从中挑拣和选择，如果需要，一个曾经死亡的但没有给过一个像样葬礼的先例会重生。"[2] 弊端之三是具有很强的迟滞性和保守性。判例法强调案件的判决保持与历史陈案的一致。在美国法律体系中的大多数普通法部门中，判例由最高（或高等）法院判决这个条件本身并不足以构成先例。只要某个判例中的实质推理存在疑问，它就必须经历一段评估考察期，而后才能被视为确定的、有效的法律。[3] 这是一个极为缓慢的蒸馏过程，不如成文法有利于法律的变革，易适应时代的要求。西方法学家认为：遵循先例原则在某种意义上就是拒绝纠正错误，而在科学研究中，人们会认为这种姿态非常奇怪。[4] 我国当前社会各方面变化迅即而深刻，如果实行判例法制度，既无法适应社会发展的需要，也无法与成文法的体制和传统相协调。因此，我们建立案例指导制度是为了充分发挥典型案例的指导作用、总结和推广司法经验、弥补成文法的不足，而不是要实行判例制度。

第三，判例法国家的遵循先例原则在日渐弱化，法律改革

---

[1] 参见［美］P. S. 阿蒂亚、R. S. 萨默斯：《英美法中的形式与实质》，金敏等译，中国政法大学出版社2005年版，第100页。

[2] ［美］理查德·A. 波斯纳：《法理学问题》，苏力译，中国政法大学出版社2002年版，第42页。

[3] 参见［美］P. S. 阿蒂亚、R. S. 萨默斯：《英美法中的形式与实质》，金敏等译，中国政法大学出版社2005年版，第100页。

[4] ［美］理查德·A. 波斯纳：《法理学问题》，苏力译，中国政法大学出版社2002年版，第104页。

主要取向成文法化。20世纪上半叶，遵循先例原则"严格观"盛行于英国，认为所有法院都有义务遵循自己先前作出的判决，下级法院也有义务遵循上级法院的判决。直至20世纪流行于英国并目前盛行于美国的"宽松观"则认为，终审法院不受遵循自己先前的判决的约束。[1] 事实上，判例法带来的不确定性已经严重地损害了国家法律适用的公正性。为了弥补判例法的局限性，英美等国越来越多地采用立法的形式进行法律改革。

第四，我国不仅具有悠久的成文法传统，而且基本实现了有法可依。我们的司法工作面临的问题是执法不统一而不是无法可依。此外，我国最高司法机关通过履行司法解释职能，制定了一大批司法解释，在很大程度上能够满足司法工作的需要。据初步统计，新中国成立以来，最高人民检察院单独或会同有关部门共制发司法解释文件近900件，对于保证检察机关严格、正确、统一执法发挥了积极作用。最高人民法院制定的司法解释数量更多，涉及范围更广。

（三）正确把握案例指导制度与司法解释的关系

指导性案例与司法解释的关系十分密切。从过去的经验看，有一些司法解释是以发布典型案例的形式出现的，还有一些司法解释本身就是对个案请示进行的答复，从外观上确实难以与指导性案例区分。一种观点认为，指导性案例没有法律上的约束力，而且单个的案例一般也不具有普遍指导意义，能将其视为司法解释的一种形式。另一种观点则认为，指导性案例本身就是对法律条文所作的生动、直观的解释，是一种司法解

---

[1] 参见［美］P.S.阿蒂亚、R.S.萨默斯：《英美法中的形式与实质》，金敏等译，中国政法大学出版社2005年版，第99页。

释方式。其实，二者的区别主要是效力上的。按照司法解释工作程序审议并以最高司法机关正式文件发布的典型案例属于司法解释，具有法律约束力；按照案例指导制度筛选、报并确认和发布的案例是指导性案例，具有参考、指导作用。

有学者提出，最高司法机关应该更加重视个案批复工作，并将目前司法解释中的"批复"附上生效法律文书，没有必要另外增加案例指导制度。笔者认为，案例指导制度与案件批复不能相互代替。案件批复作为司法解释的一种形式，其制定程序较为严格，是对具体案件的最终处理作出决定。这就决定了案件批复在数量上受到严格限制，指导范围十分有限。而指导性案例是最高司法机关对自身或者下级司法机关已经办理终结的案件，认为具有指导价值，按照规定的程序予以公布。要正确处理指导性案例与司法解释的关系，应当在继续加强司法解释工作的同时，充分发挥指导性案例的参考、指导作用，为在司法工作中统一法律适用提供生动、准确、具体的指导；要将指导性案例作为司法解释的重要来源，注意从指导性案例中发现执法中的普遍性或者倾向性问题，及时总结、提炼，条件成熟时上升为司法解释，形成规范意义上的法律适用规则。对下级司法机关请示的案件，认为具有典型意义但制发司法解释条件不成熟，也不宜直接作出答复的，可以对案件的继续办理进行具体指导后，将其作为指导性案例予以发布。因此，案例指导制度不应当取代司法解释，只能是司法解释的有益补充，最高司法机关在建立案例指导制度的同时，仍然应当积极开展司法解释工作，不断提高司法解释的质量，增强司法解释工作的针对性、及时性和科学性。

总之，司法机关案例指导制度是在深入学习、借鉴其他国家司法经验，顺应世界两大法系逐渐融合发展大趋势，深刻把握我国司法工作规律和总结司法管理经验基础上,在坚持我国固有的立法体制、司法体制以及法律传统的前提下,以正确理解和适用成文法、维护国家法制统一和司法公正为目的,充分发挥案例的客观指导作用的制度创新,是中国特色司法制度的新发展。

(四) 正确理解案例指导制度与立法的关系

案例指导制度与立法的关系问题,实质上是案例指导制度的法律地位问题。理论界担心案例指导制度的建立会在事实上形成"司法立法""法官造法",使我国的立法体制由一元化模式演化为二元化模式。如前所述,我国的案例指导制度与西方国家的判例法制度有很大不同,其中一个本质区别是,我们的指导性案例不创设具有法律效力的规则,不属于法律渊源,其作用在于"指导",是总结司法经验,运用具有典型指导意义的案例对正确理解和适用法律进行指导。因此,我们的案例指导制度在本质上仍是一种法律适用活动和制度,它服从法律和司法解释,并不超越现行立法体制。我们应当把案例指导制度作为司法机关参与国家法律发展和完善不可或缺的途径和载体,注意挖掘案例对于法律的解释和发展功能,善于从案例中归纳出具体的法律规则,为构建完善的法律规范体系提供准确、真实的实践依据。

五、案例指导制度的基本内容

(一) 指导性案例的选择

指导性案例的选择主要涉及两个方面的问题:一是哪些司法机关办理的案件可能成为指导性案例;二是选择什么样的案

例作为指导性案例。对于第一个问题，我们认为，不应当将指导性案例的来源局限于最高司法机关办理的案件，符合要求的各级司法机关办理的案件依照有关程序都可以成为指导性案例。我国80%的案件在基层，80%的司法人员在基层，新型、疑难、重大、复杂、典型的案件往往都是由包括基层司法机关在内的地方各级司法机关办理的，最高司法机关直接办理的案件所占比例较小，只有充分发挥地方各级司法机关的作用，才能拓宽指导性案例的来源渠道，全面掌握执法办案工作的实际情况，切实增强指导性案例的针对性和指导性。

对于第二个问题，我们认为，我国案例指导的主要功能是对正确理解和适用法律进行指导，以维护司法统一，实现司法公正，提高司法效率，不是要建立类似西方的判例制度，不必全面铺开，要突出重点并根据一个时期司法工作的实际情况加以调整。当前，我国正处于社会矛盾凸显期，广大群众对执法标准不统一的问题反映最为强烈。因此，司法机关案例指导制度的重点是容易发生执法偏差、群众反映比较强烈的案件。据此，选择指导性案例的标准可以从以下几个方面来把握。第一，案件符合下列情形之一：案件所涉及的法律适用问题属于现行法律规定比较原则、不够明确具体的；案件所涉及的法律适用问题具有典型性和代表性；可能多发的新类型案件或者疑难案件；在法律适用上具有指导意义的其他案件；社会关注的热点案件等。第二，有法律解释的内容，具有指导价值。第三，对法律的解释合乎法律本意。第四，对案件的最终处理决定已经发生法律效力，处理结果恰当。第五，符合指导性案例的体例要求等形式要素。

（二）指导性案例的发布主体

有观点认为，基于我国法律、法规分级颁布实施的立法体制、各地社会经济发展不平衡等原因，我国应当建立典型案例分级发布制度，各级司法机关都有权发布典型案例，其效力范围仅限于其辖区范围。有的认为，为了维护案例的权威性和法律的统一性，司法机关发布案例只能实行一元化，不能实行多元化，即只能由最高司法机关发布。有的认为，各级司法机关均可以发布指导性案例。

指导性案例的发布主体问题，关系到指导性案例的质量和权威性。如果各级司法机关都可以发布典型案例，很容易导致案例指导的滥用，也容易产生不同司法机关包括上下级司法机关之间指导性案例的冲突，造成法律适用的混乱，甚至破坏法制的统一，与建立案例指导制度的初衷不符。最高司法机关在智力储备、政策考量、利益权衡、协调各方等方面都有着地方各级司法机关不可比拟的优势，并依法享有司法解释权，案例指导制度的推行与司法解释的目的相一致，对于司法权侵犯立法权的担忧也将会减至最小。为了突出重点，同时有针对性地扩大指导面，由最高司法机关作为指导性案例的发布主体是适宜的。如果授予地方司法机关确认指导性案例的权限，则很可能导致指导性案例的繁杂混乱。

（三）指导性案例的报送

为保证案例指导工作的及时性和针对性，充分发挥案例指导制度的宏观业务指导作用，指导性案例的产生宜实行双轨制，即一方面是地方各级司法机关申报，按照"层层筛选、逐级上报"的原则，由省级司法机关选送至最高司法机关。另一方面是最高司法机关根据一个时期业务指导工作的需要，有针对性地向地方各级司法机关征集某方面的典型案例，从中筛选指导性案例予以发布。

指导性案例的报送事关重大，应当设置严格的审查把关程序。宜由各级司法机关各业务部门负责初步遴选本院办结的案例，并对下级司法机关报送的案例进行初步审查，认为可以报送作为指导性案例的，提出审查意见，报上一级司法机关，层报最高司法机关。

(四) 指导性案例的确认

案例指导工作的开展应当充分发挥上级人民法院、人民检察院各业务部门的组织、指导作用。同时，为了保证指导性案例的权威性，指导性案例的确认应当集中各业务部门的智慧，协调好有关业务部门之间的认识和工作部署。为此，最高司法机关应当专设案例指导委员会，负责对报送的案例进行审查和确认。

有学者提出，司法机关指导性案例应当提交最高人民法院审判委员会和最高人民检察院检察委员会最终审查确认。由最高人民法院审判委员会和最高人民检察院检察委员会审议确定指导性案例，确实能够在最大限度上保证指导性案例的权威性，但也要看到，由最高人民法院审判委员会和最高人民检察院检察委员会审议指导性案例，所增加的工作量恐怕难以承受，可能在客观上影响指导性案例的发布数量和案例指导工作的及时性。更重要的是，如果指导性案例的审议确认程序与司法解释一致，就会产生指导性案例与司法解释二者效力层级相同的问题。因此，最佳方案是建立案例指导委员会，负责审查确定指导性案例。这样规定，既便于吸收专家学者参与讨论，也不妨碍案例指导委员会将有关重大案件或者涉及的重大问题提请审判委员会和检察委员会审议；审判委员会和检察委员会审议的案件，认为有指导意义的，也可以责成案例指导委员会研究后作为指导性案例予以发布。

(五) 指导性案例的发布

指导性案例为社会公众知悉,对于发挥指导性案例的作用、保证其事实上的约束力、接受公众的监督,具有重要意义。因此,指导性案例应当以公告形式发布,以体现其严肃性和权威性,也便于法律职业人士、社会公众了解和运用指导性案例。[1] 司法机关应当把公开发布指导性案例作为审判公开和检务公开的重要内容,让社会各界知悉指导性案例,监督司法工作。

(六) 指导性案例的整理和编纂

普通法系国家判例法所以得到遵循,一个重要的外部条件,就是有大量的判例汇编。司法先例只有在其得到汇编出版时才能发挥作用。[2] 最高司法机关应当对发布的指导性案例进行汇编,以方便对指导性案例的检索和使用。

此外,最高司法机关还应当对指导性案例进行专题分析研究,做好案例指导工作与司法解释工作的衔接。汇编中认为有案例应当废止的,经案例指导委员会确定后再予以发布;认为有必要制定司法解释的,按照制作司法解释的程序办理。

(七) 指导性案例的废止

指导性案例一经发布,即具有普遍指导价值,为了方便各级人民法院和人民检察院正确运用指导性案例,有必要规定指导性案例的废止。废止的情形主要包括:指导性案例被撤销或其最终的处理决定被改变;新的法律、司法解释颁布实施后,已发布的指导性案例的处理原则与法律、司法解释相冲突;为新的指导性案例所取代;指导性案例确立的处理原则和理由因

---

[1] 徐昕:《迈向司法统一的案例指导制度》,载《学习与探索》2009 年第 5 期。
[2] 周道鸾:《中国案例指导制度若干问题研究》,载《中国法律》2010 年第 1 期。

情况变化已不合时宜；其他应当废止指导性案例的情形。

废止指导性案例的方式主要包括自动失效和宣告废止。指导性案例的自动失效，即指导性案例与新法相抵触，或者被新的指导性案例所取代时，自动丧失约束力，无须通过特定程序予以宣告。当然，最高司法机关案例指导委员会也可以对可自动失效的指导性案例宣告废止。最高司法机关各业务部门及地方各级司法机关均可向最高司法机关案例指导委员会提出废止指导性案例的书面建议，案例指导委员会也可自行进行审查和清理。

有学者提出，指导性案例制度的设计不需要建立"废止"（或者失效）的程序。其理由有二：第一，为了维护裁判的权威性和稳定性，裁判文书生效后，任何机关、团体和个人都不能随意变更或者撤销。只有发现原判在认定事实上或者适用法律上确有错误，才能由人民法院依照审判监督程序予以变更或者撤销。因此，已生效的裁判不发生"废止""失效"的问题。第二，指导性案例和司法解释不同，不具有法律的拘束力，它随着新法律、新司法解释的颁布，或者原法律、原司法解释的修改而自然失效。我们认为，指导性案例的废止不能等同于对案件判决的撤销或变更。指导性案例的废止的目的在于"终止"不适宜的案例的指导作用，不是对案件的撤销，也不改变案件本身的裁判内容。如果对丧失指导价值的案例不予以废止，就难以对其指导效力的丧失进行明确的宣告，不利于指导执法办案工作。在法律、司法解释未作修改的情况下，这种必要性就更为明显。

除了上述操作程序等制度"主干"外，完整的案例指导制度还应当包括必要的配套机制：

一是建立完善的案例指导激励机制。案例指导制度的前提是一定数量和较高质量的案例来源。应当建立完善的激励机制,可规定,所办理的案件被最高司法机关确定为指导性案例的,给予办案司法人员表彰和奖励,以调动各级司法机关和广大司法人员的积极性和主观能动性,能够在执法办案中注意深入研究相关法律问题和有关案例,确保案件质量,积极推荐和申报指导性案例。

二是建立案例讲评机制。目前,不少地方司法机关普遍实行了案例讲评等业务分析指导制度,将指导性案例的推荐报送与案例讲评结合起来,有助于提高工作效率,集中集体智慧,促使司法人员增强执法办案的质量意识,夯实案例指导制度的实践基础,促进案例指导工作不断发展。

三是建立顺畅的沟通协调机制。司法机关的案例指导工作事关司法工作全局,也涉及与其他机关的关系。因此,最高司法机关在开展案例指导工作中,应当加强相互之间及与其他机关的沟通协调,防止各自发布的指导性案例发生冲突。为了保证指导性案例的确认发布取得良好效果,必要时应当就拟确认发布的指导性案例征求地方司法机关的意见。

第十二专题
援引法定刑的刑法解释[*]

2015年12月11日,最高人民法院对最高人民检察院提起抗诉的马乐利用未公开信息交易案作出再审终审判决,撤销广东省高级人民法院和深圳市中级人民法院判处马乐"有期徒刑3年,缓刑5年"的原审裁定、判决,认定马乐利用未公开信息交易犯罪"情节特别严重",鉴于其有自首、退赃、认罪悔罪、原判罚金刑已全部履行等情节,予以减轻处罚,改判马乐有期徒刑3年。[1] 这一判决终于为马乐案画上了一个句号。可以说,马乐案在我国刑事司法史上开创了若干个第一:第一个由三级检察机关接力抗诉的经济犯罪案件;第一个由最高人民检察院向最高人民法院仅就刑法法条适用问题提出抗诉的案件;第一个由最高人民法院开庭审理、最高人民检察院派员出庭履行职务的刑事抗诉案件。本案缘何引起最高司法机关的如此重视,其抗诉价值、法律意义何在?

---

[*] 本文发表于《法学研究》2016年第1期,《人民检察》2016年第4期转载。
[1] 最高人民法院(2015)刑抗字第1号刑事判决书。

一、争议焦点与问题的提出

（一）基本案情

2011年3月至2013年5月，马乐在担任博时精选股票证券投资基金经理期间，掌握了博时精选股票证券投资基金交易的标的股票、交易时点和交易数量等未公开信息。马乐利用上述未公开信息，操作自己控制的三个股票账户，通过不记名神州行电话卡下单，先于、同期或稍晚于其管理的基金账户，买入或卖出相同股票76只，累计成交额人民币10.5亿余元，非法获利人民币1912万余元。马乐这一行为就是业内人士所说的"老鼠仓"。

（二）诉讼经过和争议焦点

2013年12月26日，深圳市人民检察院向深圳市中级人民法院提起公诉，指控被告人马乐犯利用未公开信息交易罪，情节特别严重。2014年3月24日，深圳市中级人民法院作出一审判决，认定马乐构成利用未公开信息交易罪，刑法第一百八十条第四款并未对利用未公开信息交易罪情节特别严重作出相关规定，马乐属于犯罪情节严重，由于具有自首、退赃、认罪态度良好、罚金能全额缴纳等可以从轻处罚情节，判处有期徒刑3年，缓刑5年，并处罚金1884万元，同时对其违法所得1883万余元予以追缴。

深圳市人民检察院于2014年4月4日向广东省高级人民法院提出抗诉，认为被告人马乐的行为应当认定为犯罪情节特别严重，依照"情节特别严重"的量刑档次处罚；马乐的行为不属于退赃，应当认定为司法机关追赃。一审判决适用法律错误，量刑明显不当，应当依法改判。2014年8月28日，广东省人民检察院决定支持抗诉，认为一审判决认定情节错误，导致量刑不当，应当依法纠正。

广东省高级人民法院于2014年10月20日作出终审裁定，认为刑法第一百八十条第四款并未对利用未公开信息交易罪规定有"情节特别严重"情形，马乐的行为属"情节严重"，应在该量刑幅度内判处刑罚，广东省人民检察院抗诉提出马乐的行为应认定为"情节特别严重"缺乏法律依据，驳回抗诉，维持原判。广东省人民检察院认为终审裁定错误理解法律规定，导致认定情节错误，适用缓刑不当，于2014年11月27日提请最高人民检察院抗诉。

2014年12月8日，最高人民检察院检察委员会讨论决定，按审判监督程序向最高人民法院提出抗诉，认为本案终审裁定以刑法第一百八十条第四款并未对利用未公开信息交易罪有"情节特别严重"规定为由，对此情形不作认定，降格评价被告人的犯罪行为，属于适用法律确有错误，导致量刑不当，并对类似案件及法律适用有重大误导，应当依法纠正。

2015年7月8日，最高人民法院在第一巡回法庭公开开庭审理该案，最高人民检察院派员出庭履行职务，当庭发表的主要抗诉理由是：第一，刑法第一百八十条第四款属于援引法定刑的情形，应当引用第一款的全部规定。刑法第一百八十条第四款中的"情节严重"是入罪标准，在处罚上应当依照本条第一款的全部罚则处罚，即区分情形依照第一款的"情节严重"和"情节特别严重"两个量刑档次处罚。第二，利用未公开信息交易罪与内幕交易、泄露内幕信息罪的违法和责任程度相当，法定刑亦应相当。两罪的主要差别在于信息范围不同，其通过信息的未公开性和价格影响性获利的本质相同，均严重破坏金融管理秩序，损害公众投资者利益。刑法将两罪放在第一百八十条中分两款予以规定，亦是对两罪违法和责任程度相当的确认。第三，马乐的行为应当认定为"情节特别严重"，对其适用缓刑明显不当。马乐利用未公开信息进行交易活动，累计成交额和非法获利额特别巨大，显然属于"情节特别严重"，应当在"五年以上十年以下有期徒刑"的幅度内量刑。虽有自首情节，但适用缓刑无法体现罪责刑相适应，无法实现惩罚犯罪和预防犯罪的目的，量刑明显不当。第四，正确理解和适用本案所涉法律问题，对明确同类案件的处理，对同类从业人员犯罪的处罚具有重要指导作用，对于加大打击"老鼠仓"等严重破坏金融管理秩序的行为，保障资本市场健康发展，维护社会主义市场经济秩序具有重要的意义。

马乐案辩方的主要辩护理由是，原审裁判认为刑法第一百八十条第四款对利用未公开信息交易罪没有规定"情节特别严重"这一理解是正确的。第一，利用未公开信息交易罪是情节犯，"情节严重"是入罪标准，但同时也是量刑的依据，该罪只有一个量刑标准即情节严重。情节严重和情节特别严重是并列关系，把"情节严重"理解为包含情节严重和情节特别严重两档，会出现刑法语义的混乱。该罪立案追诉标准只规定了情节严重，而没有情节特别严重，相关司法解释也没有规定本罪有情节特别严重。第二，在对刑法第一百八十条第四款是否包含了第一款的情节特别严重存在争议的情况下，应当采纳有利于被告人的解释。第三，利用未公开信息交易罪和内幕交易、泄露内幕信息罪在信息范围和危害程度等方面存在重大差异，内幕交易对股票市场价格必然造成直接重大影响，利用未公开信息交易对股票价格影响小，信息重要性低，可能不会造成危害，只有一个量刑档次符合罪刑相适应。第四，司法实践中，

第十二专题　援引法定刑的刑法解释

没有任何一个判决认定情节特别严重,如果支持抗诉,可能导致原先已经产生既判效力的判决都产生错误的后果,动摇判决稳定性。

可见,该案一审、二审和再审,诉辩审三方的争议焦点是,如何理解刑法第一百八十条第四款援引第一款法定刑的问题。

(三) 问题的提出

我国刑法分则"罪状+法定刑"的立法模式决定了在性质相近、危害相当罪名的法条规范上,基本采用援引法定刑的立法技术。其中绝大多数表述是明确的,司法实践中一般不会产生歧义。但由于有的法条罪状表述的特殊性,容易产生如刑法第一百八十条第四款援引法定刑是全部援引还是部分援引的争议。事实上,在马乐案之前,已经有多个判决认为该款只是对第一款的部分援引。[1] 追根溯源,我们还得回到原点,看看刑法的规定。刑法第一百八十条第一款规定:"证券、期货交易内幕信息的知情人员或者非法获取证券、期货交易内幕信息的人员,在涉及证券的发行,证券、期货交易或者其他对证券、期货交易价格有重大影响的信息尚未公开前,买入或者卖出该证券,或者从事与该内幕信息有关的期货交易,或者泄露该信息,或者明示、暗示他人从事上述交易活动,情节严重的,处五年以下有期徒刑或者拘役,并处或者单处违法所得一倍以上五倍以下罚金;情节特别严重的,处五年以上十年以下有期徒

---

[1] 如苏竞利用未公开信息交易案,苏竞利用未公开信息先于或者同期于其管理的基金买入或者卖出相同股票130只,累计交易金额7.33亿余元,获利3652万余元。上海市第一中级人民法院以利用未公开信息交易罪,判处被告人苏竞有期徒刑二年六个月,并处罚金人民币3700万元;冻结在案的银行户名为"王某"的账户内的全部资金予以追缴,其余违法所得责令被告人苏竞退赔。参见上海市第一中级人民法院 (2014) 沪一中刑初字第113号刑事判决书。

刑，并处违法所得一倍以上五倍以下罚金。"第四款规定："证券交易所、期货交易所、证券公司、期货经纪公司、基金管理公司、商业银行、保险公司等金融机构的从业人员以及有关监管部门或者行业协会的工作人员，利用因职务便利获取的内幕信息以外的其他未公开的信息，违反规定，从事与该信息相关的证券、期货交易活动，或者明示、暗示他人从事相关交易活动，情节严重的，依照第一款的规定处罚。"争议点就在于，刑法第一百八十条第四款规定"情节严重的，依照第一款的规定处罚"是全部依照第一款"情节严重"和"情节特别严重"两个量刑档次处罚，还是仅有"情节严重"一个量刑档次？即是全部援引还是部分援引？这不仅是一个刑法解释的重大理论问题，也是困扰司法界的一个重大争议问题。事实上，马乐案一、二审宣判后舆论反响强烈，但普遍的认识是量刑畸轻。深圳市中级人民法院和广东省高级人民法院的判决无法取得公众认同和检察支持这一局面的症结何在？这主要涉及刑法解释方法的运用问题。

任何一部刑法典都不可能将社会生活中所有的复杂问题"一网打尽"，刑事司法应当探究法律的意义和精神。早期的刑法观念认为，司法人员仅是"宣告及说出法律的嘴巴而已"，是一种无意志的生物，其权力"在某种形式上等于零"。[1] 但是，人们很快发现，法律适用离不开司法办案人员的创造性解释活动。"法律人的技艺，就是论证。"[2] 刑法解释属于法律人"技艺"的核心内容。刑法解释是对刑法条文含义的阐释，

---

[1] [德] 阿图尔·考夫曼：《法律哲学（第二版）》，刘幸义等译，法律出版社2011年版，第60页。

[2] [德] 英格博格·普珀：《法学思维小课堂》，蔡圣伟译，北京大学出版社2011年版，第1页。

第十二专题　援引法定刑的刑法解释

是从"纸面上的刑法"到"生活中的刑法"的重要一环,[1] 是连接刑法条文与刑事案件裁量的桥梁,"法官或学者往往将这整个适用法律的过程或法律推理过程概括为法律解释",[2] 归根结底,对刑法第一百八十条第四款援引法定刑理解的争议就是法律适用过程中的刑法解释问题。[3] 因此,综合运用多种刑法解释方法对援引法定刑的适用问题进行深入研究,保证刑法解释得出的结论既不违背罪刑法定原则的精神,又符合罪刑相适应原则的要求,从而使法律得到统一正确实施,这是一个具有重要指导意义的问题。

二、文义解释与援引法定刑

在马乐案中,对利用未公开信息交易罪的援引法定刑的分歧,首先来自对法条文义的不同理解。"在一般情况下,语义解释当然是优先考虑的。"[4] 通过分析法条语言文字及其逻辑结构来准确把握法条的含义,是正确适用法律的前提。

(一) 从文义上看刑法第一百八十条第四款"情节严重"的表述并不排斥全部援引法定刑

刑法第一百八十条第四款和第一款都有"情节严重"的规

---

[1] 蒋熙辉:《刑法解释限度论》,载《法学研究》2005年第4期。
[2] 苏力:《解释的难题:对几种法律文本解释方法的追问》,载《中国社会科学》1997年第4期。
[3] 一般认为,法律解释有狭义和广义之分,狭义的法律解释是指特定主体根据法律的授权性规定而对法律所做的解释,是法律效力层面的解释,包括立法解释、司法解释和行政解释。广义的法律解释是指社会主体对法律的规定和含义所作的理解与说明,是法律思维层面的解释,包括法官、检察官、律师、学者以及一般公民在法律适用过程中对于法律的理解和说明。本文采用广义上的法律解释的含义,就刑法适用过程中的条文理解问题进行探讨。
[4] 陈兴良:《案例刑法学》,中国人民大学出版社2008年版,第65页。

定,形式上两者文字表述一模一样,但实质上两者的含义一模一样吗?众所周知,我国刑法中的"情节严重"在不同情形下有三种理解:第一种是定罪条件;第二种是刑罚条件;第三种是定罪+刑罚条件。从文义上分析,刑法第一百八十条第一款中"情节严重"既是内幕交易罪、泄露内幕信息罪的犯罪构成要件,表示该罪是情节犯;又是适用第一档法定刑的前提(即内幕交易、泄露内幕信息情节严重的,"处五年以下有期徒刑或者拘役")。而该条第四款利用未公开信息交易罪,则采用了援引前款法定刑的立法技术,前段关于犯罪构成的规定与第一款相同,在描述行为方式后,规定"情节严重"为犯罪构成要件,明确该罪情节犯的属性,排除将情节未达到严重程度的行为作为处罚对象,因此,这里的"情节严重"后并未规定明确的法定刑,主要起的是限定处罚范围的"提示作用",是定罪条件,并不能认为其对"情节特别严重"情形的量刑问题也同时进行了规范。在刑法第一百八十条第四款后段关于法定刑适用的规定中,"情节严重"不可能约束情节特别严重情形的量刑,因为法条中采用援引的方式规定"依照第一款的规定处罚"。因此,刑法第一百八十条第四款"情节严重"的文义具有限定处罚范围的作用,这主要是因为利用未公开信息交易的行为总共存在三种情形:一是情节不严重;二是情节严重;三是情节特别严重。对第一种情形当然不得以犯罪论处;对第二、三种情形应当分别选择内幕交易、泄露内幕信息罪的基本法定刑与升格法定刑。[1] 因此,刑法第一百八十条第四款中,"情节严重"作为入罪标准,其作用是避免将"情节不严重"的情形也入罪,而非对量刑档次的限缩,有"举重以明轻"的

---

[1] 张明楷:《论援引法定刑的适用》,载《人民法院报》2014年11月12日第6版。

作用——刑法仅处罚重的行为,而不处罚未达到情节严重程度的轻行为;刑法第一百八十条第四款对第一款法定刑为全部援引而非部分援引,即其同时存在"情节严重""情节特别严重"两种情形和两个量刑档次。

更进一步从文义上分析,刑法第一百八十条第四款的表述方式有立法技术上的特殊考虑。援引法定刑立法的主旨是减少法条的重复表述,使法条更简洁,富有美感,不至于太烦琐、拖沓。尤其是,第四款是2009年第十一届全国人民代表大会常务委员会第七次会议通过的《刑法修正案(七)》新增的,采用目前这种表述方式更具有合理性。换言之,在刑法分则条文采用援引法定刑时,只要就基本构成要件作出表述即可,没有必要同时表述基本构成要件与加重构成要件,否则就无法达到减少法条表述的目的。但是,法条文字减少并不意味着立法者的核心意思不清晰。在刑法第一百八十条第四款中,简洁流畅的援引法定刑规定的题中应有之义是对该条第一款全部处罚规定的援引。

(二)从语法结构分析刑法第一百八十条第四款是对第一款法定刑的全部援引

尽管刑法第一百八十条第四款条文内容很长,但在语法上还是非常典型的"主谓宾结构",即"证券交易所、期货交易所、证券公司、期货经纪公司、基金管理公司、商业银行、保险公司等金融机构的从业人员以及有关监管部门或者行业协会的工作人员,利用因职务便利获取的内幕信息以外的其他未公开的信息,违反规定,从事与该信息相关的证券、期货交易活动,或者明示、暗示他人从事相关交易活动,情节严重的"整体构成主语,意指利用未公开信息交易犯罪;"依照……处罚"

构成谓语;"第一款的规定"构成宾语。[1] 从这个语法结构分析来看,第四款援引的应当是第一款的全部量刑规定,而非对利用未公开信息交易罪情节特别严重的情形也仅适用刑法第一百八十条第一款情节严重的处罚规定,因为刑法第一百八十条第四款在其处罚规定中,明确规定"依照第一款的规定处罚",而并未使用"依照第一款'情节严重'的量刑规定处罚"的表述。

其实,我国刑法中所规定的一些相关条文,也可以反证前述部分援引观点的不足之处。比如刑法第三百条第一款规定的组织、利用会道门、邪教组织、利用迷信破坏法律实施罪,分为破坏法律实施一般情节、"情节较轻"、"情节特别严重"三个量刑幅度。该条第二款规定的组织、利用会道门、邪教组织、利用迷信致人重伤、死亡罪则规定,组织、利用会道门、邪教组织或者利用迷信蒙骗他人,致人重伤、死亡的,依照前款的规定处罚。如果按照上述部分援引的观点,那么"致人重伤、死亡"就是量刑条款,但因前款中无"致人重伤、死亡"的表述,此时将面临无法适用前款任何一个量刑幅度的局面。因此,这一情节只能是定罪条件,即"组织、利用会道门、邪教组织或者利用迷信蒙骗他人,致人重伤、死亡"是一个基本的犯罪行为,援引前款法定刑也是全部援引。如此一来,才符合罪刑相适应的基本原则,也不会出现无法适用前款进行量刑的困局。

三、体系解释与援引法定刑

体系解释是要将个别的法律观念放到整个法律秩序中去考

---

[1] 谢杰:《利用未公开信息交易罪量刑情节的刑法解释与实践适用——"老鼠仓"抗诉案引发的资本市场犯罪司法解释反思》,载《政治与法律》2015年第7期。

第十二专题 援引法定刑的刑法解释

察规范的内在关联。体系解释包括四方面：(1) 无矛盾的要求；(2) 不赘言的要求（明确规范的适用范围，避免使某些规范成为多余的规定）；(3) 完整性要求（通过解释排除法律漏洞）；(4) 体系秩序的要求（法律规定的编排都是有意义的）。[1] 体系解释之所以重要，是因为刑法要对国民及司法人员的行为提供指示，其必须体系性地加以理解，不能有内在矛盾，才能得到一体遵守和执行。体系解释虽然超越刑法文本词语通常的字面含义，但仍然是依据刑法文本本身对特定刑法词语含义进行解释，属于从客观上理解刑法，因而无疑是论理解释的首选方法。[2]

刑法第一百八十条第四款属于援引法定刑的情形，援引作为立法技术，其重要作用就是通过引用其他条文减少本法条的重复表述。由于涉及被援引的条文，甚至可能涉及除援引条文和被援引条文外的其他条文，要正确理解援引条文，就应当运用体系解释的方法，从整个法律体系中"将需要解释的法律条文与其他法律条文联系起来，按照逻辑规则，从该法律条文与其他法律条文的关系、该法律条文在所属法律文件中的地位、有关法律规范与法律制度的联系等方面入手，系统全面地分析该法律条文的含义和内容，以免孤立地、片面地理解该法律条文的含义"。[3]

在通常的刑法解释中，如果运用文义解释难以得出确定结论，或者其结论难以说服其他解释者时，就会用到体系解释方

---

[1] [德] 英格博格·普珀：《法学思维小课堂》，蔡圣伟译，北京大学出版社 2011 年版，第 56—64 页。

[2] 戚进松：《刑法解释方法的位阶与运用》，载《国家检察官学院学报》2015 年第 4 期。

[3] 葛洪义：《法律方法讲义》，中国人民大学出版社 2009 年版，第 182 页。

法，这是因为每一个法律规范在目的上都与整个法律秩序有关，对法律条文不能作孤立理解。如果解释结论能够得到其他条文的印证，可以通过明确的规定来阐释不明确的规定，故"法律之间相协调是最好的解释方法"。[1] 在同一法律体系中，对法条的解释结论应当是与其他法条无矛盾、不冲突的，即法律不会自相矛盾，这是体系解释的首要要求，[2] 也是进一步将刑法第一百八十条第四款放入整个刑法体系进行印证的积极意义。

（一）从刑法类似规定的文字表述来看，援引法定刑为全部援引有其他刑法条文的印证

综观我国刑法典分则条文，与第一百八十条第一款内幕交易、泄露内幕信息罪和第四款利用未公开信息交易罪法条关系、条文结构、量刑情节配置问题完全相同的，还有刑法第二百八十五条第二款非法获取计算机信息系统数据、非法控制计算机信息系统罪与第三款提供侵入、非法控制计算机信息系统程序、工具罪。对于刑法第二百八十五条第三款提供侵入、非法控制计算机信息系统程序、工具罪的法定刑配置应当部分还是全部依照刑法第二百八十五条第二款非法获取计算机信息系统数据、非法控制计算机信息系统罪的规定处罚，尽管刑法理论并未将之作为问题予以深究，但司法实践中毫无争议地对提供侵入、非法控制计算机信息系统程序、工具罪适用"情节严重"与"情节特别严重"两个量刑档次的法定刑。2011年最高人民法院、最高人民检察院《关于办理危害计算机信息系统

---

[1] 张明楷：《刑法分则的解释原理》（上），中国人民大学出版社2011年版，第55—57页。
[2] [德]英格博格·普珀：《法学思维小学堂》，蔡圣伟译，北京大学出版社2011年版，第56—58页。

安全刑事案件应用法律若干问题的解释》第三条明确规定了刑法第二百八十五条第三款"提供侵入、非法控制计算机信息系统的程序、工具罪"包含有"情节严重""情节特别严重"两个量刑幅度。司法解释的这一规定，表明了最高司法机关对援引法定刑立法例的一贯理解。

（二）从刑法其他条文的反面例证来看，法定刑存在细微差别即无法援引

如我国刑法关于单位犯罪的规定，一般采取援引法定刑的方式表述为"单位犯前款罪的，对单位判处罚金，并对其直接负责的主管人员和其他直接责任人员，依照前款的规定处罚"，前款是指关于个人犯罪的规定。但是，刑法第一百八十条第二款关于内幕交易、泄露内幕信息罪单位犯罪的规定却没有援引前款个人犯罪的法定刑而是单独明确规定"处五年以下有期徒刑或者拘役"，因为第一款规定了"情节严重""情节特别严重"两个量刑档次，而第二款只有一个量刑档次，并且不对"直接负责的主管人员和其他直接责任人员"并处罚金。可见，如果量刑档次限缩，为避免歧义，在立法上根本不会采用援引法定刑的方式，而会作出明确表述。再比如，刑法第一百五十三条"走私普通货物、物品罪"第二款单位犯罪在主刑的量刑档次上与第一款个人犯罪完全相同，同样有"情节严重""情节特别严重"两个加重构成要件和三个不同量刑档次，但是仍然没有采用援引前款法定刑的形式，这是因为与第一款量刑条款相比，第二款仍存在两处不同：一是情节特别严重的，处10年以上有期徒刑而没有无期徒刑；二是对直接负责的主管人员和其他直接责任人员不并处罚金。可见，即使量刑档次一致，仅部分内容发生变化，也不可能采用援引法定刑的方式。

因此，从整个刑法体系的协调性考量，其他刑法条款既有正面印证又有反面例证,都证明了刑法第一百八十条第四款援引法定刑应当是对第一款法定刑的全部援引。

四、目的解释与援引法定刑

立法活动都是有目的的,"目的是刑法的创造者,刑法是国家为了达到特定目的而制定的,刑法的每个条文尤其是规定具体犯罪与法定刑的分则性条文(文本)的产生,都源于一个具体目的"[1]。目的解释,是指根据规范保护目的、具体情境权衡各种解释理由,形成具体的协调规则限制刑法解释上的恣意。目的解释主张在解释刑法过程中,基于法益保护的立场,对刑法根据其客观上可能具有的含义进行严格解释。"在进行目的解释时,需要确定法规的意义和目的,也就是规范的保护目的,并且要将该目的用于确定具体的构成要件要素的含义。"[2] "每一个法律规范,当它们大部分承担着与其他规范一道实现具体的目的,最终补充其他规范这一任务时,在意义上关系到整个法律程序,它们主要是目的性的,所以,体系解释很少可以与目的解释分开。它作为体系解释很大程度上同时又是目的解释。"[3] 因此,在将刑法第一百八十条第四款以体系解释的方法放入整个刑法体系进行考量后,还应当继续考量利用未公开信息交易罪的立法目的,考量其保护的法益。[4]

---

[1] 张明楷:《刑法分则的解释原理》(上),中国人民大学出版社2011年版,第83页。
[2] [德]乌尔斯·金德霍伊泽尔:《刑法总论教科书》,蔡桂生译,北京大学出版社2015年版,第31页。
[3] [德]卡尔·恩吉施:《法律思维导论》,郑永流译,法律出版社2014年版,第92页。
[4] 本文不对主观的目的解释和客观的目的解释进行细分,对两者持包容、并存的态度,并以此态度进行对刑法第一百八十条第四款的解释。

(一) 从利用未公开信息交易罪的立法目的分析

2009年2月28日全国人大常委会通过的《刑法修正案(七)》在刑法第一百八十条增加一款"利用未公开信息交易罪"。1997年刑法根据当时证券市场的发展状况和犯罪形势,在第一百八十条规定了内幕交易、泄露内幕信息罪。但是由于证券法将内幕信息限定于与上市公司有关的信息(如上市公司增资配股、重大投资、重要经营行为等),导致内幕交易、泄露内幕信息罪无法规制后来市场上出现的大量利用内幕信息以外的其他未公开信息(与证券、期货交易有关的信息,如基金公司、证券公司等即将建仓、出仓的信息等)交易的行为。相关从业人员利用职务便利获取以上信息,利用公众投入基金的资金或者证券、期货公司的自营资金抬高证券、期货价格,通过提前(同期或稍晚于)买入或卖出相同标的搭便车获利。这类行为在金融行业内多发的现状促使立法机关认识到"这种被称为'老鼠仓'的行为,严重破坏金融管理秩序,损害公众投资者利益,应当作为犯罪追究刑事责任",[1] 因此在《刑法修正案(七)》增加了利用未公开信息交易罪。可见,利用未公开信息交易罪和内幕交易、泄露内幕信息罪的差别仅仅在于信息范围存在差异,其通过信息的未公开性和价格影响性获利的本质相同,均损害了相关投资者的合法利益和证券、期货市场公平公正的交易秩序,都对金融市场的长远健康发展造成严重破坏,《刑法修正案(七)》将两罪一并放在第一百八十条分两款予以规定亦是对两罪不法和责任程度相当的认可。最高人民检察院在对马乐利用未公开信息交易案提出抗诉时,曾就刑

---

[1] 时任全国人大常委会法制工作委员会主任李适时:《关于〈中华人民共和国刑法修正案案(七)草案〉的说明——2008年8月25日在第十一届全国人民代表大会常务委员会第四次会议上》。

法第一百八十条第四款的理解征求全国人大法工委意见，全国人大法工委复函同意最高人民检察院的意见。可见，对两罪法定刑相同的理解是符合立法目的的。从目的解释的角度看，如果不能全部援引法定刑，就达不到全面、有效地保护法益的目的，会人为地形成处罚漏洞，放纵犯罪。

实际上，在美国、英国、德国等资本市场发达国家，立法上也没有区分内幕信息和未公开信息，对利用这类信息交易的行为一般都作为内幕交易或证券欺诈犯罪予以规定。例如美国通过1933年《证券法》第十七条、第二十四条，1934年《证券交易法》第十条（b）款、第三十二条（a）款，1988年《内幕交易与证券欺诈执行法》、美国证券交易委员会（SEC）根据1934年《证券交易法》授权制定的10b-5规则和14e-3规则等规定，将证券市场上不实陈述、欺诈或欺骗、利用实质性未公开的收购信息买卖公司股份等行为都界定为内幕交易或者证券欺诈行为，最高可处对个人不超过500万美元（对单位不超过2000万美元）的罚金和不超过20年监禁的刑事处罚。

（二）从两罪的行为性质和侵害对象分析

"刑法整体目的的易变性很小，在任何时候，都可以将刑法目的归纳为保护法益。"[1] 从行为性质的角度而言，两罪的本质都是通过信息的未公开性和价格影响性获利，其侵害的法益相同；从法益保护的角度而言，对两罪适用相同的法定刑，平等保护金融管理秩序和公众投资者利益才能真正实现刑法规范保护目的。一方面，两罪的行为性质决定了其行为均侵害了市场公平交易秩序和公众投资者利益。股票是股份公司的所有权凭证，每股股票都代表着对公司资产一个基本单位的所有

---

[1] 张明楷：《刑法分则的解释原理》（上），中国人民大学出版社2011年版，第85页。

权，股票的市场价格根本上体现的就是公司的资产价值，因此，公司本身经营业绩的好坏或公司资产的变化会当然、直接地影响股票的市场价格。内幕信息就是与上市公司有关的增资配股、重大投资、重要经营行为等信息，这些信息正是决定、影响公司经营业绩和公司资产的重大信息，内幕交易往往利用获取的内幕信息在信息公开前提前买入、信息公开后适时卖出股票谋取利益或在信息公开前提前卖出股票避免损失。而另一方面，股票作为资产凭证上市进入证券交易市场后，作为交易标的，其价格必然受到市场供求关系的影响，如果有大量买入或卖出的市场交易，当然也会影响股票价格涨跌。未公开信息正是与证券交易相关的信息，而且往往是基金公司、证券公司的大额交易信息，这些信息正是二级市场上影响股票价格的另外一类重大信息。利用未公开信息交易就是利用获取的未公开信息在大额公众资金买入前低价买入股票，在大额公众资金买入、股价拉升后高价卖出股票获利，或者在大额公众资金卖出前卖出股票避免损失的行为。而对于市场上的其他投资者而言，在内幕信息或其他未公开信息未公开前他们无从获知相关信息，并且许多未公开信息作为基金公司、证券公司的商业秘密根本不予公开，自然也就不可能根据信息作出相应的投资决定获利或避免风险，如有人利用了这些没有公开的信息违规交易，则信息的不对称导致了交易的不公平，侵害了证券市场公平交易秩序；证券市场作为一个大的资金池，资金的流动是双向的，有人利用了以上信息获利，必然也有人相应地遭受了损失，这些受损失的人就是证券市场上没有获得相应内幕信息或未公开信息的其他投资者。所以说，虽然两罪在信息的范围上有所不同，但是其相似的交易原理和获利模式决定了其行为性质相同、侵害的客体相同，均侵害了市场公平交易秩序和公众投资者利益，其社会危害性相当。那么，基于法益保护的平等性，对两罪设置相同的法定刑亦理所应当。

需要注意，内幕交易犯罪侵害了市场公平交易秩序和公众投资者利益，而利用未公开信息交易犯罪不仅侵害了市场公平交易秩序和公众投资者利益这一法益，而且还有背信的一面，其对法益的侵害与内幕交易罪相比有过之而无不及。自2009年2月28日全国人大常委会通过《刑法修正案（七）》增设利用未公开信息交易罪至2014年底，全国检察机关公诉部门共受理利用未公开信息交易案件16件26人，起诉12件18人，均为基金经理"老鼠仓"案件，犯罪手段基本一致，即基金经理利用职务便利获取基金投资股票的名称、数量、价格、盈利预期以及买卖时点等未公开信息，假借他人名义，由本人或其亲属、朋友、关系人，先行、同期或稍晚于基金以低价买入股票，用客户资金将股价拉升到高位后自己率先卖出股票牟取非法利益。就交易关系而言，基金份额持有人抱持高度的信任将自有资金交付基金公司代为投资理财，进行"老鼠仓"犯罪的基金经理违背了委托投资人给予的高度信任，违背了对委托投资人所负有的忠实和诚信义务，利用客户资金为个人利益"抬轿"，其投资决策罔顾客户利益和基金公司声誉，还侵害了基金份额持有人和基金公司的利益，在法益侵害性上具有背信犯罪的特征。而我国刑法并不会将背信犯罪作为轻罪看待，例如，第一百六十九条之一"背信损害上市公司利益罪"和第一百八十五条之一"背信运用受托财产罪"，在量刑上也都有两个档次，显然属于重罪。两相对照，将具有背信性质的利用未公开信息交易犯罪视作只有一个量刑幅度的轻罪，明显是不合适的。

(三) 从两罪的操作模式和市场影响分析

有观点认为与内幕交易相比,利用未公开信息交易属于搭便车获利,对股票价格影响较小,危害性较低,法定刑降档是合理的。这种观点没有深入研究证券交易行为经济学原理和"老鼠仓"行为的实质危害性,实际上从操作模式和市场影响来看,利用未公开信息交易的危害性均不小于内幕交易,法定刑相当才真正实现了法益保护之平等。第一,从操作模式来看,利用未公开信息交易往往长期操作多只股票搭便车谋利,比起内幕交易利用"特定的未公开信息"赚一笔,影响的股票更多,持续的时间更长,对市场交易秩序的破坏更持久,从实质危害性衡量,两罪法定刑相当完全合理。例如,分别选取在证券市场具有较大影响的内幕交易和利用未公开信息交易典型案件进行对比:(1) 李启红等10人内幕交易、泄露内幕信息案。2007年5月至2007年8月,广东中山市原市长李启红利用其因职务便利获悉的将公用集团公司优质资产注入上市公司公用科技公司并实现公用集团整体上市的内幕信息,由其丈夫、弟弟、弟媳等人在信息公开前低价买入"公用科技"股票,买入资金669万余元,信息公开后连续14个涨停卖出股票获利1983万余元。[1] (2) 黄光裕内幕交易、泄露内幕信息案。黄光裕分别于2007年4月和七八月利用了中关村上市公司拟与鹏泰公司进行资产置换和拟收购鹏润控股公司全部股权进行重组的内幕信息,在信息公开前指使他人购入中关村股票,成交额分别为9310万余元和13.22亿余元,信息公开后卖出股票,账面收益分别为348万余元和3.06亿余元。[2] (3) 马乐利用未

---

[1] 广东省广州市中级人民法院(2011)刑二初字第67号刑事判决书。
[2] 最高人民法院2012年5月22日公布的内幕交易犯罪典型案例,北京市第二中级人民法院(2010)二中刑初字第689号刑事判决书。

公开信息交易案。从 2011 年 3 月至 2013 年 5 月，马乐先于、同期或者稍晚于基金买入或卖出相同股票 76 只，累计成交额人民币 10.5 亿余元，非法获利人民币 1912 万余元。以上均是近年来我国证券市场上非常具有代表性的案例，这些案例体现了这两类犯罪在操作模式上的典型特征，都是利用信息的未公开性和价格影响性谋利。在总成交金额上，由于利用未公开信息交易的长期交易特性，往往其累计成交额更高；在非法获利上两罪不相上下。综合考虑以上因素，两罪在危害性上实际相当，考虑操作的股票数量和总成交金额因素，一定程度上利用未公开信息交易危害性更甚。据统计，自设立利用未公开信息交易罪以来，中国证监会已移送司法机关此类案件 44 起，平均涉案股票 98 只，平均交易额 5.75 亿元，平均非法所得为 1174 万元，其危害性之大，可见一斑。而在实际量刑上，李启红被判处有期徒刑 6 年 6 个月，并处罚金人民币 2000 万元；黄光裕被判处有期徒刑 9 年，并处罚金人民币 6 亿元；亦有诸多内幕交易案件中的被告人被判处 5 年以上有期徒刑。而马乐原审判决被判处有期徒刑 3 年，缓期 5 年，并处罚金人民币 1884 万元；[1] 苏竞被判处有期徒刑 2 年 6 个月，并处罚金人民币 3700 万元。至今为止量刑最重的利用未公开信息交易案件被告人为李旭利，被判处有期徒刑 4 年，并处罚金人民币 1800 万元。[2] 据统计，迄今为止，所有已经判决的利用未公开信息交易案件，除韩刚案[3] 外均达到了内幕交易、泄露内幕信息罪

---

[1] 广东省高级人民法院（2014）粤高法刑二终字第 137 号刑事裁定书。
[2] 上海市高级人民法院（2013）沪高刑终字第 5 号刑事裁定书。
[3] 韩刚利用未公开信息交易案，2009 年 1 月至 8 月期间，韩刚利用其基金经理职务便利获得的非公开信息，与其妻史某、其母李某共同操作其亲属账户，先于或同步于其管理的基金多次买卖相同股票共 15 只，成交金额 247 万余元，非法获利 30 万余元。参见广东省深圳市福田区人民法院（2011）深福法刑初字第 49 号刑事判决书。

"情节特别严重"的标准，但是却均在5年以下有期徒刑量刑，并有多人适用缓刑。两类危害性相当、犯罪数额相当的犯罪，在量刑上后者却明显降档低于前者，这种错误的法律适用，不仅没有实现刑法惩罚和预防犯罪的目的，反而使利用未公开信息交易犯罪成为低风险、高收益的代名词，一定程度上纵容了该类犯罪的猖獗。

第二，从对市场价格的影响来看，内幕信息和未公开信息对单只股票价格影响的大小是不确定的，受到某只股票发行量的大小、信息的重要性程度、市场对信息的反映程度、某只基金入市资金的规模等多种因素的影响，甚至基金经理操作手法和风格都会影响市场的不同反映。因此，同样是内幕信息或未公开信息，也有可能对这只股票影响巨大，对那只股票影响就不大；有可能对这只股票是内幕信息影响更大，对那只股票是未公开信息影响更大。因此，从这一角度看，两种信息的价格影响力是相当的，并无绝对的高下；而对于价格的市场影响最终体现在成交额与获利额的对比上，大量案例也表明利用两种信息进行交易的犯罪，其成交额与获利额之间并无明显的规律性，而是因各种市场因素的影响各有高低。例如，同样是利用未公开信息交易，郑拓案成交额4638万余元，非法获利1242万余元;[1] 季敏波案成交额5460万余元，非法获利仅53万余元;[2] 而同样是内幕交易，黄光裕案中成交额9310万余元的一笔，非法获利仅为348万余元；而杜兰库案中，成交额96万余元的一笔非法获利就达173万余元[3]。可见，内幕交易对

---

〔1〕 上海市第一中级人民法院（2013）沪一中刑初字第3号刑事判决书。
〔2〕 重庆市第一中级人民法院（2012）渝一中法刑初字第00212号刑事判决书。
〔3〕 最高人民法院2012年5月22日公布的内幕交易犯罪典型案例之一，参见江苏省无锡市中级人民法院（2011）锡刑二初字第0002号刑事判决书。

市场价格影响大、危害性大,而利用未公开信息交易对市场价格影响小、危害性小的说法,在市场分析和实证案例面前是无法成立的。两种犯罪行为对于市场价格的影响取决于复杂的市场因素,在不断变化的市场中各有高低大小,其危害性大致相当,亦无大小之分。

上述分析表明,利用未公开信息交易罪之所以要视情形全面援引内幕交易、泄露内幕信息罪的两档法定刑,是因为两罪的客观危害和主观恶性都相当,具备援引的基础,如果只截取情节严重部分的法定刑进行援引,势必违反罪刑法定、罪刑相适应原则,使规范目的落空。

如果上述两个罪名比较专业,容易存在认识分歧,刑法分则还有一些比较简单的例子。比如刑法第一百六十八条第一款规定的国有公司、企业人员失职罪和国有公司、企业人员滥用职权罪,有两个量刑档次,其中致使国家利益遭受重大损失的,处3年以下有期徒刑或者拘役;致使国家利益遭受特别重大损失的,处3年以上7年以下有期徒刑。而该条第二款同样是刑法修正案增加的,规定国有事业单位的工作人员有前款行为,致使国家利益遭受重大损失的,依照前款的规定处罚。前后两款在主体、行为模式上没有什么差异,如果对第二款的援引法定刑解释为,无论危害后果如何,只能适用第一款第一个量刑档次,显然违背了罪刑相适应原则,是错误的。

因此,依据刑法目的解释方法,遵循刑罚的基本原理和罪刑相适应原则来分析,援引法定刑应当引用其他罪名或条文所规定的全部量刑规定。基于同一原理和原则,对于援引和被援引的两个罪名,如果其中一个罪名具体的量刑标准尚未有司法解释时,应当参照适用另一个罪名量刑标准的司法解释。因此,目前虽然没有关于利用未公开信息交易罪"情节特别严重"认定标准的司法解释，但鉴于刑法规定利用未公开性信息交易罪是依照内幕交易、泄露内幕信息罪的规定处罚，在司法实践中应当参照最高人民法院、最高人民检察院《关于办理内幕交易、泄露内幕信息刑事案件具体应用法律若干问题的解释》对内幕交易、泄露内幕信息罪"情节特别严重"的规定执行。

五、存疑时有利于被告与刑法解释的关系

前述马乐案的辩护理由之一是，在对刑法第一百八十条第四款只写明了情节严重适用第一款法定刑，对于情节特别严重的情形如何处刑并未予以明确，在其是否包含了第一款的情节特别严重情形存在争议的情况下，应当采纳有利于被告人的解释。这就涉及"存疑时有利于被告"原则的射程或适用范围的问题。

有观点认为，存疑有利于被告人原则，既适用于事实认定又适用于法律适用。在事实认定并无疑问，但刑法适用出现难以解决的疑难问题时，也应当作出有利于被告人的选择。其主要理由是：（1）刑法解释并不能解决所有问题，在法律适用上总会有难以解决的疑问；（2）刑法解释出现难以解决的问题，是因为法律规定得不完善，这一后果应当由国家承担，不能转嫁给被告人；（3）法律应当发挥好指引作用，当刑法规范的指引作用不明确的时候，对行为人科处刑罚是不正当的；（4）刑法和刑事诉讼法都有保障人权和维护社会秩序的价值追求，当两者不能协调时，应当按照罪刑法定原则的要求，选择保障人权优先，也就是适用有利于被告人，以

防止司法官擅权，侵犯人权。[1]

笔者认为，上述主张值得商榷，存疑时有利于被告原则只能适用于事实认定有疑问的场合，刑法解释及适用均不能一味追求有利于被告人，当然就不能以存疑时有利于被告人作为认定第一百八十条第四款援引法定刑是部分援引的依据。

（一）存疑时有利于被告原则的射程有限，刑法解释不适用此原则

存疑时有利于被告，有的学者又称其为"怀疑法则"或"罪疑唯轻"（in dubio pro reo），其核心意思是：司法上如果尽其所能也仍然无法排除对关键事实的怀疑时，就应该作出有利于被告人的结论，禁止在刑事程序中运用没有被完全证明的事实对被告人产生不利后果。因此，事实认定清楚无误时，没有存疑时有利于被告原则的适用空间。

存疑时有利于被告原则的射程之所以只能是事实认定，一方面是由于控诉机关与被告人之间力量的悬殊，刑事诉讼中采用无罪推定原则，刑事诉讼由控方承担举证责任，如果控方举证不能达到定罪或者量刑的标准，即对罪与非罪、罪轻与罪重存在合理怀疑时，就应当认定被告人无罪或罪轻。另一方面是由于，证明案件事实是利用证据还原已经发生的事实过程，这是一个非常复杂的认识过程，受人类认识活动的局限性，有时在法定时间内难以查清案件事实甚至永远难以查清，这就会导致"存疑"。同样基于控诉机关与被告人之间力量的悬殊，为保障被告人权利，当事实"存疑"时，控诉机关不能无期限地

---

[1] 上述观点和理由，详见叶良芳：《罪刑法定的司法实现——以刑法解释的正当性为中心》，载《刑法论丛》（2012年第4卷），法律出版社2013年版，第141页；邱兴隆：《有利被告探究——以实体刑法为视角》，载《中国法学》2004年第6期；时延安：《试论存疑有利于被告原则》，载《云南大学学报法学版》2003年第1期。

调查下去，司法程序不能停滞或瘫痪，不能损及被告人的合法权益，因此，必须由法院作出有利于被告人的认定。

与事实认定不同，刑法解释或者适用刑法的过程，则是在事实查清之后，对刑法规范和案件事实之间进行对照比较的过程。不同的解释者可能由于采用的解释方法不同、采用的解释思路不一致以及个人的主观理解不同而产生不同的解释结论，这是再正常不过的现象。但是，产生不同的解释结论并不等同于解释不清。[1]"在疑罪情况下，在对法律规范的解释方面，法院不是选择对被告人最为有利的解释，而是选择正确的解释。"[2] 由于刑法条文不可能绝对明确，都存在解释的问题。而如果一旦存在不同解释，就采用有利于被告人的观点，那么就会像有学者所批评的那样，会导致很多条文都不能适用于被告人，从而使整个刑法体系趋于崩溃的后果，刑法解释更是没有存在的必要。就马乐案来讲，其案件事实清楚，对援引法定刑的疑问实际上是对利用未公开信息交易罪量刑幅度的两种不同观点。此时所需要做的，是判断运用哪种解释方法所得出的结论更为讲得通，而不能简单适用存疑时有利于被告原则作出不可靠的结论。

（二）解释结论对被告人不利与存疑时有利于被告原则不冲突

"刑法要同时实现法益保护与自由保障两个机能，因此，判断解释结论是否合理，要看是否在法益保护与自由保障两方面求得均衡与协调，而不可能在任何场合都作出有利于被告的

---

[1] 段启俊、郑洋：《论存疑时有利于被告人原则不应适用于刑法解释》，载《刑法论丛》（2015年第1卷），法律出版社2015年版，第128页。

[2] [德]汉斯·海因里希·耶赛克、托马斯·魏根特：《德国刑法教科书》，徐久生译，中国法制出版社2001年版，第190页。

解释","我们不能因为自己不愿意深究法律条文或者不善于澄清法律疑点,而在遇到法律疑点时,就来一个'有利于被告'"。[1] 任何刑法解释均应以实现法益保护和人保障权的平衡与协调为出发点,其最直接的要求就是要遵循罪刑法定原则和罪刑相适应原则,而非有利于被告人原则。刑法解释存在疑问时,"关键不在于哪种解释结论有利被告人就予以采纳,而在于何种解释在不超出可能文义的范围内能促进刑法的正义"。[2] 如果对存在争议的法律问题,一律有利于被告人,一律援引"法无明文规定不为罪",就无公平正义可言。这就决定了,解释的结论可能有利于被告人,也可能不利于被告人。"当法律问题有争议时,依一般的法律解释之原则应对被告为不利之决定时,法院亦应从此见解。"[3] 如前所述,由于利用未公开信息交易罪与内幕交易、泄露内幕信息罪对法益的危害相当,如对其量刑幅度只限制于"情节严重"一档,就会片面强调所谓的保障被告人权利,弱化了法益保护,反而曲解了法律的精神,有悖于公平正义的要求。对马乐案的处理,也特别提示司法机关需要准确把握解释结论对被告人不利与存疑时有利于被告原则之间的关系。"在解释法律概念时,是否应该作出对被告有利或不利的解释,绝不是取决于法律效果对于被告有利与否,而是取决于应如何正确地解释所涉及的规范,即取决于对于解释具重要性的观点。正确的解释结果当然可能对被告人不利,但这和罪疑唯轻原则之间没有任何的矛盾,没有在单纯的法律适用不明的情形一定要优先适用较轻的构成要件的

---

[1] 张明楷:《许霆案的刑法学分析》,载《中外法学》2009 年第 1 期。
[2] 苏彩霞:《刑法解释方法的位阶与运用》,载《中国法学》2008 年第 5 期。
[3] 参见[德]克劳思·罗科信:《刑事诉讼法》,吴丽琪译,法律出版社 2003 年版,第 128 页。

道理。"[1]

(三) 法官在事实无疑问时有责任作出"正确"的而不是"有利于被告人"的解释

如果说举证是控诉机关的责任，而利用科学的方法解释刑法、准确适用刑法则是法官的责任。法官要在公平正义理念的指引下，在法律规范和案件事实之间往返：一方面把法典条文文字规定具体化，朝着案件适用的方向去解释出裁判规范；另一方面从案件事实出发，向着法律的方向进行归纳和抽象，看能不能抽象到裁判规范，从而得出准确的结论。[2] 法官如果一遇到法律适用争议，就适用有利于被告人原则，就是失职。而允许在刑法解释中采用有利于被告人原则，实际上是剥夺了法官的刑法解释权。

加强对法官刑法解释活动的制约，防止专断擅权，也不能依靠存疑有利于被告原则，而是要系统地实现程序正当。其中主要是：一要保障程序的参与性，确保受裁判影响的人参与到诉讼中去，就有关刑法解释问题充分表达自己的意见并进行辩论；二要保障法官的中立性，不偏袒任何一方，不对任何一方有歧视或者偏见，认真听取和慎重考虑各方意见；三要保障刑法解释的公开性。法官对刑法解释的方法、理由、依据要在裁判文书中阐述，接受当事人和社会的监督，既保障各方的救济权，又督促自己审慎作出决定。

结束语

通过分析可以看出，无论运用文义解释、体系解释方法，还是适用目的解释方法，其结论都是一致的：我国刑法中相关

---

[1] 蔡圣伟：《论罪疑唯轻原则之本质及其适用》，载《刑事法前沿》（第2卷），中国人民公安大学出版社2005年版，第246页。

[2] 曲新久：《刑法解释的若干问题》，载《国家检察官学院学报》2014年第1期。

条款间的援引法定刑,应当理解为全部援引。刑法第一百八十条第四款的援引法定刑当然也是全部援引。这一结论的得出符合罪刑法定原则所框定的解释限度,也符合罪刑相适应原则的基本要求。罪刑法定并不意味着仅能对刑法条文进行囿于文本和字面的机械理解,并不意味着仅仅根据文字表面含义就可以发现刑法的全部真实内涵。正确理解适用刑法条文应当以文义解释为起点,不超出刑法的文义射程,综合运用体系解释、目的解释等多种解释方法,从整个法律体系中把握立法目的、平衡法益保护,"通过解释法律展示刑事政策和'司法的智慧'",[1]追寻真正的正义。

司法办案就是生产"公平正义"这一公共服务产品,公正始终是司法的生命线,这就要求我们必然要以公正为价值追求来解释法律、适用法律。"人们对于正义存在不同的理解,但大体可以肯定的是,正义的基本要求是,对于相同的案件必须得到相同的或者至少是相似的处理,只要这些案件按照普遍的正义标准在事实上是相同的或者相似的。换言之,对于相同的事项应相同处理,对于不同的事项应不同处理,是正义的基本要求。所以,使刑法条文之间保持协调,使相同的犯罪得到相同的处理,就是正义的;否则就是非正义的。"[2] 2015年12月11日最高人民法院的再审终审判决为马乐案画上了一个句号,但此案留给人们的思索将不会停止,特别是对统一法律适用在推进依法治国、提高司法公信力方面作用的认识将会不断深入。

(一)对马乐案的法律适用问题产生认识分歧的原因

法律适用不统一是司法实践中经常遇到的问题,原因复

---

[1] 周光权:《刑法解释方法位阶性的质疑》,载《法学研究》2014年第5期。
[2] 张明楷:《注重体系解释 实现刑法正义》,载《法律适用》2005年第2期。

第十二专题 援引法定刑的刑法解释

杂,既有法律规范自身不完善的问题,也有法官或者检察官能力水平不足的问题;既有司法体制内部运行不畅的问题,也有外部不当干预等法治、舆论环境的因素;既有经济社会发展不平衡、矛盾冲突与利益诉求多样化等因素,也有自由裁量权运用不当等司法自身因素。从本案的办理过程看,深圳市中级人民法院、广东省高级人民法院一审、二审均认为刑法第一百八十条第四款没有规定"情节特别严重"情形,对被告人只能在情节严重量刑幅度内判处刑罚。而深圳市人民检察院、广东省人民检察院,直至最高人民检察院均认为刑法第一百八十条第四款的法定刑系全部援引,对被告人应当在情节特别严重量刑幅度内判处刑罚。因此,三级检察院接力抗诉。是法律规定不明确?显然不是,正如最高人民法院审监庭负责人在详解马乐案为何改判及法律适用问题时所说,"从该条款的立法技术看,该条款援引法定刑的目的是为了避免法条文字表述重复,并不属于法律规定不明确的情形"。[1] 笔者认为,相关司法解释的不成体系、相互脱节是导致法律适用不统一的重要原因之一。2009年《刑法修正案(七)》增加了利用未公开信息交易罪;2010年5月7日最高人民检察院、公安部联合下发的《关于公安机关管辖的刑事案件立案追诉标准的规定(二)》第三十五条、第三十六条分别对内幕交易、泄露内幕信息案和利用未公开信息交易案"情节严重"的入罪标准作出了规定,但相应的

---

[1] 王地:《"两高"共同维护了法律的统一正确实施——最高法、最高检有关部门负责人就马乐案答记者问》,载《检察日报》2015年12月12日第2版。

数额是完全相同的;[1] 2012年最高人民法院、最高人民检察院联合发布《关于办理内幕交易、泄露内幕信息刑事案件具体应用法律若干问题的解释》对"情节严重"和"情节特别严重"分别作出了明确规定。但截至目前，除了最高人民法院、最高人民检察院《关于办理危害计算机信息系统安全刑事案件应用法律若干问题的解释》解决了提供侵入、非法控制计算机信息系统的程序、工具罪存在"情节特别严重"这个问题，尚没有司法解释对利用未公开信息交易案件的"情节特别严重"情形进行规定。这可能就是为什么有些人认为利用未公开信息交易案件不存在"情节特别严重"情形的原因，直接导致了在这个问题上适用法律的不统一。司法实践再次表明，司法解释以其及时性、针对性、具体性、可操作性等多种优势，成为司法机关统一适用法律的一种基本手段，司法解释的统一法律适用作用是其他机制所不能替代的。[2]

---

[1]《关于公安机关管辖的刑事案件立案追诉标准的规定（二）》第三十五条关于内幕交易、泄露内幕信息案的立案标准规定，证券、期货交易内幕信息的知情人员、单位或者非法获取证券、期货交易内幕信息的人员、单位，在涉及证券的发行，证券、期货交易或者其他对证券、期货交易价格有重大影响的信息尚未公开前，买入或者卖出该证券，或者从事与该内幕信息有关的期货交易，或者泄露该信息，或者明示、暗示他人从事上述交易活动，涉嫌下列情形之一的，应予立案追诉："（一）证券交易成交额累计在五十万元以上的；（二）期货交易占用保证金数额累计在三十万元以上的；（三）获利或者避免损失数额累计在十五万元以上的；（四）多次进行内幕交易、泄露内幕信息的；（五）其他情节严重的情形。"第三十六条关于利用未公开信息交易案的立案标准规定，证券交易所、期货交易所、证券公司、期货公司、基金管理公司、商业银行、保险公司等金融机构的从业人员以及有关监管部门或者行业协会的工作人员，利用因职务便利获取的内幕信息以外的其他未公开的信息，违反规定，从事与该信息相关的证券、期货交易活动，或者明示、暗示他人从事相关交易活动，涉嫌下列情形之一的，应予立案追诉："（一）证券交易成交额累计在五十万元以上的；（二）期货交易占用保证金数额累计在三十万元以上的；（三）获利或者避免损失数额累计在十五万元以上的；（四）多次利用内幕信息以外的其他未公开信息进行交易活动的；（五）其他情节严重的情形。"

[2] 蒋惠岭：《法律统一适用机制再认识》，载《法律适用》2007年第3期。

(二) 法律适用不统一的危害

法治的基本特征之一就是法律的一致性和可预测性。法律不仅要求前后的一致，同时也要求左右的一致；不仅要求静态规范层次上的一致，而且要求动态适用层次上的一致。任何环节上出现问题都将破坏这一属性的实现。法律适用不统一无论如何都难逃司法不公之恶名。所以，法律适用不统一是司法公正的"硬伤"，严重地影响司法权威，破坏司法公信。[1] 从本案来看，法律适用不统一使被告人没有及时得到法律应有的处罚，也是对罪刑相适应原则的践踏。被告人利用未公开信息，买入相同股票76只，累计成交额10.5亿元人民币，非法获利1912万元人民币，两审均只被判处缓刑，当时在社会上就引起较大的反响。从《刑法修正案（七）》实施以来对利用未公开信息交易犯罪的处罚情况看，相当数量利用未公开信息交易犯罪案件行为人仅被判处缓刑，在马乐案被最高人民法院改判前尚无一例被认定为"情节特别严重"，社会公众普遍认为主因是惩处力度不够。[2] 正是这种法律适用的不统一，导致司法实践中大量"老鼠仓"犯罪案件被错误地适用缓刑，刑事处罚畸轻在客观上也催生了"老鼠仓"犯罪案件频发，犯罪数额不断攀升，社会危害越来越严重，甚至到了影响金融秩序稳定的程度。

（三）检察机关依法履行法律监督职能，对法院确有错误的判决裁定提出抗诉是保障法律统一适用的重要制度

我国宪法把检察机关确定为国家法律监督机关，专门承担法律监督的职能，其基本任务就是保障国家法律的统一正确实

---

[1] 蒋惠岭：《法律统一适用机制再认识》，载《法律适用》2007年第3期。
[2] 谢杰：《利用未公开信息交易罪量刑情节的刑法解释与实践适用》，载《政治与法律》2015年第7期。

施。检察机关依法行使抗诉权,是履行法律监督职能的重要内容,是审判监督职能的核心和基本方式,也可以说是维护司法公正的最后一道防线。对法院确有错误的判决裁定,特别是对法律适用错误的判决裁定提出抗诉对保障法律统一适用具有重要的作用。马乐案办理过程中,有人甚至认为司法实践中,没有任何一个判决认定情节特别严重,如果支持抗诉,可能导致原先已经产生既判效力的判决都产生错误的后果,动摇判决稳定性。如果以动摇判决稳定性为理由,仍然对马乐案不予改判,其后果必然是以前错了的无法救济,以后发生的案件将一错再错。三级检察机关敢于担当,对马乐案盯住不放,充分履行宪法和法律赋予的法律监督职责,"一抗到底",体现了检察机关对公平正义的不懈追求,对法律的敬畏,对法治精神的坚守。

马乐案的依法抗诉和改判,具有非常重要的法律意义。一方面,援引法定刑是我国常用的立法手段,对适用援引法定刑的争议和分歧,绝非只存在于第一百八十条,并非只发生在马乐一案中,最高人民检察院的抗诉和最高人民法院的改判,展示了最高司法机关对援引法定刑在刑法解释上的立场和达成的共识,统一了法律适用标准,使这一法律适用争议最终尘埃落定。[1] 另一方面,最高人民检察院的抗诉和最高人民法院的改判也体现了尊重法律、信仰法律的法治精神。尊重法律、信仰法律是每一个法律人的精神支柱,面对疑惑或者争议,与其动辄批判刑法条文有漏洞,不如科学运用解释方法、正确解释刑法规定、严格公正适用法律。这个正确适用法律的过程,是法

---

[1] 马乐案的改判,为地方司法机关处理类似案件提供了标准,具有"类案"指导价值。目前,全国检察机关起诉到法院,等待法院判决的类似于马乐利用未公开信息从事交易一案的案件还有不少(仅重庆市就有两起),本案的再审具有"标杆"意义。

律科学性的体现,是法治精神的魅力之所在,也是公正司法价值之所在。特别是最高人民法院纠正下级法院的错误判决,更体现了公正司法。还有,本案抗诉和改判进一步明确了法律适用问题,对同类案件依法正确处理将发挥重要指导作用,对潜在"老鼠仓"犯罪将形成巨大的震慑作用,对维护市场公平、维护国家金融秩序、保障金融安全、保护广大投资者合法权益、促进金融市场健康发展、稳定社会经济大局意义重大。最后,此案的改判也为纠正之前因认为刑法第一百八十条第四款法定刑是部分援引而仅被判处缓刑的一批案件提供了依据。我们乐见审判机关在这个问题上的胆识和智慧,为维护司法权威、推进依法治国、建设社会主义法治国家留下了浓墨重彩的一笔。

第十三专题
法治建构的中国道路[*]

社会因法治而进步，时代因法治而辉煌。中国共产党的十八大是在改革开放进行了 30 多年，中国进入全面建成小康社会决定性阶段召开的一次十分重要的会议。会议强调坚持走中国特色社会主义政治发展道路和推进政治体制改革，明确提出法治是治国理政的基本方式，并对全面推进依法治国作了重要部署，为中国社会主义法治确立了新的功能导向和路径选择。

---

[*] 本文发表于《中国社会科学》2013 年第 1 期，《检察日报》2013 年 2 月 18 日第 3 版、《国家检察官学院学报》2013 年第 2 期转载。

第十三专题　法治建构的中国道路

一、法治：历史走出来的最基本共识

新中国成立以来，尤其是改革开放以来，法治共识应该是最深入人心的基本共识之一。但是，中国法治发展的历程并不是一帆风顺的。1949年到20世纪50年代中期，是中国社会主义法制的初创时期，以"五四宪法"为标志，初步奠定了法制建设的基础。20世纪50年代后期开始，特别是"文化大革命"十年浩劫期间，社会主义法制遭到严重破坏。改革开放以来，法治建设成为中国特色社会主义道路的鲜明特色之一。1997年，党的十五大将"依法治国"确立为治国基本方略，法治逐渐形成共识。1999年，"中华人民共和国实行依法治国，建设社会主义法治国家"载入宪法。2004年，"国家尊重和保障人权"载入宪法。党的十八大更是以前所未有的篇幅，深刻阐述了全面推进依法治国的重要思想，"全面推进依法治国"成为"坚持走中国特色社会主义政治发展道路和推进政治体制改革"的重要方面。回顾历史，可以得出一条基本经验，就是只有坚定不移地走社会主义法治建设道路，才能为中国特色社会主义事业提供坚实的制度保障。十八大报告关于法治的一系列重要论述，反映了人民的呼声，是中国进一步深化改革的基本共识。法治共识包含两个基本方面。

一是不能舍法治而求人治，不能走回头路。改革开放之初，法学界爆发了一场关于"法治与人治"的大讨论，后来又有关于"法律面前人人平等"的讨论，[1]这些学术争鸣为法

---

[1] 参见郭道晖：《中国当代法学争鸣实录》，湖南人民出版社1998年版。

学界拨乱反正，凝聚改革开放时代的法治共识起到了极为重要的作用。总体上，中国必须走法治道路已成为共识。但是，在这种共识下也还存在一些杂音。在当前这样一个社会矛盾凸显期，有一种思想观点主张：依靠人治的思维和实践来解决各种社会矛盾。历史经验和教训表明，这条路是绝对行不通的。十八大报告再次强调"党领导人民制定宪法和法律，党必须在宪法和法律范围内活动。任何组织或者个人都不得有超越宪法和法律的特权，绝不允许以言代法、以权压法、徇私枉法。"这非常及时、非常必要。

二是要走社会主义法治道路，不能照搬西方法治模式。自清末改制以来，中国法制现代化道路一直是以偏重于学习和借鉴西方法律制度和理论为取向的"追仿型"法治进路。改革开放30多年来，虽然我们一直强调建设具有中国特色的社会主义法治，"社会主义"以及"中国特色"这两点一直为决策者所坚持，并且在具体法治实践中得到体现，但不能否认的是，长期以来，直到今天，中国社会始终存在迷信西方法治模式的思维偏向。这种"西方法治模式"主要是人们对其所接受的有关西方法治理论与实践的各种信息，进行理想化的提炼、筛选甚而推测后所形成的某种总体印象，进而依照这种总体印象去设想和勾画中国法治的应有状态和未来图景，把西方法治模式当作中国法治的摹本和示范，把西方法治的"今天"视为中国法治的"明天"。[1]这实际上是西方中心主义在法治领域的体现。一国的法治总是由一国的国情和社会制度决定并与其相适应的。中国社会主义法治道路的选择应是以适应中国具体国情、解决中国实际问题为基本目标，立足于自我发展和自主创

---

[1] 参见顾培东：《中国法治的自主型进路》，载《法学研究》2010年第1期。

新的自主型法治道路。中国共产党作为执政党,在全社会中处于核心领导地位,坚持党对司法工作的领导,这是中国在政治上的最大特色,也是中国法治始终不可动摇、始终不可放弃的特色。[1]

二、法治:实现人民美好生活的必要途径和制度保障

在党团结带领全党和全国各族人民创造幸福未来的过程中,法治既是必要途径,更是制度保障。十八大报告的法治思想更加清晰地昭示了这一点。首先,人权得到切实尊重和保障离不开法治。在当代,保障人权和建立法治已经是人类政治文明进步的重要标志。人权与法治有着密不可分的联系:人权是法治的基本价值和根本目标,法治是人权的根本保障,也是人权得以保护和尊重的重要标志;离开了人权,就没有真正的法治;离开了法治,再好的人权理念也不能实现。2004年"国家尊重和保障人权"正式写入宪法,这是中国人权保障发展历史上的重大成果。党的十八大报告又进一步提出,到2020年要实现全面建成小康社会的宏伟目标,法治政府基本建成,司法公信力不断提高,人权得到切实尊重和保障。至此,从根本法的确立到党和国家大政方针的进一步重申,表明尊重和保障人权在中国已经受到高度重视。

其次,人民参与国家治理和社会管理离不开法治。十八大

---

[1] 参见虞政平:《中国特色社会主义司法制度的"特色"研究》,载《中国法学》2010年第5期。

报告在论述全面推进依法治国时,将法治作为治国理政的基本方式。经过 30 多年的改革开放,中国社会在结构和利益格局等诸多方面已经发生重大变化,与此相适应,在国家治理和社会管理的方式上也要求作出相应的变革。变革的本质和核心,就是要奉行法治精神、厉行法治原则、实行法治化管理,让法治成为人民参与国家治理和社会管理的必由之路。国家权力来自人民,在广泛的社会生活中,每一个公民既要接受国家治理和社会管理,更应成为参与国家治理和社会管理的主体。为了有效保障人民参与国家治理和社会管理在两个基本问题上应当取得共识。其一,构建有限型法治政府,积极推进依法行政。在政府与法律的关系上,法律至上;在政府与公民的关系上,公民为重。作为法治政府首先要求政府守法,而非仅要求公众守法。"法律就其本质而言,是要树立法律在社会中的最高权威,实现法律对权力的有效驯服,切实保障公民的自由和权利。"[1] 必须加强对行政权的监督和制约;运用法治、规则、程序,以"行政公开"和"行政参与"的程序理念为内核,加强行政决策的程序建设,完善听证、信息公开、意见陈述、诉求表达和监督等程序,为广大人民群众参与社会管理提供制度保障。[2] 实行"善治"的治理模式,[3] 在公共领域要更多协商、更少强制,更多参与、更少命令,严格限制强制性程序的适用范围,引入协商、指导、建议等民主的、柔性的行政行为方式。其二,法治国家中社会管理更多地体现为对人民的服

---

[1] 梁迎修:《理解法治的中国之基》,载《法学研究》2012 年第 6 期。
[2] 参见应松年:《社会管理创新要求加强行政决策程序建设》,载《中国法学》2012 年第 2 期。
[3] 参见韩春晖:《从"行政国家"到"法治政府"?——我国行政法治中的国家形象研究》,载《中国法学》2010 年第 6 期。

务和保障。在社会治理观念上,把社会管理中的"管理"经常地理解为"管制""管束",这是迫切需要转变的。对于执政党来说,社会管理更主要的是"服务"和"保障"——为人民服务,保障公民权益实现——而且这种"服务"和"保障",必须通过法治的手段去实现,必须以有利于最广大人民群众的根本利益为目的。最后,人民监督权力,让权力在阳光下运行离不开法治。十八大报告强调建立健全权力运行制约和监督体系,确保国家机关按照法定权限和程序行使权力,推进权力运行公开化、规范化。保障人民的知情权、参与权、表达权、监督权,是权力正确运行的重要保证。法治的要义中,很重要的一点是用法律、用制度界定好权力的边界,防止人民受到权力的侵犯。作为一个与"人治"相对立的概念,法治本身就是为了通过法律遏制政府权力而不是为了通过法律管治普通民众而提出来的。[1] 在法治社会里,或者说要实现法治,必须确立权力来源于法律的观念。我们"必须承认法律——制定的法律——不但是公民的权利义务的来源,而且是所谓主权者的权利的或者政府的一切构成权的基础","把从前常常在法律以外的东西纳入法律以内"。[2] 通过法治途径,不断完善权力运行制约和监督的体制机制,使人民的监督权具有可操作性,发挥实实在在的作用,才能保证权力真正属于人民而不被滥用。

三、法治:确保司法公信和司法品质提升

党的十八大报告对于全面推进依法治国,深化司法体制改

---

〔1〕 夏勇:《法治是什么——渊源、规诫与价值》,载《中国社会科学》1999年第4期。
〔2〕 [荷兰] 克拉勃:《近代国家观念》,王检译,商务印书馆1957年版,第25页。

革，确保审判机关、检察机关依法独立公正行使审判权、检察权，保证公正司法等作出了重要部署。这要求我们进一步端正思想、明确思路、深化改革、提升品质、维护公正。首先，司法理念要更新。要把"以人为本"的科学发展观全面贯彻到司法之中，确立"人本司法观"。要树立以中国特色社会主义理论为指导，体现马克思主义法律观中国化当代成果，与构建社会主义和谐社会要求相适应的司法工作基本理念。它的主要内容是"理性、平和、文明、规范"，它的基础是"理性"，它的核心在于"平和"，它的外在体现和必然要求是"文明"和"规范"。其次，要加强保证司法机关依法独立行使职权的制度建设，深化司法体制改革，为司法机关公正司法提供良好的外部条件。主张司法机关依法独立行使审判权、检察权，但与西方的"司法独立"有着根本差别。在这个问题上有一种错误认识，以为一讲司法机关独立行使职权就是司法独立于政治，司法独立于政党，不要党的领导。这种认识是不能成立的。司法机关依法独立行使职权，真正的含义是"具体案件判决的作出没有受到任何直接的外部干预"[1]。这既是司法机关独立行使职权的下限，也是司法独立的上限。这也是我国宪法规定的人民法院、人民检察院依照法律规定独立行使审判权、检察权，不受行政机关、社会团体和个人干涉的核心含义，与坚持党对司法的政治领导是不矛盾的。

最后，要努力提高司法人员的能力和素养，适应公正司法的新要求。司法是忠诚、善良和公正的艺术，司法人员应该是善良、有操守和德行的人，是客观理性、衡平如水地适用法律

---

[1] 参见［美］马丁·夏皮罗：《法院：比较法上和政治学上的分析》，朱勇等译，中国政法大学出版社2005年版，第219页。

的人。随着高等教育的不断发展,年轻一代司法人员知识化和专业化的问题不再那么突出,现在要特别注重在现有的国情下能够准确适用法律、妥善处理矛盾纠纷的实际能力和职业伦理的养成。"法律的生命从来不是逻辑,而是经验",[1] 司法人员阅历和经验的积累非常重要。司法官的政治偏向、理性良知、社会经历乃至情感与情绪都会对司法过程产生影响。所以,司法人员既要准确适用法律,又不能机械执法、简单办案。只有司法人员能力和素养不断提升,才能带来高品质司法,通过每一个案件的公正办理,为社会"输出"公平正义。

---

[1] [美]霍姆斯:《普通法》,冉昊、姚中秋译,中国政法大学出版社2006年版,第1页。

附录一：其他

关于冤假错案的两点思考[*]

近几年，陆续发现和纠正了一批冤假错案，其中 2013 年以来引起社会较大关注、媒体重点报道的就有数十起。这些错案造成的后果是极其惨重的，不单是真凶没有受到及时惩处，还让无辜者蒙冤甚至付出生命代价！可以说，每一起冤假错案的发生，都对当事人及其亲属造成巨大甚至无法弥补的伤害，严重影响了人民群众对司法的信赖，让每一个有良知的人痛心疾首，也让司法蒙羞。习近平总书记深刻指出："人民群众每一次求告无门、每一次经历冤假错案，损害的都不仅仅是他们的合法权益，更是法律的尊严和权威，是他们对社会公平正义的信心。"党的十八届四中全会提出"加强对刑讯逼供和非法取证的源头预防、健全冤假错案有效防范、及时纠正机制"。所以，切实防止冤假错案，是司法公正最起码、最基本的要求，也是最重要的要求，是政法机关必须坚守的底线。我们要按照习近平总书记的要求，以实际行动维护司法公正，让人民群众切实感受到公平正义就在身边。

---

[*] 本文发表于《中国法律评论》2016 年第 4 期，《新华文摘》2017 年第 3 期转载。

附录一：其他

一、冤假错案的形成机制

综观近年披露的冤假错案，为什么一而再、再而三地发生？尤其是这些案件都经过了侦查、起诉、审判、执行等刑事诉讼的全过程，为什么会一错再错、一错到底？我们对错案进行分析后认为，客观原因不是主要的，人的原因是主要的，就是司法工作人员在办理这些案件中都犯了错误，而且基本是低级错误。

第一，正确刑事司法理念的缺失。中国经历了几千年封建社会，封建社会的文化、观念影响相当深远，"刑讯逼供""大刑伺候"在封建社会是合法的；中华人民共和国成立之后，我们在很长一段时间坚持"以阶级斗争为纲"。封建司法的惯性思维再加上"斗争意识"，使仇恨、愤怒和无情打击长期占据我们许多政法干警的思维空间，在这种情况下，理性、冷静、客观、公平地对待犯罪嫌疑人、被告人，公正地处理案件就变得困难了。还有一条极为重要，就是现代刑事司法理念的核心价值是什么？是尊重和保障人权。而我们真正认可人权这个概念，是在20世纪90年代之后，是很晚近的事情。而对人权的尊重和保障，把人包括犯罪的人作为人，是先进、正确的刑事司法理念中最核心、最基本、最重要的内容。当一个人不被当作人的时候，对他施加什么样的手段都将是名正言顺、自然而然的。其实，当强大的国家机器去追诉一个人有罪，甚至到了不计较程序的时候，任何人都可能受到冤狱。法律是什么？从刑事法角度说，是实现安全、秩序和文明社会、保障人的尊严的规则。比如，刑法、刑事诉讼法，通常被认为是惩治犯罪的有力武器，但其更重大的、更根本的意义，是规制、惩治犯罪，是约束、规范司法机关追诉刑事犯罪的活动。刑法解决什么样的行为、达到什么样的程度，司法机关才能确定是犯罪；刑事诉讼法解决的是怎样追诉犯罪，明确了追诉犯罪中什么是应当的、可以的，什么是禁止的。这都体现了对惩治犯罪的规范和人权的保障。如果我们办理每一起案件都严格按照刑事诉讼规定的规格，都按照刑事诉讼法的要求，坚持正当程序，都严格贯彻罪刑法定、无罪推定等法治原则，出现冤假错案的概率将是非常低的。严重地违反法律规定，非法取证甚至刑讯逼供、屈打成招，是导致冤假错案的最直接原因。所以，冤假错案的出现，与我们没有真正领会法治精神和人权观念淡薄有最直接的关系。

第二，"运动式"执法和"命案必破"的口号也是导致冤假错案的一个重要因素。"运动式"执法对法律自身的衡平、稳定是有破坏作用的。它的特点是设定指标，必须完成任务，只求目的，不计较方式，甚至出现拔高凑数，赶上了就严判，躲过去了就轻判。这个过程中是容易导致错案的。"命案必破"，主观愿望是好的，但缺乏实事求是，而政法工作人命关天，最需要坚持的就是实事求是。大家知道，在发达国家包括美国都有几十年破不了的案件，我们提这样的"口号"和要求，给公安机关造成了极大的压力。俗话说，"重赏之下必有勇夫"；我则认为，"重压之下，必有造假"。无论如何得找出一个犯罪嫌疑人来，冤错就这样产生了。如果"运动式"执法的指标考核、"命案破案率"再与立功、升迁联系起来，案件质量和执法水平就难以保证了。

第三，法律设计的体制、机制没有发挥应有作用。公检法三机关偏重配合，制约监督不足，甚至对监督制约采取抵触态度，这也是导致冤假错案的重要原因。刑事诉讼之所以设立侦、诉、审三道工序，就是为了相互制约，但一些地方政法机关之间支持配合有余、制约监督不足，致使案件带病批捕、起诉、判决。实践中，对于一些社会影响较大的案件，尤其是命案，办案机关客观上面临着被害人家属缠访、闹访和社会舆论的压力，个别地方领导出于维稳等方面的考虑对办案工作进行干预，结果是降低证据标准。当正确意见成为少数的时候，错误就在所难免。其实，每起冤假错案都与检察机关有关系，怎么审查逮捕的？怎么审查起诉的？因此，敢于监督、善于监督、依法监督、规范监督，真正发挥监督作用，是检察机关最需要提升的能力,也是防止冤假错案对检察机关的必然要求。

第四,不重视、不愿意听取甚至排斥不同意见。我们研究冤假错案发现,每起冤假错案,都存在不同意见。有的是检察院提出,有的是法院提出,更多的是律师提出。现实中,提出"能定""能判"的意见,往往受到欢迎;而"证据不足""疑点太多""有其他可能性"之类的意见,往往处于下风甚至直接被忽略了。人不是神,谁都可能犯错误,防止犯错误最简单的办法,就是十分重视和珍惜不同意见。我认为,"听取"应当是司法执法人员最基本的习惯,听取不同意见尤其是律师的意见,是我们办案中发现自己错误最经济、最便捷的途径。

分析和总结冤假错案,对司法人员来说,是个痛苦的过程。关于原因,还可以作更深入系统的分析。其实,冤假错案古今中外都存在,但像近几年集中纠错的情况,应该是罕见的。这一方面说明我们敢于直面曾经发生的问题;另一方面也反映出司法实践中的某些真实情况。

二、如何有效地防止和避免冤假错案

第一,真正树立符合中国特色社会主义法治的执法观,信守法治原则,严格依法办案。简单地说,没有违法办案,就很难出现冤假错案。如何保证我们的政法人员恪守法律,正确的执法观是关键。执法观正确,严格地按照法律办事才能成为自觉的行动。正确的执法观,其一是忠诚和敬畏,忠诚于党和人民,敬畏法律和纪律,严格地按照法律和规则办案。其二是人权观念。司法人员的最大责任和必须完成的使命是给当事人以公平。不是抓人越多越好、判刑越重越好。罚当其罪,可抓可不抓的不抓,可判可不判的不判,是有利于社会利益最大化的。而且,不管行为人犯下多么严重的罪行,仍然尊重他的权利和人格,这是司法者的义务。当一个人面对国家机器的时候,他的人权自卫能力是非常虚弱的。因此,有效地保证他的人权,尤其是辩解、证明自己无罪的权利,是防止冤错的重要途径。其三是一定要坚持理性、平和、文明、规范,特别是平和,没有平和就难以保证理性,缺少理性的司法是危险的。其四是坚持无罪推定、疑罪从无。"疑罪从轻"的观点在我国刑事司法领域曾长期占据重要地位,甚至获得了相当部分司法人员的认可并在这种观点指导下办理疑难案件,有的酿成冤假错案,有的造成久押不决。如果必须在"或者冤枉他""或者放纵他"之间作出选择,我们只能选择后者。虽然这是不得已的选择。

第二,完善体制、机制,使侦查权受到有效制约。实事求是地说,在和平年代,作出牺牲并且牺牲最大的是警察。公安队伍经常面临危急时刻、生死关头,为维护安全稳定作出重大贡献。同时,我们也要看到,侦查受到有效制约是现代司法的基本要求,也是世界通例。因为刑事侦查与公民权利、身家性命息息相关。对侦查权制约的目的,就是防止刑讯逼供、非法取证,保证对公民采取的各种侦查措施的合法性。我们相信,随着党的十八届四中全会精神的贯彻和新一轮司法改革的深入,侦查权的制约机制会日益完善。这并不是谁高谁低的问题,而是职责角度问题。谁能正确认识和对待来自外部的监督制约,谁就会少犯错误。同时,也要完善其他制约机制,包括对检察权的制约。

第三,完善执法办案考评机制。科学、合理的考评体系能够有效提高办案质量,提升办案效率。不科学、不合理的考评体系则会给人以错误的导向,增加冤假错案发生的可能。所以,应改变简单通过办案指标和各种统计数据排队的做法,根据各执法环节的特点,确立科学合理的办案绩效考评体系,把办案质量作为根本的、核心的执法导向。

第四,全面落实非法证据排除制度。修改后的刑事诉讼法从法律层面构建了比较完整的证据制度,特别是明确规定了非法证据排除的规则,要让这些证据制度入脑入心,成为每一位执法者的自觉,还

附录一：其他

需要一个过程。从这几年的司法实践看，这项制度在遏制刑讯逼供、防止冤假错案方面的功效初步彰显，但当前最突出的问题是如何准确界定需要排除的"非法证据"范围和如何调查核实"非法证据"。非法证据排除制度的设计，既要充分考虑犯罪嫌疑人、被告人的人权保障，又要兼顾被害人和国家利益、公共利益的法律维护。非法证据排除的范围过小，影响其防止冤假错案的功能；非法证据排除的范围过大，在现有的技术手段和侦查水平下，可能导致部分案件难以侦破，又会严重影响人民群众追求安全与秩序的需要。目前，应当将重点放在解决那些导致犯罪嫌疑人、被告人违背意愿作出供述的严重非法方法上，关键是确保调查核实"非法证据"的方法和制度安排落到实处。同样，要把正常侦查策略与"威胁、引诱、欺骗"等非法方法区别开来。但审讯中严重侵犯犯罪嫌疑人合法权利，或者以非法利益或违反社会公德的方式引诱、欺骗犯罪嫌疑人供述，或者以侵害犯罪嫌疑人亲属合法权利相威胁，迫使犯罪嫌疑人违背意愿供述的，获取的供述应当予以排除。

第五，切实保障律师执业权利，认真听取律师意见。律师介入刑事诉讼形成诉辩对抗，对维护犯罪嫌疑人合法权利、提高办案质量、防范冤假错案具有重要意义。对这一点，我们确有再认识的必要。办案机关应当充分保障辩护律师的会见、阅卷、申请调取收集证据、辩护等各项执业权利，尤其要注意听取辩护律师的无罪意见。在侦查和审查逮捕环节，侦查人员、检察人员可以主动听取辩护律师的意见；辩护律师要求当面提出意见的，应当认真听取。在审查起诉环节，检察人员应当依法听取辩护律师的意见，对证据合法性有争议的，应当主动听取辩护律师的意见。[1] 对律师提出的每一点意见都应当进行认真审查，并在审查报告中如实说明采纳的情况和理由。

第六，重视刑事控告、申诉检察和派驻监所检察室在发现和纠正

---

[1] 陈国庆、李昊昕：《健全防止和纠正冤假错案工作机制》，载《检察日报》2013年9月16日第3版。

冤假错案方面的作用。刑事控告、申诉检察和派驻监所检察室，要保证控告和申诉渠道的畅通，及时受理当事人控告、申诉，认真听取申诉意见和审查相关材料，发现有冤假错案可能的线索应当依照规定及时报告。切实通过办理控告、申诉案件，发挥反向审视功能，尽早发现和及时纠正冤假错案。

切实防止冤假错案，对政法工作来说具有系统性、综合性。无论是侦查、起诉、审判还是执行，都应当有针对性地制定和完善防止、发现、纠正冤假错案的机制，明确每一环节的法律责任；建立科学的司法执法责任追究制度；不断提高侦查犯罪的科技含量，综合运用鉴识科学和信息技术，真正使我们侦破案件、获取证据的能力有显著的提升。

宪法典翻译：历史、意义与功能[*]

在中国历史上，宪法典翻译是与宪法文化和宪法学共同发展起来的，并对宪法文化与宪法学的发展产生了广泛而深刻的影响。

一、宪法典翻译的历史概况

在百余年的中国宪法（学）发展历程中，官方或者学者曾翻译出版过若干外国宪法典。这些宪法典对法制发展，尤其是宪法（学）发展产生了重要的影响。

（一）官方的宪法典翻译

自1901年清廷宣布实行新政以后，政治改革特别是仿行宪政，成为清末的头等大事。1905年11月25日（光绪三十一年十月二十九日）颁布上谕，设立"考察政治馆"，1906年考察政治大臣归来后，将数百种外国政治书籍交给考察政治馆，由其编译整理，官方对宪法典的翻译由此发轫。1907年8月13日（光绪三十三年七月五日），为了适应预备立宪的需要，清廷决定将"考察政治馆"改为"宪政编查

---

[*] 本文由作者与韩大元教授合作，是《世界各国宪法》的序言，发表于《检察日报》2012年10月24日第3版，《新华文摘》2013年第4期转载。

馆",专门从事宪政研究。该机构一直工作到1911年6月23日才被裁撤,并入内阁。1913年以来,宪法典的翻译与编辑成为宪政建设与宪法学研究的一个重要特色,为当时的研究提供了文本基础。

新中国成立后,根据不同时期宪法学发展需要,重视外国宪法典的翻译与研究工作。在1954年新中国第一部宪法的制定过程中,宪法起草委员会秘书组不仅翻译了苏联宪法,而且还搜集翻译了许多资本主义国家的宪法典。宪法起草委员会编辑的《世界各国宪法资料集》《民主主义国家宪法选辑》等参考书对了解当时代表性国家的宪法,正确把握1954年宪法的历史定位发挥了重要作用。可以说,当时翻译出版外国宪法典有助于比较不同国家的宪法制度,为完善本国宪法典和宪法制度提供了有益的经验。

(二)民间的宪法典翻译

民间翻译宪法典的工作大致开始于戊戌变法之后。1901年,近代日文翻译家沈纮翻译了伊藤博文的《日本宪法义解》,开启了民间翻译宪法典之风。新中国成立后,民间的宪法典翻译工作向精细化、全面化发展。1964年,中国科学院法学研究所在法律出版社编辑出版了《世界各国宪法汇编》(第一辑)。1981年,为配合1982年宪法的修改工作,中国社会科学院法学研究所编辑出版了《宪法分解资料》,把主要国家宪法文本进行翻译后,按照主题类型化并加以归类,以便于读者查阅。1997年,姜士林等主编的《世界宪法大全》在青岛出版社出版。现在出版的这部《世界各国宪法》,将联合国193个成员国的宪法文本悉数译为中文,是迄今为止内容比较全面、系统的宪法文本集。

二、宪法典翻译的价值与功能

翻译宪法文本、研究宪法文本,对于中国的宪政建设和宪法学研究具有特别重要的意义。今年是1982年宪法颁布实施30周年。在历史的新起点上，回顾1982年宪法实施30年的贡献、成就与经验，对于我们思考未来中国宪法的发展、建设社会主义法治国家意义重大。回顾30年宪法的实施，我们要更加珍惜宪法实施的成就，更加重视宪法文本，用历史和客观的立场评价1982年宪法。在纪念1982年宪法颁布实施30周年之际，翻译出版《世界各国宪法》不仅具有纪念意义，对宪法发展与宪法学研究也将产生积极影响。

（一）挖掘宪法典的文化与价值

从清末立宪算起，中国宪法学已有一百多年的发展历史。其间，在不同的历史时期，中国的历史舞台上，君主制与共和制、总统制与议会制、集权制与分权制等不同的宪法体制粉墨登场，促生了不同的宪法文本，这些文本借鉴了其他国家的宪法典，反映了当时的历史条件下不同国家的文化与传统。翻译和整理宪法文本，可以为相关研究提供客观而扎实的基础，便于读者了解世界各国宪法制度和文化的多样性，准确把握宪法的历史背景。

宪法文本是特定历史与文化的产物，对宪法制度的了解和宪法学的研究应当以文本作为基本出发点。在特定历史阶段产生并施行的宪法，实际上是宪法制度、思想、学说以及社会主体的宪法意识等综合因素相互作用的产物，不同要素之间既相互影响，又相互推动，形成了宪法文本的多样性。

总之，宪法文化是一种综合的现象，体现在文本中的历史、文化、社会等因素也是综合的、立体的、多样的。面对193个国家多样化的宪法文本，我们需要采取历史的、客观的态度，否则会人为地割裂宪法制度、思想以及文化之间的关联性。

（二）了解国外宪制，推动本国宪法发展

所谓宪法典，就是制宪者通过制宪程序把社会共同体的基本共识写在文本之中，形成本国的宪法。宪法文本就是用文字写下的一种宪法价值体系或者价值表达。阅读宪法文本时我们看到的是文字，但文字承载的是这个国家基本的价值观，展示的是这个国家的宪政制度。借助宪法典，我们可以从总体上把握一国的基本制度及其变迁、国家与公民、权力配置、外交政策、社会基本共识等。

中国的宪法学是西学东渐的产物,引进与移植一直是中国宪法学者最为主要的学术工作,西方宪法学知识是中国宪法学理论的重要组成部分。时至今日,立宪主义早已成为现代文明国家普遍认可的价值观。而宪法价值的普遍化、宪法保障方式的多样化,也成为一个国家宪法学发展的重要趋势。同时,也不可否认,学习外国宪法学知识的基本目标是解释中国社会发展中存在的各种宪法现象,并提供解决实际问题的理论指导与具体对策,而这必然要关涉到中国的文化传统和制度现实。

宪法学研究应该以文本为中心,无论从实践上还是从理论上,我们都要把对文本的理解、解释作为基本内容。熟悉宪法文本,认真地对待文本,有助于发挥宪法在社会发展中的作用,丰富宪法运行机制的形式,使宪法更好地适应社会生活的变化。

(三) 促进比较宪法学的发展

在中国,比较宪法学是在19世纪末20世纪初移植西方宪法理论的过程中形成和发展起来的,是最早建立的宪法学分支学科之一。在20世纪30年代和40年代,由于学术环境的相对宽松及欧美、日本宪法学思想的熏陶,比较宪法研究盛极一时。经过一段时间的理论准备与宪法实践的体验,有的学者开始出版比较宪法学的著作,其中,王世杰、钱端升合著的《比较宪法》最具代表性,反映了中国比较宪法学当时的学术水平。

介绍与翻译西方国家宪法制度不可避免地会展开比较,而且这项活动本身就是比较方法的一种运用,并构成了比较宪法学展开的一项基础。可以说,早期的中国学者是通过比较宪法和外国宪法来研究宪法理论的,比较宪法和外国宪法的经验与认识成为学者思考中国宪法问题、中国宪法学体系的知识基础与方法论基础,而宪法文本的翻译对比较宪法的研究与教学产生了重要影响。当前,比较宪法学已经成为中国宪法学的重要组成部分,也是中国宪法学未来发展的思想来源之一。

(四) 推动宪法学理论的发展

包括宪法典在内的宪法性法律文本的翻译，对学术界开展学术交流、推动理论研究提供了重要交流平台。从 20 世纪初开始，在法律文本的翻译过程中，学术界同时翻译出版了一大批专门介绍西方宪法制度与理论的著作。最初是对西方宪法制度和有关理论的知识背景的介绍，后来逐步发展为系统翻译乃至提炼学术观点并逐渐形成体系。

当时，为了知识引进的需要与扩大学术共同体的影响，学术界还专门成立了一些翻译机构，如译书汇编社、国学社、湖南编译社、闽学会等。西方近代宪法典翻译以及宪法学说的广泛介绍，对中国思想界起到了重要的启蒙作用，为学术界分析社会问题，推进国家建设提供了理论框架与工具，成为当时的志士仁人设计救国方案的参照系。

(五) 为国家的对外政策服务

随着经济全球化的发展，宪法在国家的对外政策制定中发挥着越来越重要的作用。在全球化时代，国与国之间的交往越来越多，迫切需要通过宪法学的研究获得及时而准确的信息，为本国对外政策的制定和调整服务。从现代宪法学发展的趋势看，对外政策不仅成为宪法学研究的重要内容，而且在对外政策的制定中对宪法学知识的需求不断提高。宪法文本无疑成为了解国外宪法制度，正确制定和调整对外政策的重要依据。随着宪法对外政策功能的强化，宪法在维护国家利益、推动世界和平方面将发挥着越来越重要的作用。

(六) 推动部门法及法学教育的发展

宪法是国家的根本法，宪法的价值直接影响部门法的制定与发展。无论在公法领域还是在私法领域，宪法所提供的价值、规则与原理为各部门法获得体系的统一性提供依据，并构成国家法律体系与法学体系的基础。各部门法的发展客观上需要以宪法为纽带，将法律学原理与具体部门法原理结合起来，确立宪法原则的优先地位。

法学教育的基本目标是培养法律人才，而法律人才首先要树立公平与正义观念，以宪法的正义观为基础，分析各种法律现象。可见，宪法的学习在整个法学教育中居于重要地位，而掌握宪法典又是学习宪法学的基础,不仅有助于培养专业化的宪法思维,也为学好其他部门法奠定基础。宪法学是一门专业基础课程。宪法以及若干部门法组成了国家的整个法律体系,这就决定了作为一门重要的社会科学的法学,需要相应地设置若干课程,分别学习和研究宪法及各个部门的法律。由于宪法在社会主义法律体系中处于核心和统领的地位,其他部门法学的诸多问题需要在宪法学中寻找理论基础和规范根据,实践中许多部门法上的争议也最终要在宪法监督的层面予以解决,而解释这些问题的基础是回到宪法文本,从宪法文本的比较、分析中为学习其他部门法学科奠定良好的基础。

三、宪法典翻译与宪法发展

(一)重视宪法文本的价值

一个国家宪法的发展首先以文本为基础,其调整国家与社会生活的根本依据是宪法文本。对于宪法文本的理解和落实,不能脱离文本背后的宪法文化。宪政建设是本土化的事业,对中国宪法文本的理解和解释必须皈依于中国宪政制度的话语体系之中,体现中国化的宪法学知识体系,但同时也需要在世界宪法体系中确立中国宪法的历史定位,否则我们无法理解宪法的历史与时代使命。

(二)树立依宪治国的理念

依法治国首先要依宪治国,依宪治国的基本要求是通过宪法治理国家,建立、完善国家制度和各项法律。在中国特色社会主义法律体系形成之后,这一任务已经凸显出其紧迫性。法律体系的形成、完善和发展,应以宪法为价值指引和评判标准,体现"以宪法为依据"在法律体系中的功能和作用方式。应指出的是,制度建设需要大批的具有宪法学知识和宪政精神的专业人才。早在辛亥革命之前,一些有识之士就呼吁开设宪法学知识教育以开民智,并且要提高官员的宪法素养。我们当前面临的任务不同于彼时,但完善法律体系、文明执法、公正司法同样需要大批专业人才。加强宪法教育、树立宪法至上的意识,同样是十分必要的。

(三) 培育尊重宪法文本的文化

通过宪法文本的翻译与研究,我们要形成尊重宪法文本的理念,普及宪法价值,实现将尊重宪法作为一种政治正当性的形式到将尊重宪法作为共同体践行一体价值的形式的转变。当前,社会生活呈现出复杂性、不确定性与各种偶然性因素并发的样态,合宪性、合法性与社会正当性之间面临着紧张关系。宪法价值应当成为评价与检验社会现实要求是否具有合理性的基本标准。经济发展应当不断实现人的幸福与尊严,政治建设应当不断提高人的自由程度,社会和文化建设应当不断满足人的文明需要,这些都应以维护宪法的权威及其根本法、最高法地位为前提。

评价一个国家发展程度需要综合的标准,其中法治是最核心的元素之一。宪法在社会生活中的地位如何,民众的宪法意识水平如何,是评价一个国家法治发展程度的重要指标之一,也是实质性的指标。实现建立宪法至上的社会主义法治国家、树立社会主义宪政的理念,今天的中国又处于新的历史起点之上。

四、宪法典翻译与文化多样性

翻译世界各国的宪法典不仅是一项重要的学术工程,而且标志着一国学术发展的水平,这自然要面临诸多难题,尤其是要确保译文的准确性、权威性和可读性,殊非易事。

(一) 文化背景的难题及其克服

宪法作为一种文化产物,反映了一个国家、一个民族以及一个时代的特征,是国家意志、民族精神以及时代特征的集中体现。一部成熟的宪法文本,体现了特定国家的历史传统,体现了该国的政治、经济、文化等综合的要素,是该国文化传统与体制的系统化、体系化的总结，也是对宪法理论和宪法实践的高度概括。如果没有对该国文化传统的深刻了解，如果没有对立宪背景的全面把握，在翻译时可能就会有偏差。因为宪法典是一个国家文明传统的集中体现，对作为文化表现形式的宪法典的翻译注定是一个艰辛的过程，就像严复感慨的"一名之立，旬月踟蹰"。要做好翻译工作，就需要准确把握外国宪法发展的历史，了解外国宪法学的基本理论，熟悉外国宪法实践，了解中西方文化之间的差异。因此，翻译人员除了语言过硬，还要熟知该国宪法和宪政制度，要能理解和感受特定国家的文化和风俗。

在这里，我们也想谈一下如何正确对待宪法文本的问题，即应当以何种态度对待不同国家的宪法文本。在历史、传统、文化心理、价值立场方面，不同国家之间有可能存在一定的相似性，但更体现出各自的特色。我们在对待这些差别的时候，应当采取一种开放、包容的立场，认识到文化和制度的多样性是客观存在的，也是文化多元化在宪法文本上的表现。宪法文本既体现了不同文化的差别，或者说冲突，但同时也在某些方面体现了共同性，比如在保护人权、维护国家独立和主权、建构适合本国国情的国家机构等方面，各个国家具有一定的共性。同时，在不同文化的冲突与融合中保持本国宪政的特殊性，是一个国家在国际社会中获得平等地位的重要条件。因此，我们在阅读这些文本的时候，应当树立多元宪法文化平等交流的理念，将宪政价值的普遍性和各国国情的特殊性相结合，避免用单一标准评判各国宪法文本，同时也应避免毫无价值立场的现实主义。阅读、学习各国宪法文本，一个重要的目标是为中国宪法的发展吸取合理经验。我们应当善于利用外国宪法这些比较法材料，合理借鉴而不盲目排外或一味盲从，以推动中国宪法的发展。

（二）文本选择的难题及其克服

宪法文本是宪法翻译的基础。收集宪法文本是我们首先面临的困难。联合国有193个成员国，要将其全部宪法文本或宪法性文件、宪法修正案等收集完整，并且要保证其有效性并非易事。21世纪以来，各国宪法的变动甚为频繁，不仅宪法的修改次数繁多，重新制宪或者重新颁布宪法的国家也不在少数。本书中，宪法文本大多来自各国官方网站或者通过外交途径搜集。但即便如此，也会出现资料陈旧的问题。因为在很多国家政府的官网上，其宪法原文与修正案并非同一个文件，不少国家只载宪法颁布之初的原文，修正案则需要到其议会立法中搜索。对此复杂的情形，编委会在着手初译之前，就安排人员对各国宪法文本及其变动进行了一次全面核对；译者在翻译时再次进行核对；在宪法文本初译完成后，由审校人员进行核对；最后再由编委会组织人员结合各国政府官网以及学术数据库的资料进行审定，更新了部分国家宪法文本的翻译。经过几番工作，力争将最新的宪法文本呈献给读者。

（三）语词翻译的难题及其克服

世界各国的语言种类极其多样。宪法典翻译中经常遇到一些常见但难以准确翻译的名词，在不同的语境下具有不同的含义，对此都要恰当地予以体现。

翻译宪法要严格遵守翻译规范，对专业术语必须有正确的把握。在本书的翻译中，我们提倡直译为宜，非为必要不采意译；已有固定译法的，应尽量依从固定译法；在句式上应尽可能与原文保持一致，但应使用法律专业词语；在法律专业词语上，应与中国的法律词语尽量对应，对于相似的法律名词在翻译时则予以区分。我们力求使翻译的文本经得起宪法学、语言学的双重检验。

截至目前，我国虽然有一些翻译出版的宪法文本，如《世界宪法大全》，它们对于宪法学教育、宪法学研究和发展发挥了重要作用，但这些宪法译著收录的文本并不全面，例如，非洲国家的文本收录得较少，有些国家的宪法文本陈旧，并没有反映21世纪以来各国宪法发展变化的新动向、新变化。历时数载完成、众多学人参与的这套《世界各国宪法》有望弥补现有宪法编译书籍在内容、文本数量等方面的一些不足，并力求完整地展现世界各国的宪法文本，弘扬宪法文化，以此纪念我国1982年宪法颁布实施30周年，为宪法学发展提供制度借鉴，以实现"宪法学中国化"的学术使命。

刑事诉讼法典翻译：
放眼世界，走向大国[*]

自清末沈家本引法修律以降，百余年间，前贤先辈仆继不绝，为推动中国刑事诉讼法治的进步、使中国刑事诉讼制度比肩世界前沿，不辞译事劳苦，笔耕不辍，玉石相攻，完成了一大批极具文献价值与学术含量的国外法典与经典译著，对中国刑事诉讼理论与实践的发展产生了深远的影响。时至今日，新鲜出炉的《世界各国刑事诉讼法》正是传承这一历史谱系，放眼世界格局，向先贤致敬、向异域学习的倾心之作。

一、法治时代的呼唤

当下，在全面推进"法治中国"的数百项国家策略与司法改革举措中，刑事诉讼法治建设已经成为其中极其重要的组成部分，与整个国家法治发展休戚相关、密不可分。历史和现实都表明，法治国家

---

[*] 本文系作者与卞建林教授、陈卫东教授合作，为《世界各国刑事诉讼法》所作的序言，发表于《检察日报》2016年6月20日第3版。

的建设,在相当程度上依赖于程序法的发达,而程序法发达的关键是刑事诉讼法的精进。

刑事诉讼法是一国的基本法律之一,它上通宪法,是宪法的权威注脚;下涉民权,是人权保障的标准尺度,在维护国家公平正义、保障公民合法权益、规范司法执法行为等方面起着决定性作用,具有不可估量的社会价值。实际上,刑事诉讼法的精进之路正是国家法治的现代化之路,是一国法治走向成熟与繁荣的缩影。而作为西学东渐的产物,我国刑事诉讼法一直依靠移植与借鉴汲取养分。对刑事诉讼法的引介与借鉴,有助于透彻把握一国刑事诉讼制度的要义,有助于深化司法体制改革、实现依法治国的"中国梦",也有助于国家繁荣富强和中华民族的伟大复兴。

(一) 促进学术繁荣的利器

学术繁荣需要百花齐放、百家争鸣,其前提是"百家"的参照。世界各国形态各异的刑事诉讼规范与传统,成为我们把握中国刑事诉讼法的分寸、构建刑事司法制度体系的一把利器。"既秉持自家传统又吸收百家所长"一直是刑事诉讼法学人前赴后继、探索跋涉的必由之路。如今,经历数代法学家的努力,我国刑事诉讼法学已经取得了长足的进步,其法典的形态、规模、内容等方面已经深度吸收英美法系与大陆法系的精华,对两者之间的比较、取舍与抉择已经颇为成熟,能够以更为理性的考量、更为平和的心态去把握西方刑事司法制度的优劣。与此同时,对外国刑事诉讼法的移植与借鉴充分刺激了刑事诉讼学术研究的展开,来自不同留学背景的学者从不同的视野出发,延伸出对外国刑事法制的不同发展向度,形成了专攻不同领域的多样学术阵地,通过彼此交流互动,刑事诉讼法学得以迅速崛起。

(二) 推进法治国家的工具

评价一国发展水平的重要标志是法治,评价一国法治水平的标志是程序,评价一国程序水平的标志是刑事诉讼的发展与完善程度。依法治国首先要求国家法律制度的先进与完备,刑事诉讼法典的丰富性与全面性是其中重要的衡量指标。对世界各国刑事诉讼体系保持足够的关注与必要的巡览是确保法律制度建设不偏差、不滞后的主要手段。因此，对世界范围内刑事诉讼法的发展予以充分地审视与比较，并通过全面地权衡，进而提炼出刑事诉讼的内在规律与运行原理，以此滋养我国刑事诉讼法典建构，确保其可持续发展与长久的生命力，就显得尤为重要。

（三）实现跨越发展的捷径

我国作为后发国家，当下紧迫的发展任务与特殊的社会形态一直急切地呼唤着法律制度的快速跟进，转型社会的现实已不允许法治建设依靠社会情境变化而自然演进，立法与司法都需要以更少的时间、更高的效率来完成依法治国的历史使命。在"底子薄、条件差"的情况下，要想实现制度的跨越式发展，广泛而深入地参考与借鉴西方国家的制度经验、避免重走其他国家的弯路，就成为不二选择。一项成熟的制度形成往往需要经历上百年的实践沉淀与历史进化，因此，对异国刑事诉讼法的翻译与引介"在某种程度上可以替代成本很高的本国法律试验，避免长期的摸索与试错，从而快速发现立法改革的方向和模式"。[1]

二、历史传承的谱系

近代中国法制的发展并非是一个内生的自然过程，恰恰相反，实际上是受外强的刺激与压迫被动而为的过程。这首先表现为，以法典翻译为先导，全面继受西洋国家法律体系与文本，通过编纂法典构建自身的法条逻辑，进而试图搭建法律国的基本规模。因而，"如何在观念、思想、话语截然不同的中国继受西洋法典，实在是百余年中国

---

[1] 尤欣欣：《外国法典的中译本统计及分析》，载《法律文献信息与研究》2008年第3期。

附录一：其他

法制转型关键的技术性问题。法典翻译事业无疑是考察上述问题不可回避的核心问题之一"[1] 就刑事诉讼法典而言，从近代到当代，法典翻译经历了四个发展时期。

其一，萌芽期。19世纪末20世纪初，"维新首推译法"的思想已成朝野共识。梁启超在《西学书目表序例》中曾早有远见，"西国一切条教号令，备哉灿烂，实在致治之本，富强之由"[2] 清末修订法律大臣沈家本数次在奏折中提及，修律以"按照交涉情形，参酌各国法律"为原则，而"参酌各国法律，首重翻译"[3] 在汇报修订法律馆工作时，沈家本称，"自开馆以来三阅寒暑，初则专力翻译，继则派员调查……［再则］从事编辑"[4] 时任法部尚书的戴鸿慈认为，"中国编纂法典最后，以理论言之，不难采取各国最新之法而集其大成"，而技术上则应"延聘东西法律名家……使之翻译各国法律条文及有名之判决例，解释法律正当理由，比较各国法律异同优劣"[5] 在沈家本的主持下，修订法律馆翻译了美、法、德、日、俄、比等十余个国家的数十种法律和法学著作，其中刑事诉讼法方向的有：《日本刑事诉讼法》、《日本改正刑事诉讼法》、《普鲁士司法制度》、《美国刑事诉讼法》（未完成）、《法国刑事诉讼法》（未完成）等[6] 这些翻译活动极大地促成了中国历史上第一部诉讼法典《刑事民事诉讼法》及其后来的《刑事诉讼律草案》的诞生。

---

[1] 陈颐：《清末民国时期法典翻译序说》，载《法学》2013年第8期。
[2] 梁启超：《西学书目表序例》（1896年），载梁启超：《饮冰室合集》（第1卷），中华书局1989年版，第123页。
[3] 沈家本：《修订法律大臣沈家本奏修订法律情形并请归并法部大理院会同办理折》，载故宫博物院明清档案部编：《清末筹备立宪档案史料》（下册），中华书局1979年版，第837—838页。
[4] 沈家本：《修订法律大臣沈家本奏刑律草案告成分期缮单呈览并陈修订大旨折》（1907年），载故宫博物院明清档案部编：《清末筹备立宪档案史料》（下册），中华书局1979年版，第845页。
[5] 戴鸿慈：《法部尚书戴鸿慈等奏拟修订法律办法折》，载故宫博物院明清档案部编：《清末筹备立宪档案史料》（下册），中华书局1979年版，第841页。
[6] 张晋藩：《中国法律的传统与近代转型》，法律出版社1997年版，第444—446页。

其二，停滞期。清末刑事诉讼法典起草工作终结之后，伴随而来的却是北洋时期的动荡政局，立法进程几近停滞，法典翻译也止步不前。20世纪10年代末20年代初，北洋政府司法部参事厅在刑事诉讼法方向仅主持翻译了一部《德国刑事诉讼法》。但是翻译的停滞并没有阻止立法的脚步。至南京国民政府成立之初，包括刑事诉讼法在内的"六法全书"得以完整问世，先前译法修律的成果已或潜或显地融入其中，国民政府时期的刑事诉讼法已兼具当时各国最新的立法例，其法典的草拟不再拘泥于事先的外国译著，草拟者已可以全然把控西洋法典的要义并加以灵活变通，此时的立法不再以法典翻译为先导，而是具有了独立的品格。[1]

其三，转型期。20世纪20年代，苏俄法典开始引入中国，发展至20世纪50年代初，已经颇具影响力。1949年2月，中共中央发布了《关于废除国民党的六法全书与确定解放区的司法原则的指示》，至此，刑事诉讼法典翻译发生了巨大的转向，为代替"旧法"、构建符合国家性质与社会情境的"新法"，我国开始翻译出版了大批苏联和其他社会主义国家的刑事诉讼法典（如1955年的《苏俄刑事诉讼法典》、1956年的《德意志民主共和国刑事诉讼法》），并且随之翻译了一系列刑事诉讼法学著作与教材。正是通过对苏联等国刑事诉讼法典及其著作的借鉴与学习，新中国才得以完成刑事诉讼法典及法学的创建，其后的延伸性成果即是1979年制定的《中华人民共和国刑事诉讼法》。

其四，成长期。20世纪80年代至90年代，随着改革开放与市场经济的发展，国家法制建设有了长足的进步，以陈光中先生为代表的一大批中国学者为了推动我国刑事诉讼法的国际化、规范化、现代化，走出国门，放眼世界，协同研究，共同完成了"外国刑事诉讼法典系列"，主要有：《意大利刑事诉讼法典》（1994年，黄风译）、《德国刑事诉讼法典》（1995年，李昌珂译）、《美国联邦刑事诉讼规

---

[1] 陈颐：《清末民国时期法典翻译序说》，载《法学》2013年第8期。

则和证据规则》(1996年，卞建林译)、《法国刑事诉讼法典》(1997年，余叔通、谢朝华译)、《加拿大刑事法典》(1999年，卞建林等译)、《日本刑事诉讼法》(2000年，宋英辉译)、《英国刑事诉讼法（选编）》(2001年，程味秋等译)、《俄罗斯联邦刑事诉讼法典》(2002年，黄道秀译)、《韩国刑事诉讼法》(2004年，马相哲译)等。

进入21世纪，学界又陆续翻译出版了若干国家的法典，如《瑞典诉讼法典》(2008年，刘为军译)、《俄罗斯联邦刑事诉讼法典》(2003年版、2006年版，黄道秀译)、《越南程序法汇编》(2000年，米良译)；同时又出现了已有国家法典的不同译者的不同版本，如宗玉琨翻译的《德国刑事诉讼法典》(2013年版)、罗结珍翻译的《法国刑事诉讼法典》(2006年版)等。此外，由陈卫东教授主编的《模范刑事诉讼法典》，在秉持实证研究与国际视角并重的原则下，呈现了当时国内外刑事诉讼法学研究的最新成果。可以说，此时，对于两大法系主要国家的法典翻译已陆续完成，我国刑事诉讼法典的主要参照坐标已经稳固且成熟。另外，由于这些译者大多数是具有丰富留学背景且谙熟刑事诉讼法的专家，其外国法典的翻译质量较高，在一定程度上为我国1996年修改刑事诉讼法起到了重要的支撑作用，作出了不可磨灭的学术贡献。

时至今日，为了传承翻译刑事诉讼法典的优良传统，深度地融入世界法律大家庭，我们对世界上绝大多数国家的刑事诉讼法典进行了系统梳理，组织强大的学术团队，倾力打造了涵盖面最广、规模最大、时效最新的一次全球巡礼，结集成《世界各国刑事诉讼法》。不同于近代以来被迫接纳西洋国家法律的"卷入式"翻译，不同于20世纪谋求发展、急于追赶的"探知式"翻译，如今的翻译系列已经是完全发自依法治国内在动力的"巡礼式"翻译，它标志着我国刑事诉讼法典翻译的历史谱系已经步入"成熟期"。从青涩到成熟，中国刑事诉讼法学正在逐步迈向"纵览天下"的大国形态。

三、玉石相攻的要义

我们生活在一个法治依然年轻的国度。承继百余年前学界前辈开创的未竟的翻译事业,在国家发展的新时期,我们希望通过此次大规模的法典翻译,将对西学的译介和研习带入一个空前繁荣的时代,为中外法律比较研究留下一笔蔚为大观的文化财富。

(一)从"代表性"到"全球性"

当下国内法典翻译与比较法研究著述虽繁,但尚未形成比较法视野下的统一体系,其法典翻译的选择与争论的焦点也大多在几个具有代表性的发达国家之间徘徊,英美法系囿于美、英、加、澳等国;大陆法系限于德、法、意、日、韩等国。基于"代表性"的比较研究固然可以快速把握一国乃至一法系的要义与精髓,但毕竟有"管中窥豹""一叶障目"之嫌,范围的狭窄必然意味着深度的局限,对于如法律这般调整社会公平与世间正义的现实工具,更大视野的参考与更深层次的交流必将更有利于一国法治的未来。此次全盘引介正是旨在超越一国洞见,使人可以对同一问题总览各国法体系的认知、定位与处理方式,使单一的中外比较推广为复线条的多国比较。如此比较,既可以保证精确性,又可以保证全面性。基于"全球性"维度的比较将是制度建设与权衡中最大化的比较。

(二)从"体用有别"到"体用合一"

对于政治环境、经济格局、社会制度等差别迥异的中西形态,刑事诉讼法这一舶来品,一直以来遵循着"体用有别""以中为体、以西为用"的做法。"中体西用"的集大成者张之洞主张"整顿中法、仿行西法",提出"以仿西法为主"用之于民。这一指导理念既尊重了本国国情的民族性,又注重了异国文化的借鉴性,可以说在一定历史时期为我国刑事诉讼法的西学东渐框定了重要的指导方向与发展轨迹。但随着司法现代化进程的推展,时至今日,中国刑事诉讼体系与制度已日趋完善,与世界各国的立法与司法产生了更多的互动,形成了更多的交集,也达成了更充分的共识。作为全球法治化进程的重要一员,中国刑事诉讼法的进化与研究需要吸收多元的养分,凝聚共性的法治规律,单纯强调"体用分离"或者只注重"某一体、某一用"的既有格局已被打破,中外法典的交流与合作应该抛开"中西"这个二元维度,将亚洲国家、非洲国家、南美国家等形态各异的法典兼容并取,体用合一,集各家之长,为我所用。唯有如此,才能从世界刑事诉讼发展的丰富性中汲取营养,支撑我国刑事诉讼法及其法学的进步。

(三) 从借鉴到超越

我国为继受法国家,同时深受民族主义的深刻影响,在继受之外,又需考量本土固有制度的开掘与地方资源的匹配等问题,相比于日本等国单纯的继受而言,如此借鉴,更为艰辛。但是,借鉴并非目的,比较法之难,不在于是否借鉴、如何借鉴,就其根本而言,在于如何看透一国法典背后的概念体系、思维方式、处理方法与规范逻辑等,说到底,就是一国在历史上所累积出的立法或司法智慧。一国刑事诉讼法典之中往往蕴含着该国"最好的东西",以"拿来主义"将其摄取,融入本土法制,以此超越他国,才是目的所在。也就是说,"经由一国法、超越一国法","经由世界而领先世界",才是译者们甘愿长久艰辛为之奋斗的远大理想。

"他山之石,可以攻玉。"玉石相攻,熠熠生辉。正是借助于不同国别间诉讼制度的碰撞,我们才得以穿越法律文化的樊篱,为中华法治建设添砖加瓦、贡献一份热情与力量。

四、放眼世界,走向大国

如今,世界格局急剧变化,在网络经济与新技术革命的推动下,几乎每一个国家都在自觉不自觉地融入这个世界。对于古老的中国而言,放眼世界是我国所面临的挑战;对于复兴的中国而言,走向大国则是别国所面临的挑战。放眼世界与走向大国,已经相生相伴地融汇到同一个历史进程之中。

一国是否是一个法治大国,有两个基本条件:一是看是否有足够多的法治输入,二是看是否有足够多的法治输出。法治输入代表着一国法治在世界上能看到多远,即地平线的边界,它意味着能改变多少本国人的命运;法治输出代表着一国法治在世界上能产生多大的影响力,即光芒辐射的边界,它意味着能改变多少他国人的命运。从这两个标准看,相比较经济大国、文化大国而言,中国显然尚未成为一个法治大国。中华法治文明历来有着数千年的法秩序与法文化的传承,如今却未能跻身于世界法治民族的前列,实在是我辈当思进取的动力源泉。我们理应做足准备,将不自觉转化为自觉,将西方世界数百年的"大国化"历程压缩在数十年内完成。放眼世界、翻译世界各国法典,自然成为中国走向大国的必由之路,实现中华法系创造性转型的必然之法。

学习检察前辈
传承检察精神[*]

——缅怀检察机关恢复重建初期最高人民检察院三位老检察长

时光荏苒,人民检察院恢复重建四十周年了!恢复重建人民检察院,是粉碎"四人帮"、结束"文化大革命"十年浩劫后党中央作出的一项重大决定。叶剑英同志在 1978 年 3 月召开的第五届全国人民代表大会第一次会议上作《关于修改宪法的报告》时指出:"鉴于同各种违法乱纪行为作斗争的极大重要性,宪法修正案规定设置人民检察院。"邓小平同志在 1978 年 12 月中央工作会议上指出:"加强检察机关和司法机关,做到有法可依,有法必依,执法必严,违法必究。"十年浩劫给国家的民主与法制,给党和国家的各项事业都造成了极大的破坏。痛定思痛,党中央在政治上作出了一系列重大调整,人心思定,人心思法。人民检察院就是在这样的背景下恢复重建,并伴随着改革开放的脚步,走过了四十年的光辉历程。

我于 1983 年 8 月从吉林大学法律系毕业参加检察工作,可以说是一个检察机关重建以后历史发展的见证者、参与者。作为从事检察工作

---

* 本文发表于《检察日报》2018 年 12 月 21 日第 3 版。

36个年头的检察官,此刻,检察前辈历历在目,检察往事萦绕心间。

在纪念人民检察院恢复重建四十周年的时候,最想表达的是对检察前辈的敬仰、缅怀之情。人民检察,薪火相传,走到今天,是一代一代检察人的奉献,几千几万检察人为这一事业付出了芳华、付出了热血。黄火青老检察长、杨易辰老检察长、刘复之老检察长,是人民检察院恢复重建初期最高人民检察院的三任检察长,是检察前辈的光辉代表!他们是忠诚的无产阶级革命家,是我国政法战线的卓越领导人,是新时代人民检察的奠基者、开拓者。虽然他们都已经离开了我们,但他们为党和人民伟大事业作出的贡献将永载史册!

三位老检察长中,我对杨易辰老检察长、刘复之老检察长比较熟悉和了解;对黄火青老检察长的了解主要是通过有限的接触,看回忆他的文章、听曾在他身边工作的老同志介绍,因为我到最高人民检察院工作时,黄火青老检察长刚刚卸任。

一、黄火青老检察长

1989年我在最高人民检察院办公厅工作时,读到过黄火青老检察长生日时写的一首打油诗:"活过八十八,进入八十九,革命道路长,继续往前走。"可见老人家坚定的意志品质和革命乐观主义精神。

黄火青同志1901年出生于湖北枣阳。1926年加入中国共产党。1934年春,任红九军团政治部主任。同年10月,参加长征。1937年4月底,随西路军远征到新疆,中央决定黄火青同志留在新疆工作,任新疆民众反帝联合会秘书长。1939年5月,任阿克苏专区行政长。抗日战争胜利后,黄火青同志先后任冀热辽分局副书记兼热河省委书记、军区政委,冀察热辽军区副政委兼政治部主任。1949年1月至1958年6月,黄火青同志任中共天津市委书记兼市长。他带领市委一班人紧紧团结广大工人和各界群众,努力做好接管大城市的工作。1958年6月，黄火青同志任辽宁省委第一书记，为辽宁省经济的不断发展和成为共和国重工业大省奠定了基础。

1978年3月，黄火青同志担任最高人民检察院检察长，其时检察机关在"文革"中被彻底破坏，检察工作已停顿10年之久，重建任务十分艰巨。年届77岁的黄火青老检察长不避困难，勇挑重担，团结同志，依靠群众，迅速恢复并开展各项检察工作。

在重建工作中，他始终坚持党对检察工作的领导，狠抓组织建设、思想建设和队伍建设。在他的努力下，1978年5月，中央和全国人大常委会分别批准任命了最高人民检察院党组成员和副检察长，建立了最高人民检察院的领导班子。最高人民检察院的机构也初步建立起来，设置了办公厅、刑事检察厅、经济检察厅、监所检察厅、信访厅等机构。9月底，全国各省、自治区、直辖市检察院都已选举任命了检察长、副检察长或指定了负责人，有22个省、自治区、直辖市检察院开始办公。到1979年下半年，全国已有97%的市县建立了检察院，检察干部已达2.5万人，检察系统初步恢复起来。

检察工作要服务大局、依法推进，这是黄火青同志和几位副检察长形成的共识。他们分别带领工作组，到各地督促检查下级检察院为实施刚颁布的刑法、刑事诉讼法所做的准备工作，进行具体指导。在调研中，发现一些地方仍然还有"学习班"，实际上是林彪、"四人帮"在"文革"中发明的变相关人乃至刑讯逼供的非法场所，黄火青同志高度重视，即向中央报告，提出"停办、严禁再办、追究刑事责任"的建议，中央很快批准了这个报告。黄火青同志即令最高人民检察院发文，要求全国检察机关采取坚决措施，停办各地还存在的"学习班"。在整顿城市治安工作中，他强调要认真贯彻从重从快惩处严重刑事犯罪分子的方针，必须纠正打击不力现象；但对于青少年罪犯，除了个别必须依法判刑的外，多数应以教育为主。

1979年7月，中央决定对林彪、"四人帮"两个反革命集团进行审查，黄火青同志任"两案"审理领导小组副组长。根据全国人大常委会决定，成立最高人民检察院特别检察厅，黄火青同志任特别检察厅厅长，直接领导"两案"的审查起诉和出庭公诉工作。起诉、审判"两案"，这是新中国法治历史上的重大事件，海内外高度关注。他认真履行法律职责，坚持以事实为根据、以法律为准绳的原则，依法公诉，使林彪、"四人帮"反革命集团受到法律追究。

黄火青检察长在任5年，是新时期的人民检察开始起步并取得瞩目成绩的5年：全国各级检察机关参与平反和纠正"文革"时期的冤假错案40余万件，严惩刑事犯罪活动开始向纵深发展，四级检察机构全部得到恢复，为履行各项检察职责奠定了基础。广大检察干部投入很高的热情学习法律和业务知识，努力提高办案能力，履行法律职责的信心不断增强，检察机关的工作开始走上正常发展的轨道。

二、杨易辰老检察长

1985年春，组织把我从最高人民检察院监所检察厅调到办公厅工作，有机会为杨易辰老检察长和其他院领导服务，参与杨易辰老检察长的讲话、报告的起草工作，陪同老人家到新疆、青海、甘肃、宁夏、黑龙江等地调查研究，一直到杨易辰老检察长卸任。3年时间里，得到老人家很多教诲，受益良多。

杨易辰同志1914年出生于辽宁法库。他从学生时代起就积极投身革命运动。1935年，他在北平中国大学法科读书时，参加了著名的"一二·九"运动。1936年9月加入中国共产党。抗日战争爆发后，他奔赴冀南抗日前线，参加领导根据地军民反"扫荡"、斗汉奸、搞生产，不仅巩固了原有根据地，而且开辟了新的根据地。抗日战争胜利后，他受命带领地方干部团赴东北工作，有力地支持了东北境内的解放战争。东北解放后，他先后被任命为辽北省政府副主席、辽西省委副书记、省政府主席和省委书记。1954年8月,东北区划调整后,他调任黑龙江省委常委、副省长、省委书记处书记。"文革"中受到残酷迫害。粉碎"四人帮"后,中共中央任命杨易辰同志为黑龙江省委第一书记,他领导和组织了全省平反冤假错案工作,旗帜鲜明地拨乱反正,全面落实党的干部工作政策,坚持以经济建设为中心,大力推进农业机械化,促进了全省经济社会快速发展。

1983年6月,杨易辰同志当选为最高人民检察院检察长。接手恢复重建不久的检察机关,他坚决贯彻中央关于"严打"的重大决策,带领全国检察机关全力投入中央统一部署的"严打"斗争中。他要求全国检察机关与其他政法部门密切配合,协同作战,又注重从检察环节履行监督职能,防止错捕、错诉案件。根据他的指示,最高人民检察院派出20个工作组,到各地调查情况、指导工作,帮助和引导各级检察机关正确掌握"严打"斗争的法律政策界限,检察机关的办案能力和水平有了明显提高。

面对改革开放后经济领域犯罪日益严重的现象,他提出在绝不放松打击刑事犯罪的同时,把打击经济犯罪作为检察机关的重要任务。依靠群众力量,加大查办力度,尤其是在经济犯罪猖獗的地区,要把打击经济犯罪放在首位。他要求各级检察机关注意发动人民群众举报犯罪,要把公民的民主监督与检察机关的法律监督有机地结合在一起。他把法纪检察工作摆上重要位置,依法查办国家工作人员侵犯公民民主权利、人身权利犯罪和渎职犯罪案件,认真处理公民的控告、申诉,纠正新中国成立以来遗留的冤假错案3.1万件,切实保护了公民的合法权益。根据检察工作面临的新形势,他明确要求进一步完善检察机关法律监督工作的各项相关机制,积极探索建立具有中国特色、法律监督功能完备、富有效力、与整个社会主义法制建设相协调的检察制度。他高度重视检察队伍建设,坚持政治素质和业务素质并重,大力推进干部队伍革命化、年轻化、知识化、专业化,着力打造一支"一身正气、两袖清风、刚正不阿、秉公执法"的检察队伍，为检察工作提供了组织保证。在他的努力和推动下，检察官实现了统一着装，提升了检察队伍的整体形象，强化了检察官代表国家行使法律监督权的仪式感和庄严感。

杨易辰老检察长是一位坚强、无所畏惧的人，是一位真实、善良、性情、幽默的长者和领导。他喜欢练武功和读武侠。许多年来，我们这些曾经在他身边工作过的同志一谈到杨易辰老检察长，景仰怀念之情溢于言表。

三、刘复之老检察长

1988年4月，第七届全国人民代表大会第一次会议选举刘复之同志为最高人民检察院检察长。1988年11月，组织安排我担任刘复之同志的法律秘书和党组秘书。由于工作关系，我与刘复之老检察长有了更多的接触，陪同他到广东、福建、河南等许多地方视察工作和调查研究，协助他起草文稿和处理相关的业务工作，直到1993年春刘复之检察长卸任。

刘复之同志1917年3月出生在广东梅县一个华侨家庭，17岁时子承父业，到香港学做生意，阅读了大量进步刊物，接触了新的社会思潮，增强了关心国家兴亡的意识。1937年10月，他放弃了香港稳定安逸的生活，积极投身革命，经地下党介绍，历经两个多月辗转北上延安，参加了人民军队，走上了抗日战场。从1938年10月起，他先后担任朱德、刘伯承、邓小平同志的秘书，随军转战太行山、冀南平原和晋察冀地区抗击日寇。解放战争时期，他参加上党战役，打击敌伪残余势力；参加山东阳谷县土地改革。新中国成立后，先后担任公安部副部长等职务，积极参加镇压反革命运动。"文革"中遭到林彪、"四人帮"的迫害，被关"牛棚"。粉碎"四人帮"后重新工作，先后担任文化部常务副部长、党组副书记等职务，组织开展文化系统全面清除极左路线流毒和影响,为一大批文化、文艺界在"文革"中遭到诬陷迫害的人士平反昭雪。1982年4月担任司法部部长后,他力主创办中国政法大学并亲自兼任校长,对培养法律人才表现出强烈的紧迫感、责任感。他积极推动恢复中国法学会,认为法制事业要理论先行。1983年4月至1985年9月,任公安部党组书记、部长。之后任中央政法委员会常务副书记兼秘书长。

1988年4月,71岁的刘复之同志接受新的任命,成为最高人民检察院检察长。到最高人民检察院工作,他给自己立下了"安定团结,稳步前进"的八字方针。他坚持党对检察工作的领导,高度重视反贪污贿赂工作,积极推进检察机关体制机制改革,惩治贪污贿赂、打击刑事犯罪、狠抓办案质量、推广举报工作,推动反贪污贿赂立法等,使检察工作呈现出勃勃生机。

1988年下半年,最高人民检察院研究调整了检察工作的部署,突出把反贪污贿赂作为检察工作的重要任务。刘复之同志强调,要把惩治贪污贿赂犯罪作为打击经济犯罪的头等任务,"不能光抓耗子,更要敢抓老虎"。他领导创建了检察机关举报制度,举办了首次全国检察机关反贪污贿赂侦查工作会议和惩治贪污贿赂展览;制定了首个反贪污贿赂的"检察解释",即《人民检察院侦查贪污贿赂犯罪案件工作细则(试行)》;将最高人民检察院经济检察厅改名为贪污贿赂检察厅;代表最高人民检察院首次向全国人大常委会作反贪污贿赂专题报告。通过一系列重大举措,检察机关反贪污贿赂工作取得了重要成绩。

在重视打击经济犯罪的同时,他提出要严厉打击严重刑事犯罪,保障社会治安,维护安定团结。要求各地检察机关把杀人、抢劫、爆炸、盗抢枪支、持枪作案、强奸等严重刑事犯罪,以及各种带有黑社会性质的犯罪集团和团伙犯罪列为打击重点,提前介入,抓准证据,加强侦查监督和审判监督。

他十分重视办案质量。强调查办贪污贿赂案件一定要贯彻"一要坚决,二要慎重,务必搞准"的原则,必须实事求是,不准"拔高、凑数"。要求检察机关作为法律监督机关,必须以身作则、依法办案。他也特别重视检察机关的自身监督,把建立内部制约机制作为检察改革的重点,内部实行分权管理,全国检察机关的办案质量有了新的提升。

刘复之检察长在任的5年,检察事业有了长足的发展和进步:最高人民检察院设立了政治部,增设了民事行政检察厅、技术局、计划财务装备局、机关事务管理局;筹备成立了中央检察官管理学院(现为"国家检察官学院");建立了新闻发言人制度、特约检察员制度和专家咨询委制度;成立了中国检察出版社、中国检察理论研究所,创办了《检察日报》。检察机关的各项工作都得到了明显加强,为完善和发展中国特色社会主义检察制度作出了突出贡献。

刘复之检察长在任的5年,创造性地把检察事业推向了一个崭新的阶段。他坚定果敢,富有远见卓识。作为最高人民检察院检察长,始终着眼于党和国家中心工作、着眼国家法治建设的大局,始终坚持实事求是。他既十分严厉又非常宽容善良。他培养教育了一大批政法战线的栋梁:张思卿同志,是刘复之老检察长的继任者,后来又任两届全国政协副主席;肖扬同志,后任司法部长和两任最高人民法院院长,都是刘复之同志任检察长时的得力助手,都是党组副书记、副检察长。

在刘复之老检察长身边工作近5年,受到他的教育,从他身上学到的做人做事的道理,使我终生受益、终生难忘。

四、传承检察精神

如今的检察机关,在党中央的领导下,经过几十年的磨砺和锤炼,经过几十年的发展和完善,已经成为维护国家安全社会稳定,维护国家和社会公共利益,维护公民个人和组织合法权益,维护法制统一、尊严和权威,维护社会公平正义,保障法律统一正确实施的重要力量。此刻,我们应当向黄火青、杨易辰、刘复之等老一代检察前辈致敬!我们要缅怀他们,学习他们,更要使他们的精神发扬光大。

——学习他们坚如磐石的理想信念。黄火青、杨易辰、刘复之同志从青年时代起就追求革命真理,关心国家兴亡;他们都是从战火中走来,参加过抗日战争、解放战争,历经革命斗争的生死考验,在血与火的淬炼中成长为忠诚的共产主义战士;他们在半个多世纪的革命生涯中,无论情势多么复杂、环境多么险恶、处境多么艰难,都始终忠诚于党、不忘初心,即便是在遭受错误批判和不公正待遇时,仍心系国家和人民。黄火青同志被选举为恢复重建后最高人民检察院的第一任检察长后,着手起草人民检察院组织法,有人对检察工作要不要坚持党的领导有疑虑。他坚定地表明态度:"坚持党的领导这不是一个一般问题,是个原则问题,是不可以争论的。""文革"期间,刘复之同志被关押一年多,患上严重的神经衰弱症,一度出现幻听幻视,但他在监房中还在用炭化的火柴棍做学习笔记。杨易辰同志在80岁高龄时亲笔写道:"我是一个入党50多年的老党员,在党的领导下,为民族的解放,为社会主义的建设和为国家的富强奋斗了几十年,不论遇到什么困难,为共产主义而奋斗终身的信念,从未动摇过。"他们的内心独白和实际行动,诉说着革命战士一生的坚守和忠诚!民族解放、国家独立、建设民主法治富强美丽的人民共和国,是他们一生的信仰和追求。

我们学习他们,就是要以他们为榜样,坚持不懈地强化理论武装,强化"四个意识",坚定"四个自信",坚决维护习近平总书记党中央的核心、全党的核心地位,坚决维护党中央权威和集中统一领导,为实现中华民族伟大复兴的中国梦,作出检察人的贡献。

——学习他们舍我其谁的担当精神。黄火青、杨易辰、刘复之同志,都在新中国成立后长期担任重要领导职务,他们抱诚守真、勇于担当，攻坚克难、坚持真理，为社会主义建设事业作出了卓越贡献。黄火青同志主政天津期间，使这个长期被帝国主义、国民党反动派和封建势力分割控制的地区，迅速恢复和发展了生产，改善了人民生活，稳定了社会秩序。杨易辰同志在黑龙江工作30年，尽心竭力造福人民群众、巩固祖国边防，赢得了广大干部群众的衷心拥护。1978年6月，杨易辰同志以"敢为天下先"的大无畏精神，旗帜鲜明地支持真理标准大讨论，响亮地提出"文革"前的黑龙江省委是红的不是黑的，使一大批"文革"中"靠边站"的有党性有丰富经验的老干部回到了一线岗位。刘复之同志长期担任中央国家机关领导职务，对新生事物总是充满热情，在革命生涯中留下许多力推改革的印记。在担任司法部部长、公安部部长、最高人民检察院检察长期间，人们对他最突出的评价是：有胆有识，无私无畏。

我们学习他们，就是要以他们为榜样，强化责任意识，勇于负责、敢于担当，面对重大政治考验旗帜鲜明、挺身而出；站在时代潮头，把改革作为破解难题的根本出路，努力做到以变应变、以新应新，推动平安中国、法治中国建设，促进国家治理体系和治理能力现代化。

——学习他们信守法治的职业忠诚。黄火青、杨易辰、刘复之同志担任最高人民检察院检察长时，都始终不渝地信守法治、秉公执法、敢于监督，带领全国检察机关坚决维护法律权威，保障法律的统一正确实施。在打击刑事犯罪中，黄火青同志在强调要认真贯彻从重从快惩处严重刑事犯罪分子的方针，纠正打击不力的同时，提出要特别注意防止离开法律规定，随意加刑的情况。杨易辰同志下到基层，亲自处理案件，遇到阻力时，他坚持原则，力排众议，最终使犯罪的人受到追诉。他经常告诫检察人员的一句话是"敢于碰硬"。1992年8月，在刘复之同志的领导下，经最高人民检察院检察委员会研究，决定撤销了一个著名建筑结构专家和"纠偏大师"的受贿案，这起案件各界极为关注，定性意见上的分歧最终得到了统一，使错误得到纠正。

我们学习他们,就是要以他们为榜样,永远把对法治的信守作为基本的职业操守,永远把法治精神当作主心骨、指南针,永远铭记检察人的监督职责,忠实履行"法律守护者"的责任,努力让人民群众在每一个司法案件中感受到公平正义。

——学习他们始终不渝的为民情怀。黄火青、杨易辰、刘复之同志,都是有情怀的人,都是有大爱的人。他们热爱人民、服务人民,始终把人民放在心中的最高位置。1978年3月,黄火青同志当选为检察长的公告刚刚见报,各地来信就早于检察机关的重建挂牌蜂拥而至。他多次与参加重建工作的同志说:"解决冤假错案是检察机关的重要任务之一,这就是为人民服务。"他开创的检察长接待日制度延续至今。杨易辰同志在黑龙江工作期间,每年都要用1/3的时间深入基层调研。到最高人民检察院工作后,他不顾年事已高、体弱多病,先后到近20个省、自治区、直辖市调查研究,亲自在大街边摆桌接待群众来访,解决群众反映强烈的突出问题,坚决维护群众合法权益。刘复之同志在任期间,领导创建了检察机关举报制度,将依靠群众的理念更深入地贯彻到检察工作之中。

我们学习他们,就是要以他们为榜样,坚持立检为公、司法为民,自觉践行全心全意为人民服务的根本宗旨,把人民高兴不高兴、满意不满意、答应不答应,作为衡量我们是不是"人民"检察院的根本标准。

——学习他们公而忘私的高尚品格。黄火青、杨易辰、刘复之同志,都是克己奉公、清正廉洁、一身正气、两袖清风的政法机关领导人,始终保持共产党人的本色。他们严于律己,对子女、亲属和身边工作人员严格要求,对腐败现象深恶痛绝,树立了共产党人的光辉形象。他们知人善任,在培养使用干部方面留下很多佳话。他们一生热爱学习,离休后还保持求知若渴的状态,活到老、学到老、改造到老。

我们学习他们,就是要以他们为榜样,牢固树立正确的世界观、人生观、价值观，自觉加强党性修养和党性锻炼，努力做有思想、有品格、有境界的人，永葆共产党人的高风亮节。

在人民检察院恢复重建四十周年这样一个历史节点，追忆检察前辈的革命生涯、检察往事，缅怀他们的功勋伟业，是为了弘扬和传承他们的精神和风范，把老一辈检察人开创的中国特色社会主义检察事业不断推向前进。我们要更加紧密地团结在以习近平同志为核心的党中央周围，不忘初心、牢记使命，守护好国家法律，在推进全面依法治国进程中，尽职尽责，不辱使命。

附录二：答记者问

谈正确理解和适用正当防卫的法律规定[*]
——就第十二批指导性案例答记者问

2018年12月19日，最高人民检察院印发了第十二批指导性案例，涉及的四个案例均是正当防卫或者防卫过当的案件。记者就此专门采访了最高人民检察院副检察长孙谦。孙谦进一步介绍了最高人民检察院下发这批指导性案例的背景、主要内容和意义。

[主要观点一] 正当防卫不是"以暴制暴"，而是"以正对不正"。

[记者]：最高人民检察院专门就正当防卫发布一批指导性案例，主要考虑是什么？

[孙谦]：正当防卫是法律赋予公民的基本权利，是与不法行为作斗争的重要手段。最高人民检察院发布第十二批指导性案例，专门阐释正当防卫的界限和把握标准，供司法办案参考。主要有以下几点考虑：

第一，及时回应社会关切。近几年，正当防卫问题引发社会广泛关注，起因虽是几起孤立的个案，但反映的却是新时代人民群众对民主、法治、公平、正义、安全的普遍诉求，所以明确正当防卫的界限标准，回应群众关切，是当前司法机关一项突出和紧迫的任务。建立

---

[*] 本文发表于《检察日报》2018年12月20日第1版，相关指导性案例见《检察日报》2018年12月20日第3版。

案例指导制度,是司法改革的一项重大成果,新修订的人民检察院组织法对最高人民检察院有权发布指导性案例也作出了明确规定。通过发布指导性案例,以案释法,回应社会关切的复杂法律问题,统一司法适用标准,满足人民群众日益增长的法治需求,是检察工作坚持以人民为中心的发展思想的重要体现,也是让人民群众在每一个司法案件中感受到公平正义的必然要求,更是推进平安中国建设、法治中国建设的重要举措。

第二,进一步明确对正当防卫权的保护。1979年刑法对正当防卫不负刑事责任作出了明确规定。1997年刑法针对实践中正当防卫是否过当界限不好把握、影响公民行使正当防卫权的问题,一方面规定正当防卫"明显"超过必要限度造成"重大损害的",才是防卫过当;另一方面,增加规定了"特殊防卫",即对于行凶、杀人、抢劫、强奸、绑架等严重危及人身安全的暴力犯罪,而采取防卫行为,造成不法侵害人伤亡的,不属于防卫过当,不负刑事责任。民法总则也规定,因正当防卫造成损害的,不承担民事责任。因此,正当防卫不是"以暴制暴",而是"以正对不正",是法律鼓励和保护的正当合法行为。法律允许防卫人对不法侵害人造成一定损害,甚至可以致伤、致死,这不仅可以有效震慑不法侵害人甚至潜在犯罪人,而且可以鼓励人民群众勇于同违法犯罪作斗争,体现"正义不向非正义低头"的价值取向。我们对此专门发布典型案例,进一步明确对正当防卫权的保护,目的就在于弘扬社会主义核心价值观,惩恶扬善,弘扬正气,保护见义勇为,向社会释放正能量。

第三,积极解决正当防卫适用中存在的突出问题。认定正当防卫行为,需要同时具备起因、时间、对象、限度等要件,而每个要件涉及很多具体问题,受执法理念和执法环境等因素的影响,各地对正当防卫的尺度把握不够统一。总的看,立法设计正当防卫的初衷在司法实践中并未得到充分实现。有的认定正当防卫过于苛刻,往往是在"理性假设"的基础上,苛求防卫人作出最合理的选择,特别是在致人重伤、死亡的案件中不善或者不敢作出认定;有的作简单化判断,以谁先动手、谁被打伤为准，没有综合考量前因后果和现场的具体情况；有的防卫行为本身复杂疑难，在判断上认识不一，分歧意见甚至旗鼓相当、针锋相对，这个时候司法机关无论作出什么样的认定，都易受到不同方面的质疑。近年来一些案件引起社会广泛关注，比如于欢案、于海明案等，舆论曝光后，是故意伤害、防卫过当，还是正当防卫，专家学者和网络评论，争论非常激烈。这些案件虽然已经尘埃落定，取得较好的效果，但社会各界都希望最高司法机关进一步具体、形象地明确正当防卫的界限把握，解决适用中存在的突出问题。

[主要观点二] 既要避免对防卫行为作过苛、过严要求，也要防止"一刀切""简单化"。

[记者]：能否结合具体指导性案例，介绍一下正当防卫制度的主要内容？

[孙谦]：根据刑法第二十条的规定，正当防卫是指为了保护国家、公共利益、本人或者他人的人身、财产和其他权利免受正在进行的不法侵害，而采取的对不法侵害人造成或者可能造成损害的制止行为。正当防卫分为一般防卫和特殊防卫。针对正在进行的严重危及人身安全的暴力犯罪所进行的防卫，是特殊防卫，不存在防卫过当的问题；针对此外的其他不法侵害所进行的防卫，是一般防卫，存在可能的防卫过当问题，明显超过必要限度造成重大损害的，是防卫过当，要负刑事责任。所以，认定是否正当防卫的焦点问题，就是"什么是严重危及人身安全的暴力犯罪"，"如果不属于这种暴力犯罪，那么反击的限度又在哪里"。这在具体案件的判断上确实是比较复杂的。

我们发布的这批指导性案例中，陈某正当防卫案针对的是一般防卫的问题，在一般防卫中，防卫行为虽然造成了重大损害的客观后果，但是防卫措施并未明显超过必要限度，故不属于防卫过当，依法不负刑事责任。朱凤山故意伤害（防卫过当）案涉及民间矛盾，反映出的问题也比较常见，这个案例针对的是防卫过当问题，对于尚未危及人身安全的，比如熟人、亲属之间发生的非法侵入住宅、一定人身侵害行为，可以进行正当防卫，但防卫行为的强度不具有必要性并致不法侵害人重伤、死亡的，属于明显超过必要限度造成重大损害，构成防卫过当，应当负刑事责任，但是应当减轻或者免除处罚。于海明正当防卫案和侯雨秋正当防卫案，针对的是特殊防卫的问题，分别明确了"行凶"和"其他严重危及人身安全的暴力犯罪"的认定标准。比如，行凶已经造成严重危及人身安全的紧迫危险，即使没有发生严重的实害后果，也不影响正当防卫的成立；单方持械聚众斗殴，对他人的人身安全造成严重危险的，应当认定为刑法第二十条第三款规定的"其他严重危及人身安全的暴力犯罪"，需要指出的是，这种行为在黑恶势力犯罪中比较多见，明确这个界限，对于深入推进扫黑除恶专项斗争，以及鼓励人民群众与黑恶势力犯罪作斗争也有积极作用。

[记者]：正当防卫适用中，对防卫界限和"度"的把握，有哪些需要重点注意的问题？

[孙谦]：正当防卫的"度"在实践中如何把握，需要特别注意以下几点：

第一，权利不能滥用，"过"与"不及"均非司法之追求。一方面，对法与不法明确的犯罪、反击型案件，要鼓励大胆适用正当防卫，纠正以往常被视作"正常"的保守惯性，避免对防卫行为作过苛、过严要求；另一方面，司法实践也不能矫枉过正，防止"一刀切""简单化"。要坚持具体案件具体分析，常见的比如客观上不存在非法侵害行为，误以为有侵害而"假想防卫"；或者故意引起对方侵害而乘机以"防卫"为借口侵害对方的"挑拨防卫"；以及侵害行为已经过去而实施报复的"事后防卫"，都不是刑法规定的正当防卫，这些行为可能构成犯罪，要承担刑事责任。

第二，在一般防卫中，要注意防卫措施的强度应当具有必要性。若防卫措施的强度与侵害的程度相差悬殊，则成立防卫过当，负刑事责任。这次发布的朱凤山案和此前社会关注的于欢案，防卫过当的问题比较明显，这两个案件都是为了制止一般侵害，而持刀捅刺侵害人要害部位,最终造成了侵害人重伤、死亡的重大损害,就防卫与侵害的性质、手段、强度和结果等因素的比较来看,既不必要也相差悬殊,因而成立防卫过当,应当负刑事责任。

第三,对于婚姻家庭、邻里纠纷等民间矛盾引发的侵害行为,以及亲属之间发生的侵害行为,在认定防卫性质时要仔细分辨。对于仗势欺人、借离婚退婚等日常矛盾寻衅报复的,对防卫人的防卫权要依法保护,也要敢于认定;对于互有过错,由一般性争执升级演变为不法侵害的,应当查明细节,分清前因后果和是非曲直,审慎作出认定。

[主要观点三] 这批指导性案例体现了依法履行法律监督职能的检察特色。

[记者]:我们注意到这四起案件颇具检察特色,您能否具体谈一谈?

[孙谦]:近年来,各级检察机关认真贯彻落实习近平总书记关于让人民群众在每一个司法案件中感受到公平正义的要求,坚持以人民为中心的发展思想,及时回应群众关切,注意正确把握刑事犯罪与正当防卫、正当防卫与防卫过当、正当防卫与假想防卫的界限,在依法准确认定案件性质,保护公民的正当防卫权方面作出了积极努力,一些案件的办理受到群众称赞。这批案例除集中围绕正当防卫这一主题外,也体现了依法履行法律监督职能的检察特色,分别从介入侦查、审查逮捕、审查起诉和二审检察等四个方面,体现了在办案中监督、在监督中办案的理念和成效。

第一,提前介入侦查,确保案件准确定性。对于重大刑事案件,检察机关应公安机关邀请或者主动提前介入侦查,是依法履行侦查监督职能,有效惩治犯罪、保障人权的重要途径和手段。在刑事案件办理中,公安机关有收集固定证据、侦查手段和策略上的优势,检察机关有事实归纳、证据把握和法律分析上的优势。检察机关及时介入侦查,与公安机关分工负责、相互配合、相互制约,发挥各自所长,第一时间达成一致,有利于及早明确侦查方向,全面收集固定证据,确保案件准确定性。在于海明案件中，公安机关第一时间听取检察机关的意见，检察机关为此组织精干力量，进行了充分的论证和研究。这起案件的正确处理，充分体现了公安机关的准确执法和敢于担当，这对于今后的执法办案工作会有深远的影响。

第二，坚持司法定力，依法独立行使批捕权。批准逮捕是宪法和法律赋予检察机关的一项重要职权，是有效惩治犯罪、防止冤假错案的重要关口。检察机关对公安机关提请逮捕的案件，应当严格把握逮捕条件，排除干扰，依法独立作出是否批准逮捕的决定。在陈某正当防卫案中，检察机关敢于担当、果断决定，彰显和宣扬了司法机关的公平正义导向，有力维护了法律的尊严。检察机关在对本案作出不批准逮捕决定的同时，为实现"三个效果"的统一，还制定了周密的释法说理方案，由办案部门检察官用人民群众听得懂的语言，从公平正义、伦理道德等方面阐述案情，在朴素的正义观上与当事人亲属寻求同频共振，检察机关的处理决定获得了当事人亲属的高度认可和支持。

第三，坚守客观公正，依法正确行使不起诉权。审查起诉、不起诉、提起公诉、出庭支持公诉是人民检察院的基本职能。刑事诉讼法规定，检察机关在审查案件时，不仅要查明应当追究刑事责任的情形，依法提起公诉，还必须查明是否属于不应追究刑事责任的情形。对于符合刑法第二十条规定的，应当依法认定为正当防卫，并作出不起诉决定。在办理侯雨秋正当防卫案时，尽管发生了死亡的后果，但检察机关没有唯结果论，在查明案件事实的基础上敢于担当，认定行为人构成正当防卫，并依法作出了不起诉决定。

第四，强化法律监督，勇于纠错担当。检察机关对刑事判决、裁定是否正确进行监督，上级检察院对下级检察院的起诉指控是否正确进行监督，是维护司法公正、保障诉讼参与人合法权利的重要举措。对提起公诉和一审判决存在的错误予以纠正，既是检察机关实施法律监督义不容辞的职责，也是直面问题、勇于纠错担当的体现。同时，在办案过程中，还必须高度重视犯罪嫌疑人、被告人及其辩护人提出的正当防卫或防卫过当的意见，对于所提意见成立的，应当及时予以采纳或支持，依法保障当事人的合法权利。在朱凤山案件中，一审公诉、判决均没有认定防卫性质，检察机关二审审查认为，朱凤山及其辩护人所提防卫过当的意见是成立的，在二审出庭时依法发表了纠正意见，并得到了二审法院的支持。

[主要观点四] 激活正当防卫制度，彰显依法防卫者优先保护理念。

[记者]：第十二批指导性案例的意义都有哪些，您能否具体介绍一下？

[孙谦]：依据《最高人民检察院关于案例指导工作的规定》，对于最高人民检察院发布的指导性案例，各级人民检察院在办理类似案件时要参照适用。同时，最高人民检察院发布指导性案例，也是开展检察官以案释法，强化法治宣传教育，在检察环节落实"谁司法谁普法"的普法责任制的具体举措。最高人民检察院围绕正当防卫主题发布第十二批指导性案例，意义主要有以下几个方面：

第一，激活正当防卫制度，彰显依法防卫者优先保护理念。我国关于正当防卫的立法已经相对比较完整，只要树立正确理念，正确贯彻执行，强化责任担当，就可以充分激活实践中一些地方正当防卫制度实际"沉睡"的问题。在防卫者和不法侵害者的人权保障冲突时，利益保护的天平倾向于防卫者，这既合乎国法，也合乎天理、人情。比如，于海明正当防卫案，是刘某交通违章在先、寻衅滋事在先、持刀攻击在先。如果在事实和价值上不作出对于海明有利的选择和认定，不仅难以警示恶意滋事者，更会在未来让公民不敢行使正当防卫权，还会导致公民面对凶残暴徒时畏首畏尾。本案认定为正当防卫，可以破除这种错误认识，具有倡导社会良好风尚、弘扬正气的现实价值。

第二，提炼规则以案释法，明确正当防卫适用标准。正当防卫制度在司法适用过程中疑难问题较多，发挥其应有的作用任重道远。最高人民检察院发布指导性案例，充分发挥案例针对性强和易于把握的特点，用典型案例指导类似案件的办理，确立正当防卫制度法律适用"由具体到具体"的参照标准，能够有效确保同类案件的法律适用基本统一、处理结果基本一致。第十二批指导性案例通过体例的进一步完善和创新，展示了案例成功办理的过程和结果，揭示了蕴含其中的法律精神和内涵，生动回答了办理同类案件面临的疑难复杂法律问题，同时也让人民群众通过案例直观了解正当防卫的知识、自觉运用法律武器维护自身合法权益。

第三，强化法律监督职能，推动实现双赢多赢共赢。法律监督是我国检察机关的宪法定位。检察机关秉持客观公正的立场，严把事实关、证据关、程序关、适用法律关，纠正违法，追诉犯罪，保障人权，确保法律统一正确实施，是检察机关作为"法律守护人"的应担之责。"一个案例胜过一打文件。"发布指导性案例，为检察机关在介入侦查、审查逮捕、审查起诉、二审检察等过程中依法履行法律监督职责、促进严格执法公正司法提供了指引。

第四，推进法治建设，培育良好社会风尚。"一个行动胜过一打纲领。"检察机关既是社会主义法治建设的重要力量，也是推进社会主义核心价值观融入法治建设的重要参与者和实践者。这次发布的四个指导性案例，案情不同、阶段不同、特点不同，但有一点是相同的，那就是通过检察机关的办案实践，把社会主义核心价值观融入办案过程，使司法活动既遵从法律规范，又符合道德标准；既守护公平正义，又弘扬美德善行，最终结果实现"法、理、情"的统一。从这个意义上说，这四个案例，既是正当防卫的指导性案例，也是检察机关以法治手段维护社会主义核心价值观的指导性案例。比如陈某正当防卫案，在该案"指导意义"中，针对校园霸凌等社会高度关注的突出问题，我们特别指出，正当防卫既可以是为了保护自己的合法权益，也可以是为了保护他人的合法权益。未成年人保护法第六条第二款也规定，"对侵犯未成年人合法权益的行为，任何组织和个人都有权予以劝阻、制止或者向有关部门提出检举或者控告。"对于未成年人正在遭受侵害的，任何人都有权介入保护，成年人更有责任予以救助。各级检察机关应以此次正当防卫指导性案例发布为契机,依法准确认定正当防卫,以公正司法践行社会主义核心价值观,为全面推进依法治国贡献检察智慧和检察力量。

最后,需要再次强调的是,任何权利都不能滥用,正当防卫权更是如此。公民遇到不法侵害,具备条件的应当优先选择报警,通过公安机关解决矛盾、防范侵害,尽可能理性平和解决争端,避免滥用武力,共同培育和谐良好的社会风尚。

谈依法履行检察职责保障民企健康发展*
——就发布涉民企刑事案例答记者问

2019年1月17日,最高人民检察院对外发布了涉民营企业司法保护典型案例。记者就此专门采访了最高人民检察院副检察长孙谦。孙谦副检察长介绍了最高人民检察院发布这批典型案例的背景、主要内容和意义。

[记者]:最高人民检察院专门就涉民营企业司法保护发布一批典型案例,主要考虑是什么?

[孙谦]:2018年11月1日,习近平总书记在民营企业座谈会上发表重要讲话,充分肯定民营经济的重要地位和作用,强调民营经济是社会主义市场经济发展的重要成果,是推动社会主义市场经济发展的重要力量,深入分析了民营经济发展遇到的困难和问题,明确提出支持民营企业发展壮大的政策举措,要求对一些民营企业历史上曾有过的一些不规范行为,要以发展的眼光看问题,按照罪刑法定、疑罪从无的原则处理,让企业家卸下思想包袱,轻装前行。

近年来,最高人民检察院对服务和保障民营企业发展高度重视,坚持把服务和保障非公有制经济健康发展作为服务大局的重要内容,

---

* 本文发表于《检察日报》2019年1月18日第3版,相关指导性案例见《检察日报》2019年1月18日第3版。

附录二：答记者问

先后制定实施了《关于充分发挥检察职能依法保障和促进非公有制经济健康发展的意见》《关于充分履行检察职能加强产权司法保护的意见》《关于充分发挥职能作用营造保护企业家合法权益的法治环境支持企业家创新创业的通知》等文件。2018年11月，最高人民检察院又在这些文件的基础上，作出了《充分发挥检察职能为民营企业发展提供司法保障——检察机关办理涉民营企业案件有关法律政策问题解答》，以进一步统一、规范涉民营企业案件的执法司法标准。当前，最高人民检察院要求全国检察机关要站在坚持基本经济制度、促进高质量发展的高度，牢牢把握"三个没有变"的要求，依法、审慎、稳妥办理涉民营企业案件，积极履职尽责，为民营经济提供有力法治保障和优质法律服务，切实保护好民营企业及经营者合法权益。

"一个案例胜过一打文件。"为认真贯彻习近平总书记重要讲话精神和中央决策部署，落实中央政法委关于为民营企业健康发展提供法治保障和服务的具体要求，张军检察长强调"要集中办理、总结一批侵害民营企业经济发展的案件"。典型案例，形象生动，既能体现办案理念，又能反映办案过程；既能展现如何正确适用法律，又能展示办案的具体工作策略。为充分发挥典型案例的指导、引领和示范作用，为各级检察院保护民营企业合法权益、服务和保障非公有制经济健康发展提供参考和指引，最高人民检察院从全国各地办理的案例中，选出四个涉民营企业司法案例对外发布。

[记者]：此次公布的涉民营企业司法保护典型案例，主要涉及哪些类型？

[孙谦]：此次公布的四个典型案例，以民营企业司法保护为重点，既体现检察机关保护民营企业的"检察"特色，又较好发挥案例本身的指导意义。这批案例都是检察机关近期刚刚办理的案件，涉及职务侵占、拒不支付劳动报酬、虚开增值税专用发票、虚开发票等罪名，均是司法实践中涉民营企业常见多发的案件。其中，黄某、段某职务侵占案，是检察机关依法惩治侵害民营企业利益，保护民营企

业财产权的案例;上海A国际贸易有限公司、刘某拒不支付劳动报酬案,是检察机关在办案中坚持依法保护劳动者合法权益与促进民营企业守法经营有机结合的案例;吴某、黄某、廖某虚开增值税专用发票案,是检察机关依法及时变更强制措施,帮助民营企业恢复生产经营的案例;江苏A建设有限公司等七家公司及其经营者虚开发票系列案,是检察机关对处于从属地位,被动实施共同犯罪的民营企业,依法从宽处理的典型案例。

[记者]:我们注意到这四起案件颇具检察特色,您能否具体谈一谈?

[孙谦]:近年来,最高人民检察院要求各级检察机关坚持把服务和保障非公有制经济健康发展作为服务大局的重要内容,正确把握法律政策界限,严格区分犯罪与违法的界限,依法妥善处理涉及民营企业的案件。一些案件的办理取得了较好的法律效果和社会效果。这批案例除围绕民营企业司法保护这一主题外,也体现了检察特色,分别从依法惩治侵害民营企业利益的犯罪、坚持依法保护劳动者合法权益与促进民营企业守法经营有机结合、依法及时变更强制措施帮助民营企业恢复生产经营和区分情形依法从宽等四个方面,体现了检察机关对依法办案与服务发展关系的把握。

第一,依法惩治侵害民营企业利益的犯罪,保护民营企业财产权。在黄某、段某职务侵占案中,检察机关通过惩治企业从业人员职务侵占犯罪,切实维护民营企业的合法权益和正常生产经营活动。在依法惩处侵害企业权益犯罪的同时,帮助民营企业挽回经济损失。值得一提的是,该案中,检察机关对办案发现的受害民营企业管理制度中的漏洞提出了检察建议,在帮助民营企业堵塞漏洞、抵御风险、化解隐患、提高安全防范能力等方面具有示范效应。

第二,在办案中坚持依法保护劳动者合法权益与促进民营企业守法经营有机结合。在上海A国际贸易有限公司、刘某拒不支付劳动报酬案中,检察机关优先保护被欠薪劳动者的合法权益,与地方劳动人事争议仲裁委员会、人力资源和社会保障部门配合,保障了仲裁裁决和行政执法决定落实到位，为劳动者全额追讨了欠薪。同时，在对欠薪的民营企业经营者进行法制教育，促使其真诚认罪悔罪、知错改正的情况下，准确把握宽严相济刑事政策，依法作出从宽处理。

第三，依法及时变更强制措施，帮助民营企业恢复生产经营。对涉嫌犯罪的民营企业经营者，应当依法准确适用强制措施。检察机关批准或者决定逮捕，应当对犯罪嫌疑人涉嫌犯罪的性质、情节、后果、认罪态度等情况进行综合考虑；对于涉嫌经济犯罪的民营企业经营者，认罪认罚、真诚悔过、积极退赃退赔、挽回损失，取保候审不致影响诉讼正常进行的，一般不采取逮捕措施；对已经批准逮捕的，应当依法进行羁押必要性审查，对有固定职业、固定住所，不需要继续羁押的，应当及时建议公安机关变更强制措施；对确有羁押必要的，要考虑维持企业生产经营的实际需要，在生产经营决策等方面提供必要的便利和支持。在吴某、黄某、廖某虚开增值税专用发票案中，检察机关为了避免因羁押相关民营企业负责人而使涉案企业失管失控，经综合评估，对已经逮捕的两名从犯黄某、廖某变更强制措施为取保候审。在取保候审之后，检察机关通过对黄某、廖某进行法制教育，一方面敦促其继续工作，维护公司的正常经营，另一方面促使其补缴税款。既正确适用了强制措施，保证了依法惩治犯罪，又避免了因企业负责人被羁押而给企业经营带来的困难。

第四，对处于从属地位、被动实施共同犯罪的民营企业，依法从宽处理。在江苏A建设有限公司等七家公司及其经营者虚开发票系列案中，检察机关充分考虑涉案企业在经营活动中的上下游地位，依法区别对待。鉴于A建设有限公司等七家公司及其经营者虽然实施了刑法规定的虚开发票行为，但具有自首、坦白等法定从轻或减轻处罚情节，在虚开发票过程中没有偷逃税款，案发后均上缴违法所得、缴纳罚款，在犯罪中处于从属地位，属于应上游企业要求实施共同犯罪。经过教育，七家公司积极退赃退赔、认罪认罚，检察机关依法作出从宽处理，帮助民营企业恢复正常生产经营活动，维护企业员工就业和正常生活。同时，检察机关办理涉民营企业经济犯罪案件，注意保护和促进市场经济秩序良性发展。对于严重破坏合法、健康的市场经济秩序，破坏公开、公平、公正的市场竞争秩序的陈某及其经营的三家上游公司以虚开发票罪依法提起公诉，追究刑事责任，为其他守法经营、依法纳税的民营企业创造合法经营、公平竞争、健康发展的市场环境。

[记者]：首批涉民营企业司法保护典型案例的意义都有哪些，您能否具体介绍一下？

[孙谦]：最高人民检察院发布的典型案例，地方各级人民检察院在办理类似案件时可以作为参照。同时，最高人民检察院发布典型案例，也是持续开展检察官以案释法，强化法制宣传教育，在检察环节落实"谁司法谁普法"的具体举措。最高人民检察院围绕涉民营企业司法保护主题发布的典型案例，意义主要有以下几个方面：

第一，选取不同角度，彰显对所有经济主体一视同仁、平等保护的司法理念。平等保护所有经济主体的合法权益，是检察机关秉持的重要司法理念。在黄某、段某职务侵占案中，检察机关通过追诉企业人员的职务侵占罪，制止不法分子把民营企业及经营者的合法权益当成"唐僧肉"。该案对民营企业从业人员职务侵占犯罪的有效追究，有利于纠正部分地方对挪用资金、职务侵占等同类犯罪法律适用不准、打击不力的倾向。在吴某、黄某、廖某虚开增值税专用发票案中，检察机关认真落实认罪认罚从宽制度的相关要求。一是适用强制措施从宽。对能够主动配合调查取证、认罪态度好、没有社会危险性的两名从犯黄某、廖某，及时变更强制措施。二是量刑从宽。鉴于吴某、黄某、廖某有自首、坦白、案发后积极补缴税款、认罪认罚等情节，检察机关提出了从轻、减轻处罚的量刑建议。

第二，以案说法，引导民营企业合法经营规范发展。在上海A国际贸易有限公司、刘某拒不支付劳动报酬案中，教育民营企业经营者依法承担企业责任，履行按时足额支付劳动报酬的法定义务。员工是企业的财富，法律是经营的底线，唯有守法经营、关心关爱企业员工，才能保证企业的长远健康发展。在江苏A建设有限公司等七家公司及其经营者虚开发票系列案中,教育民营企业经营者依法纳税、依法开具发票。如果偷逃税款、虚开发票,就要承担法律责任直至刑事责任。国家税款,取之于民,用之于民。企业依法缴纳税款,政府依法财政支出,共同营造有利于企业经营、经济发展的良好社会主义市场经济环境。

第三,提炼要旨,明确办理涉民营企业案件的法律政策界限。涉民营企业案件在司法适用过程中新情况、新问题较多,准确把握法律政策界限的难度较大。最高人民检察院发布典型案例,充分发挥案例针对性强和阐释问题具体的特点,用简明扼要的典型案例指导类似案件的办理,为各地检察机关提供"参照标准",以案释法,回应社会关切的复杂法律问题,统一司法适用标准和尺度。这对于确保同类案件法律适用的基本统一是很有意义的。这批典型案例通过基本案情、处理意见、指导意义的体例结构,展示了案件办理的过程和结果,体现了办案理念和工作策略,揭示了蕴含其中的法律精神和内涵,回答了办理同类案件面临的疑难复杂法律问题,同时也让广大民营企业通过案例知法守法、正确维护自身合法权益。

第四,发挥检察建议作用,增强法律监督的社会效果。法律监督是我国检察机关的宪法职责。检察建议是履行法律监督职责的有效方式,也是扩大办案政治效果、法律效果、社会效果的重要手段。在黄某、段某职务侵占案中,检察机关围绕案件的办理,深入分析犯罪原因、安全隐患、监管漏洞,找准受害民营企业管理风险点和制度缺陷,运用检察建议帮助企业健全制度、加强管理、堵塞漏洞、提高安全防范能力,受到企业的欢迎。各级检察机关都要结合办案,注重检察建议的充分运用,积极参与社会治理,推动包括民营企业在内的公司、企业规范管理,依法经营。

第五,立足检察职能,营造促进民营企业健康发展的良好法治环境。营造民营企业健康发展的法治环境,贯穿于立法、执法、司法、守法等各个方面。检察机关是社会主义法治建设的重要力量,是营造良好法治环境的重要参与者和实践者。这次发布的四个典型案例,侧重点各有不同，但有一点是相同的，那就是通过检察机关的办案实践，把以人民为中心的发展思想和理性平和的司法理念融入办案过程，使司法活动既遵从法律规范，又符合经济规律；既立足平等保护，又考虑特殊情形；既有指导作用，又有警示意义；既守护公平正义，又促进社会诚信，让人民群众在每一个司法案件中感受到公平正义，最终实现"三个效果"的有机统一。各级检察机关应当以此次涉民营企业司法保护典型案例发布为契机，加强学习借鉴，勇于探索实践，努力为服务和保障民营经济健康发展、全面推进依法治国贡献智慧和力量。

[记者]：这批典型案例公布后，最高人民检察院还有哪些后续措施？

[孙谦]：下一步，最高人民检察院将针对司法实践中遇到的新情况、新问题，继续整理发布多种类型的涉民营企业司法保护案例，为各级检察机关提供办案指导。我们已在检察系统内部的"检答网"发布了这批典型案例，并要求各地检察机关在办案中，进一步发挥职能，为民营企业健康发展提供有力的司法保障和服务。特别是要以发展的眼光看问题，坚决贯彻罪刑法定、疑罪从无的原则，严格规范执法活动，保持执法标准的一致和统一，让企业家卸下思想包袱，轻装前行。各级检察机关都要进一步加强法律政策的学习研究，准确把握法律政策界限，统一执法思想，做到宽严有据，罚当其罪，"既无不及，又无过度"。依法保护民营企业，表明态度很重要，落实到具体办案中更重要。最高人民检察院要求各地检察机关结合本地实际，有针对性地选择典型案例，发挥案例的指导作用，组织好对相关典型案例的学习借鉴，切实促进办案能力和水平的提升。

最后，我想强调的是，检察机关办理涉民营企业案件，任何时候都要严格依法，绝不能搞"法外开恩""宽大无边"。要准确理解法律的原则精神，认真贯彻宽严相济刑事政策，在保护民营企业合法权益的同时，促进其守法经营、有序发展，共同培育健康规范的市场环境。

附录三：作者主要著作论文索引

主要著作：

《逮捕论》，法律出版社 2001 年出版

《国家工作人员职务犯罪研究》（主编），中国政法大学出版社 1988 年出版；中国检察出版社 1990 年再版；法律出版社 1998 年第三版（根据修订后的刑法修改）

《职务犯罪监督论》（主编），国家哲学社会科学基金项目，中国检察出版社 1994 年出版

《检察：理念、制度与改革》，法律出版社 2004 年出版

《中国检察制度论纲》（主编），人民出版社 2004 年出版

《中华人民共和国检察制度研究》（作者之一），国家"七五"社科重点项目，法律出版社 1991 年出版

《检察理论研究综述（1979—1989）》（主编），中国检察出版社 1990 年出版，2000 年再版

《检察理论研究综述（1989—1999）》（主编），中国检察出版社 2000 年出版

《检察理论研究综述（1999—2009）》（主编），中国检察出版社 2009 年出版

《司法改革报告——司法考试、司法官遴选、司法官培训制度》（主编之一），法律出版社 2002 年出版

《司法改革报告——检察改革·检察理论与实践专家对话录》（主编之一），法律出版社 2002 年出版

《司法改革报告——有关国家司法改革的理念与经验》（主编之一），法律出版社 2002 年出版

《司法改革报告——法律职业共同体研究》（主编之一），法律出版社

2003年出版

《司法改革报告——中国的检察院、法院改革》（主编之一），法律出版社2004年出版

《人民检察史》（主编），中国检察出版社、江西美术出版社2008年出版

《中国特色社会主义检察制度》（主编），中国检察出版社2008年出版

《人民检察制度的历史变迁》（主编），中国检察出版社2009年出版

《平和：司法理念与境界》，中国检察出版社2010年出版

《人民检察八十年——图说历史》（主编），中国检察出版社2011年出版

《世界各国宪法》（主编之一，译著，1400万字），中国检察出版社2012年出版

《新刑事诉讼法条文精解与案例适用》（主编），中国检察出版社2012年出版

《检察机关贯彻新刑事诉讼法学习纲要》（主编之一），中国检察出版社2012年出版

《〈人民检察院刑事诉讼规则（试行）〉理解与适用》（主编），中国检察出版社2012年出版

《论检察》，中国检察出版社2013年出版

《中国特色社会主义检察制度》（修订版），中国检察出版社2015年出版

《世界各国刑事诉讼法》（主编之一，译著，1300万字），中国检察出版社2016年出版

《2018刑事诉讼法适用指导丛书》（总主编），中国检察出版社2019年出版

主要论文：

《中国法学》

《试论职务犯罪监督》1990 年第 4 期

《关于完善我国逮捕制度的几点思考》2000 年第 4 期

《论依法治国与提高执政能力》2005 年第 4 期

《建立刑事司法案例指导制度的探讨》2010 年第 5 期

《最高人民检察院司法解释研究》2016 年第 6 期

《司法改革背景下逮捕的若干问题研究》2017 年第 3 期

《法学研究》

《检察制度改革刍议》1988 年第 6 期

《国家工作人员职务犯罪论》1998 年第 4 期

《中国的检察改革》2003 年第 6 期

《构建我国刑事被害人国家补偿制度之思考》2007 年第 2 期

《援引法定刑的刑法解释——以马乐利用未公开信息交易案为例》2016 年第 1 期

《全面依法治国背景下的刑事公诉》2017 年第 3 期

《中国社会科学》

《设置行政公诉的价值目标与制度构想》2011 年第 1 期

《法治建构的中国道路》2013 年第 1 期

《求是》

《深刻认识中国检察制度的特色》2009 年第 23 期

《走中国特色社会主义法治道路》2013 年第 6 期

《人民日报》

《依法行政与构建和谐社会》2010 年 1 月 13 日

《发挥司法在社会管理中的职能作用》2011 年 4 月 15 日

《中国社会科学文摘》

《"案例"＋"指导"：有别于判例法的制度创新》，原载《中国

法学》2010 年第 5 期，《中国社会科学文摘》2011 年第 4 期转载

《建立中国少年司法制度》，原载《国家检察官学院学报》2017 年第 4 期，《中国社会科学文摘》2017 年第 11 期转载

《新华文摘》

《中国的检察改革》，原载《法学研究》2003 年第 6 期，《新华文摘》2004 年第 3 期转载

《深刻认识中国检察制度的特色》，原载《求是》2009 年第 23 期，《新华文摘》2010 年第 5 期转载

《设置行政公诉的价值目标与制度构想》，原载《中国社会科学》2011 年第 1 期，《新华文摘》2011 年第 9 期转载

《关于中国特色社会主义检察制度的几个问题》，原载《检察日报》2012 年 4 月 23 日，《新华文摘》2012 年第 15 期转载

《宪法典翻译：历史、意义与功能》，原载《检察日报》2012 年 10 月 24 日，《新华文摘》2013 年第 4 期转载

《走中国特色社会主义法治道路》，原载《求是》2013 年第 6 期，《新华文摘》2013 年第 11 期转载

《关于修改后刑事诉讼法执行情况的若干思考》，原载《人民检察》2015 年第 7 期，《新华文摘》2015 年第 15 期转载

《关于冤假错案的两点思考》，原载《中国法律评论》2016 年第 4 期，《新华文摘》2017 年第 3 期转载

《关于建立中国少年司法制度的思考》，原载《国家检察官学院学报》2017 年第 4 期，《新华文摘》2017 年第 23 期转载

《新时代检察机关法律监督的理念、原则与职能》，原载《人民检察》2018 年第 21 期，《新华文摘》2019 年第 3 期转载

图书在版编目（CIP）数据

检察：法律守护人：以刑事法律监督为基点/孙谦著. —北京：
中国检察出版社，2019.8
ISBN 978－7－5102－2315－0

Ⅰ.①检⋯ Ⅱ.①孙⋯ Ⅲ.①检察机关－工作－研究－中国
Ⅳ.①D926.3

中国版本图书馆 CIP 数据核字（2019）第 139579 号

检察：法律守护人
——以刑事法律监督为基点

孙 谦 著

出版发行：	中国检察出版社
社　　址：	北京市石景山区香山南路 109 号（100144）
网　　址：	中国检察出版社（www.zgjccbs.com）
编辑电话：	(010)86423751
发行电话：	(010)86423726　86423727　86423728
	(010)86423730　68650016
经　　销：	新华书店
印　　刷：	鑫艺佳利（天津）印刷有限公司
开　　本：	710 mm×960 mm　16 开
印　　张：	31.5　插页 4
字　　数：	365 千字
版　　次：	2019 年 8 月第一版　2019 年 8 月第一次印刷
书　　号：	ISBN 978－7－5102－2315－0
定　　价：	86.00 元

检察版图书，版权所有，侵权必究
如遇图书印装质量问题本社负责调换